한국 기술노동의 사회사

지은이 장미현 張美賢

한국 현대 노동사를 연구하고 있다. 연세대학교 대학원 사학과에서 『박정희 정부 시기 기술인력 정책의 전개와 숙련 노동자의 대응』으로 박사학위를 받았다. 현재 한국여성인권진흥원 일본군'위안부'문제연구소 아카이브팀장으로 재직하고 있다. 노동과 젠더, 성별분업과 여성 노동운동의 다층적 면모를 보여주기 위해 노력하는 중이다. 과거의 노동을 통해 현재 노동의 의미를 살리기 위해 연구와 노동현장을 넘나드는 연구방법과 글쓰기를 모색하고 있다. 저서로 『1980년 사북항쟁과 일상의 사회사』, 『한국 현대사 연구의 쟁점』, 『근현대 서울 지역 여성의 노동과 생활』, 『여성사, 한 걸음 더』(이상 공저) 등이 있고 논문으로 「사북사건의 여성들 —사라진 억센 여자들과 말하는 여성들」, 「데려온 계집아이, 여성 이소선이 되다」, 「1980년대 한국여성연구소의 '여성 자립' 실천 연구」 등이 있다.

한국 기술노동의 사회사

1판 1쇄 인쇄 2026년 1월 20일
1판 1쇄 발행 2026년 2월 6일

지은이 장미현
펴낸이 정순구
책임편집 정윤경
기획편집 조원식 조수정
마케팅 황주영

출력 블루엔
용지 한서지업사
인쇄 한영문화사
제본 대원바인더리

펴낸곳 (주) 역사비평사
등록 제300-2007-139호 (2007.9.20)
주소 10497 : 경기도 고양시 덕양구 화중로 100(비젼타워21) 506호
전화 02-741-6123~5
팩스 02-741-6126
홈페이지 www.yukbi.com
이메일 yukbi88@naver.com

ISBN 978-89-7696-145-7 94910
978-89-7696-199-0 (세트)

책값은 표지 뒷면에 표시되어 있습니다.
잘못 만들어진 책은 구입하신 서점에서 바꾸어 드립니다

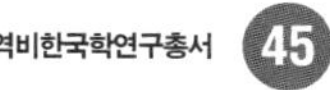

한국 기술노동의 사회사

장미현 지음

역사비평사

책머리에

박사논문을 제출하고 10년 가까운 세월이 흘렀다. 가까스로 졸업을 한 2016년 하반기는 한국사 국정교과서를 반대하고 여전히 이해할 수 없는 "최종적 및 불가역적"인 한일 간 '위안부' 합의에 반대하는 날들로 채워졌다. 그리고 연말연시를 촛불집회로 보낸 후 그 겨울 끝, 2017년 3월 세월호가 인양됐다. 오랫동안 내 학위논문의 주제를 방치하고 상관없다는 듯 살아왔다. 그렇게 살아온 것도 나 자신이고, 숨기고 싶었던 마음도 이 책의 일부이자 나 자신이었다.

한국 현대 노동사 연구자라는 말을 제대로 하지 못하고 살아온 내가 지금에서야 세상에 책을 내놓는 이유는 노동사 연구자라는 정체성이 이제 막 자리잡아 용기를 낼 수 있었기 때문이다. 생각해보면 노동사 연구자라는 정체성은 박사논문을 제출하고 나서야 비로소 형성되기 시작한 것 같다. 시작이 박사학위논문이었다면 반환점을 돌기 전, 중간 도착점에 이 책이 있다.

이 책은 자립과 돌봄, 자존과 공존이라는 인간성 구성의 핵심에 노동이 있다는 문제의식에서 시작하였다. 자립과 자존이 보장될 때 인간은 자신의 존엄을 지킬 수 있으며, 이러한 상태는 타인의 노동에 의존하지 않고는 가능하지 않다. 나에게 노동은 인간과 비인간의 세계를 둘러싼 관계를 형성하는 과정을 의미한다. 그렇다고 노동이 그 자체로 가치가 있기만 한 것도 아니다. 노동은 착취의 매개이면서 생산의 동력이다. 노동자들은 집단적 정체성을 가진 존재들이면서도 각자 다르다. 노동사 연구는 이 과정을 이론과 선험으로 전제하지 않고, 노동을 매개로 존재하는 사람들 사이의 관계를 규명하려는 노력이자 노동의 개념과 가치가 변화해온 경로를 탐구하는 학문 분야이다. 물질적 삶의 지속뿐만 아니라 자신의 노동에 대한 인정과 저항을 통한 사회적 삶의 지속 또한 존엄을 위해 중요하다.

한국 현대 노동사는 해방 이후 한국 사회를 살아온 노동자들의 경험과 노동을 둘러싼 지식과 가치의 경합을 분석해왔다. 식민지와 분단체제 아래서 노동자들은 동원과 개발의 수단이었다. 노동현장은 식민과 분단의 모순, 개발과 지구화가 가진 비인간성의 문제를 가장 적나라하게 보여주는 장소이다. 왜냐하면 우리 대다수는 노동자이기 때문이다. 노동자들이 경험한 민족차별, 산업재해, 부당해고, 저임금, 성차별 등은 오늘날 내가 겪고 있는 현실이다. 한국 근현대 노동운동은 일제 시기 민족해방운동이면서 현재도 오늘보다 나은 내일을 만드는 가장 유효한 방법 중 하나이다.

노동사 연구는 남성·중공업·건장한 노동자라는 스테레오 타입을 바꾸는 과정이기도 했다. 한국 현대 노동사 또한 이제 여성노동사로 분화하기 시작해 이주노동자사, 마이너리티 노동사, 성매매 노동 등에 대한 다양한 쟁점들을 아우르며 전진 중이다.

이 책은 1950년대부터 1980년대까지 기술인력의 형성과 인정/저항 실천을 서술한 필자의 박사학위논문을 수정, 보완한 것이다. 이 책의 주인공들은 산업화 시기 기술을 갖춘 노동자들, 기술인력이라 불리며 스스로 기술을 선취해 나간 남성들이다. 위로부터는 개발의 인적자원으로 인식된 이 책의 주인공들이 이러한 상황을 전유하며 성장과 인정의 주체로 자신들을 변화시켜 나가는 맥락에 주목한다. 특히 기술인력 중 하급 기술직에 해당하는 기능직 남성노동자들이 자신의 기술을 인정받기 위해 벌인 고투와, 인정이 좌절되었을 때 겪게 되는 인식의 변화를 다뤘다.

기술은 포괄적 개념인 노동과는 달리 그 자체로 수준의 차이를 전제한다. 정규교육과정이 학력자본으로 사회적 가치를 높여온 역사가 있듯이, 기술의 사회적 가치 또한 노동정책과 제도 속에서 변화했다. 어떤 기술이 상대적으로 더 높은 가치로 인정받느냐와 함께 누구의 기술을 더 인정하는가도 달랐다. 기술에 대한 사회적 합의가 자연스러웠다면 그것은 역사적 사실이 아니다. 특히 기술의 성별분리는 자연스러운 현상이 아니라 노동정책과 경험이 복잡하게 맞물려 나온 결과이다. 여성의 일 또는 기술은 그 기술의 수준과는 별개로 젠더정치적 과정을 거치며 하위 기술로 편재되었다. 이 책의 다른 주인공은 기술과 노동이 만들어낸 성별 위계에 균열을 내고 저항한 여성노동자들이다.

이 책에는 박사논문 제출 이후 작성한 연구들 몇몇을 추가하였다. 박사학위논문 집필 당시엔 나도 여성노동사 연구자들처럼 자원의 불공정한 분배 그 자체의 구체성을 밝혀야 한다는 입장이 강했다. 여성노동자야말로 노동현장과 노동운동에서 차별과 배제, 소외와 억압을 당하는 위치에 놓여 있다는 사실은 부인하기 힘들다. 다만 나는 어떤 차별이 있었는가와 함께 무엇이 차별을 정당화했는가에 관심을 가지고 있었다. 한국 근현대사에서 신분제 폐지 이후 차별의 핵심에는 학력이 있고 이러한 학력 자원은 성차별에 기반해 있다는 것이 나의 문제의식이었다. 2014년~2015년 국제기능올림픽에서 입상한 공고 졸업자들과 고졸 기능직/기간사원(고졸사원)의 구술생애사를 듣다가, 그들이 고졸 학력 자원을 획득하기까지 여성들의 희생이 있었다는 평범한 사실을 새삼 확인할 수 있었다. 이들의 생애에서는 여성 가족의 조력뿐만 아니라 국가가 지원한 다양한 무료 교육과 훈련 기회들이 언급됐는데, 이러한 기회가 비슷한 세대 남성들에게만 주어졌다는 점, 그리고 이러한 교육과 훈련의 결과 중공업 생산기능·기술직으로 입사한 이들이 고도성장기, 임금인상을 포함하여 계층상승에 성공할 수 있었다는 점도 파악했다.

이 시점에는 교육과 훈련의 성차별적 투입 자체에만 비판적이었지만, 이미 젠더 연구에서는 남성의 기술을 여성의 기술보다 높은 수준으로 인식시키는 제도, 문화, 남성 중심 지식 형성의 역사가 연구되고 있었다. 나아가 이러한 사회 체계에도 불구하고 같은 생산현장에서 실제 여성의 기술이 남성보다 더 나은 수많은 '예외' 사례들이 연구되었다. 자원 투입과 분배의 불평등은 여전히 여성사의 중요한 연구 주제이다. 하지만 불평등한 조건이 어떻게 형성되어왔는가를 보여주는 것과는 별개로, 불평등한 조건을 인식하거나 수용/저항의 실천이 만들어지는 계기 또한 여전히 나에게는 중요한 문제다. 불평등한 관계라는 그 인식 체계가 어떻게 만들어져왔는가를 보여주는 젠더사 연구방법론은 여전히 중요하다.

나에게 이러한 인식 변화를 알려준 이들은 이 책의 살아 있는 주인공들인 구술자들이다. 벌써 10여 년 전 1958~61년생이었던 구술자들은 공업기술에 대해 무지한 30대 인문학 여성연구자에게 더할 나위 없는 호의를 베풀었다. 금성통신 직업훈련소 2기 출신인 어느 구술자의 말을 잊을 수 없다. 그는 자신이 가장 신뢰하는 친구가 "나는 장 선생에게 해줄 수 있는 건 가능하면 다 해줬어"라고 말했다고, 그 친구가 나에게 보였던 '맹목적 신뢰' 때문에 인터뷰에 응하게 되었다고 했다. 가끔 프로필 사진에 뜨는 구술자들의 사진을 통해' 십 년 전 현역 때 모습과 달리 온화하게 나이 드신 남성 노인의 모습을 엿본다. 라디오 조립에 몰두했던 자신의 어린 시절에 대해 눈빛을 반짝이며 들려주었던 그분들의 심상을, 10년이 지난 지금에서야 조금이나마 이해할 수 있게 된 것 같다.

변혁주체로서의 노동자가 아닌 일상을 살고 성공을 바라는 노동자사를 쓸 수 있도록 만들어주신 분은 김성보 선생님이다. 이분법적 사고와 근본적 사고가 역사적 연구방법이 아님을, 애정을 가지고 사람을 들여다보고 그들을 결국엔 이해하여 글로 풀어내는 것이야말로 역사연구임을 선생님과의 학담과 잡담을 통해 나중에야 깨달을 수 있었다. 박사논문을 쓸 때, 풀리지 않는 의문이 생기면 한밤중에도 메시지를 보내곤 했다. 지나고 나서야 '선생님을 너무 착취했구나' 후회했지만, 다시 그때로 돌아가도 내 갈증을 해소해줄 동료로 선생님을 가장 먼저 떠올릴 것이다. 한번은 연구 역량이 부족해 늘 실망시키는 것 같다며 자책하는 나에게 "한 번도 실망한 적이 없고 잘하고 있다"는 답신을 주셨다. 교육자로서 주신 덕담임을 잘 알지만, 나 또한 한반도에서 다시 현대사를 전공하게 된다면 그때도 또 김성보 선생에게 배우고 싶다.

이 책에 인용된 여성들의 경험은 내가 수집한 구술 자료들이 아니다. 내가 느낀 구술 자료 읽기의 즐거움과 슬픔의 대다수는 뚝심 있는 동료 연구자인 유경순 선생님의 끈질긴 구술 작업에서 비롯됐다. 나는 선생님의 연구논문뿐만 아니라 그가 수집한 구술 녹취록의 애독자이다. 내 연구가 가장 많이 빚진 곳간이 있다면 '유경순 면담' 구술 자료일 것이다. 건강히 오랫동안 선생님께서 더 많은 노동자들, 여성노동자들의 재미진 이야기를 끄집어내주시길 기대한다.

내가 가장 여러 번 읽고 가장 많이 인용한 책의 저자이자 심사를 해주신 김원 선생님께 특별히 감사하다. 이 책을 고치는 지금도 선생님이 주신 꼼꼼한 '의견서' 파일을 열어 읽어본다. 연이어 한국연구재단 박사후연수 과정까지 맡아주셨기에 지금의 여성노동사 연구자가 될 수 있었다. 언젠가 선생님께 『여공 그녀들의 반(反)역사』와 어깨를 나란히 하는 저서를 보여드리고 싶다.

되돌아보건데 내 인생의 화양연화는 연세대 사학과 대학원에 재학하던 시기였다. 서양사의 설혜심 선생님과 전수연 선생님, 동양사의 임성모 선생님과

백영서 선생님, 차혜원 선생님이 계신 사학과 학위과정을 선택했기에 좁은 내자국사적 식견을 깰 수 있었다고 생각한다. 무심하듯 늘 배려해주신 하일식 선생님께도 감사하다. 박사 입학 시 "크게 보면 역사"라며 자기 시대에 갇히지 말라는 조언을 해주신 도현철 선생님의 입학 축사는 지금 나의 이정표가 됐다. 최윤오 선생님의 연구를 통해 조선 후기 고공(雇工)의 역사를 접하고 배울 수 있었다. 김도형 선생님은 부족한 박사논문의 체계를 잡아주시고 후속 연구를 재촉하셨다. 너무 늦어져 송구할 따름이다. 한성훈 선생님은 사회학자로서 조어 사용을 다듬어주셨다.

직접 인사드리지 못했지만 이 책은 여러 선학들의 연구에 기대어 나올 수 있었다. 척박한 한국의 사학계에 여성사 연구를 거쳐 젠더사를 정착시켜주신 이임하, 김은경, 정해은, 장숙경, 정용숙, 최재인 선생님께 진심으로 감사를 올린다. 식민지기 기술인력 연구의 기틀을 잡아주신 이병례 선생님께 이 책이 누가 되지 않는다면 다행일 따름이다. 20여 년 전 글로 접했지만, 지역과 노동 연구를 다루고 계신 김상숙 선생님께도 감사의 인사를 전한다.

공부가 부족하고 마음이 약한 후배로 인해 선배들이 고생하였다. 연구 공동체를 위한 선배의 헌신을 정진아 언니에게 배웠다. 어떤 보상도 없이 힘든 프로젝트를 맡아 후배들에게 경제적 보탬이 되게 해준 언니의 은혜를 어릴 때는 너무 몰랐다. 이제 동료 연구자로, 믿음직한 동생으로 나도 언니에게 보탬이 되고 싶다. 날카로워 다가가기 힘든 선배에서 다정한 사회생활 조언자로 계신 정용서 선배에게는 최근 더 큰 고마움을 느낀다. 직장생활을 해도 연구를 놓지 않길 바라는 기대를 장신 선배에게서 느낀다. 선배의 기대에 부응하고 싶다. 필요할 때만 연락하는 후배를 마다 않고 진심으로 도와주는 이태훈, 김성조 선배에게도 감사를 전하고 싶다. 1년에 한 번 성묘에서 장재경 언니를 만나는 것도 큰 기쁨이다. 15년이 넘는 기간 동안 묵묵히 챙겨준 언니가 있어 우리가 모일 수 있었다. 이 글을 쓰는 기간 무겁고 슬픈 소식을 접했다. 다정하고 열정적인 김소남 선배가 불의의 사고로 세상을 떠났다. 한동안 선배를 생각하면 울음을 참지 못할 것이다. 새롭게 지역 노동사와 보육운동 연구를 하게 되면서 가까워진 이상의 선생님과 이경란 선생님과도 오래도록 교류를 이어가고 싶다.

한때 유능한 교육자가 될 것을 희망한 적이 있었다. 주변의 배려로 강의를 해본 경험이 있어 이런 희망을 가질 수 있었다. 사회학과 정대식 선배의 배려로 국제캠퍼스에서 외국인 학생들이 생각하는 한국 문화와 역사에 대해 더 많이 배울 수 있었다. 가끔 한국말 잘하던 외국인 학생들이 보고 싶다. 내 가장 오랜 강사 경력은 이지원 선생님의 도움으로 얻을 수 있었다. 졸업 후 찾아간 자리에서 선생님은 나에게 직업을 얻으려 하지 말고 연구를 계속하면 오히려 직업을 얻을 수 있다는 덕담을 해주셨다. 그 말씀대로 됐다. 준비 안 된 후임 강사를 챙기느라 고생하신 박미선 언니에게도 고맙다. 조태섭 선생님의 배려로 세종대에서 현대사 전공 강의를 할 수 있었다. 고민 많았던 국사학과 3, 4학년들, 잘 지내는지 보고 싶다. 기관 종사자로서는 분에 넘치게 대학원 전공 강의를 할 수 있었다. 늘 후배들과 제자들이 무엇을 궁금해하는지 세심하게 챙겨주시는 박윤재 선생님의 후의가 있어 가능했다. 부족한 외부 강사와 함께 읽고 논의하느라 고생한 경희대 사학과 대학원의 봉원호, 김소라, 배영규, 성현찬, 그리고 믿음직한 김솔휘. 모두 무사히 학계 성원이 되길 응원한다.

학부 때는 학생회 선거운동 하느라 한 번도 참석하지 못한 답사의 즐거움을 대학원 답사를 다니며 만끽했다. 자료를 메꾸는 논리가 역사연구의 중요한 방법 중 하나라는 점을 알려준 고대사 정상민, 최경선, 신가영과의 대화는 늘 즐거웠다. 최경선의 복귀를 기다리고 있다. 합연실에서 처음 만나 직장생활의 애환을 나누는 동안 서울역사편찬원의 김윤정과는 친구가 되었다. 모교를 책임질 막중한 부담을 잘 감수하면서도 현대사 연구자를 매료시킨 김미성이 지금처럼 자신의 연구도 놓치지 않길 응원한다. 중년 여성연구자의 삶을 나누며 더 소중해진 중국사 김하림, 지관순과는 졸업 후 이해가 더 깊어진 듯하다. 유일무이한 중국 여성사 연구자 장수지의 모든 연구로부터 배움을 얻고 있다. 2020년대 여러 면에서 좌절과 불만과 우울과 기쁨을 가장 자주 나눈 이재열 선배에게도 감사를 전한다. 수업을 통해 만났지만 서로의 매력을 알게 된 대만 사수매 언니는 지금도 명절마다 나에게 인사를 보내준다. 더없이 좋은 기회를 제공해준 캐나다 빅토리아대학의 이수진에게 아직도 다 못 전한 감사의 마음을 전하고 싶다.

지금까지도 내가 쓴 연구논문의 절반 이상은 근현대사 선배들이 마련해주신 연희동 연구실에서 탄생한 것들이다. 내가 사랑한 연희동 연구실을 선뜻 연구자 후배들에게 내어준 김향미 선생님께 깊은 고마움을 전한다. 연희동 연구실이 있어 외롭고 힘든 박사학위논문 집필을 끝낼 수 있었다. 시작과 끝, 그 후를 함께 한 나까바야시 히로카즈, 권기하, 고태우와도 계속 학담(學談)과 소식을 나누고 싶다.

한국 현대사 동료들은 내 인생의 동반자들이다. 석사 입학과 함께 20대부터 40대까지 함께해준 유숙현, 이홍석 선배에게 애정을 전한다. 여전히 선배의 역할을 못하는 나는 홍정완 오빠에게 늘 선배의 역할을 배운다. 세상에 대한 불평과 편안한 정서를 나눌 수 있는 이세영 선배가 건강히 나와 오래 같이 나아가면 좋겠다. 다른 대학원에 합격한 곽경상을 붙든 이가 나였다. 앞으로 더 그의 연구에 다가가고 싶다. 사회를 가장 얕게 보는 데 급급한 나에게 이면의 깊은 사상을 보여주는 이봉규가 있어 고맙다. 후배들 못지않게 선배도 그를 애정한다. 누구도 쓰지 못하는 글을 쓰는 대현이 부족한 한국사학계에 남아 활약해주어 고맙다. 가장 알고 싶지만 가장 알지 못하는 북한 노동사 연구자인 이

준희에게 늘 배운다. 남북이 협력하는 노동사 연구를 함께 해 나가고 싶다. 가장 빛나던 시절을 함께한 김은정이 돌아와 우리와 함께 공부하기를 기다리고 있다. 세림의 돌봄에 의존하고 있다는 사실을 너무 늦게 깨달았다. 멋진 학위논문과 함께, 앞으로는 그에게 밀린 빚을 갚으며 살고 싶다. 세상에 한 명의 현대사 연구자가 남아야 한다면 은영이 남아야 할 것이다. 그의 몸과 마음이 견디어 세상을 두드려주길 기다리고 있다. 될성부른 떡잎이었던 다혜는 지금도 나에게 가장 적절한 조언을 해준다. 가장 나와 닮은 글을 쓰는 듯한 다혜와 오래도록 정답게 공부하고 싶다. 믿음직한 막내 박사 지훈이가 얼른 세상에 진가를 드러내길 응원한다. 세파가 몰아쳐도 꿋꿋이 버틴 효성이에게 자주 동지애를 느낀다. 내가 그의 곁에서 든든한 버팀목이 되어주고 싶다. 후배이자 동료 소울메이트인 김아람에게 나는 비밀이 없다. 큰 부끄러움부터 작은 성패까지 늘 그와 함께 나누며 힘을 얻는다.

어린 시절 만나 함께 늙어간 학교 밖 선후배들에게도 고마움을 전한다. 문제의식이 투철한 한국 현대사 공부 방법을 보여준 박창희 선배를 더 자주 만나며 늙고 싶다. 강의에 두려움을 가진 나를 한국방송통신대라는 최고의 강연장으로 끌어내줬을 때부터 이제는 지척에서 볼 수 있는 사이가 된 유상수 선배가 없었다면 충정로 생활을 견디지 못했을 것이다. 정다운 정해인 선생과 인연을 맺게 되어 셋이 함께 하는 만남이 더욱 즐겁다. 석사 신입생 때부터 함께한 서준석과 더 자주 만나게 되어 좋다. 가끔 그와 나누는 학위논문 이야기가 어서 활자가 되어 세상에 나오길 기다린다.

2011년 후지이 다케시 선배의 호의로 역사문제연구소에서 활동할 수 있었다. 전영욱, 이정선, 양지혜, 이홍석, 김아람, 최우석, 정예지, 예대열, 정무용과 매달 한 세미나와 학교 찾아가기는 추억으로 남아 있다. 이제 전국 각지에서 연구와 교육에 매진 중인 동기들에게 미안함과 애정을 전하고 싶다. 역량이 부족한 나는 이상록 오빠의 추천으로 연구실장까지 할 수 있었다. 자주 의기소침한 나는 이상록 오빠의 격려와 응원이 있어 단행본 출간까지 올 수 있었다. 고맙다는 말로는 부족한 은혜를 입었다. 역사문제연구소 제기동 생활을 가능하게 해준 김지윤 총무부장님께도 감사 인사를 전한다. 10년 넘는 시간 동안 역문연에 가면 황병주 (전)부소장님, 배경식 (전)부소장님, 선생님들을 볼 수 있어 빠지지 않고 나갔다. 나의 사랑하는 공간, 역사문제연구소를 위해 늘 가장 많은 시간을 할애하는 오제연 오빠, 여기 이곳을 평생에 걸쳐 만들어주신 서중석 (전)이사장님, 정태헌 (현)이사장님께도 감사를 전한다. 정병욱 소장님이 슬픔을 이겨내시고 마음의 평안을 얻길 빈다.

2008년 홍동현 오빠의 추천으로 민중사반에 들어갈 수 있었고, 이용기 반장님의 지도력으로 정착할 수 있었다. 내 연구와 삶의 거의 대부분을 차지하는 민중사반에서 공부한 결과 이 책이 나올 수 있었다. 배항섭 선생님은 세대차이를 변명으로 삼지 않는, 나이 많은 연구자의 모범을 보여주셨다. 어떤 주제든 소화하여 냉철한 조언을 해주는 허영란 선생님의 기량에 늘 많이 배웠다. 어느 순간 장용경 선배를 더 잘 이해하게 된 내가 대견스러울 때가 있다. 앞으로 더 서로를 잘 이해하며 조화롭게 나아가고 싶다. 바쁜 와중에도 민중사반을 함께 책임져준 김이경, 문민기 선생님에게도 감사드린다. 소현숙 언니에 대한 나의 의리와 다짐을 언어로 다 표현할 수 있을까. 학문적으로도, 인간적으로도 나는 소현숙 언니에게 가장 많이 배우고 지금도 배우고 있다. 어떤 어려움이 있어도 언니만 있다면 다 헤쳐 나갈 수 있을 것 같은 용기를 얻는다. 어떤 노력을 해서라도 민중사반 한봉석 오빠에게서 더 멀어지진 않고 싶다. 이나바 마이, 배영미, 최보민, 김태현, 김헌주, 이동헌, 이경원, 정계향, 조형근, 예지숙, 허수 선생님과 밤을 지새우며 나눈 술잔과 토론이 내 지성이 되었다고 믿는다. 세상 똑똑한 장원아가 얼른 내 곁으로 돌아오기를 오매불망 기다리는 중이다. 후지타

타다요시 반장님은 처음 만난 순간부터 나에게 은인이었다. 적당히 뜨거운 민중사반에서 앞으로 더 긴 시간 함께하게 된 최은진, 김대현, 최우영, 박정민을 만나 든든하다. 2008년 이후 매년 2월이면 일본 아시아민중사연구회 동료들을 만나 연구를 이어갈 힘을 얻었다. 언어의 벽을 넘어 감사를 전한다.

세월호 참사가 발생하고 역사연구에 대해 깊은 무기력감을 느껴 공부를 그만두려 했다. 여러 동료들의 위로로 다시 시작할 수 있었고 세월호 엄마 아빠 구술을 시작했다. 그리고 역설적으로 살아갈 힘을 얻었다. 면담자로선 형편없게도 한없이 울고 말았던 나를 도리어 위로해준 세월호 부모님들처럼 은지, 성호, 준영, 태민이를 나도 기억하며 살아갈 것이다. 2016년부터 지금까지 오고 가는 사북은 제2의 고향이다. 서울에 메여 있단 변명뿐, 제 역할을 하지 못해 늘 황인오 회장님, 황인욱 소장님께 죄송하다. 사북에 갈 때마다 반갑게 맞아주신 여봉규 사무처장님, 해경 언니, 이원갑 회장님과 누구보다 조순란 어머님 건강하시길 빈다. 사북의 고통을 용감한 저항으로 바꿔낸 이명득 어머니를 끝내 만나지 못하고 부고를 들었다. 지금도 영상 속 명득 어머니를 보면 몹시 그립다. 외롭고 막막했던 여성노동사 연구를 2021년부터 같이 하는 동료들이 있다. 내 공부가 쳐지지 않게 독려해주는 예지숙, 조민지, 이아리, 백승아, 이경서, 신현아, 김미선 선생님께도 감사를 전한다.

노동사를 공부하지만 직장생활 경험이 부족한 나를 만나 고생한 일본군'위안부'문제연구소 동료들이 있어 2020년대 이후 삶을 꾸려 나갈 수 있었다. 사실 내가 세월호 구술을 시작할 수 있었던 계기의 저 너머에는 '위안부' 생존 피해자들을 만난 언니들도 이런 심정으로 임하지 않았을까라는 '전승된 책임감'이 있었다. 막상 시작한 직장생활은 처음으로 1990년대생들과 함께 의논하고 결정하고 집행하고 책임을 져야 하는 자리였다. 그 처음부터 함께해준 강윤희에게 다른 누구에게보다 감사하다. 쉽지 않은 조건과 위치에서 최선을 다해준 정나라, 이유나, 최민주 덕택에 직장생활을 즐겁게 보낼 수 있었다. 40대에 만나 진짜 친구가 된 노지연에게 많이 의지하고 늘 고맙다. 지금 느끼는 안정감과 편안함의 근저에 유능한 소현숙 팀장님이 있어서임을 안다. 부족한 이웃이자 엄마인 나는 명미영, 최유진, 차정희를 통해 성장할 수 있었다.

평생 학계에서 연구만 해온 나에게 공공기관이라는 직장이 쉽지는 않았다. 우연히 입문한 뮤지컬 관극이 큰 도움이 됐다. 혼자 공부하는 데 급급했던 나는 주연과 조연뿐만 아니라 더 많은 앙상블, 무대 뒤 스탭들의 공동의 작업 결과물인 뮤지컬을 보며 내 역할을 찾아갈 수 있었다. 특별히 애정하는 뮤지컬 배우 카이의 노래를 들으며 여러 글들을 다듬을 수 있었다. 그가 매일 나아지기 위해 연습과 훈련을 놓지 않듯이, 나 또한 성숙한 연구자로 꾸준히 나아가고 싶다. 출판 지원도 없는 중에 역사비평사의 책을 낼 수 있는 건 큰 영광이다. 역사학 연구자들 중 역사비평사와 책을 낼 수 있는 영광을 누릴 수 있는 사람이 몇이나 될까. 기회를 허락해준 정순구 대표님께도 감사드린다.

살면서 가족들 때문에 걱정 덜 하며 공부할 수 있었던 것도 큰 복이라 생각한다. 남편 최종두는 어디든 필요한 곳으로 데려다주었고, 연구에 필요한 그 무엇도 아낌없이 지원했다. 자기 일을 열심히 하는 엄마라면 충분히 사랑받을 수 있음을 보여준 두 딸 하정과 하나에게도 사랑의 마음을 전한다.

마지막으로, 이 말을 해야 한다. 연구자인 나를 버릴 수 없다는 결심의 저 아래 고(故) 방기중 선생님이 계신다. 선생님에 대한 회한 없이 어떻게 이 책을 마칠 수 있었을지 상상이 되지 않는다. 그래도 나중에 만났을 때 수고했다는 말을 듣고 싶다는 의지로 마무리할 수 있었다. 선생님에 대한 의리를 지키며 늙어가고 싶다.

2025년 겨울

장미현

차례

한국 기술노동의 사회사

표·그림 차례

서론

서론

1. 문제의식

"타관 하늘 거제도까지 와서 죽음의 위험을 무릅쓰면서 삶에 종사하고 있는 근로자 여러분! 세상은 점점 살기 좋아져가고 있다고 믿고 있는 지금, 우리 대우 기능인들은 과연 그렇다고 생각하십니까? (…) 옥림 지역은 교통도 불편하고 시장도 먼지라 압도적으로 기능사원의 세대가 많다. 후미지고 비좁은 곳에서만 살도록 운명 지워진 것이 절대다수 기능사원의 실태인가? (…) 독신자 숙소라 지어놓고 4급 사원이니 사외 기숙사 넓은 곳이요, 5급 사원이니 사내 숙소에서 한방에 2명씩 기거요, 기능사원은 아무래도 좋으니 한 방에 4명씩 개돼지처럼 살아가라 하니, 이러고도 전원 참여를 통한 일체감 조성인가?" —대우조선노동조합, 『함성』 호외 중에서.

이 호외는 1987년 거제 대우조선 내에 노동조합이 결성될 때 배포되었다. 노동조합을 구성한 기능사원들은 사무관리사원과의 차별은 부당하며 "인간다운 대우를 받고 싶다"는 요구를 내걸었다. 1966년 제1회 전국기능경기대회

목형 부문 1위를 차지한 유성근은 자신을 시상하며 우대한 한국 사회가 지금까지와는 다르게 "천대받고 있는 우리들 기능직 노동자들"을 다르게 대해줄 것이라 기대하였다.[01] 유성근의 기대는 20여 년이 지난 1987년에도 실현되지 않은 미래였을까? 1960년대 기능직 노동자가 되면 사회의 인정을 받을 수 있을 거라던 유성근의 기대는 1980년대 후반, 어떤 경로로 차별의 대상이자 저항의 주체를 만들었을까?

한 사회 내에서 노동자의 기술 수준은 개인과 기업, 국가 모두에게 매우 중요한 의미를 가진다. 시대별로도 필요로 하는 기술은 변한다. 각 국가의 역사와 문화에 따라 기술에 대한 정의와 기술인력의 조직과 형태 또한 다르다. 기술과 노동의 관계, 기술자와 노동자에 대한 개념과 정의도 시대적으로 변해왔다. 근대 이후 기술의 발전에 따른 기계화와 자동화가 노동에 미치는 영향은 보다 획기적이었다. 기술자와 노동자의 정의는 더 간단치 않다. 기술자는 생산직·육체 노동자(Blue Color)가 아니며 중간계급이자 사회적 위계의 상층을 차지한다고 알려져 있다. 하지만 이러한 계급적 위치와 관계도 단일하지 않고 역사적 경로가 다르다. 한국의 기술인력은 비(非)기술인력에 비해 사회적 인정을 성취한 기간이 길지 않다. 최근의 기술자사 연구는 기술자라는 용어가 아닌 엔지니어사(史)로 통용되고 있다.[02] 부분적으로 교육받은 노동자, 기술직 노동자라는 용어를 동시에 사용하고 있다.

1979년 문교부와 노동청이 정의한 기술인력 구분을 따르면 '기술자'를 정의하는 가장 중요한 기준은 '이공계 대학'을 졸업하는 것이었다. 하지만 기술

---

01 「한진주물 목형 1등 유성근」, 『기능』 제1권 제1호, 1967, 70쪽.

02 한경희, 『엔지니어들의 한국사—근현대사 속 한국 엔지니어들의 변천사』, 휴머니스트, 2016; 한경희, 『한국 엔지니어의 형성과 발전』, 들녘, 2021.

자, 엔지니어를 노동자와 구별 짓던 종래의 정의와 달리, 최근에는 포괄적으로 '산업/업종 내의 노동자'라는 개념이 포함되면서 '당대의 첨단기술을 다루는 노동자'라는 합의에 이른 것처럼 보인다. 기술자/엔지니어에 비해 기능 관련 직업에 대한 낮은 사회적 인식과 열악한 사회·경제적 보상을 문제로 인식한 정부 또한, 2010년 기존의 '기능장려법'을 '숙련기술장려법'으로 전면 개정하면서 기능인을 '숙련기술자'로 통합하여 호칭의 차별을 없애는 정책과 제도를 추진하고 있다.[03] 이 논의는 현재도 진행 중이다.

기술자가 제조업에만 존재하는 것은 아니지만 제조업 기반 수출경제 위주의 경제성장을 추진해온 한국 사회에서 제조업 노동자의 기술 수준은 임금이나 노동시장, 노동과정, 그리고 노동운동에도 큰 영향을 미친다. 노동자의 기술 수준은 기업의 경쟁력을 결정하는 중요한 요인이다. 노동자의 기술 형성은 크게 두 시기에 걸쳐 이루어진다. 노동자가 되기 전에 이루어지는 교육·훈련 과정과 입직 후 노동과정을 통해 기술은 형성, 향상된다. 중세 봉건사회의 기술 전수는 장인이 도제를 통해 직인을 고용하는 형태로 이루어졌기 때문에, 이 두 가지가 구분되지 않았다. 17세기 이후 점차 상업 및 공업의 발달과 사회적 요구에 따른 교육운동으로 인해 '생산교육'이 등장하였다. 이후 전통적인 도제 방식과 함께 직업교육·훈련이 기술 형성의 중요한 방식으로 등장하였다.[04]

사회적으로 이루어지던 직업교육은 제조업을 주도한 선진 공업국들에 의해 20세기 이후 국가 정책으로 추진되기 시작했다. 대표적인 국가가 미국과 독일이었다. 미국은 존 듀이의 실용주의 교육이론에 따라 중등 교육과정으로 직

---

03 박동열·조은상·윤형한·이용길, 『고숙련사회에서의 숙련기술인 육성 방안』, 한국직업능력개발원, 2011, 3~5쪽.

04 이에 대한 상세한 내용은 캐쓸린 썰렌 지음, 신원철 옮김, 『제도는 어떻게 진화하는가—독일·영국·미국·일본에서의 숙련의 정치경제』, 모티브북, 2011 참조.

업교육을 실시했다. 독일은 1912년 베를린 교원대회에서 교육과 노동의 결합을 채택한 후 중등 교육과정에 직업교육이 자리 잡았다. 직업에 대한 사전 준비의 의미로 청소년을 상대로 이루어졌던 직업교육·훈련은 제2차 세계대전 이후 성인 상대로까지 확산되었다.[05] 제2차 세계대전 중 장애를 입은 남성노동자들의 재훈련과 경기불황에 따라 발생하는 실업대책으로서의 직업훈련 정책이 국가의 주요 정책으로 자리 잡게 되었다.

그렇다면 한국 노동자들은 어떻게 기술을 습득하였을까? 근대적 공장과 노동자들이 출현하기 시작한 일제강점기에 이미 노동자들의 기술 형성이 이루어지고 있었다. 하지만 식민지 조선인 노동자들의 기술 형성과 해방 후 국민국가 수립 이후 노동자들의 기술 형성 방식은 연속되면서도 변화하였다. 중일전쟁 발발을 계기로 기술인력이 부족해지자 식민당국은 학교뿐만 아니라 조선의 공장에도 독자적인 교육, 훈련 시설을 두도록 강제하였다. 당시 '양성공'이라 지칭되었던 이들 기술훈련생은 14~17세의 청소년층으로, 보통학교나 보통학교 고등과를 졸업한 사람들이었다. 기술훈련생은 전시에 새롭게 창출된 존재였다.[06] 20세기 초반 공업교육을 받은 이들은 새롭게 등장한 존재들이었지만 공업 국가의 다수자는 아니었다.

교육받은 공업 분야 기술인력은 산업화와 경제성장이 전제되어야 다수자가 될 수 있다. 한국의 산업화는 강력한 국가 주도로 이루어졌고, 이것은 농업

---

05 1939년 도제훈련 제도에 관한 권고에서 시작한 직업훈련에 관한 ILO의 권고는 1950년 성인 직업훈련에 관한 권고로, 다시 1962년 "고용과 개인과 사회의 능력 발휘를 위한 국가 계획하의 직업훈련 권고"로 발전하였다. 노동청 발행, 『(職業訓鍊資料 制一號) 職業訓鍊』, 1964(제네바 국제노동기구, 1960), 69~71쪽.

06 기능자라는 호명도 이 시기 등장하는데, '공장사업장기능자양성령'에 의하면 '기능자'란 노동현장에서 중견인물 정도의 지식과 기능을 갖춘 인물을 뜻했고 그 기준은 중등학교였다. 이병례, 「일제하 전시 기술훈련생의 존재 형태」, 『역사연구』 25, 2013, 155~156쪽, 168~169쪽.

국가인 한국의 산업구조를 공업 국가로 바꾸는 것이었다. 산업화를 경제개발계획으로 정책화한 박정희(朴正熙) 정부는 한국의 공업을 경공업 중심에서 중화학공업 중심으로 변모시키려 했다. 자원과 자본이 부족한 후발 공업국이 중화학공업화를 추진할 때 가장 중요한 것은 공업 분야 기술력을 갖춘 노동자들의 확충, 즉 기술계 노동자 양성이었다. 마침 이 시기는 슐츠와 베커 등 미국 경제학자들이 인적자본(human capital) 개념을 정립하여 노동자 간 임금격차 존재와 확대 현상을 이론적으로 규명하던 시기였다.[07] 노동자를 노동력으로 개념화하고 이러한 노동력을 물적자본에 대비시켜 인적자원으로 정립하려 했던 이론은 노동자가 가진 유무형의 기술, 지식, 능력을 생산의 한 요소로 보려는 시각이었다. 자본과 마찬가지로 인적자원에 대한 투자가 생산성을 높일 수 있다는 경제학 이론 가운데 하나로, 인적자본 즉 노동력의 질적 가치를 높이면 노동생산성이 높아지고 이것이 경제성장으로 이어질 수 있다는 것이다. 이러한 인식은 노동자에 대한 교육·훈련투자를 강조하는 효과가 있다. 하지만 인적자본은 선천적 재능과 지식량 등을 포함하고 있어 계량적으로 측정하기 힘들다. 때문에 일반적으로 교육과 직업 경력 등 학력과 숙련도 등이 인적자본의 대리지표로 사용된다.[08] 노동력은 생산의 요소가 될 수 있지만 노동자라는 인간 존재를 생산요소로만 보면 격차의 발생을 불평등이 아닌 합리적 차등으로 설명하는 입장이 될 수 있다.

---

07 Theodore William Schultz, “Investment in Human Capital”, *The American Economic Review*, Vol. 51, No. 1, Mar., 1961, pp. 1~17; Gary S. Becker, “Investment in Human Capital: A Theoretical Analysis”, *Journal of Political Economy, Part 2: Investment in Human Bings*, Vol. 70, No. 5, The University of Chicago Press, Oct., 1962, pp. 9~49.

08 문복현, 『한국 노동시장에서 성별 학력별 임금격차에 관한 연구』, 한국해양대학교 박사학위논문, 2024, 9~10쪽.

한국 사회에서 이러한 정책과 제도는 박정희 정부 시기부터 추진된다.[09] 박정희 정부는 제1차 경제개발계획 추진 시기부터 이를 실현하기 위해 인력개발 정책을 같이 수립했다. 경제개발계획(안)에 맞추어 인력개발 정책(안)을 작성했던 것이다. 중화학공업화도 마찬가지였다. 이를 성공적으로 추진하기 위해 필요한 기술인력을 파악하고 단기·중장기적으로 수급 현황을 파악해 필요 인원을 양성하는 것은 중요한 과제였다. 정부뿐만 아니라 기업과 학교 등 인력정책에 연관된 여러 주체들은 기술인력 양성을 두고 자신의 이해관계를 관철시키기 위해 협상과 갈등을 공전했다. 요즘에는 기술인력 양성기관으로 직업대학, 직업계 고등학교와 같은 정규교육기관만 떠올리지만, 이 또한 한국 사회의 교육 지식, 문화, 경험과 훈련 같은 비경제적 영역의 여러 요소들이 복합적으로 작동하여 만들어진 역사적 결과이다.[10] 이 책은 첫 번째로 한국의 기술인력 양성이 어떤 역사적 경로를 거쳐 변화해갔는가에 주목한다.

경제개발계획 수립에 따른 기술인력 수급계획은 과학자, 기술자, 기능직 노동자들을 모두 양성 대상으로 했다. 이러한 구분의 기준은 무엇이었는지, 기술과 기능의 위계와 관계는 어떻게 형성되어왔는지, 현재는 거의 사용하지 않는 '기능직'이라는 용어는 어떤 역사적 경로를 거쳐 쇠퇴했는지 규명될 필요가 있다. 사실 노동시장에서 기술의 가치, 학교교육 중심의 교육·훈련 제도, 학

09 이에 대한 상세한 논의는 이봉규, 『1960년대 한국 사회과학계의 인간관리·개발 담론』, 연세대학교 박사학위논문, 2022 참조.

10 캐서린 씰렌(Kathleen Thelen)은 150년 동안 독일·영국·일본·미국 네 나라의 숙련 형성 및 직업훈련 제도의 기원과 성장 등 변화의 과정을 제도사 차원을 넘어 노사관계, 노동조합 운동, 인사관리 정책과의 연관성 중심으로 살펴보았다. 저자는 정치경제학자답게 제도의 변화를 제도를 둘러싼 여러 이해당사자들의 정치적 협상, 갈등, 동맹의 결과물로 파악하였다. 캐슬린 씰렌 지음, 신원철 옮김, 『제도는 어떻게 진화하는가—독일·영국·미국·일본에서의 숙련의 정치경제』, 모티브북, 2011.

력 위주의 고용 관행은 기술과 노동에 대한 사회적 인정과 깊은 관계를 맺고 있다. 이러한 사회적 인정은 가치 분배에 해당하는 노동시장 내부의 임금 수준과 가장 강하게 연동된다. 선순환적으로 이 과정이 진행되면 노동자는 특정한 기술 형성과 향상을 통해 사회적으로 인정받고 계층상승을 시도할 수 있는 매개로 기술을 인식하게 된다. 이 경우 노동자는 자신이 기술을 향상시키면 임금 상승, 승진, 노동의 자율성 확보와 같은 대가를 받을 수 있다고 기대한다. 이러한 기대는 개인의 기술 향상이 계층상승으로 바로 이어진다는 기업과 정부의 선전과 결합하여 만들어진다. 물론 실제와는 별개로 기업과 정부는 이러한 '기대' 선전을 노동자 동원에 이용하기도 한다. 이러한 실제와 '기대'가 작동해 자본주의 시장체제가 강화되어갔다고도 볼 수 있다. 이처럼 기술 형성은 자기 일과 직급에서 인정받고 경제적으로 계층상승을 이룰 수 있는 주요한 수단이다. 바로 이 지점에서 노동자들은 자기 기술을 인정받고 노동을 통해 이루어지는 생산력 향상에 기여하며 기술 획득을 통해 노동현장과 가족, 사회, 국가로부터 인정받기를 원한다. 기술에 대한 사회 제 주체 간 인정은 자격인증 제도를 통해 정착한다. 이 책은 두 번째로 노동자의 사회적 인정욕구가 기술과 결착하는 과정에 주목한다.

여러 연구들이 지적했듯이 여성은 아무리 많은 교육·훈련을 받더라도 노동시장 내부의 성별 직무 분리와 성차별에 직면한다. 인적자원, 노동력, 노동자라는 호명에서는 성별이 드러나지 않지만, 기술인력, 숙련노동자라는 언어야말로 남성적 의미를 담고 있다. 조앤 스콧은 E. P. 톰슨이 남성복을 만드는 여성 재봉사처럼 18세기 후반에 이미 여성 장인들이 존재했다는 것을 알고 있으면서도 장인의 직업 목록에서 여성 재봉사를 누락시켰다고 비판한다. 톰슨이 새로운 영국 노동사를 썼다고 평가받지만, 조앤 스콧이 보기에 이 책에서 여성은 덜 중요한 노동계급 구성원이자 남성 장인이 자본주의에 의해 해체될 때 그 잔혹성을 드러내는 역할로 묘사될 뿐이었다. 영국의 남성 장인들이 자신들의 전통이 해체되는 국면에서 노동계급을 형성하고 있을 때 임금노동자라는 새로운 신분을 획득한 여성들도 노동조합과 여성개혁협회 활동을 통해 정치적 활동을 하고 있었다.[11] 페미니스트 역사가들이 오랜 시간에 걸쳐 주장했듯이, 성차에 따라 기술의 습득과 기술직 노동자로서의 정체성 형성이 어떻게 달랐는지를 분석하는 것은 여전히 중요하다.

1830~40년대 파리 의류업계 남성과 여성들은 재봉 기술들 가운데 많은 것을 공유하고 있었고, 기성복 산업이 등장하며 자신들의 일자리를 위협하자 노동계급 저항운동의 선봉에 섰다. 조앤 스콧의 분석에 따르면, 남성 재봉기술자들은 공방이라는 자신들만의 작업 공간에 근거해 평등하게 숙련을 전수하고 서로의 고용을 보장해주며 근로조건 악화에 저항하였다. 이러한 전략은 저항의 조직화에 효과적이었지만 숙련노동을 공방과 동의어로 만들어 가정에서 일하는 공방 외부 재봉기술자들을 미숙련노동자로 전락시켰다. 반면 여성 재봉기술자들은 자신들의 노동을 미숙련노동으로 만들려는 '공방노동=숙련'이라는 정의에 문제를 제기했다. 이들은 노동 장소에 상관없이 규정에 맞게 임금이 지불되어야 할 필요성을 강조했고, 여성들이 자신의 임금노동과 가사노동에 대한 결정권을 가진 관리자가 되어야 한다고 주장했다.[12] 산업의 전환기, 남녀 재봉사들은 기술의 획득을 서로 다르게 활용하였던 것이다.

19세기 프랑스의 사례지만 조앤 스콧의 질문은 경제개발기 한국에도 적용할 수 있다. 성차에 따라 기술 습득 경험은 어떻게 달랐는가? 남녀 사이의 기술

---

11 조안 스콧 지음, 정지영·마정윤·박차민정·정지수·최금영 옮김, 『젠더와 역사의 정치』, 후마니타스, 2023, 141~142쪽.

12 위의 책, 178~191쪽.

적 능력 차이는 이들 내부의 차이만큼이나 컸는가? 혹은 이러한 기술적 능력 차이를 본질적 차이로 만드는 논리는 무엇이었으며 이를 둘러싼 경합은 어떻게 이루어졌는가? 이 책에서는 세 번째로 성차에 따라 기술 형성과 향상의 경험이 달랐다는 점에 주목한다.

조앤 스콧이 주목한 19세기 여성 재봉사들이 숙련노동자라는 정체성을 빼앗겼듯이 '여성 기술인력'이라는 용어 또한 여전히 낯설다. 이러한 어색함은 더 나은 노동을 할 권리만 주장해도 되었던 남성노동자들과는 다르게 노동 그 자체를 할 권리부터 요구해야 했던 근대 여성노동사의 결과일 것이다.[13] 이 책은 또한 여성들의 기술력이 다른 정치력으로 작동하는 장면에 주목한다.

기술인력 정책은 1960년대 이후 '공업입국'을 목표로 한 노동정책의 핵심 사업으로 추진되었다. 정책만 다룬다면 정부기관과 관료들이 연구의 대상이 되겠지만, 노동자의 기술 습득은 학창시절, 그리고 입직 후 노동자 스스로가 참여한 교육·훈련과 같은 행위를 통해 이루어진다. 따라서 본 연구에서는 정책의 의도와 효과뿐만 아니라 정책의 수용자이자 변용의 주체인 노동자들이 기술인력 정책을 어떻게 이해하고 해석한 후 학생·비기능직(미숙련) 노동자에서 기술계 노동자로 변모해갔는지를 밝혀보려 한다. 이러한 과정을 통해 산업화 이후 한국 노동자들이 국가와 맺었던 관계가 억압과 배제 또는 정치적 탈동원·경제적 동원과 같이 이분법적이지 않다는 점을 확인할 수 있을 것이다.[14]

---

13 한국 노동사에 대해 적지 않은 연구들이 축적되어 있지만, 여전히 노동사는 '남성노동사'이며 여성노동사 연구들은 그들의 연구 앞에 '여성'을 붙여야 한다. 조앤 스콧이 "허스토리" 접근법으로 명명한 이러한 방법론은 역사학을 바꿔왔고 성별과 젠더가 역사적 용어로 개념화되어야 한다는 점을 보여주었다. 하지만 한편으론 여성사를 특수화시키고 여/남이라는 성별 정체성을 본질화시킨다는 점에서 한계가 있다. 이에 대해서는 위의 책, 1장, 「여성의 역사」와 2장 「젠더」 참조.

14 최장집, 『한국의 노동운동과 국가』, 한울, 1997.

2. 연구 대상 및 시기

한국의 기술인력 정책은 어떤 과정을 거쳐 수립되었을까? 기술을 갖춘 노동자들을 양성하기 위한 정책은 식민지 시기 처음 실시되었다. 식민지 시기 기술인력 정책은 일제의 전쟁 수행을 위한 강제동원의 일환으로 실시되었다. 해방 후에는 신생 독립국가의 '자립경제' 구축이라는 경제정책으로 그 성격이 바뀌었다. 1950년대 후반에는 실업교육 확대를 위한 '실업기술교육 5개년계획'이 구상되기도 했지만, 이를 추진할 예산과 인력이 확보되지 않은 상황에서 실업교육 정책은 과학과 기술을 숭상하는 국민을 양성한다는 '국민 만들기' 차원에서 이루어졌다.

1961년 경제개발계획의 본격적인 추진과 함께 기술인력 정책은 인력개발 정책으로 추진되었다.[15] 인력개발 정책은 박정희 정부가 경제성장에 필요한 노동력을 양성해 공급하기 위한 정책으로서, 이 정책을 통해 많은 기능직 노동자들이 형성되었다. 무기능 노동자들에게 기능을 습득시켜 기능직 노동자로 만든다는 박정희 정부의 노동정책으로 실시된 것이다. 저개발국의 경제가 자립할 수 있도록 물자가 아닌 시설과 인력개발 지원이 원조의 새로운 방법으로 자리 잡자, 서독, 일본, 미국, 벨기에와 같은 다양한 국가로부터 노동자의 기능 형성을 위한 인적·물적 지원을 받을 수 있었다. 이를 위해 직업훈련법이 제정되었고 공공직업훈련소뿐만 아니라 기업 내 직업훈련소도 다수 설치되었다.

지금까지 박정희 정부의 노동정책은 산업평화를 유지하기 위해 노사 간

15 프레드릭 허비슨(Frederick Harbison)은 인력개발을 "한 사회 내의 모든 사람의 지식과 능력과 역량을 증진시키는 과정"으로 경제 활동에 필요한 지식, 기술, 기능을 인간(노동력)에게 부여하고 이를 경제개발에 효과적으로 투입하는 과정으로 정의했다.

대립을 억제하는 정책, 즉 노동쟁의를 막고 노사갈등을 조정하는 역할에 제한되었다고 이해했다. 1970년대 초반, 단결권을 비롯한 노동3권 금지는 박정희 정부 노동정책의 성격을 보여준다. 하지만 박정희 정부로서는 경제개발에 필요한 새로운 인력을 창출하는 것이 기존의 노사협조를 유지하는 것만큼 중요했고, 이 역할은 한국 정부 최초의 노동 문제 전담부서로 신설된 노동청이 담당했다.

노동정책 연구들은 박정희 정부가 어떻게 노동정책의 일환으로 기술인력 정책을 추진했는지에 대해서는 주목하지 않았다. 대신 박정희 정부의 기술인력 정책은 경제정책 추진에 필요한 인력 공급이라는 목적만 있었던 것으로 파악했다.[16] 하지만 노동정책은 그 성격상 사회정책의 성격을 가지지 않을 수 없다. 한국의 노동부는 제1공화국 당시 사회부에서 출발했고 노동청이 설립된 후 보건사회부 노동청이 되었다. 경제개발에 필요한 인력을 어떻게 공급하려 했는가라는 차원을 넘어, 기술인력 형성이라는 노동정책이 어떤 사회 변화 또는 지체와 같은 사회적 효과를 일으켰는지 주목할 필요가 있다. 더구나 노동정책이라는 것 자체가 정부의 주도만으로 추진될 수 없다. 정부 각 부처 간 이해관계, 자본과 개별 기업의 이해관계, 정책의 대상이자 실행 주체인 노동자들의 입장이 복잡하게 맞물려 추진된다.

정부 내에서도 노동정책의 주무부처인 노동청은 노동자들을 기능직 노동자로 바꾸려는 각종 제도들을 도입했고 이 제도들은 나름의 '효과'를 보였다. 그럼에도 노동청의 역할은 기존 연구에서 간과되었다. 산업화와 경제성장의 시기, 교육·훈련을 집중적으로 투자받은 기술인력이 대거 등장했다는 것, 그 자체가 시대의 문화를 만들어갔고, 기존의 문화를 바꿔야 형성 가능했다. 기술

---

16 최장집, 앞의 글, 250~251쪽.

인력의 양적 증가만이 아닌 사회적 인정을 유도하기 위한 정부의 전략은 구체적으로 무엇이었는지, 이 전략이 선택 혹은 배제한 존재들과 방식은 무엇이었는지를 살펴보아야 한다. 이는 박정희 정부의 노동정책을 역사적으로 평가하기 위해서도 필요하다.

1970년대 기능직 노동자를 포함한 기술인력 형성을 위한 여러 법·제도가 형성되기 시작하였다면, 1980년대에는 정부 주도 정책들의 사회적 효과에 대한 논의가 본격적으로 전개된 시기에 해당한다. 특히 여성을 대상으로 한 직업훈련과 여성 직종을 둘러싼 논의는 1980년대에 사회적 문제로 대두하기 시작하였다.

따라서 이 책에서는 첫째, 박정희 정부 산하 노동청이 추진한 노동정책의 구상과 이러한 구상의 핵심 사업이었던 '인력개발 노동정책'의 도입 과정 및 직업훈련사업 추진 과정을 살펴볼 것이다. 이어서 1980년대 이러한 정책이 시대적 조건과 정치적 조건의 변화에 따라 어떻게 변모하는지까지 살펴본다.

둘째, 기술인력 정책은 모든 노동자를 대상으로 동일하게 이루어지지 않는다. 어떤 정책이든 정책의 수혜와 배제가 구별되듯이 박정희 정부의 기술인력 정책도 모든 이들에게 동일하게 적용되지 않았다. 교육·훈련을 동일하게 실시하더라도 그 결과는 인증 제도를 통해 선별을 거치게 된다. 이러한 인증 제도야말로 당대 사회가 어떤 능력을 더 중시했는지를 보여주는 동시에 그 능력을 둘러싼 당대인들의 경합을 보여준다. 기술인력을 학교를 통해 양성하느냐, 기업 부설 훈련소와 같은 학력 미인정 기관에서 양성하느냐는 한국과 같은 학력중심사회에서는 중요한 의미를 지닌다. 한국의 노동시장이 학력중심 노동시장으로 지속되었던 것은 우연한 결과가 아니라 정책과 제도의 추진, 이 과정에서 능동적으로 움직인 여러 주체들의 역동이 작용한 결과였다. 기술인력 양성사업의 전개가 학교와 훈련소라는 중요 인력양성 기관과 어떤 관계를 맺으며 위계를 형성해갔는지는 여전히 역사적 규명이 미진한 분야이다. 이 책에서는 기술이 활용되는 현장은 학교가 아님에도 한국의 기술인력 양성이 여전히 학력을 인정받을 수 있는 학교 위주로 조성된 역사적 과정을 규명해보려 한다.

셋째, 기술인력 정책은 모든 정책이 그러하듯이 정부 혼자 추진할 수 없다. 이미 구상과 정책 추진 과정에서 자본과 산업의 이해관계가 개입되며, 좀 더 세밀히 살펴보면 각종 협회와 개별 기업의 정치가 작동된다. 하지만 노동정책과 노동사업에서 가장 중요한 주체는 바로 개별 노동자들이다. 박정희 정부 기술인력 정책의 직접 대상이었던 남성들은 박정희 정부의 '정책'을 어떻게 이해하고 해석하며 수용했을까? 이 시기 대거 양성된 남성 기능직 노동자들은 당시 '기능공'이라고 호명되었다. 한국의 기능직 노동자였던 기능공들은 직업교육과 훈련을 통해 입직 이전 전문기술을 습득했고, 현장에서는 엔지니어의 지시를 받아야 하는 생산직무의 최하급 노동자들이었다. 그러나 고도성장이라는 시대 배경 아래서 능력에 따라 점차 제작, 제조, 보수, 유지의 업무에서 기술자가 맡고 있던 기술계획, 관리, 설계, 공정 지도의 업무 담당자로 기술의 '고도화'를 추구했던 이들도 바로 이 기능직 노동자들이었다. 산업화 초기에는 기술분화와 업무 세분화가 잘 되어 있지 않았기 때문에 '현장'과 '사무실'의 협업이 오히려 능동적으로 이루어질 수 있었다.[17] 이 책은 기술인력 양상사업의 대상이자 주체인 기술직 남성노동자들을 연구대상으로 삼는다.

지금까지 기능직 남성노동자는 생산직 노동자의 부분으로 설명되거나 중

---

17 1970년대 후반~1980년대 기능직 노동자로 입사해 자신의 기술을 바탕으로 기술개발, 나아가 기업의 기술 최고관리자까지 승진한 사례가 이른바 '성공 스토리'로 여럿 발견된다. 2012년 LG전자 사장으로 부임한 조성진은 1976년 용산공고를 졸업한 후 금성사에 입사해 36년간 세탁기 개발에만 몰두한 고졸 출신의 세탁기 장인이었다. 「LG전자 임원인사… 공고 출신 부사장 '깜짝' 승진」, 『세계일보』 2012. 11. 28.

요도가 약한 하급 기술인력으로만 다루어졌다. 기능직 남성노동자들의 위치가 이 중 어느 한 군데 있었던 것도 사실이다. 그러나 기능직 남성노동자들의 위치는 고정되어 있지 않았고 제도의 도입, 업무 환경에 따라 생애사적으로 보자면 유동적이었다. 기능직 노동자들도 고학력·사무직만을 욕망하는 사회 안에서 자기 성장 전략을 수립하고 추진해 나가는 역사적 주체로, 이들의 실천은 때로는 국가와 사회의 '순응' 코드를 강화하기도 했지만 1987년 노동자 대투쟁 시기와 같이 국가와 사회의 변화를 위한 실천 주체로 표면화되기도 했다. 성장과 분배에 대한 노동자들의 입장 또한 이처럼 유동적이었을 것이다. 기능직 남성노동자들의 다면적 행위를 추적한다면 기능직 노동자들이 처한 가난, 교육, 계층상승, 기술개발, 경제성장, 분배의 과정을 통해 한국 노동정책의 성격과 남성노동자들의 적극적 대응 양상을 살펴볼 수 있을 것이다.

대다수의 자본주의사회와 마찬가지로 한국의 노동시장도 성별로 분리되어 있다. 노동의 성별분업은 기술과 긴밀히 연동되어 있다. 기술이 여성에게 적합하지 않은 노동으로 인식된 배경에는 차별화된 재현이 자리 잡고 있다. 19세기 풍자화 속 선진 기계의 대표자였던 증기기관차를 보며 석탄 냄새가 난다고 찡그리는 여성의 모습은 마치 여성이 기계를 싫어하며 혐오하는 게 당연한 것처럼 강요한다. 여성성을 기계와 먼 정체성으로 만든다.[18] 하지만 시대와 자본의 필요에 따라 특정 기계를 잘 다루는 여성의 모습이 부각되거나 그러한 기술을 여성에게 전수한 시기도 있었다.[19] 이러한 재현과 실재가 복합적으로 작

18 김혜련, 「여성에게 기술은 무엇인가?」, 『철학과 현실』 78, 2008, 152~163쪽.

19 루스 코완 지음, 김성희 옮김, 『과학기술과 가사노동(More work for mother: the ironies of household technology from the open hearth to the microwave)』, 학지사, 1997; 김덕호, 『세탁기의 배신—왜 가전제품은 여성을 가사노동에서 해방시키지 못하는가』, 뿌리와이파리, 2020. 이 연구들은 모두 미국의 가사노동이 가정기술 및 가전제품과 만나며 여성의 가사노동 부담에

동하여 여성은 특정 직종과 직무에 제한된다. 이러한 제한이 성별 직무분리를 강화한다는 점 또한 여러 연구를 통해 분석된 바 있다.[20] 노동시장에서 여성은 특정 직종에 편중되는 한편 하위 직급에 집중되어 있다. 성별분업과 함께 대규모 노동자가 유입된 산업화 초기에 여성에게 제공된 직업교육과 훈련이 이 같은 결과에 영향을 미쳤다. 박정희 정부는 남성에게는 공업입국의 선도적 역할을 담당하는 주체임을 강조하면서 "기능직 노동자는 조국 근대화의 기수"라고 호명했지만, 여성노동자들은 그 대상에서 빠져 있었다. 이 연구에서는 한국의 기술인력 정책이 남녀에게 어떻게 다르게 실시되었고 그 결과가 여성노동자에게 어떤 영향을 미쳤는지, 여성노동자들은 자신의 숙련에 대해 어떻게 인식하고 있었으며 이에 대해 어떻게 주체적으로 대응해갔는지를 살펴보고자 한다.

교육받을 기회를 제공받지 못한 수많은 여성들이 자신들의 기회를 스스로 만들어냈듯이, 박정희 정부가 기술인력 양성을 위해 마련한 교육과 훈련에서 배제된 여성들은 스스로 그 기회를 만들어냈다. 1980년대부터 여성들은 직종을 제한해 교육·훈련을 제공하고 동일 직종에 근무함에도 다른 근로조건을 제공하는 것 자체가 차별이라는 인식을 확산시켜 나갔다. 이러한 과정을 통해 1970~80년대에는 기존에 부차적으로 여겨졌던 기술이라는 변수가 동원, 묵종, 노동운동 참여와 같은 노동자 정체성 형성에 중요한 영향을 미치는 핵심적 변수가 되었음을 밝힌다.

어떤 영향을 미쳤는가를 분석하였다. 가사노동의 여성 전담 그 자체를 역사적으로 분석한 연구에 해당한다.

20 루스 밀크먼 지음, 전방지·정영애 옮김, 『젠더와 노동』, 이화여자대학교 출판부, 2001.

3. 기존 연구의 검토

기술인력 정책은 주로 노동정책사 영역보다는 노동경제학이나 노동과정 연구에서 다루는 것이 일반적이다. 그러나 한국 노동정책의 부분으로 기술인력 정책을 상정해 이루어진 연구는 찾아보기 힘들다. 노동정책의 범주 중 노동정치의 성격이 잘 드러나는 노사관계 정책 위주로 연구가 이루어져서이다. 이 과정마저도 권위주의 국가의 역할에만 주목한 나머지 한국노동조합총연맹만을 노동정책 검토의 대상으로 상정해 산별 노동조합과 단위 노동조합, 그 아래 노동자들이 노동정책을 수용하는 과정, 이를 둘러싼 균열의 지점에는 주목하지 않았다. 설명되어야 할 지점은 권위주의 정부가 어떻게 노동조합을 통제해 정권을 유지해 나갔냐는 점보다, 노동조합과 노동자들이 왜 권위주의 정부의 노동통제적 노동정책에 호응해 나갔냐는 점이다. 마찬가지로 일면 박정희 정권의 노동정책에 호응한 것처럼 보이더라도 그 안에서 벌어졌던 미세한 정치, 행위, 그것의 의미에 대한 분석이 이루어져야 한다.[21] 노동자들의 대응도 저항하는 모습뿐만 아니라 '동의'의 이데올로기를 창출하고 재생산하는 모습까지 확장되어 연구가 진행되어야 한다.

한국 근현대 기술인력 정책에 대한 연구는 2010년대 들어 진전을 보이고 있다. 이병례는 전시체제기 일제가 식민지 조선의 노동자를 동원하는 가운데 부족한 기술인력을 조달하기 위해 추진한 기술인력 양성정책을 분석했다. 전

21 박정희 정부의 노동정책에 대한 사회과학계의 연구로는 대표적으로 최장집, 앞의 책; 김용철, 「한국 노사갈등의 정치적 주기」, 『현대사회과학연구』 7, 전남대학교 사회과학연구소, 1996; 송호근, 「박정희 정권의 국가와 노동—노동정치의 한계」, 『사회와 역사』 58, 한국사회사학회, 2000; 신치호, 「박정희 정권하의 국가 노동 관계」, 『노동연구』 16, 고려대학교 노동문제연구소, 2008 등이 있다.

시체제기 노동사의 주요 쟁점은 노동력 동원 구조를 파악하는 것이었다. 이병례는 전시 노동정책의 핵심은 일반 육체노동자의 동원과 배치였다고 보고, 이 가운데 공급이 부족한 중하급 기술인력 양성정책과 실태를 분석했다. 식민지 기술인력을 둘러싼 쟁점은 '전시 기술인력 양성정책의 결과 조선인이 습득한 기술이 해방 후 노동자의 성장으로 이어졌는가'라는 점이었다. 이에 대해 이병례는 식민지 기간 내내 일제는 조선인 기술인력 양성에 소극적이었고, 전시체제 말기 단기간에 양성된 기술인력이 획득한 기술의 수준과 연속적 효과 등은 한계가 있었다고 평가했다. 이 연구는 기술인력 양성정책의 실태뿐만 아니라 기술교육·훈련의 수용자인 기술인력의 정책 수용 동기, 이들이 가진 기술의 수준, 해방 후 진로 등 개인적 차원의 경험을 구체적으로 다루었다는 점에서 의미가 있다.[22] 정책의 구상과 수립, 식민지적 특징뿐만 아니라 정책 수용자의 경험과 인식을 밝히는 데 주력했다는 점에서 본 연구와 문제의식이 비슷하다.

해방 직후 기술인력 양성을 다룬 단독 연구는 소수에 불과하다. 서문석은 해방 직후 섬유업계 고급기술자들의 기술습득 경험과 전수에 대해 연구하였다. 1950~60년대는 법·제도를 통해 기술인력 양성에 힘쓴 시대는 아니었지만, 문교부의 과학기술계 인력정책과 실업교육 5개년 교육정책의 전개가 연구되었다.[23] 1950~60년대 기술인력 정책 연구들은 대체로 문교부와 과학기술처라

22 이병례, 『일제하 전시 기술인력 양성정책과 한국인의 대응』, 성균관대 사학과 박사학위논문, 2012; 「일제하 전시 경성공립공업학교의 설립과 운영」, 『서울학연구』 50, 2013; 「일제하 전시 기술훈련생의 존재 형태」, 『역사연구』 25, 2013.

23 서문석, 「해방 직후 섬유업계 고급기술자들의 활동 연구」, 『경영사학』 41, 2006; 「해방 직후 서울 지역 대규모 면방직공장의 운영과 인력 실태에 관한 연구」, 『경영사학』 42, 2006; 서문석 면담, 『고급기술자들의 구술을 통해 본 한국 면방직공업의 발전』, 국사편찬위원회, 2006; 홍성주, 『한국 과학기술 정책의 형성과 과학기술 행정 체계의 등장, 1945~1967』, 서울대학교 박

는 두 부처의 역할을 중점에 두고 진행되었다. 이는 기술인력 정책을 과학자와 대졸 이상의 기술인력 중심으로 파악했다는 점에서 한계가 있다. 그 밖에 개별 사업장의 견습적 기술 전수 사례도 연구되어 있다.[24] 1960년대 기능인력 양성에 대해 정진성은 이 책에서도 밝힌 직업훈련법 제정과 직업훈련 제도의 도입이 1960년대 후반 기능공 공급이라는 성과로 이어졌다고 평가하였다. 유진영과 정기섭은 독일의 기술지원으로 설립된 인천 한독실업학교의 실태와 역사적 의미를 다루었다.[25] 이 책에서 구체적으로 다루지 못했지만 부산 한독직업훈련소와 부산기계공고의 설립은 독일의 기술원조가 있어 가능했다. 이에 대해서는 최근에 막스 알텐호펜(Max Altenhofen)이 다소 다룬 바 있다.[26] 그러나 하위직 기술인력 양성 주무부처인 노동청 주도의 직업훈련 정책은 주목하지 못했다. 이 책은 하위직 기술인력 정책 추진 행정부처이자 인력관리 주무부처로 신설된 노동청의 역할과 노동청과 타 행정부처와의 관계에 주목한다. 당대 기술인력 정책은 종합적 인적자원 관리를 실현하기 위한 핵심 과제였다.[27] 또한 행

사학위논문, 2010; 김호준, 「이승만 정권기 실업교육 진흥책의 추진과 성격」, 『사학연구』 119, 2015.

24 이종구, 「제1장 후발 공업화와 기능공의 하향적 형성—권위적 작업장과 실리적 조합주의」; 박준엽, 「제2장 1950년대 숙련노동의 형성—대한양회 문경시멘트공장과 제일모직을 중심으로」, 『1950년대 한국 노동자의 생활세계』, 한울, 2010, 17~118쪽.

25 정진성, 「1960년대 한국 정부의 기술인력 양성정책—기능공 양성을 중심으로」, 『경제사학』 40, 2016, 321~365쪽; 유진영·정기섭, 「독일 기술교육 지원의 교육사적 의의—인천 한독실업학교 설립과 의미를 중심으로(1960~1970)」, 『한국교육사학』 38-2, 2016.

26 막스 알텐호펜(Max Altenhofen), 「양가적인 관계—냉전기 한독 기술협력과 행위자」, 『역사문제연구』 56, 2025, 275~314쪽.

27 노동청이 인력개발 노동정책을 추진해갔다는 이 책의 관점에서 한 발 나아가, 인력개발 정책 추진의 시대적 배경에 인간에 관한 관리·개발 담론이자 '자원'으로서의 인간 인식이 있었다는 점을 비판적으로 접근한 연구로는 이봉규, 앞의 글, 2022; 이봉규, 「1960년대 노사관계

정부처 간의 갈등이라 해도 그것을 단순한 주도권 다툼이 아니라 제도가 가지는 정책의 성격과 관련해 보아야 한다. 인력개발을 세 개의 층위로 위계화한 박정희 정부는 지식을 담당하는 인력은 마찬가지로 신설부처였던 과학기술처에 담당시켰고, 기술자는 고등교육기관에서 양성했다. 하급 기술인력에 해당하는 기능직 노동자는 공고와 직업훈련소, 기능사라는 자격 제도를 통해 양성했다. 기술인력의 이 같은 위계를 통해 이미 노동청이 담당하고 있었던 직업훈련사업의 구조적 한계를 짐작할 수 있다. 하지만 노동청이 이러한 위계를 그대로 수용한 것은 아니다. 박정희 정부 시기는 행정부처의 전문화로 인해 각 부처 간 갈등과 경합이 두드러졌던 시기였다. 구조적 한계 안에서도 노동청이 인력개발을 전담하게 된 과정을 살펴봐야 노동행정 부서가 기술인력 정책을 실시한 역사적 과정과 기술인력 정책이 가진 노동정책으로서의 한계를 파악할 수 있을 것이다.[28]

기술인력 정책을 경제발전의 주요한 요인으로 파악한 이는 박영구이다. 그는 중화학공업화 정책이 추진되는 과정을 실증하는 가운데 기술인력 공급정책과 기술인력 양성이 중화학공업화 정책과 맞물려 어떻게 추진되어갔는지를 주로 정책 입안 과정에 주목하여 검토했다.[29] 이 연구는 첫째, 중화학공업화가 추진된 1973~81년 사이 정부 내 제 부처가 기술인력의 수요와 공급을 예측

담론의 양상과 '노사협조'」, 『역사문제연구』 27-1, 2023, 263~312쪽; 이봉규, 「1960년대 한국의 인력개발 지식·담론과 '경제성장을 위한 교육'」, 『역사연구』, 2024, 397~439쪽 참조.

28 노동청에 대한 연구는 최장집, 「제8장 강력한 관료국가와 공공정책결정 / 4. 노동청의 역할과 지위」, 『한국의 노동운동과 국가』, 한울, 1997, 247~252쪽; 산재보험 제도 도입에서 노동청의 역할과 한계에 대해서는 장미현, 「1960~70년대 산업재해보상보험 제도의 시행과 산재(産災) 노동자의 대응」, 『史林』 50, 수선사학회, 2014, 98~105쪽; 장미현, 「설립 초기 노동청의 '인력개발' 노동행정의 수립과 의미(1963~1979)」, 『한국민족운동사연구』 92, 2017.

29 박영구, 『한국의 중화학공업화—과정과 내용 (II)』, 해남, 2012 중 제20장~제22장.

하는 가운데 공급부족 사태를 해결하기 위해 양성사업을 적극적으로 추진해 나간 점을 밝혔고, 둘째, 산업의 수요와 교육의 공급이 적절하게 이루어져 정규교육과정의 기술전수 효과가 컸으며 상대적으로 중화학공업화 사업의 주요 추진 주체였던 대기업은 학교의 우수한 인력을 거의 무임승차 격으로 제공 받았다는 점을 당대의 공적 문서를 통해 실증했다. 이 책은 여러 면에서 20여 년에 걸쳐 박영구가 낸 역작에 의존하고 있다.[30] 특히 『한국의 중화학공업화—과정과 내용 (II)』의 제7부는 교육과 훈련, 자격 제도 정비에 대한 글로, 이 책이 주목한 1970년대 기술인력 관련 법, 제도의 전반을 다루고 있다. 박영구는 학교의 기술인력 양성이 효과가 가장 컸다고 본다. 그러나 박영구가 제시한 공고와 공대의 기술인력 양성 효과는 이미 발전교육학 계통의 연구들이 지적했던 바이다.[31] 이 책에서는 이런 제도의 사회적 효과를 다루기 위해 위로부터 만들어진 정책의 추진 과정 및 의도뿐만 아니라 제도를 받아들이는 사회와 그 과정에서 형성된 주체들이 만들어낸 효과를 좀 더 살펴볼 것이다.

---

30 박영구, 『한국의 중화학공업화—과정과 내용 (I), (II), (III)』, 해남, 2012. 이후 박영구는 각 공업별 기술인력 부분도 다루었다. 박영구, 『한국의 중화학공업화 공업별 연구—1960~1970년대 한국 공업화의 기록, 제1차 금속공업』, 해남, 2015; 『한국의 중화학공업화 공업별 연구—1960~1970년대 한국 공업화의 기록, 기계공업』, 해남, 2015; 박영구, 『한국의 중화학공업화 공업별 연구—조선공업』, 해남, 2018; 박영구, 『한국의 중화학공업화 공업별 연구—전자공업』, 해남, 2021.

31 보다 상세하게 조사되었다는 차이가 있기는 하지만, 1973년 이후의 공고나 공대와 같은 기술계 교육기관이 기술인력 배출에 효과가 있었다는 연구는 대단히 많다. 대다수의 공업 교사들이나 중화학공업화 정책 입안자들의 출판물에서 공고와 공대의 육성, 우수한 기술인력 양성정책이 중화학공업화 정책 성공의 요인이었다는 점이 지적되고 있다. 예를 들어, 김영철·공은배, 『교육의 경제발전에 대한 기여』, 한국교육개발원, 1981; 김수곤, 『인력개발과 고용정책 35년의 회고』, 한국경영자총협회, 1984; 김광모, 『한국의 산업발전과 중화학공업 정책』, 대화인쇄, 1988.

박기주를 비롯한 공동연구팀은 한국이 중화학공업화를 추진한 후발 국가로서 선진 공업국의 기술 도입과 이를 정착시키는 사회적 능력이 주효했음을 실증하는 공동연구를 출간하였다. 이 연구를 통해 포항제철과 현대중공업의 기술력과 기술인력 형성 과정을 사례로 분석하였다. 특히 사회적 차원에서, 기술의 형성은 교육 제도와 기존 기술의 축적·변용과 관련이 깊다는 문제의식은 본 연구도 동의하는 지점이다.[32]

기업 내/외 훈련소에서의 직업훈련 제도와 실태에 대한 연구는 2000년대 이후 진전되고 있다. 신원철은 대한조선공사 사내직업훈련 제도의 역사적 전개 과정 분석을 통해 특히 한국의 노동조합이 사내직업훈련 대응에 소극적이었다는 점을 밝혔다. 정진성은 포항제철의 기능인력 확보 방침이 초기부터 명확히 '노동시장 내부화' 방향으로 설정되어 기업 내 교육·훈련을 통한 기술인력 양성을 체계화해 나갔음을 밝혔다. 배석만은 1960년대와 달리 1970년대 이후 현대중공업을 비롯한 기업 사내훈련소가 조선소 기능공 양성과 공급에 중요한 역할을 했다고 평가했다.[33] 사내직업교육과 훈련은 1970년대 이후 확장되었으며, 정규교육기관 위주의 기술인력 양성 방식만 남은 오늘날 한국 사회를 설명하기 위해서도 산업별, 기업별, 그리고 특히 지역별로 사례 연구가 축적될 필요가 있다.

교육 제도로서 기술인력 형성을 다룬 연구는 공업교육사 분야에서 이루어

32 박기주·이상철·김성남·박이택·배석만·정진성·김세중, 『한국 중화학공업화와 사회의 변화』, 대한민국역사박물관, 2014.

33 신원철, 「사내직업훈련 제도의 전개—대한조선공사 사례를 중심으로」, 『사회와 역사』 85, 2010, 157~196쪽; 정진성, 「포항제철의 기능인력 충원 및 양성」, 『한국 중화학공업화와 사회의 변화』, 대한민국역사박물관, 2014, 511~568쪽; 배석만, 「조선 산업인력 수급정책과 양성 과정」, 『한국 중화학공업화와 사회의 변화』, 대한민국역사박물관, 2014, 570~617쪽.

졌다. 교육사에서는 정책 수용자인 학교, 학생, 교사 등 다양한 주체들의 역할과 인식, 그리고 교육적 효과에 주목했다. 중화학공업화 추진 시기의 교육정책을 다룬 연구들은 이 시기 교육론을 발전교육론으로 평가하고, 교육 수혜자들이 경제정책에 교육을 맞춘 결과 취직, 승진과 같은 경제적·사회적 결과를 얻었다고 본다. 반대로 1970년대에 실시된 기술인력 양성 위주의 교육정책으로 인해 경제 관료들이 교육을 좌지우지하게 된 결과 '인간 완성'이라는 교육의 본래 목적이 흔들렸고, 교육계의 입장은 오히려 소외되었다고 보는 연구도 있다. 이러한 입장에서는 경제 관료들이 학생들을 개발계획의 공급인력으로만 취급한 결과, 일시적으로는 정권의 수혜 제공에 힘입어 기술인력 정책에 대한 사회적 호응이 형성되었지만, 정책이 바뀌자마자 기술인력 양성기관에 대한 사회적 호응은 급속히 사라졌다고 평가한다.[34] 이러한 연구들은 정책 대상인 학생, 학부모들이 기술인력 정책을 어떻게 받아들였는가에 주목했다는 점에서 경제학계의 연구와는 다른 접근 방법이다. 그러나 한국 근현대 공업교육은 정규교육기관에서만 진행되지 않았다. 또한 공업교육 수용자들이 노동시장 진출 이후 어떤 지위에 처해 있었고 사회의 유지와 변화에 어떻게 관계 맺고 있었는지에 대해서는 주목하지 못했다.

1970년대 양성된 기술인력 중 기능직 노동자들의 기술 형성과 향상 경험에 대한 연구는 중공업 사업장의 노동자 생애사 연구를 통해 최근 활발하게 진행 중이다. 김준은 현대조선 노동자들의 구술 자료를 통해 사업장 내의 숙련이 형성되는 과정을 밝히고, 대기업 기능직 노동자가 높은 상승 열망, 성취 욕구를 가지고 있으면서도, 동시에 회사의 헤게모니적 지배력과 노동자들의 개별화

34 최규남 지음, 『한국 직업교육 정책 연구』, 문음사, 2003; 정진성, 「1960년대 한국 정부의 기술인력 양성정책—기능공 양성을 중심으로」, 『경제사학』 40-3, 2016, 321~365쪽.

에도 불구하고 개인적 차원의 '농땡이', '감독 노동자와의 줄다리기'와 같은 잠재적 저항을 시도해왔다는 점을 보여줬다. 김준이 제시한 대로 현대라는 대기업의 거대한 배를 생산하는 노동자라 하더라도 그 안에 만족과 평온한 일상만 있을 수는 없을 것이다. 평온한 일상 가운데서 징후로 드러나는 불온한 기운이나 갈등은 이 책의 주인공들인 기능직 노동자들의 삶 속에서도 자주 발견된다.[35]

2010년대 이후, 한국 현대사의 구술생애사 연구 방법이 적극 활용되면서 1970년대 기술인력 정책의 수혜자 세대가 자기 기술 형성과 향상 경험을 구술한 내용을 바탕으로 연구가 진행되고 있다.[36] 원영미는 울산 지역 현대자동차, 현대정공, 현대중공업과 현대엔진 등 현대그룹 계열사 출신 노동자 46명의 구술 자료를 바탕으로 울산 중공업 사업장 노동자들의 비정형적 기술 습득과 기술 향상 경험, 기술을 활용한 이직, 이에 대한 기대와 좌절, 분노 등을 세심하게 분석했다. 울산의 현대 계열 중공업 사업장 기능직 노동자들은 기술관리직 노동자들과의 차별을 철폐하기 위한 다양한 저항을 실천했다.[37]

---

35 김준, 「1970년대 현대조선 노동자들의 삶과 의식」, 『1960~70년대 노동자의 작업장 경험과 생활세계』, 2005, 122~123쪽. 다만 김준도 조선소 노동자들이 사무직에 비해 차별받는 생산직 노동자였고, 회사는 노동자들에게 '사소한' 인정(승진, 포상)만을 제공했으며, 기능직 노동자들이 뭔가를 얻었다는 건 선전에 불과하다고 평가했다. 필자는 실제 1970년대 중공업 사업장에서 기능직 노동자들이 지녔던 작업장 내부 자율성과 인정투쟁이 표상이 아닌 실제의 계층상승을 성취했고 '중요한' 인정욕구를 충족시켜줬다고 본다는 점에서 의견이 다르다.

36 조성제 외, 『한국의 산업발전과 숙련노동—명장의 생애사를 중심으로』, 한국노동연구원, 2013; 지민우, 「중화학공업화 초기 숙련공의 생애사 연구—'금오공고 졸업생'을 중심으로」, 연세대학교 석사학위논문, 2013. 이 글에서 상세히 다루지는 못했지만 여성 명장 배출 분야로서 미용명장의 생애사 연구도 진행 중이다. 김미송·장미숙, 「대한민국 미용명장의 생애사 연구—L명장의 사례를 중심으로」, 『한국미용학회지』 27-2, 478~488쪽.

37 1980년대 중공업 사업장 남성노동자의 노동과 생활세계에 대한 연구로는 원영미, 『1980년대

중화학공업화 추진을 위해 대량의 기능직 노동자를 양성해야 했던 박정희 정부는 선전과 보상, 사회적 인정을 통해 가까운 시일 내에 기능우대사회가 도래할 것이라고 약속했다. 국제기능올림픽 참가자나 대기업 직업훈련소 출신들은 기술 형성을 통해 계층상승과 국가가 선전한 기능우대사회를 기대했다. 이러한 기대가 이들로 하여금 국가와 기업에 '몰입'하도록 만들기도 했다. 국가의 전폭적 지지 아래 기술을 습득한 남성노동자들은 국가의 혜택을 받은 지배체제의 '선전부대'로, 체제 순응적 인간으로 인식되기 쉽다. 그러나 이들은 기술 형성을 통해 자신이 기대한 바를 이루는 것이 불가능할 때 불만을 갖고 정책의 '선전자'가 아닌 정책 실패를 역설하는 주체로 전화하기도 했다.

반면 같은 시기 여성의 기술 형성과 향상 경험에 대한 연구는 소수에 불과하다. 나영선은 한국 노동시장의 성별 직종분리가 여성의 노동시장 애착을 저해한다고 주장하였다. 각종 통계 자료를 활용하여 1970~90년대 사이 여성을 상대로 한 저임금의 전형적인 교육·훈련 제공이 성별 직종분리와 기술 자격 취득 분야의 성별분리를 강화했음을 밝혔다.[38] 이 밖에도 여성 사업장인 섬유업, 의류업 생산현장의 성별 직무분리가 기술의 성별 정체성을 고착시키고 기술가치의 성별 위계로 이어졌다는 연구도 진행되었다.[39] 북한의 기술인력 양

울산 대공장 노동자 연구—현대자동차와 현대중공업을 중심으로』, 울산대학교 박사학위논문, 2016 참조.

38 나영선, 『여성의 노동시장 애착 결정 요인에 관한 연구』, 이화여자대학교 박사학위논문, 1997.

39 김귀옥, 「1960~70년대 의류봉제업 작업장의 성격과 여성 기능직 노동자의 실천」, 이종구 외 지음, 『1960~70년대 노동자의 작업장 경험과 생활세계』, 2005, 23~57쪽; 청계피복노조 내부의 직종·직무의 성별 위계가 노조 활동의 위계로 이어졌다는 연구는 유경순, 「노동조합의 지도력과 젠더정치—청계피복노조의 여성 지도력 형성 시도와 좌절(1970~1987)」, 『역사문제연구』 21-2, 2017, 407~448쪽.

성은 한국전쟁 이후 복구 과정에서 미숙련 노동력을 숙련노동력으로 급속하게 동원하기 위해 진행된 것으로 파악되고 있다. 박영자는 해방 직후부터 1990년대까지의 여성정책을 다루면서 북한 정부가 기혼여성을 지방 경공업공장과 1960년 후반 이후 중공업공장까지 배치했던 정책 전개 과정을 상세히 다루었다. 북한 정부의 의도와 같은 위로부터의 시각뿐만 아니라 노동현장의 남녀 노동자들 사이의 기술력을 둘러싼 갈등, 기술직 노동자들과 열성 노동자들 사이의 갈등, 기술훈련을 무임으로 제공해야 했던 숙련 기술직 노동자와 미숙련노동자 사이의 역할 갈등 등이 세밀하게 분석되었다.[40]

그간 여성노동자사 연구는 주로 여성노동자에 대한 불평등과 차별의 역사, 그리고 그에 대항한 역사에 초점을 두어왔다.[41] 물론 업종, 직종, 직무별 여성노동이 처한 불평등과 차별의 역사는 여전히 중요하다.[42] 하지만 이를 여성의 직업훈련 정책 및 구체적 사업 전개라는 정책·제도사 차원에서 바라본 연구는 부족하다.[43] 기술을 배우고 전수하는 여성의 기술 형성 경험에 대한 연구는 이제 막 시작되었다. 여성에 대한 직업훈련은 여성을 가정에 속한 존재라 보는 가부장적 인식으로 인해 요보호 여성으로 규정된 전쟁미망인, '윤락여성'에 한

---

40 박영자, 『북한녀성』, 앨피, 2017, 303~522쪽 참조.

41 산업화 시기 여성 노동사에 대한 연구는 다음을 참조. 장미현, 「한국 현대 노동사 연구 동향과 과제」, 『한국 현대사 연구의 쟁점』, 한국학중앙연구원 출판부, 2022, 403~444쪽.

42 박정희 정권기 버스안내원 직종의 여성화를 산업화 시기 젠더화된 서비스업의 역사로 본 연구에 대해서는 조민지, 『1960~70년대 여성 서비스 노동 연구—여성 버스안내원 사례를 중심으로』, 서울대학교 박사학위논문, 2023 참조.

43 한국의 여성정책과 여성노동 정책사는 사회학과 여성학 및 역사학의 간학문적 연구 주제였다. 한국여성연구회, 『여성학 강의: 한국 여성 현실의 이해』, 동녘, 1991; 정진성 외, 『한국현대 여성사』, 한울, 2004; 강이수 외, 『일·가족·젠더—한국의 산업화와 일-가족 딜레마』, 한울아카데미, 2009.

정해 실시되었다. 하지만 산업화 이후 10대 중후반부터 여성들이 대거 산업현장에 투입되며 여성을 상대로 한 직업훈련 정책 역시 가시화되어갔다. 최근에는 노동현장 속 여성들의 기술 습득, 기술 전수, 기술에 대한 인식, 기술 향상에 대한 인식을 보여주는 구체적 연구들이 진전을 보이고 있다.[44] 조민지는 간호직종의 면허 취득 과정을 검토하여 여성성보다는 성별화된 보건의료 정책이 간호노동의 저임금을 유지해온 근본 요인이었음을 보여주었다.[45] 김미선은 1950년대 양장점을 운영한 여성 자영업자가 기술직 직업인으로서 자신의 정체성을 형성하고 양재기술의 전수와 여성 중심의 경제 관계 맺기에 나선 측면을 구체적으로 보여주었다.[46] 여성 사업장 내에서 여성노동자들이 가지고 있었던 지배체제에 대한 동조, 경쟁의 내면화, 노동현장 내의 남성 폭력에 대해 여성노동자들이 가지고 있던 공포, 결혼과 양육이 여성 노동운동가의 인식에 미친 영향과 같은 복합적 측면 또한 연구가 진행되고 있다.[47]

호네트가 언급했듯이 인정욕구가 있기에 무시를 경험할 때 그것을 개인적

44 이 책이 주목하는 바와 다소 다르지만, 조민지는 버스안내원이 계수기라는 기기의 도입에 대해 가진 인식과 이러한 인식을 자신들의 저항과 협상의 매개로 활용한 국면, 그리고 기계의 전면적 도입에 따라 여성 버스안내원이 소거된 역사를 보여주었다. 조민지, 앞의 책, 2023, 188~225쪽.

45 조민지, 「여성성과 전문성의 딜레마—1960~70년대 보건의료현장의 간호원 면허와 돌봄노동의 지위」, 『역사비평』 150, 2025, 383~420쪽.

46 김미선, 「한국전쟁 이후 '여성의 경제(Female Economy)'의 형성—양장점 운영을 중심으로」, 『한국여성학』 38-1, 2022, 147~178쪽; 김미선, 『여사장의 탄생—한국 현대 경제사의 여성 자영업자』, 마음산책, 2025 참조.

47 김원, 『여공 1970 그녀들의 반역사』, 이매진, 2006 중 특히 3장 「힘세고 건강한 소녀들—'여성노동'과 성별분업」, 4장 「계집들이 노조를 만든다고!—여성들의 노조 만들기」; 장미현, 「1980년대 여성노동자들의 '혁명적 노동운동' 경험과 인식—순영 언니들의 고통과 용기」, 『역사문제연구』 39, 2018.

경험에 국한하지 않고 한 집단의 전형적인 핵심 개념으로 해석하게 되며, 그 과정에서 이것이 동기가 되어 사회적 투쟁이 발생하기도 한다.[48] 그러나 불평등과 차별이 여성들의 저항을 일으키고 진전을 일궈냈던 것처럼, 기술 습득과 향상을 통한 인정의 기대가 무너질 때 저항에 나선 역사적 경험에 대한 분석은 여전히 미개척된 상태이다. 산업화 시기 여성 기능직 노동자들 또한 남성들과 마찬가지로 기능에 대한 인정을 기대했고, 이러한 기대가 무너질 때 '질서'를 활용한 저항에 나섰을 것이다. 성별분리가 가장 확실한 노동현장에서 여성을 상대로 한 기술 형성은 어떻게 달랐고, 이러한 제약 아래서 여성들의 선택이 어떤 다른 역사를 만들어왔는지 살펴볼 필요가 있다.

이상에서 보듯이 기술인력 정책과 기능직 노동자의 형성 과정은 노동정책과 함께 이에 대한 여성과 남성노동자들의 인식과 행위를 통해 확인해야 한다. 본 연구에서는 남녀 노동자 당사자들의 구술을 주 사료로 삼아 이를 확인해보려 한다. 이들의 자기 재현과 행위성을 발화한 개인에게 귀속시키지 않고, 이들의 삶을 통해 새로운 노동자상(勞動者象)을 드러낼 것이다.

---

48 호네트는 부르주아 자본주의 질서 내부에 세 가지 인정 영역들이 분화되고 제도화되었다고 본다. 사랑과 권리, 사회적 가치 인정이 세 가지 영역에 해당한다. 이것들은 내재적인 이데올로기적 성격에도 불구하고 개인이 자기 관계를 형성하는 데 결정적 영향을 미친다. 누구나 가지고 있는 인정욕망은 사회적 투쟁과 관련된 핵심적 동기를 설명할 수 있다. 호네트는 깊숙이 자리 잡은 인정에 대한 기대가 상처를 입는 도덕적 경험을 겪는 도중, 이러한 경험이 개인의 경험이 아니라 특정 집단이 겪는 사회적 훼손이라는 발상을 하게 되고, 이를 극복하고 인정 관계를 확대하기 위해 타인들도 공감할 수 있는 기제를 만들어내면서 저항이 형성된다고 설명했다. 또한 이 과정에서 만들어진 타인들도 공감할 수 있는 기제를 도덕적 학설과 이념들이라 불렀다. 이를 통해 사회적 삶에 대한 규범적 관념들이 생겨나고, 다시 이것이 매개가 되어 개인적 경험에 그칠 수도 있는 인정욕망의 훼손 경험이 사회적 경험으로 승화된다. 호네트의 인정투쟁 이론에 대해서는 주정립, 「호네트의 인정투쟁 모델의 비판적 고찰을 통한 저항 이론의 새로운 모색」, 『민주주의와 인권』 11-2, 2011, 515~517쪽 참조.

4. 자료 소개

본 논문에서 활용한 자료는 다음과 같다. 먼저 원조기관의 기술계 인력양성사업의 추진 과정과 특징, 사회적 효과를 살펴보기 위해서는 국사편찬위원회 전자사료관에서 제공하는 RG 469, Records of U.S. Foreign Assistance Agencies of Far Eastern Operations, KOREA Subject Files, 1953~1959와 군 관련 직업훈련을 파악하기 위해 주한미군 군사고문단(KMAG)에서 행한 구호 사업 관련 자료들 중 일부를 모아놓은 RG 554, Entry 353.9의 자료를 활용했다. 지금까지 미국의 대한 교육원조 연구 다수가 여기 속한 자료들을 활용했지만, 기술계 인력양성을 위한 직업교육·훈련사업을 파악하는 데 활용된 예는 없었다. 기술계 인력양성사업의 추진 주체들 중 한국 측 인사들의 이력은 국사편찬위원회 한국사 데이터베이스(http://db.history.go.kr/) 한국 근현대 인물 자료를 참고해 작성했다.

본 연구에서 중시한 사업장, 학교의 직업교육·훈련 실태와 피훈련자들의 인식, 직업교육·훈련이 실제 사회에 미친 영향을 파악하기 위해서는 학교사, 국사편찬위원회에서 간행한 『구술 자료선집』 시리즈, 사사(社史)집, 성공회대 노동사연구소의 "1950년대 노동자 생활세계에 관한 연구" 팀이 수행한 구술 사료를 통해 구체적으로 어떤 직업교육과 훈련이 이루어졌는지를 파악해보았다. 또한 미군정기와 1950년대에 대한 기존 연구들이 노동사와 경제사, 교육사 영역에서 제시한 사료를 직업교육·훈련의 실태와 당사자들의 경험을 파악하기 위해 재해석했다.

5·16 군정기 이후 공업화가 본격적으로 실시되는 가운데 정부 주도의 직업훈련사업 구상과 법 제정, 최종적으로 노동정책 중 하나로 직업훈련사업이 정착된 과정을 살펴보기 위해 국가기록원이 제공하는 『국무회의록』, 『각의상정안건철』, 국회 회의록, 문교부, 노동청, 상공부, 대통령 비서실 생산 문서들을 활

용하였다. 특히 1960년대 이후 직업훈련사업 중심으로 이루어진 기능직 노동자 양성사업의 추진 주체로 부상한 노동청이 발행한 각종 정기간행물과 보고서들, 『산업과 노동』(1974년 이후 『노동』), 『(직업훈련자료 제1호) 직업훈련』(1964), 『노동행정10년사』(1973), 『인력개발과 직업훈련』, 『인력개발과 경영발전』(1968), 『노사협조와 경제개발』, 『기능직 노동자 훈련의 실태와 개선방안 조사연구보고서』(1970), 『고도성장을 향한 기술인력의 양성』(1977) 등을 활용하였다.

박정희 정부 시기 기능직 노동자 양성사업의 가장 큰 특징은 정규교육기관이 아닌 각종 공공직업훈련소, 사내직업훈련소와 같은 비정규 교육기관 주도로 이루어졌다는 점이다. 직업훈련 주관기관의 변화뿐만 아니라 기능직 노동자 양성사업은 학력과 학벌중심사회를 기능중심사회로 바꾸려는 시도였다. '능력중심사회', '1인 1기 연마'와 같은 구호는 박정희 정부와 기업이 도입했지만, 실제 이를 전유해 사회를 바꾸어 나가려는 시도는 노동자들에 의해 이루어졌다. 이들의 훈련과 그를 통해 얻은 성취, 그것의 내적 한계와 이들 행위의 사회적 효과를 확인하기 위해 본 연구는 다음의 자료를 활용하였다. 문헌 자료로는 『산업과노동』, 『기능』(1967~1979)과 사보 『금성통신』(1976~1981) 등 당대의 간행물들에 소개된 수기, 잡지 기사를 활용하였다. 그 밖에 성공회대 노동사연구소에서 『한국 산업노동자의 형성과 생활세계』라는 주제 아래 수집한 360명의 구술 자료집 중 일부를 활용하였다.[49] 1970년대 YWCA의 직업훈련사업 연구를 위해 『한국 YWCA』 월간 잡지를 활용했다.[50] 1980년대 여성정책과 관련해서는

49 이 사업은 성공회대학교 노동사연구소의 1기 사업으로, 본문에 인용한 자료들은 2014년 12월 노동사연구소를 직접 방문해 해당 구술 자료들의 녹취문을 발췌, 복사해 활용한 것이다.

50 현재는 YWCA 아카이브(https://ywca-archive.or.kr/)를 통해 온라인 원문보기가 가능하다.

한국여성개발원 간행 자료와 월간『여성연구』를 활용하였다.[51]

기발행된 노동자들의 구술 자료집인『나, 여성노동자』1,『가시철망 위의 넝쿨장미—여성 노동운동가 8명의 이야기』와 여성노동자들이 직접 남긴 수기집『소금꽃나무』,『나 이제 주인 되어』등도 활용했다. 이미 수집되어 있는 구술 자료들과 구술사 단행본 등에서 기능직 여성노동자들의 경험을 읽으려 했다.

이 책은 2012~2015년까지 국사편찬위원회 구술 자료 수집 지원사업 덕분에 가능했다. 2012년『한국 근현대 가족 경험과 가족의 위치』중 일부 자료와 2013년『1960~70년대 노동행정가의 삶과 그 의미—국가의 노동정책과 노동자에 대한 인식을 중심으로』의 노동청 직업훈련사업 전담자였던 구술자의 자료를 수집해 활용했다. 다음 해인 2014년『1960~70년대 국제기능올림픽대회 국가대표 선수들의 생애 연구』, 2015년『1970년대 사내직업훈련소 경험과 기간사원의 삶』은 구술자들의 훈련 경험과 기술 습득 및 계층상승 과정을 파악하는 데 활용했다.

구술자들은 대체로 1950년대 중후반에 태어나 청소년기였던 1970년대에 공고와 직업훈련소 같은 직업훈련·교육기관을 거친 후 2016년 필자가 이 책의 저본인 박사학위논문을 작성할 때까지 현업에 종사하고 있었다. 구술에는 구술자들의 현재 인식이 당연히 반영되기 마련이지만, 이를 통해 당사자로서 경험한 직업훈련과 기능·기술 체득, 작업장 내외의 성취가 이들의 노동자 되기와 노동자 의식에 어떤 영향을 미쳤는지를 듣고자 했다. 특히 국제기능올림픽 선수 출신 기능직 노동자들의 인식과 생애사를 통해서는 국가와 기능직 노동

51 한국여성개발원은 여성정책 개발과 법·제도 도입을 담당할 행정부처가 필요하다는 여성계의 요구를 수용해 1983년 설립되었다. 한국여성개발원에 대한 본격적 연구는 아직 진전되지 않은 상태이다. 한국여성개발원,『한국여성개발원 20년 1983~2003』, 2003 참조.

자 사이의 복잡다기한 관계를, 사내직업훈련소 출신자들의 인식과 삶을 통해서는 한국 사회의 학력과 기술 사이 위계 구조와 상하관계에 대해 살펴보려 했다. 구술자들의 주요 경력과 각 구술 자료 수집 시기는 참고문헌에 제시했다. 각 구술자들의 인적 사항과 성명은 구술 자료 제공에 동의한 경우 실명으로 표기했고 이들 중 일부는 가명 처리했다.

5. 이 책의 구성

이 책은 정책과 제도, 남성 기술인력, 여성 기술인력 세 차원에서 1950~80년대에 걸친 기술인력 형성과 이들의 대응을 분석하기 위해 각 부를 구성했다. 제1부에서는 1950년대 한국전쟁 이전 기술인력 양성이 산업현장과 학교에서 자체적으로 진행되다가 1960년대 인력개발 노동정책 구상에 따라 기술계 인력양성 계획이 수립되고 직업훈련사업으로 정착하는 초기 과정을 살펴볼 것이다. 2부에서는 기술인력 양성정책의 핵심 사업이었던 직업훈련사업과 기능경기대회, 그리고 국가기술자격 제도의 구상과 기획, 사업의 목표와 쟁점, 대상과 방식이 1970년대 어떻게 실시되다가 1980년대 변화되는지를 살펴볼 것이다. 특히 사업의 실시 과정에서 1950년대와는 다르게 학력이 아닌 기술에 대한 사회적 인정을 정부가 정책을 통해 추진해 나가려 했는지에 주목한다. 3부에서는 남성 기술직들이 직업훈련과 기능경기대회 경험과 인식을 통해 정책의 구상 및 기획 차원과는 다른 경험과 인식을 형성했음을 살펴보려 한다. 정부가 구상한 기술을 통한 사회적 인정을 정책의 대상이었던 남성 기술인력이 실제 어떻게 인식하고 기억하는지 살펴볼 것이다. 4부에서는 직업훈련과 기능경기대회에서 배제된 여성들이 자체적으로 기술을 형성해간 과정을 살펴본다. 이렇게 자체적으로 성취한 기술력을 통해 정의로운 분배와 여성 직업훈련/여성 직종 그 자체의 전복을 실천해 나간 여성들의 경험을 살펴볼 것이다.

1부

기술인력 양성 구상과 정책 수립

초임 기술공들과 산업현장의 숙련공들의 재훈련을 위한 단기 훈련과정과 야간 교육과정 개설이 필요합니다.

—"Recommendations", Office of Far Eastern Operations, Far East Program Staff, Entry 450, Box No. 2(2 of 2), RG 469.

"처음부터 견습공으로 들어갔어요. 그 시절 견습공의 생활이 어떻게 하는 거냐면, 보수도 없어요. 5년 동안 그냥 사는 거예요.

—최상윤, 『짠물, 단물』, 천화, 2005, 117~120쪽.

1부에서는 기술인력 양성이 정부 정책으로 수집되기 이전 학교와 산업현장, 정규교육기관과 준교육 훈련기관 곳곳에서 이루어진 실태를 살펴본다. 1950년대까지도 정규교육기관을 통한 직업교육보다 준교육 훈련기관을 통한 직업교육·훈련이 일반적이었다. 1950~1960년대 기술인력 양성정책 구상의 역사적 전개 과정과 1967년 직업훈련법 제정을 둘러싼 정부 안팎의 논의를 살펴본다.

1장

1950년대 복구와 재건을 위한 기술인력 양성

1. 한국전쟁 이전 정부와 산업현장의 기술인력 양성

해방 후 기술인력 양성은 미군정과 조선인들 모두에게 중요했다. 점령 초기 미군정의 경제정책은 '현상유지'를 목표로 했으며, 경제 구조의 개혁이나 재건까지 추진하지는 않았다. 그러나 생필품 부족과 인플레이션에 직면해 생산량을 늘려야 했고, 특히 물가와 사회 안정을 위한 생필품 증산은 필수적이었다. 1946년을 전후해 경공업 제품 증산 정책이 수립되었다. 증산을 위해 공업 구조의 재편이나 증설과 같은 투자를 계획하지는 않았다. 미군정이 택한 증산 방안은 남한 내의 활용 가능한 시설의 가동이었다.[01]

미군정은 당장 동원 가능한 노동자들, 특히 기업의 노동자들에게 단기 기술훈련을 시켜 생산 부문의 가동률을 높이는 데 관심을 가졌다. 1947년 초 군

---

01 1946년을 전후해 미군정의 공업정책이 현상유지의 정책 기조로부터 남한의 생산 기반을 적극 활용하는 방향으로 변모해간 과정에 대해서는 김수향, 「미군정의 면방직공업 정책과 운용」, 『한국사론』 58, 2012 참조.

정장관 러치(Archer L. Lerch)는 자신의 대리인 헬믹(C. G. Helmic) 육군 준장에게 남한 경제의 생산성 악화를 막을 방법을 마련해보라고 명했다. 헬믹은 6주에서 12주에 걸친 단기 기술훈련 정책을 기획했다. 헬믹은 기술 훈련비 4억 원을 남조선 과도정부 입법의회에 신청했고, 이 정책을 추진할 기구로 기술교육위원회(Technological Training Board)를 설치했다. 헬믹은 기술교육위원회를 중앙경제위원회가 주관하도록 정했다. 헬믹은 기술교육위원회의 성격이 문교부의 실업교육 강화 정책과는 다른 것이라고 못 박았다. 그는 이 기구가 하급 노동자의 단기 기술훈련 추진을 위한 기구임을 강조했다.

그렇다면 실제 기술교육위원회에서 추진한 단기 기술훈련은 어떤 식으로 누구에게 실시되었을까? 애초 기술교육위원회는 군정청 중앙경제위원회 직속 기구로 설치하려 했고, 일개 부서가 주도하는 기구라기보다는 각 부서가 협의해 업무를 분담하고자 했다. 1947년 9월, 기술교육위원회는 중앙경제위원회로부터 2억 원 예산 사용을 승인받아 총 6개 기술원 양성소에서 1948년 3월까지 2만 명의 기술자를 양성한다는 계획을 수립했다.[02] 1947년 11월에는 산업별 양성 인원수와 예산이 보도되었다. 총예산 2억 원, 양성 예상인원 23,278명을 계획하고 이 중 10,000명을 농업 분야에서 양성한다는 계획을 수립했다. 농업 다음으로는 철도 기술자 2,958명, 전기 1,500명, 기계 1,300명으로 양성 계획을 수립하였다.[03] 기술교육위원회의 성과는 애초 계획의 절반 정도였던 것으로 보인다. 1949년 기술교육위원회의 성과를 회고한 글에서 보이듯이, 단기 기술교육 양성소는 학교와 연구소, 공장 등 생산기관에 부설하여 총 1억 1천만 원, 54개

---

02 6개 기술원 양성소는 ① 섬유기술원 양성소, ② 조선임업기술 양성소, ③ 농업기술원 양성소, ④ 미국제공사용기계기술원 양성소, ⑤ 농지보존기술원 양성소, ⑥ 삼화정공기술원 양성소 등이었다. 「건설전위 기술자 이 억원 예산으로 대양성」, 『자유신문』 1947. 9. 20.

03 「과정(過政)서 기술자 대량양성」, 『경향신문』 1947. 11. 8.

소, 총 9천 명의 농업, 임업, 기계, 전기, 화학, 방직, 광산, 철도 및 체신(전신, 전화, 무선) 등 전 산업을 망라해 기술자를 양성, 재훈련시켰다. 계획한 수준에 이르지는 못했지만 정부 수립 후 생산량을 회복하기 위한 기술인력 양성에 중요한 기여를 했을 것이다.[04]

계획 수립과 집행은 기술교육위원회가 주도하였지만, 농업과 실업학교 부설 양성소를 제외한 산업현장의 양성은 상공부가 주도하였다. 당시 실업학교는 교과서와 실기교육을 담당할 교사가 부족한 상황이었기 때문에 주로 일선 노동자들을 재훈련시키는 단기 기술훈련을 담당할 형편이 아니었다.[05] 상공부는 자체 예산과 기술교육위원회에서 배당받은 예산으로 산업현장의 양성

---

04 李喜承, 「經濟再建과 技術教育—技術教育院設置에 際하여」, 『民聲』 34, 고려문화사, 1949. 4, 31쪽. 필자인 이희승은 일본 주오대학교(中央大學校) 법학과 출신으로 미8군과 UNKRA, KCAC에서 두루 통역을 맡았고 한국민사처(KCAC) 기술교육관, 유엔한국재건단(UNKRA) 정치고문관, 미경제조정관실(OEC) 법률자문관을 역임했다. 1948년 기술교육위원회 업무가 문교부로 이양된 후 기술자 단기양성을 위한 기술원 양성소를 지원·지도할 목적으로 1949년 설립이 공포된 기술교육원의 부원장을 맡고 있는 도중 작성한 글이다(이력에 대해서는 국사편찬위원회 한국사 데이터베이스 한국 근현대 인물 자료 검색 결과 참조). 기술교육원 설립에 대해서는 「대통령령 68호, 기술교육원 직제 공포」, 『서울신문』 1949. 3. 12(국사편찬위원회, 『자료 대한민국사』 제11권에서 재인용).

05 1946년 6월 문교부는 신설 중등학교의 대다수가 인문계 학교이며 실업계 학교마저 인문계로 전환하고 있는 상황을 우려해 산하 실업중등교육위원회를 설치해 실업중등교육을 확대시키려 했다. 당시 해당 학교 학교장들은 실업학교 운영에 시설비가 많이 들고 무엇보다 기술자의 부족으로 인해 수업을 진행할 교사가 부족하다는 점을 토로했을 정도로 실업학교의 수업은 문제가 많았다. 「문교부 내 실업중등교육위원회, 기설 실업학교에 특전 계획」, 『조선일보』 1946. 6. 24(국사편찬위원회, 『자료 대한민국사』 제2권에서 재인용). 1947년 12월에는 서울시에서 해방 후 처음으로 시내 남녀 실업중등학교의 실태를 조사하였는데, 여전히 실업중등학교의 가장 큰 문제로 일본어 교재의 한글 교재화 작업의 진척이 느려 교육에 사용할 교재가 부족하다는 점과 교원의 자질 저하가 지적되었다. 「실력 저하된 중등학교, 시설과 교과서 불비가 중대 문제」, 『자유신문』 1947. 12. 5.

사업을 추진했다. 1947년 상공부의 『상공행정대강(商工行政大綱)』(1947)에 따르면 9,087,800원을 배당받아 466명에게 이론교육과 실습교육을 실시했다고 한다. 방직공업 기술자 양성 과정은 1947년 10월 양성생 모집원서를 받아 입소생 전형고사를 실시해 818명 중 493명만을 선발했다. 전형고사를 본 응시생 중 절반 정도만 입소가 가능했던 것이다. 이론교육은 서울공대 면방직과와 각 학과별로 고려방직회사 영등포공장 외 9개 공장에서 진행했다.[06] 단기 훈련을 받은 이들이 해당 공장에 취직이 되었는지는 『상공행정대강』에 나와 있지 않다. 그러나 해방 직후부터 1950년대 섬유업계 기술인력 양성 과정을 연구한 논문에 따르면, 이 시기 가장 필요한 인력이 단기 훈련을 받은 중견 기술자였기 때문에 적어도 방직업계 양성공들의 경우 훈련 후 상대적으로 취직에 유리했을 것으로 짐작된다.[07]

상공부는 기계기술자 양성을 실시했는데, 1947년 11월 1일 상공부 공업국 기계과 내에 설치된 조선기계기술자양성소는 총인원 400명을 모집하는 "관비 기계기술자 양성생 광고"를 냈다.[08] 지원 자격은 중학교 3년 수료자 또는 국민학교 졸업자로서 기계공장에서 실제 기술을 3년 이상 경험한 18세부터 30세까지의 남성에게 주어졌다. 지원 자격으로 보면 학력과 경력 중 하나를 만족시켜야 응시할 수 있었다. 기계기술자 양성생을 모집할 때는 별도의 시험을 보지 않았다. 대신 자격을 갖춘 자들 중 중요 기계공장 책임자가 면접을 통해 입소

---

06 南朝鮮過渡政府商工部, 『(檀紀 4280 西紀 1947) 商工行政年報』, 1947, 188~190쪽.

07 해방 직후~1950년대 섬유업계 기술인력의 현황과 인력 양성 과정에 대해서는 서문석, 「해방 직후 섬유업계 고급기술자들의 활동 연구」, 『경영사학』 41, 2006; 「해방 직후 서울 지역 대규모 면방직공장의 운영과 인력 실태에 관한 연구」, 『경영사학』 42, 2006.

08 양성과목은 然處理科, 工具科, 研磨科, 機械工作科, 鑄造科, 壓延科, 伸鐵科였다. 「관비 기계기술자 양성공 모집」, 『경향신문』 1947. 11. 1; 南朝鮮過渡政府商工部, 앞의 책, 168~170쪽.

자를 결정하는 방식이었다. 현재 운영 중인 기계공장 담당자들의 추천을 거쳐야 입소할 수 있었다.

광업기술원도 양성사업을 실시했다. 광업기술원은 식민지 시기 조선총독부 연료선광연구소 내에 설치된 광업실습소가 해방 후에도 양성사업을 이어온 것으로 보인다. 1933년 설립된 광업실습소는 매년 30명을 정원으로 선발해 광업 관련 기술자를 양성했다. 식민지 시기에도 공업학교나 중학교 졸업자를 대상으로 선발했지만, 정원에 비해 항상 적은 인원을 모집했다. 양성 기간도 1년으로 긴 편이라 광업실습소를 수료한 후 전문학교 교수나 기업체 대표를 맡을 정도로 고급 양성소였다고 한다.[09] 해방 후에는 1946년 11월 양성을 재개해 1년간 9명을 양성, 모두 광업계에 취직했고 1947년 11월 다시 9명을 양성 중이라고 나와 있다. 1947년 11월 양성소 입소자를 선발할 때도 중학교 졸업자를 대상으로 시험에 합격한 자를 입소시켜 1년간 교육했다.

일반공장 부설 양성소의 경우도 광업기술자 선발 과정은 까다로웠다. 충청남도 서천군 장항읍에 위치한 삼성광업회사(三成鑛業會社) 장항야금기술원양성소(長項冶金技術員養成所)는 수학, 물리, 화학, 국어, 영어 시험과 구두시험까지 거쳐 선발할 정도였다. 기계기술양성소와 마찬가지로 이 양성소는 양성원에게 일종의 특전을 부여했다. 매달 식비 2천 원을 지급하고 교재는 무료 지급한다

09 1942년에는 18명을 모집했고 1933년부터 1942년까지 10년간 104명을 양성했다. 정원에 크게 못미치는 인원이다. 이병례는 1934년과 1942년 합격자 추계를 통해 광업실습소의 조선인 양성공이 전체 150명 중 50명 정도에 불과했으리라고 추측했다. 하지만 『상공행정연보』에 소개된 수치를 보면 1933년 양성을 실시한 이래 총 180명의 기술자를 양성했고 이 가운데 일본인은 61명이라고 밝혀 2/3가량은 조선인이었음을 알 수 있다. 이병례, 『일제하 전시 기술인력 양성정책과 한국인의 대응』, 성균관대학교 박사학위논문, 2010, 97쪽; 南朝鮮過渡政府商工部, 앞의 책, 256쪽.

고 공고했다.[10] 기술 습득뿐만 아니라 습득 후의 취직, 당장의 식비 지급까지 양성소 지원자들에게 상당히 매력적인 조건이었다. 아예 재훈련만을 위한 기술자 양성 강습회도 개최되었는데 1948년 1월 19일에는 40여 개 광산에 종사하는 광산 기계기술자들 중 300명을 선발해 기술원 양성 강습회를 개최할 것이 예보되기도 했다.[11]

상공부 행정연보를 통해 확인할 수 있는 사업 중 하나가 기술교육지도위원회의 설치와 동 위원회가 추진한 사업들이다. 설치 직후부터 1947년도까지 기술교육지도위원회가 맡은 사업 중 하나가 공업기술자검정시험의 실시였다. 공업기술자검정시험이란 국가적 차원에서 기술 수준을 인정해주는 공인인증 시험으로 해방 후 처음 실시되었다. 본래 기술검정은 기술에 관련된 이론과 실기시험을 모두 실시해 일정 수준 이상의 기술을 가진 이들에게 자격증을 부여하는 것이지만, 당시의 기술검정은 일종의 학력 검정고시에 가까웠다. 검정은 공업학교 졸업 정도를 인정하는 것과 공업전문학교 졸업 정도를 인정하는 두 수준으로 나뉘어 이루어졌다. 시험은 1년에 두 번 실시되었다. 각 학력 수준에서 다시 학과별로 나누어 학과당 8~11과목의 시험을 보게 해 모든 과목에 합격하면 자격증서를 교부하는 방식이었고, 영어가 필수 과목이었다.[12] 각 과목별로도 자격증서를 수여했지만 학과의 전 과목에 합격한 경우는 별도의 학과 합

---

10 「관비 장항야금기술원 양성생 모집」, 『경향신문』 1947. 11. 27.

11 「중요 광산기술자 양성강습회」, 『동아일보』 1947. 12. 25.

12 가령 공업학교 졸업 정도의 화학공업과 자격검정에 합격하기 위해서는 무기화학, 유기화학, 화학분석, 무기공업화학, 유기공업화학, 물리, 수학, 영어의 과목에 모두 합격해야 했다. 1회 자격검정시험에서 공업학교 졸업 정도의 전기공업과에서 6과목에 합격한 천채옥(千彩玉)은 2회 시험에서 영어, 3회 시험에서 나머지 통신개론과 수학 시험에 합격해 3회 자격검정시험에서야 전 과목에 합격하였다. 천채옥은 별도의 합격증서를 수여 받았다. 南朝鮮過渡政府商工部, 앞의 책, 259~266쪽.

격증서를 부여하였다. 공업학교 졸업 정도의 검정시험은 국민학교를 졸업하고 전문 직장에 3년 이상 근무한 자에게 수험자격이 부여되었고, 전문학교 졸업 정도의 시험은 4년 이상의 중등학교를 졸업하거나 동등 학력이 인정되는 경우 전문 직장 근무 경력이 3년 이상이 될 때 시험을 거쳐 기술자 자격증을 부여했다. 중등학교와 실업학교 졸업자 재훈련을 거친 이들에게도 기술자 자격 검정시험을 볼 것을 권장하고 있었는데, 졸업자→재훈련→기술검정시험→기술자라는 과정을 통해 기술자 자격 획득을 유도하였다 여겨진다.[13]

다만 공업기술자검정시험 합격자들이 귀속사업체를 포함한 당시 생산기관에서 구체적으로 어떤 역할을 했는지는 분명하지 않다. 기술검정시험이었지만 필기시험만 거쳐 자격을 상승시켜주는 식으로 진행되었기 때문에 검정시험이 효과적으로 기술력을 진단했다고 보기는 어렵다. 그러나 기존 연구들이 밝힌 것처럼 북한 당국이 일본인 기술자를 잔류시켜 공장 가동을 추진한 것에 비해 남한 당국은 기술자 양성과 활용을 통한 공업생산력 강화에 관심이 없었다고만 보기는 어렵다. 원료와 자본의 부족으로 생산시설 가동이 어려운 상황에서도 남아 있는 사람들, 즉 기술인력의 재훈련과 양성을 통해 남한 당국도 생산력 증강을 도모했던 것이다.

해방 후 공장에서도 자체적으로 필요한 인력을 양성하고 있었다. 일본인 기술자가 귀국한 상황에서 남한의 광공업 산업현장은 기술부족 문제에 직면했다. 이는 결국 기술인력 부족 문제였다. 이런 상황은 기존 연구에서 많이 언급되었지만 이 문제를 어떻게 타개해 나갔는지에 대해서는 그다지 알려진 바

---

13 이 검정시험은 1948년 4월 제4회까지 실시된 바가 확인된다. 1950년대에는 실시되지 못한 것으로 보인다. 南朝鮮過渡政府商工部, 앞의 책, 266~268쪽; 「공업기술자검시」, 『동아일보』 1948. 1. 10.

가 없다. 해방 직후에는 노동자 자주관리 운동, 산업건설 협력 운동, 좌우익 간의 대립, 1946년 총파업으로 인해 생산이 원활하지 않았다. 이러한 상황으로 인해 체계적인 기술인력 양성은 불가능했지만, 조선노동조합전국평의회와 같은 노동단체들도 기술인력 양성이 시급하다는 인식을 공유하고 있었다. 전평 계열에서 주도한 노동자 자주관리 운동과 산업건설 협력 운동, 생산성 향상 운동은 필연적으로 기술의 전수, 공유 과정을 거쳐야 가능한 것이었다. 노동자 자주관리 운동을 추진한 사업장으로 알려진 종연방직의 경우, 공장자주관리위원회에서 일본인 기술자를 유임시켜 기술을 전수 받았다. 생산의 핵심에 노동자의 기술이 있다는 점을 노동자들 스스로 잘 알고 있었던 것이다.[14]

밀양 조선모직 공장장으로 임명된 이덕기는 식민지 시기부터 조선모직에 근무했던 숙련공들과 함께 완전한 방모 시설이 설치되어 있던 조선모직에서 엿장수들이 가져다 준 넝마 모직을 원료로 재생 양모를 만들었다. 이덕기는 주로 면방직 위주의 수업을 진행한 경성고등공업학교 재학 시절, 개인적으로 모방직 제작에 관심이 있었다. 당시 일본인 교수에게 책을 얻어 독학해 모방 기술을 가지고 있었는데, 이 기술을 재직 중이던 숙련공들에게 전수해 조선모직을 군용모포 생산공장에서 방모 공장으로 가동시켰던 것으로 보인다.[15]

기계공업 분야의 경우 1941년 이후 남한 지역, 특히 경인 지역을 중심으로 중소 기계공업체가 많이 생겼는데 이들 업체에서 양성공 제도를 많이 활용했다. 기계부품을 생산하는 업체는 작업 공정이 비교적 단순했기 때문에 어린 노동자들을 양성공 명목으로 모집해 노동력을 보충하는 경우가 비일비재했다.

---

14 정근식, 「해방 직후 전남 지역의 노동운동」, 『사회와 역사』 23, 1990, 217쪽.

15 방모란 양복과 같은 모직 의료에서 다시 양모를 뽑아내 다소 매끈하게 만든 재생모를 섞어 만든 실을 의미 한다. 서문석 면담, 『고급기술자들의 구술을 통해 본 한국 면방직공업의 발전』, 국사편찬위원회, 2006, 119~127쪽.

종전 당시 14,000m² 부지에 노동자 약 800명이 근무하고 있었던 인천의 히다치(日立)제작소는 1941년에 1기 양성공 50명 모집을 시작으로 양성교육을 실시했다. 히다치 인천공장의 양성교육은 보통학교 졸업자를 대상으로 한 2년 과정으로, 오전에는 학과, 오후에는 실습과정을 운영했다. 실습이란 숙련공 옆에서 보조하며 일을 익히는 것이었다. 숙련공이 견습 형태로 기술을 전수하는 이런 방식은 해방 이후에도 계속 유지되었을 것으로 보인다. 히다치 인천공장 외에도 인근 부평에 설립된 시바우라(芝浦)전기주식회사나 광양정공주식회사(光洋精工)의 자회사 형태로 만들어진 광양강기(光洋鋼機)도 1942년 부평에 공장을 설립해 공구류를 생산했는데, 이 공장도 자체적으로 양성공을 양성해 생산과정에 투입했다.[16] 이러한 과정 자체는 전쟁 수행을 위한 노동력 동원이 극에 달해 노동력이 고갈 상태에 이른 결과 비교적 단순한 기계공업에 통제가 쉽고 임금이 저렴한 어린 양성공을 최대한 활용한 것에 지나지 않았지만, 그 과정에서 반(半)노동자였던 양성공들이 습득한 기술과 기술 전수의 경험은 해방 후에도 이어졌을 것으로 보인다.

16살부터 다녔거든요. 후지가와, 등천 조선소라고 하지요. 처음부터 견습공으로 들어갔어요. 그 시절 견습공의 생활이 어떻게 하는 거냐면, 보수도 없어요. 5년 동안 그냥 사는 거예요. (…) 그렇게 무보수로 일하는 5년이라는 견습 기간이 지나게 되면 '레이보꼬'라고 또 있어요. 스승에 대한 고마움에 예로써 6개월 동안 구보수로 레이보꼬를 하지요. 적어도 만 5년 동안 견습공으로 일을 해야만 목수로서 일감을 받게 되지요. (…) 시간이 지나면 자기 아래로 제자가 들어오게 되지 않겠어

16 중소 기계공업 분야 기술인력 양성의 구체적 양상은 이병례, 앞의 글, 2010, 116~121쪽 참조.

요. 그럼 새로 들어온 견습공에게 [허드렛일] 전부 시키게 됩니다.[17]

식민지기 최상윤과 박상규는 10대 때 후지가와조선소(藤川造船所)와 부산 환금철공소에 견습공으로 들어가 각각 배목수와 대장장이로 기술을 익혔다. 부산 환금철공소를 거쳐 인천에 조선소가 생겼다는 소식을 들은 박상규는 징용도 피할 겸 군수공장으로 지정된 후지가와조선소에 들어갔다. 전시체제기 인천의 후지가와조선소는 미군 폭격으로 부서진 군수품 수송용 군용 화물선을 주로 수리했다. 최상윤은 이때 배운 기술을 바탕으로 해방 후 인성철공소를 지어 배못 생산을 이어갔다.[18]

1939년 설립된 조선기계제작소는 일본의 광산용 기계제작 전문회사인 요코하마공업소가 인천에 설립한 것으로, 인천 만석정공장에서는 광산기계를 주로 생산했다. 박상규가 근무했던 인천 평산철공소는 배못을 제작하다가 조선기계제작소에 납품할 기회를 잡은 후부터 광산에서 쓰는 볼트, 너트로 생산 품목을 바꿨다. 조선기계제작소는 해방 후 정부에 귀속되어 1950년대 내내 상공부가 운영했다. 심재표의 구술에 의하면, 심재표의 아버지는 조선기계제작소를 거쳐 1963년 한국기계공업주식회사로 전환되는 시기까지 계속 근무했다.[19] 주요 기계공장은 적산으로 분류되어 상공부에서 관리했는데, 이러한 공

17 최상윤은 16세에 인천 후지가와조선소에 견습공으로 들어가 기술을 익혀 배목수가 되었다. 최상윤, 『짠물, 단물』, 천화, 2005, 117~120쪽. 1941년 조선공장명부 기준으로 5개의 조선소가 있었는데(배석만, 『한국 조선산업사—일제시기편』, 선인, 2014, 45쪽) 1936년 인천 조선소들은 "십오육 세의 소년을 도제식에 의하야 조선공으로 양성"할 계획을 수립한 적이 있었다. 「인천 조선업자 진흥책을 세워」, 『조선일보』 1936. 12. 17.

18 김양섭 편, 『한국민중구술열전 4. 박상규』, 눈빛, 2005, 53~55쪽, 68쪽, 166~182쪽.

19 심재표 구술, 『인천의 산업거점 만석동』, 만석동 지역조사보고서 출판물, 2020, 71쪽.

장의 기계기술자들은 상공부에서 추진한 기계기술자 양성공 훈련 과정에도 참여했을 것으로 보인다. 1939년 일본인이 설립한 조선제련 시흥전선제작소는 1955년 대한전선에 불하되기 이전 귀속사업체로 상공부에서 관리하고 있었는데, 이 사업장의 숙련공 대다수가 해방 이전 양성된 숙련공들이었다. 이들은 귀속공장의 공정기술과 규격을 맞출 기술을 가지고 있었다. 그리고 자신들의 기술을 바탕으로 해방 이후 생산과 '후배' 양성을 주도했다.[20]

이러한 생산과정은 전시체제기 기술을 전수 받았던 양성공들과 해방 전후 근무하던 노동자들이 있어 가능했다. 그들은 일본인 숙련공과 기술자가 떠난 공장에서 기계를 설치해보고 나름의 기술을 전수하며 생산을 이어 나갔다.

2. 원조기구의 직업교육·훈련 구상과 추진

1) 원조기구의 구상

한국전쟁은 경제자립을 추구하고 있던 대한민국에 막대한 피해를 가져왔다. 농업 부문도 심각했지만, 특히 공업 부문에서 건물, 시설, 원자재 및 제품 등 전 분야에 걸쳐 피해를 끼쳤다.[21] 인적 피해도 엄청났는데, 인명 살상 자체가 막대했을 뿐만 아니라 공업 분야에 필요한 대학 교수, 교사, 기술자 같은 고급 인력이 납북과 실종, 사망으로 부족해진 것이다. 복구와 재건을 위해서는 이를

---

20 이종구, 「후발 공업화와 기능공의 하향적 형성」, 이종구 외 지음, 『1950년대 한국 노동자의 생활세계』, 한울아카데미, 2009, 42~43쪽.

21 전쟁으로 인한 공업 부문 전체 피해 상황은 건물 피해액이 원상(原狀)의 44%, 시설이 42%, 원자재 및 제품의 피해액이 441,079달러에 이를 정도였다. 이현진, 『미국의 대한 경제원조 정책—1948~1960』 혜안, 2009, 113쪽.

담당할 인력 양성이 중요한 과제가 될 수밖에 없었다. 국가적 차원에서뿐만 아니라 개인적 차원에서도 교육과 훈련은 중요했다. 전후 경제 파탄으로 생계가 어려워진 이들의 구호가 원조 당국의 당면목표로 설정되었다. 당장의 생계를 위한 구호물품 제공부터 이루어졌지만,[22] 원조의 목표가 자립에 있었던 만큼 직업교육과 훈련은 피원조국 국민의 삶을 바꾼다는 점에서 1950년대 내내 중시되었다.

전시기 한국의 긴급구호를 맡고 있던 기관은 유엔한국재건단(UNKRA)이었다. 초기에 UNKRA는 민간인을 상대로 최소한의 긴급구호만 담당했지만, 휴전 이후에는 장기적 재건계획에 관한 업무를 주로 담당하게 됐다.[23] 한국 원조의 또 하나의 축이었던 미국의 직접 원조는 1951년 한미상호안전보장법 발효에 따라 미 육군부 예산 중 일부로 대외활동본부(FOA)를 통해 유입되었다.[24] 원조기구의 여러 원조물자와 기금들은 주한경제조정관실(Office of the Economic Coordinator: OEC)에 의해 조정 관리되었다. 주한경제조정관실은 미국의 대한 원조를 집행하는 핵심 기구였다.[25] 1953~1954년 단계에 UNKRA와 FOA는 모

---

22 원조의 성격이 1950년대 내내 군사적 성격을 띠고 있었던 점이나 원조기구가 생각한 자립의 방향이 현상유지에서 지역통합 전략을 전제한 생산 능력의 확장으로 변화되어간 과정은 이현진, 앞의 책, 2009, 제4~5장 참조.

23 전후 대한 원조의 핵심은 미국 원조였지만, 유엔한국재건단(UNKRA)은 독자적인 조직을 운영하며 미국 원조와 다른 특성을 보였다. 유엔한국재건단(UNKRA)의 조직과 활동에 관해서는 임다은, 「유엔한국재건단(UNKRA)의 조직과 활동」, 서울대학교 석사학위논문, 2019 참조.

24 UNKRA 원조와 UNCACK 원조가 1950년 9월 정도부터 유입되었다면 FOA 원조는 1953년 8월 이후 유입되었다. 시기별 미국의 대한 경제원조 제공기관과 추이에 대해서는 이현진, 앞의 책, 2009, 51쪽, 〈표 3〉 '시기별 미국의 대한 경제원조 총괄표' 참조.

25 OEC의 조직 구성과 역할에 대해서는 한봉석, 『1950년대 미국의 대한 기술원조 연구』, 성균관대학교 박사학위논문, 2017, 3장과 4장 참조.

두 한국의 구호와 재건을 위해서 직업훈련(Vocational Training)과 직업교육(Vocational Education)이 중요하다는 인식을 공유하고 있었다.[26] 이 같은 인식은 한국 교육의 문제점을 지적하고 향후 원조 당국의 교육·훈련 원조 투하의 방향을 제시한 『THE EDUCATION PROGRAM IN KOREA』에 잘 나타나 있다.[27] FOA에서 발간한 이 보고서는 경제조정관과 원조사업 실무진들이 교육·훈련계획을 추진하는 데 참고하기 위해 작성됐다. 한국의 교육·훈련정책을 수립하는 데 중요한 역할을 한 FOA의 러셀 앤드러스(J. Russell Andrus)와 유진 클레이(Eugene H. Clay)는 모두 미국 대외활동본부 소속으로 주로 제3세계 구호, 재건 전문가들이었다.[28]

교육과 훈련사업의 주체였던 UNKRA 또한 다른 원조기관보다 발 빠르게 교육과 훈련 분야의 원조사업을 계획하고 있었다. 이미 전쟁 중에 한국의 재건과 구호사업을 시작한 UNKRA는 종전 후 UNKRA/UNESCO의 교육 재건사업을 기획하기 위한 사전작업으로 1952년 9월부터 12월까지 서울을 비롯한 9

---

26 한국전쟁 후 전후복구 원조를 제공한 두 기구였던 UNKRA와 FOA(ICA)의 공업 분야 원조에 대해서는 박광명, 『1950년대 중소기업 개발계획의 전개와 성격』, 동국대학교 박사학위논문, 2020, 91~96쪽.

27 “From J. Russell Andrus to Eugene H. Clay, THE EDUCATION PROGRAM IN KOREA, 1953. 8. 12”, Box 7, Entry 422, RG 469.

28 러셀 앤드러스는 파키스탄, 태국, 버마 등의 경제 재건에 관여해 이 경험을 책으로 출판했고 유진 클레이는 1950년 당시 FOA의 필리핀과 동남아시아 본부 총책임자였다. 유진 클레이의 주도로 이루어졌는지는 불명확하지만, 1953년 당시 직업훈련계획에서는 필리핀의 직업교육·훈련센터를 모델 삼아 한국에도 각 지역의 산업과 훈련센터를 직접 연동시키는 방안이 제시되었다. “Office of the Historian, Bureau of Public Affairs, United States Department of State, From J.Russell Andrus to Eugene H. Clay, Possible Transfer of Franklin L. Miller to Korea, 1953. 7. 31”, Box 7, Entry 422, RG 469. 프랭클린 밀러(Franklin L. Miller)는 미 육군의 민간인 훈련 프로그램 담당자로 9년간 복무했었고 1953년 당시에는 United States Special Technical and Economic Mission(STEM)의 마닐라 본부 실업국 책임자였다. “From J. Russell Andrus to Eugene H. Clay, THE EDUCATION PROGRAM INKOREA, 1953. 8. 12”, Box 7, Entry 422, RG 469.

개도에 "한국 UNESCO/UNKRA 교육계획사절단"(이하 교육계획사절단)을 파견했다. UNKRA는 이들이 제출한 최종보고서인 「REBUILDING EDUCATION IN REPUBLIC OF KOREA」(1953, FEBRUARY)[29]를 통해 초등교육부터 교육부 행정 관료에 대한 교육사업까지 한국 교육의 현실과 향후 UNKRA가 집행할 교육 분야 사업계획 전반을 제시했다.[30] FOA가 전후 교육 원조사업의 방향을 제시하는 보고서로 『THE EDUCATION PROGRAM IN KOREA』를 작성할 때도 이 보고서에 많이 의존했다.

그러나 교육·훈련계획 수립을 둘러싸고 양 기관은 입장 차이가 있었다. UNKRA가 기술자 훈련생의 수를 2배 이상 늘려야 한다고 주장한 것에 반해, OEC는 군에 고용된 기술자들이 전후 민간 기술자로 활용될 수 있기 때문에 크게 숫자를 늘릴 필요가 없다고 보는 편이었다.[31] 누가 직업교육·훈련 분야를 전담할 것인가를 두고도 의견 차이를 보였다. 1954년 2월 OEC 내부 논의에 따르면, OEC가 산업 분야 중 교통, 전력, 광업을 맡을 예정이고 이 사업을 추진하기 위해서는 직업교육과 훈련이 필수라는 점이 지적되었다. 또한 미국은 직업교육과 훈련 담당자 파견의 원조격이고 머지않아 미국이 '기술교환사업'을 추

29 애초 Carl. T. Witherell이 W. A. Wells에게 서신을 보낸 이유는 UNKRA/UNESCO가 그간 한국에서 행한 교육사업과 그 사업 기조를 설명하고 한국의 상황을 참고하라는 것이었다. 이 서신에 첨부된 보고서가 「REBUILDING EDUCATION IN REPUBLIC OF KOREA」(1953, FEBRUARY)이다. "From Carl. T. Witherell(UNKRA, Division of Education) to W. A. Wells(FOA, Korea Div. Washington), Attached REBUILDING EDUCATION IN REPUBLIC OF KOREA(1953, FEBRUARY), 1954. 8. 3"; "THE EDUCATION PROGRAM IN KOREA, 1953. 8. 12", Box 7, Entry 422, RG 469.

30 보고서 중 직업교육(VOCATIONAL EDUCATION)이 한 장을 이루고 있었다.

31 "From J. Russell Andrus to Eugene H. Clay, Comments on the Korean Education Program, 1953. 7. 4", Box 7, Entry 422, RG 469.

진할 것이기 때문에 OEC는 직업교육·훈련 분야를 맡아야 한다고 생각했다. 한국 내에서 직업교육·훈련을 OEC가 맡도록 FOA의 직업교육·훈련 원조액을 증액할 것이 계획되기도 했다.[32] 그러나 UNKRA도 직업교육·훈련의 중요성을 인식하고 있던 이상 훈련사업에서 완전히 손을 떼지는 않았다. UNKRA는 UNESCO의 지원도 받을 수 있다는 점을 들어 각 산업 분야의 전반적인 직업교육을 UNKRA가 전담하길 희망하였다.[33] 1954년 2월 이후 UNKRA의 교육 담당자가 미국인으로 교체되자 두 원조기관의 '협조 모드'가 좀 더 강화되었다. 이후에도 구호사업 차원에서 UNKRA는 유엔민간원조사령부(UNCACK)와 함께 직업훈련센터 설립과 직업훈련사업을 일정 부분 맡았다.

누가 직업교육·훈련을 전담할 것인가를 두고 다소 긴장 관계가 조성되기도 했지만, 교육 원조의 방향, 특히 직업훈련·교육이 중요하다는 인식은 두 기관 모두 공유하고 있었다. FOA와 UNKRA 모두 누구에게나 교육이 주어져야 하고 이러한 교육은 미래의 직업을 준비하는 과정이 되어야 한다는 점을 공감하고 있었다. 다만 이런 직업은 단지 개인의 자유에 의해 선택되는 것이 아니라, 학생들이 거주하는 지역의 산업 기반과 희망 직업을 통합시켜 운영해야 한다는 것이 교육 원조 수여기관들의 공통 인식이었다. 이들은 교육을 더 좋은 삶을 실현하고 자기 내부의 잠재력을 끌어낼 수단으로 생각했다. 그런 점에서 교육은 단순히 지식을 늘리는 과정이 아니라 미래를 준비해야 한다는 것이 이들의 생각이었다. 한국의 미래를 개선하기 위해 이들은 현재의 일반교육에서 한 발 나아가, 전문적인 기술·기계교육(Technical and Mechanical Education)이 필요하다

---

32 "From Albert Boucher to Mr. C. TylerWood, Vocational Education, 1954. 2. 13", Box 7, Entry 422, RG 469.

33 한봉석, 앞의 글, 2017, 106~107쪽. 직업교육 재건을 누가 주도할 것인가에 대한 UNKRA와 OEC 사이의 논의 과정은 한봉석의 연구에서도 다루어진 바 있다.

고 보았다.[34]

두 기구 모두 현재 한국의 교육이 일반교육에만 치중하는 것을 부정적으로 인식했다. 한국 교육 현실의 문제점은 크게 두 가지 원인에서 기인한다고 보았다. 첫째, 직업을 가져도 한국의 노동현실이 너무 비참하고 특히 임금 수준이 낮아 생계비에도 미치지 못해 가족을 부양하기에 부족하기에 노동자들이 작업 능률 향상과 직업교육·훈련에 관심을 가지지 않는다는 것이었다.[35] 둘째, 노동에 대한 한국 사회의 인식에 문제가 있다는 점을 지적했다. 한국은 노동을 공산주의와의 전쟁을 수행하기 위한 수단으로만 취급하며, 고용 유지에 경찰이 더 중요한 역할을 할 정도로 노동을 무시한다는 점을 문제로 들었다. 이러한 한국의 노동 상황은 생산 자체를 무시하는 인식을 낳고, 특히 정부가 노동 상황을 진전시킬 의지가 전혀 없어 직업교육·훈련에 대한 인식이 바뀌지 않는다는 게 이들의 시각이었다. 이러한 상황에서는 기술자와 숙련공이 양성되기 어렵고, 기술자와 숙련공이 부족한 상황이 계속된다면 생산이 진전될 희망은 전혀 없다고 보았다.

한국의 상황을 타개하기 위해 원조 당국이 제시한 방법은 두 가지였다. 첫째, 더 나은 직업교육·훈련을 제공하는 것이었다. 이들이 보기에 한국 기업들의 현 상황상 제대로 된 작업장 내 훈련(On-the-Job)을 기대하기는 어려웠다. 훈련시켜야 할 기존 노동자들도 저임금에 처해 노동 현장 외부에서 '부가 돈벌

34 "From Carl. T. Witherell(UNKRA, Division of Education) to W. A. Wells(FOA, Korea Div. Washington), Attached REBUILDING EDUCATION IN REPUBLIC OF KOREA(1953, FEBRUARY), 1954. 8. 3"; "THE EDUCATION PROGRAM IN KOREA, 1953. 8. 12", Box 7, Entry 422, RG 469.

35 원조 당국은 한국의 노동자들이 자신이 맡은 작업의 능률과 능력을 향상해 임금을 높이려 하기보다는 직장 외부(상업 겸업 등)에서 임금 보전을 시도한다고 진단했다.

이'에만 신경 쓰고 있다고 판단했다. 즉 이들은 기업도, 기업 내부에서 직접 훈련을 제공할 숙련공들도 훈련을 제공할 의지와 능력이 없다고 생각했다. 이에 따라 원조 당국은 직업교육을 제대로 실시할 기관과 시스템을 만드는 것을 대안으로 제시했다. 구체적으로 훈련교사 양성 방식을 바꾸려 했다. 한국에는 이미 공과대학(Engineering collage at the University)이 충분히 설립되어 있기에, 공대 출신의 인적자원이 훈련교사의 역할을 하도록 전수(傳授/teaching) 방법 교육을 실행하는 것을 최우선 과제로 제시했다. 반면에 한국에서 가장 많은 직업훈련기관인 실업고(공업고, 상업고, 농업고 등 The vocational high school)에 대해서는 대단히 부정적으로 보았는데, 이들 학교가 본래의 목적에 맞게 실습 위주로 운영되기보다는 이론 수업이 주라는 이유에서였다. 실업고 교사들의 자질에 대한 불신도 높아서, 이들 대다수는 재훈련이 필요하다고 보았다.[36] 실업고등학교들은 해당 학교가 건립된 지역의 산업 육성에 기여하며 이 산업에 쓰일 인적 자원 양성에 주력해야 한다고 보았다.[37]

둘째, 생산관리와 방법의 향상을 위해 기술실습훈련을 필수적으로 수행할 것을 제시했다. 훈련 교사가 양성될 때까지 훈련을 전수할 기관과 교사로 지목된 이들은 육군, 해군, 공군의 훈련교관들이었다. 이들은 군의 기술훈련 교사가 그중 가장 나은 기술을 갖추고 있다고 보았고, 군의 기술훈련 장비가 가장 낫다고 생각했다. 이 같은 여건 아래서 이루어지고 있는 군의 기술훈련 전수가 한국의 기술훈련들 중 가장 바람직한 것이라고 평가했다. 종전 후 한국에 가장

36 물론 원조 당국도 한국 직업교육기관의 실습실이 부족한 것은 전쟁 중 많은 교실을 군대, 경찰, 민간치안대들이 강제 점거했기 때문이라는 시대적 한계를 인지하고 있었다. "THE EDUCATION PROGRAM IN KOREA, 1953. 8. 12", Box 7, Entry 422, RG 469.

37 "Vocational high School, Attached REBUILDING EDUCATION IN REFUBLIC OF KOREA(1953, FEBRUARY), 1954. 8. 3", Box 7, Entry 422, RG 469.

필요한 인력이 될 행정관과 기술자들에 대한 훈련에 원조 당국의 지원을 투입할 것을 권고했다.[38] 또한 기술훈련을 실시하기 위한 훈련센터 설치를 권고했는데, 이 센터에서는 훈련을 담당할 '훈련교관(Instructor)'을 우선 훈련시킬 것을 제안했다. 훈련센터를 거점 삼아, 이곳에서 양성된 훈련교관들이 실업고등학교나 공과대학의 인적자원을 재훈련시킨다는 계획안도 수립되었다. 이를 위해 우선 UNKRA 자금으로 1953년 내에 부산과 대전에 거점훈련센터를 착공한다는 구체적인 계획을 수립하고 예산도 책정하였다.[39]

그러나 계획만큼 빠르게 직업교육·훈련사업을 추진하지는 않았다. 원조사업의 파트너인 한국 정부에 대한 불신이 깊어서였다.[40] 직업훈련사업 추진에 대해서도 같은 생각이었다. 상이군인 구호 프로그램 중 하나로 직업훈련사업을 추진 중이었던 UNKRA는 사업 파트너인 보건사회부가 훈련 종료 이후 이들의 고용을 어떻게 보장할 것인지 분석한 수치를 갖고 있지 않다고 지적했다. 더 큰 문제는 '상이군인 직업훈련센터'를 건설해달라고 요구만 할 뿐, 그 안에서 무엇을 중점적으로 가르칠지에 대한 계획이 부족하다며 비판했다. 상이군인을 상대로 한 직업훈련센터는 장애를 가진 훈련생들을 상대로 직업훈련

---

38 "Vocational Training", Box 7, Entry 422, RG 469.

39 1953년 UNKRA 예산 중 194,633불이 대전훈련센터 설립에 책정되었고 150,000불이 부산의 훈련센터 설립 예산으로 책정되었다. "Industry's Responsibility for Training", Box 7, Entry 422, RG 469.

40 휴전 이후의 재건계획 수립을 위해 내한했던 타스카 사절단이 제출한 '타스카 보고서'에 대해 미 국무부는 한국 정부의 실행 가능성을 의심했다. 이현진, 앞의 책, 163~169쪽. 1953년 이후 한국의 경제원조 프로그램에 대한 평가 중 한국 정부의 비효율성으로 인해 목표 성취가 불가능했다는 원조 당국자의 인식에 대해서는 이봉규, 『이승만 정권기 행정 분야 기술 원조 도입과 행정개혁론의 성격』, 연세대학교 석사학위논문, 2013, 27쪽; 박광명, 앞의 글, 2020, 85~88쪽 참조.

을 실시할 훈련교관이나 센터를 운영할 특별한 자질을 갖춘 행정 인력을 필요로 하는데, 이에 대해 전혀 고민이 없는 수준이라며 비판했다.[41] 1952년 9월 방한했던 교육계획사절단은 군에서 운영하는 직업훈련센터를 방문 시찰하였는데, 이 센터들에서는 운전, 운반, 자동차 정비훈련이 이루어지고 있었고 여기에 민간 기술진들이 대거 참여하고 있었다.[42] 시찰 결과, 한국 정부에 대한 비판과는 다르게 이들은 훈련생들이 대단히 영리하며 훈련의 성공률이 높아 이탈률이 3% 미만이라고 높이 평가했다. 훈련 전수와 확대를 위해 기록과 확산이 중요했는데 훈련기관 내에 12주의 타이프라이터(Typewriter) 양성과정과 9개월의 속기사 양성과정이 개설되었다는 점에 주목했다. 이 과정에서 양성된 속기록 전문가들이 한국의 미래에 중요한 역할을 할 것이라고 평가했다.[43] FOA에서 작성한 「THE EDUCATION PROGRAM IN KOREA」는 군 훈련기관 관계자의 언급을 들며 ① 한국의 훈련생들이 공업기술훈련[44]에 대단히 흥미를 가지고 있다는 점, ② 공업기술훈련에 상당한 정도의 능력을 가지고 있으며 기존의 방식

41 "From Dr. J. B. Petrie To James P. Pappas, Colonel, MC Chief, Public Health Section UNCACK, "UNKRA Project Proposal #713-A Rehabilitation of the Physically Handicapped attached REPORT ON GENERAL STATUS OF RELIEF WORK FOR WAR VETERANS, 1, April 1953, 1953. 4. 30", Box 43, Entry 353.9, RG 554.

42 훈련과정은 하루 10시간이었지만 보통 1~2시간 정도 보충 시간이 있었다. "REBUILDING EDUCATION IN REPUBLIC OF KOREA(1953, FEBRUARY), 1954. 8. 3", Box 7, Entry 422, RG 469.

43 군 훈련기관에는 훈련에 활용할 시설이 충분하고 훌륭한 교관들이 미국에서 들여온 기술 교재들을 활용하고 있다고 보고했다.

44 원조 당국의 문서들은 대체로 'Vocational Training', 또는 'Vocational Education'이라는 용어를 사용했는데 본문에서는 이를 '직업훈련교육'이라고 번역했다. 공업기술교육이나 훈련의 경우 'Technical Training'이라는 용어를 사용하기도 했지만, 이보다는 Vocational Industrious Training과 Vocational Agricultural Training이라는 용어로 구분해 사용했다.

보다 서구의 공업기술에 더 큰 호감을 갖고 있다며 기대를 표명했다. 이 보고서는 KMAG(Korea Military Advisory Group) 관계자들도 훈련생들의 열정을 대단히 높게 평가하고 있다고 언급했다. 육군 직업훈련소 정도는 아니지만, 해군과 공군의 훈련소에서도 행정과 기술훈련을 실시하고 있으며 나름의 성과를 내고 있다고 보고했다.[45] UNKRA 또한 1954년 즈음부터 한국 정부가 원조 당국의 요구를 충실히 받아들여 인력교육과 훈련에 관심을 기울이고 있다고 보았다. 한국 정부가 이전에는 시설 도입만 원하며 외국인 전문가들을 초청하는 사업에는 소극적이었는데, 이러한 태도가 바뀌었다는 것이었다. 또한 대전과 부산에 대규모 직업훈련센터를 설립하는 UNKRA의 계획에도 동의하는 쪽으로 입장이 바뀌었다며 이를 긍정적으로 보았다.[46]

이같이 직업교육·훈련에 대한 한국인들의 요구와 함께 OEC와 UNKRA의 역할조정과 협력 관계가 이어지면서, 1955년 이후에는 구체적인 사업 중 하나로 고등기술학교 설립안이 추진되기 시작했다.

2) 고등기술학교 설립과 학력인정 요구

FOA는 켄터키주에서 실시한 직업훈련센터 설립 방식을 한국에 도입하려 했다.[47] 지역에 거점 시범직업학교(the local pilot community vocational school)를 세우는 방

---

45 REBUILDING EDUCATION IN REPUBLIC OF KOREA(1953, FEBRUARY), 1954. 8. 3; THE EDUCATION PROGRAM IN KOREA, 1953. 8. 12.

46 "From Carl. T. Witherell(UNKRA, Division of Education) to W. A. Wells(FOA, Korea Div. Washington), Briefing on the UNKRA Vocational Training Program, 1954. 8. 3", Box 7, Entry 422, RG 469.

47 FOA는 미국 켄터키주에서 이미 실시된 바 있는 거점직업훈련학교(one area vocational school) 사업을 한국에 도입할 책임자로 프랭클린 밀러(Franklin L. Miller)를 배치하려 했다. "From J. Russell Andrus to Eugene H. Clay, THE EDUCATION PROGRAM IN KOREA, 1953. 8. 12", Box

식이었다. 새로운 시설을 세우기보다 지역의 기존 시설 중 가장 나은 시설을 선정해 최신 설비를 도입하고 실기 능력을 겸비한 기업의 기사(엔지니어)들이 와서 실업계 고등학교의 교사훈련을 실시할 것을 구상했다. 거점 시범직업학교를 수료한 우수 훈련생들은 졸업 후 훈련 지도교사로 남도록 독려해 훈련의 결과를 선순환시키려 했다. 교육·훈련기관의 훈련 내용은 반드시 기관이 설립된 지역의 산업 여건에 맞추어야 하며, 교육·훈련을 받은 인자들을 지역 산업 현장에 진출시킨다는 계획을 가지고 있었다. 1953년 시점에 계획된 FCA의 거점 시범직업학교 설립 계획은 1953년 중 부산과 대구에 거점훈련센터를 세운다는 UNKRA의 계획과 일치하는 바였다. 앞서 살펴봤다시피 FOA와 현지 원조기관인 OEC는 설비의 도입과 기사급의 훈련에 관심이 컸다. 다만, 같은 거점 시범직업학교라 해도 FOA가 관심을 가지고 있는 것은 농업 분야였다. 1953년 『THE EDUCATION PROGRAM IN KOREA』 보고서를 작성할 당시 FOA는 수원에 실업계 고등학교보다 기술 수준이 한 차원 높은 농업기술센터 설치를 추진 중이었다.[48] UNKRA는 공업계 거점 직업훈련센터의 설립과 지원을 추진해 나갔다.[49] 문교부 또한 과학기술 교육정책이나 과학기술 교육 진흥이 필요하다는 입장에 동의하는 바였다. 따라서 UNKRA의 거점 직업훈련센터 설립계획 수립은 문교부로서도 환영하는 바였다. 이러한 분위기에 따라 문교부

7, Entry 422, RG 469.

48 "From J. Russell Andrus to Eugene H. Clay, THE EDUCATION PROGRAM IN KOREA, 1953. 8. 12", Box 7, Entry 422, RG 469.

49 1953년 당시 OEC 경제조정관이었던 C. Tyler Wood는 FOA의 한국 담당 부서장이었던 Dr. Justin Williams에게 보낸 서신을 통해 UNKRA가 그간 교육사업 전반을 담당했고 향후 원조사업에서도 특히 교육 분야 사업은 UNKRA와 한국 정부 문교부와 긴밀한 협의하에 진행되어야 한다고 전했다. "From C. Tyler Wood to Dr. Justin Williams, 1953. 11. 6", Box 7, Entry 422, RG 469.

는 「실업기술교육 5개년계획서」를 작성하고 직업교육 정책을 추진해 나갔다.[50] 당시 UNKRA는 실업고 재건사업도 진행 중이었다. 실업고 복구사업의 일환으로 공고와 수산고의 시설 확충을 추진했다. 경성전기공고, 경기공고, 광주공고, 목포공고, 여수수산고 중심으로 복구가 이루어져 1956년 8월 현재 약 80%에 도달했으며,[51] 나머지 실업계 고등학교에 대해서도 시설 원조와 교사의 해외연수를 추진할 예정이었다.

이 과정에서 UNKRA는 부산공고와 대전공고를 거점 직업훈련센터로 선정했다.[52] 애초 거점 직업훈련센터는 정규교육기관이 아닌 실습 위주의 작업장을 의미했고, 직업교육·훈련 교사도 실업학교 교사가 아닌 기업의 엔지니어를 거점 직업훈련센터에 초빙해 전수하는 방식을 구상했다. 문제는 UNKRA가 실습 위주의 재훈련과 고교의 실습 교사 재훈련 필요에 따라 거점 직업훈련센터 설치를 추진했음에도, 문교부가 이 훈련센터를 고등기술학교로 운영하면서 생겨났다. 문교부는 고등기술학교가 고등학교 수준의 학력 미인정 훈련기관이라는 점에서 UNKRA가 의도한 거점 직업훈련센터에 부합한다고 보았다. 법령상 고등기술학교는 공장이나 사업장에도 설치, 경영할 수 있고 수료자 또는 졸업자에게는 졸업증이 아닌 기술원 자격증이 부여되었다. 그런데 기술원이라는 자격이 어느 정도 수준에 이른 기술계 인력에게 수여되는지에 대한 조항은 규정되어 있지 않았고 수료증 제공이 전부였다. 졸업증명서와 수료증명

---

50 문교부의 '실업기술교육 5개년계획'에 대해서는 김호준, 앞의 글, 2015, 53~61쪽; 김호준, 「이승만 정권기 실업교육 진흥책의 추진과 성격」, 『사학연구』 제119호, 2015, 359~367쪽.

51 復興部, 「施政狀況」, 『부흥월보』 3, 1958, 100쪽.

52 '거점직업훈련센터'는 "model institutions which will include teacher training institutes"를 필자가 임의로 번역한 것이다. 한국직업훈련사에서는 '실업기술연수원'과 '공업기술연수원'으로 서술되어 있다. 조성수·빅정주·나영선 공저, 앞의 책, 1989, 156쪽.

서 제출에 따라 기술원 자격을 부여한다고 명시하였으나 실제 기술원 자격증의 효력은 거의 없었다고 여겨진다.[53]

UNKRA가 지원을 결정하면서 설치된 부산공고의 시설을 공유할 부설 고등기술학교의 경우, 1953년부터 실험실습 기자재 지원이 시작됐다. 1955년에는 실습공장 시설을 대중에게 공개, 전시하는 '실습공장 시설공람회'도 개최했다. 당시 공람회는 남녀 중 고교 학생들과 일반인들의 관람으로 인산인해를 이뤄 연인원 45,000명이 다녀갔을 정도였다.[54] 실제로 UNKRA가 지원한 시설은 실습공장에서 쓰일 기자재였다. 당시 부산공고 교사였던 김동복은 UNKRA가 지원해준 것은 실습공장 기자재에 제한되었고 실습공장 건축비와 기자재 설치 비용 대다수를 학교 측이 마련하느라 어려움을 겪었다고 회상했다. 부산공고는 사친회까지 나서서 UNKRA의 지원을 얻기 위해 애썼고, 건축비와 설치 비용을 대느라 교사들의 봉급과 건축 노임을 체불할 정도였다고 한다.[55]

> 허허벌판에 세워진 실습공장이었지만 그곳에 들여온 기계를 부산 지역의 각

---

53 기술원은 단순히 기술학교와 고등기술학교 졸업자와 수료자를 나눠 갑·을·병 기술원 자격증을 부여했다. 자격증 부여 과목은 "기술원자격인정령시행규칙"에 명시하였다. "기술원자격인정령"(1955. 3. 25 시행), 「대통령령(제1022호)」, 1955. 3. 25 제정; "기술원자격인정시행규칙", 「문교부령(제49호)」, 1955. 11. 14. 제정, 국가법령정보센터(www.law.go.kr).

54 부산공고는 1951년 6년제 부산공업중학교가 3년제 부산공업고등학교로 바뀐 후 1965년 부산공업고등전문학교로 승격될 때까지 존재했다. 5·16 군사쿠데타 이후 부족한 기술공(기능공과 기술자의 중간 단계의 기술계 인력)을 양성한다는 목적 아래 공고 중 우수 시설과 실습 기자재를 갖춘 공업고등학교를 승격시키고자 했던 문교부의 계획에 선정되어 1963년 8월 중 승격이 확정되었다. 부산공고가 공업고등전문학교로 승격될 수 있었던 것도 UNKRA에서 지원받은 시설과 기자재가 있어서였다. 국립부산공업대학교칠십년사편찬위원회, 『釜山工業大學校七十年史(1924~1994)』, 1994, 172~173쪽.

55 김동복(1948. 4. 1~1962. 2. 28 교사 재직), 「나의 부산공고 재직 시절」, 위의 책, 147~149쪽.

대학들도 부러워했다. 새로운 기계를 활용할 수 있었다는 장점, 기계를 깨끗이 닦는 마음, 남들보다 앞서간다는 자부심 등으로 충만한 우리들의 눈은 반짝거렸다.[56]

우리가 입학하였을 때의 실습공장에는 낡은 구식 공작기계들이 어지럽게 놓여 있었다. 그러나 이 공작기계는 어디론가 실려 가고, 미국에서 운크라 원조로 들여온 최신식 공작기계들로 바뀌어 설치되었다. 엄청난 변화였었다. 중앙원동기에서 각 공작기계에 힘이 전달되어 굉장한 소음과 함께 작동되던 구식 기계들이 각각의 모터가 달린 최신식 공작기계에 밀려나고, 버튼만 누르면 연한 소리를 내고 운전되는 것에 우리는 탄성을 질렀다.[57]

UNKRA는 부산공고에 시설을 지원하면서 부산공고 부설 고등기술학교를 자신들이 구상한 거점 직업훈련센터로 삼아 지역 노동자들의 재훈련, 인근 지역 실업학교 교사의 재훈련 시설로 활용하려 했다. 이러한 목적을 위해 야간 3년제로 1956년부터 1963년 2월까지 운영이 이루어졌다. 그러나 실제 운영은 공고 수업과 차이가 없었다. UNKRA와 FOA가 구상한 것과 같이 지역의 산업 현황과 향후 발전계획에 따라 운영되었다기보다, 부산공고에 설치된 학과 중 일부 학과로만 운영되었던 것이다. 인근 기업 엔지니어가 고등기술학교 교사로 초빙되지도 않았다. 부산공고 교사들이 고등기술학교까지 맡아 정원만 공고의 약 3배 인원을 뽑아 수업하는 식이었다. 부산공고 부설 고등기술학교에는 기계, 전기, 토목, 건축의 4개 학과가 운영 중이었는데, 이는 가장 기본적인 공

---

56 심인보(부산공고 기계과 제30회 졸업생), 「소리와 더불어 생각나는 그때」, 위의 책, 153쪽.

57 한상률(부산공업고등학교 기계과 제31회 졸업), 「꿈과 희망을 심어준 모교를 그리면서」, 위의 책, 157쪽.

업 분야 학과를 운영한 것에 불과했다. 한국전쟁 후 부산의 산업 현황은 10인 이상 사업체가 583개에 지나지 않았고 가장 큰 비중을 차지하고 있던 산업은 섬유산업이었다. 따라서 부산의 산업 현황을 고려해 설치된 것도 아니었다.[58]

부산공고 부설 고등기술학교는 애초 UNKRA나 FOA가 구상한 대로 공고의 교사를 재훈련시키는 거점훈련센터가 아닌 공고의 하급 부속시설로 전락했다. 현실적으로 기업의 엔지니어도 노동 조건이 좋지 않은 상태여서, 이들이 거점훈련센터인 고등기술학교에 파견되어 실업고교 교사 재훈련을 시킬 형편도 아니었다. 결국 거점훈련센터로 계획된 고등기술학교는 인근 비진학 청소년들을 훈련하는 학력 미인정 준정규학교 수준으로 운영되었다.

그나마 부산공고 부설 고등기술학교는 오래 유지된 편이었다. UNKRA는 1953년 9월 대전공고에 실습 기자재 지원을 결정하면서 부산공고와 마찬가지로 거점 시범직업학교 설치를 요구했다. 대전공고는 그 대가로 공장 시설과 7,700여 점 이상의 기계기구를 지원받을 수 있었다. 대전공고 부설 고등기술학교는 1954년 4월 30일 개교해 부산공고 부설 고등기술학교와 마찬가지로 야간 수업으로 운영되었다. 고등기술학교 소속 실기교사는 4명밖에 없었고, 학과 교사는 대전공고 교사가 겸임해 가르쳤다. 대전공고 부설 고등기술학교에 입학한 이들도 부산공고 부설 고등기술학교와 마찬가지였다. 이들은 UNKRA와 같은 원조기관이 희망했던 대로 산업현장에서 필요한 기술계 인력으로 훈련받기 위해 입학했다기보다는, 학력 인정을 받기 위해 입학한 경우가 대다수였다. 대전공고 부설 고등기술학교 학생들은 입학한 지 세 달이 지나지 않아 대전공고와의 차별을 반대하고 대학 입학자격이 없다는 점에 항의하며 단체행

58 위의 글, 157쪽.

동에 나섰다.[59]

결국 대전공고는 학생들의 희망을 받아들여 원하는 학생들은 편입시켜주겠다는 해결책을 제시했고 고등기술학교 학생들은 모두 편입을 원했다. 대학 진학자격을 희망한 것이다. 학교 측은 단 한 차례 입학생을 받았을 뿐 1955년부터는 학생 모집을 중단했고 1956년 6월 15일부로 고등기술학교를 폐지해버렸다.[60] 애초 원조 당국의 목표대로 산업현장에 긴요하면서도 우수한 기술력을 갖춘 인력을 양성하는 기관으로 운영되지 못한 채, 입소생들 또한 고등기술학교를 하나의 학교로 인식했고 결국 조기에 폐지되었다.[61]

정규학교이든 비정규 훈련센터든 직업교육·훈련은 취업이 뒤따라야 산업현장과 교육훈련기관의 선순환을 이룰 수 있었다. 하지만 당시 부산공고와 대전공고처럼 일류 시설을 갖춘 공고들도 졸업생들의 취업이 저조할 정도로 실업률이 높은 실정이었다.[62] 더구나 장기 경제개발계획이 수립된 1957년 이후,

---

59 대학 진학을 위한 학력인정은 고등기술학교 학생들만 요구한 게 아니었다. 1959년 4월 첫 신입생을 모집한 인하공과대학 부설 중앙종합직업학교 직업보도부는 같은 해 8월 "본교 직업보도부의 학력자격을 공업고등학교와 동등하게 인정해달라"고 문교부에 요청한 바 있다. 유진영·정기섭, 「독일 기술교육 지원의 교육사적 의의—인천 한독실업학교 설립과 의미를 중심으로(1960~1970)」, 『한국교육사학』 38-2, 2016, 15~16쪽.

60 대전산업대학교칠십년사편찬위원회 편, 『大田産業大學校七十年史(1927~1997)』, 1997, 107~110쪽.

61 기업체 부설 고등기술학교도 당시에는 학교 부족으로 인해 입소생들에게 또 다른 학교로 인식되었다. 1950년대 후반 대한조선공사 부설 고등기술학교에 입학했던 전 한국노총 위원장 박인상은 자신은 이를 직업훈련기관 입소로 여기기보다 일종의 학교 입학으로 생각했다고 회상했다. 박인상의 사례에 대해서는 신원철, 「사내직업훈련 제도의 전개—대한조선공사 사례를 중심으로」, 『사회와 역사』 85, 2010, 168~169쪽.

62 1950년대 실업률과 이승만 정권과 4월혁명 이후 민주당의 실업 대책에 대해서는 이주실, 「1950년대 후반 실업 문제의 대두와 이승만 정부의 실업 대책」, 고려대학교 석사학위논문, 2012 참조.

오히려 원조 금액 감소와 정치 불안정으로 경제불황이 심해져 실업률도 동반 상승했다. 직업훈련과 교육을 받아도 좀처럼 취업이 되지 않았기에 진학 위주의 중등교육 체제를 변화시킬 수 없었다. 대전공고 부설 고등기술학교 입학생들은 이런 현실을 좀 더 빨리 알아차렸고, 대전공고는 이러한 분위기에 빠르게 편승한 셈이었다. 대전공고가 이 같은 결정을 할 수 있었던 데는 실업계 고교 출신자들의 진학 욕구를 수용하려 한 문교부의 입장도 영향을 끼쳤다.[63] UNKRA가 지원한 고등기술학교의 주무부처였던 문교부는 여전히 직업교육이 목적인 실업학교라 하더라도 우수 학생은 진학시키고 진학하지 못하는 학생들은 취업하면 된다는 시각이 강했다. UNKRA로부터 지원받은 실습공장이 1957년 준공되자, 이듬해부터 대전공고는 바로 신입생의 50%를 대학 진학 희망자로 모집하기 시작했다. 남은 취업반 학생들에게도 형식적인 실업계 교육만 실시했다. 결국 대부분의 취업반 학생들이 대학 진학을 희망하는 인문계고와 다를 바 없는 교육을 받은 채, 대전공고 졸업자로 1950년대를 마치게 되었다.

양 고등기술학교는 UNKRA의 기대와 협조로 거액의 원조를 받을 수 있었지만 원조기관의 의도와는 다르게 운영되었다. 산업현장의 우수 기술인력이 노동자와 실업학교 교사를 재훈련하는 기관이 아니라 준정규학교로 운영되었고, 조기에 정규학교로 통합되었다. 고등기술학교뿐만 아니라 공고의 우수 학생일수록 산업현장이나 훈련기관에 재직하기보다 대학에 진학했다. 아이러니

---

63 한국 직업교육 정책을 통시적으로 분석한 최규남은 당시 문교부가 실업계 고교들이 ① 실습교사와 기자재 부족으로 진학 위주로 교육과정을 운영하고 있다는 현실을 지적하고 ② 사회적으로 강력했던 진학 열망을 수용해 특히 우수 실업계 고교 출신들의 무시험 전형 등을 제안한 것을 긍정적으로 평가했다. 최규남, 『한국 직업교육 정책 연구』, 문음사, 2003, 163~164쪽.

하게도 두 학교는 이러한 과정으로 인해 5·16 군사쿠데타 이후 일종의 연구기관인 대학으로 승격될 수 있었다.

한국전쟁 종전 후 원조 당국은 산업에 맞게 직업교육·훈련을 시행해야 한다는 입장이었다. 하지만 현실적으로 기존에 설립된 학교를 활용할 수밖에 없었고, 취직보다 진학을 선호하는 한국 사회의 분위기를 단기간에 바꾸기는 어려웠다. 직업교육과 훈련의 목표는 진학이 아니라 취업에 있는 만큼, 직업교육·훈련기관이 자리 잡기 위해서는 산업의 '성장'이 필요했다. 산업 성장 없이 기술력이 바로 취업으로 이어지기는 어려웠다. 기술훈련을 위한 학력 미인정 학교도 한국 사회에서는 졸업장을 얻기 위한 교육기관으로 인식되었고, 이 점은 누구보다 학생들과 학부모들이 잘 알았다. 중등교육의 목표가 진학이었다는 점과 노동시장에서 기술훈련과 기술검정자격증이 고용과 숙련, 나아가 계층상승 효과를 내기 어려웠던 산업 구조적 조건이 맞물리면서, 기술훈련이 직업교육을 주도하고 기술력이 졸업장보다 높은 가치를 인정받도록 만들자는 목표는 실현되지 못했다. 이 같은 학교 중심의 기술인력 양성책의 실패로 1960년대에는 문교부가 아니라 노동청이 직업훈련사업을 전담하는 부처로 선정되어 직업훈련소를 통한 기술계 인력 양성이 고려되기 시작했다. 이 과정에서 기술인력 양성책은 노동정책으로 자리 잡아갔다.

2장

1960년대 인력개발 노동정책의 수립과 노동청 신설

1. 인적자원 관리의 필요성 대두와 노동청 설립

노동청이 설립되기 이전 노동사업의 주무부처는 보건사회부 노동국이었다. 5·16 군정기 노동청의 전신부서인 보건사회부 노동국의 주 사업은 국토간척사업에 실업자들을 투입하는 실업자 구제사업이었다.[64] 당시 보건사회부 노동국은 실업자를 국토간척사업에 단순 투입하는 것에서 나아가 실업자들에게 기초 직업훈련을 실시할 계획을 세우고 있었다. 좌담회에서 정희섭 보건사회부 장관과 김문영 노동국장은 문교부가 실시하고 있는 고등기술학교와 같은 단기양성소를 보건사회부도 실시해 실업 대책으로 활용할 방침이라고 밝혔다.[65]

국제사회에서도 실업 대책과 직업훈련을 연계시킨 정책이 추진되고 있었

64 국토간척사업에 대한 연구 성과로는 김아람, 「5·16 군정기 사회정책—아동복지와 부랑아 대책의 성격」, 『역사와 현실』 82, 한국역사연구회, 2011; 임송자, 「1961년 5·16 이후 국토건설사업과 국토건설단 운영 실태」, 『한국근현대사연구』 67, 한국근현대사학회, 2013 참조.

65 「좌담회: 실업자 대책을 타진한다」, 『경향신문』 1963. 1. 18.

다. 1964년 취임한 존슨(Lyndon B. Johnson) 미 대통령은 실업 문제를 해결하고 고용을 촉진하기 위해 청년 실업자에게 훈련과 교육, 취업 기회를 제공해야 한다는 연두교서를 발표했다. 미국의 이 같은 방침은 직업훈련이 향상훈련으로서뿐만 아니라 실업 구제책으로서도 의의를 가진다는 점을 한국에게 상기시켰다.[66]

경제개발을 위해서는 체계적인 노동관리가 필요하며 이를 도맡을 행정기관이 요구되었기에 노동청 신설이 제기되었다. 군정기 문교사회위원회 위원이었던 홍종철(洪鍾哲)은 자본과 지하자원이 부족한 가운데 경제개발을 하기 위해서는 효과적인 노동관리를 추진할 "노동관리기구의 완비"와 과학기술을 발전시킬 과학기술계 인력의 확보를 위해 "실업교육과 훈련"을 수행할 것을 주장했다. 산업재해보상보험 제도 도입을 비롯해 사회 제도 도입에 영향력을 발휘했던 홍종철의 주장을 볼 때, 군정기 초기부터 독자적 노동관리 행정기구의 발족이 고려되고 있었음을 알 수 있다.[67]

1962년 하반기부터 국가재건최고회의 문교사회위원회 내에서 논의되기 시작한 노동청 신설(안)은 1962년 11월 28일 김용순(金容珣) 최고회의 문교사회위원장이 노동청 신설을 공식화하면서 확정됐다.[68] 이 같은 논의에 힘입어

---

66 「존슨 대통령 연두교서 발표」, 『동아일보』 1964. 1. 9. 직업훈련을 통한 고용촉진은 이미 존 F. 케네디 대통령도 추진한 바 있었다. 이 기조를 유지·강화한다는 입장이 1964년 연두교서에서 재차 천명된 것이었다. 1962년 존 F. 케네디 대통령은 연두교서에서 기술 발전으로 실업자가 된 노동자를 구제하기 위한 '인적자원 훈련 및 발전법'과 미취업 청년들과 학교 직업교육을 강화할 '청년고용촉진법'을 도입할 것이라고 밝혔다. 「케 대통령, 미 의회에서 연두교서」, 『동아일보』 1962. 1. 12; 「케네디 미 대통령의 연두교서」, 『경향신문』 1962. 1. 13.

67 홍종철, 「경제재건을 위한 노동력 및 과학기술의 종합관리」, 국가재건최고회의 총무처, 『최고회의보』 제2호, 1961. 10, 55~56쪽.

68 「노동청 신설 김 문사위원장 언명」, 『동아일보』 1962. 11. 28; 「노동청 신설 간척개간사업 일원화」, 『경향신문』 1962. 11. 28. 1926년생인 최고회의 문교사회위원장 김용순은 5·16 쿠데타의 일원으로 활약하고 문교사회위원장을 역임한 후 육군 준장으로 예편한 뒤 중앙정보부장과

1963년 8월 13일 최고회의 의결을 거쳐 9월 1일부터 노동청의 업무가 시작됐다.[69] 신설 당시 노동청은 2국 6과 체제로 노정국 산하에 노정과와 근로기준과가 설치돼 노사관계, 노동위원회, 근로기준법 준수 업무를 수행했다. 노정국이 기존의 노동국 업무를 담당했고 신설된 직업안정국에는 직업안정과와 실업대책과, 산재보장과를 두어 기존의 직업과가 담당했던 실업 대책, 직업 소개, 직업 보도(직업훈련) 업무 외에 산업재해보상보험 업무를 배치했다.[70] 노정국의 업무는 보건사회부 노동국 시절과 큰 차이가 없었지만, 설립만 된 상태로 실제 사업을 추진한 적 없었던 직업안정국의 노동사업은 5·16 군정기 이후 한국 사회에서 처음 실시되는 것들이었다.

설립 이후 노동청은 노동정책의 방향을 제시했다. 애초 노동청 신설이 논의될 당시의 주요 목적은 실업 해소였다. 보사부 노동국의 실업 대책사업은 주로 긴급 구호물품 제공, 귀농정착사업, 국토간척사업에 실업자를 일시 고용하

제6·7대 하동·사천·삼천포 국회의원(민주공화당)을 역임했다(국사편찬위원회 한국사 데이터베이스 한국 근현대 인물 자료 검색 결과).

69 「4월 발족 예정 보사부 노동국 노동청으로 독립」, 『동아일보』 1963. 1. 25; 「실업 대책으로 노동청 신설 연 230만 명의 실업자에게 일터」, 『경향신문』 1963. 1. 26. 노동청 발족이 예상보다 늦어진 데는 당시 노동청 신설을 곱게 보지 않았던 사회 여론의 영향이 있었다고 본다. 노동청 발족 직후 『동아일보』와 『경향신문』은 각각 사설을 통해 노동청 신설에 우려를 표했다. 당시 언론들은 보건사회부 노동국이 경영자와 노동자 사이의 의견 조율이라는 역할을 방기한 것은 물론 전문성이 부족한 인사들에게 노동행정을 맡겨왔다고 비판하면서, 노동청이 발족한 이상 보건사회부 노동국과 같은 행태를 보인다면 부처 신설만으로는 적극적 노동행정이 마련되기 어렵다며 노동청의 분발을 촉구하였다. 「사설: 능률 있는 행정은 기구 개편보다 운영의 묘를 살리는 데 있다」, 『경향신문』 1963. 6. 12; 「노동청·철도청의 발족」, 『동아일보』 1963. 8. 31; 「번지르르한 노동청의 발족」, 『경향신문』 1963. 9. 2.

70 보건사회부 노동국 직제에 대해서는 "보건사회부 직제(1958. 10. 31 시행)", 「대통령령(제1406호)」, 1958. 10. 29, 타법개정 중 제10조 참고(www.law.go.kr 국가법령정보센터).

고 직업훈련을 시킨다는 단기 고용 대책 중심이었다.[71] 보건사회부 노동국 당시에는 노동사업이 사회정책의 일환이라는 인식이 강해서였다. 그러나 노동청 발족 이후 노동청 인사들은 경제개발계획 추진 이후의 노동행정은 사회 분야 업무가 아닌 경제 분야의 행정으로 전환되었으며 노동행정이 담당할 바는 생산의 일 요소로서의 노동력 관리라는 점을 적극 표방했다.

> 생산요소의 물적 측면에 관한 배려가 경제정책의 일부분을 형성하는 반면 인적 측면에 관한 배려가 다름 아닌 노동정책으로서 양자가 결합하여 국민경제의 재생산을 위한 필수적 요건을 형성하게 되는 것이다. 더욱이 노동력이 국민경제의 발전과 결합될 때 경제 사회는 단순한 반복이 아니고 발전과 고도화를 염두에 두기 때문에 노동력에 대한 합리적인 배려도 한층 고도화되지 않으면 안 된다.[72]

생산을 통한 경제발전을 위해서는 물적 측면과 인적 측면이 중요한데, 국민경제의 발전에 필수 요소라고 할 인적자원—노동력—이 효율적으로 활용될 수 있도록 관리하는 것이 노동행정이자 노동청의 임무라 본 것이다. 이전의 노동관리는 실업자에게 단기 일자리를 제공하는 "구빈적·도의적" 관점을 가지고 있었지만, 노동청 신설 이후 노동력 관리란 경제발전에 맞춰 노동력을 성장시키는 것이 되어야 했다. 노동청은 국가적 차원에서 생산과정에 노동이 원활히 참여하도록 관리하는 것을 자신의 역할로 규정했다. 이는 노동청 스스로 노동정책을 경제정책의 일부분으로 규정한 것으로서, 분배정책이 아닌 생산정

---

71 「좌담회: 실업자 대책을 타진한다」, 『경향신문』 1963. 1. 18.

72 李熙均(노동청 기획관리관), 「생산정책으로 전환된 노동행정」, 『산업과 노동』 1-4, 1967.

책의 성격을 가진다고 본 것이다.[73] 초기 노동청은 기존의 노사관계 조정을 노동정책의 목표로 수립한 것이야말로 노동정책의 목표를 협소하게 본 것이고, 이후의 노동정책은 경제발전과 노동자의 수입 증대, 만족감 증진을 위해 종합적 인적자원 관리를 목표로 삼아야 한다고 보았다.[74]

생산에 기여하는 노동력을 관리하는 것을 자신의 역할로 규정한 노동청은 노동행정의 목표를 인력개발로 표방하였다.[75] 노동청이 생각하는 개발이란 결국 산업화였다. 산업화를 위해서는 인적 요소로서 풍부한 노동력, 고도의 과학기술, 선진적 경영기술이 필요한데, 이는 비인적 요소인 자본, 시설, 산업원료와는 달리 경영기술의 효율에 따라 성과를 달리 낼 수 있어 근대 국가의 개발에는 이 인적 요소의 개발이 더 중요하다고 보았다.[76] 또한 양적인 차원의 단순노동력이 아닌 개발된 상태의 노동력을 생산현장에 투입해 개발의 효과를 높이는 것이 노동청의 역할이라고 규정했다. 보다 효율적인 노동력은 노동시장에서 높은 가치를 평가받을 수 있고, 따라서 보다 높은 임금을 받게 되면 노동

---

73 위의 글, 27쪽.

74 박동서, 「정부 노동정책의 개관」, 『산업노동관계연구 No. 5. 사회발전과 노동 문제—서산연 창립 10주년 기념연찬회 회의록』, 서울: 서강대학교부설 산업문제연구소, 1976, 14~15쪽; 申連造 노정국장(논평), 같은 책, 1976, 62쪽.

75 '인력개발'은 노동행정에서만이 아니라 경제학, 사회학, 교육학계에서 두루 활용되던 개념이었다. 인력개발의 중요성을 설파한 대표주자는 프레드릭 허비슨(Frederick Harbison)으로, 그는 인력개발을 "한 사회 내의 모든 사람의 지식과 능력과 역량을 증진시키는 과정"이자 경제 활동에 필요한 지식, 기술, 기능을 인간(노동력)에게 부여하고 이를 경제개발에 효과적으로 투입하는 과정이라고 정의했다. 프레드릭 허비슨·찰스 마이어스 지음, 김종철 옮김, 『교육과 경제성장』, 1965, 255~256쪽(Frederick Harbison, Charles A. Myers, *EDUCATION, MANPOWER AND ECONOMIC GROWTH*, McGraw-Hill, 1964). 프레드릭 허비슨의 정의는 인력개발의 정의를 내릴 때마다 자주 인용되었다. 노동청, 『노동행정10년사』, 1973, 48쪽; 李熙均, 앞의 글, 27쪽; 한국경제연구센터, 『인력개발의 현황과 과제』, 1969, 51쪽.

76 李熙均, 앞의 글, 29~30쪽.

자의 생활 수준을 높일 수 있다는 것이 노동청이 가진 노동자의 지위 향상 방안이었다.

실업 대책 마련을 위해 모색되었던 노동청은 인력개발이라는 목표를 정립함으로써 '개발'을 정책 목표로 삼았던 정부 내에서 입지를 구축해 나갈 수 있었다. 노동청은 인력개발의 핵심은 인력 양성에 있다고 보고, 그 주요 사업으로서 직업훈련사업을 노동청이 전담할 수 있도록 준비해 나갔다.

2. 인력개발 이론의 유입과 인력개발 노동정책 구상

1) 인력개발 노동정책의 국제적 맥락

노동청이 인력개발을 노동정책의 목표로 삼게 된 데는 당대의 국제적 맥락이 존재했다. 신설부처인 노동청은 노동행정이라는 생소한 분야에 적응하고 행정기술을 습득하는 한편 지원을 받기 위해 ILO와 아시아노동장관회의를 적극 활용했다. 한국의 노동행정에 가장 큰 영향을 미친 국제기구는 역시 ILO였다. 이미 1955년부터 한국 정부는 정치적·경제적·사회적 목적 때문에 국제노동기구(ILO) 가입을 추진했다. ILO 가입을 추진한 주된 이유는 국제기구 가입을 둘러싼 북한과의 외교 경쟁 때문이었다. 1950년대에는 가입을 추진할 보건사회부의 행정 역량이 부족했고, 이승만 대통령이 반대 입장을 취해 결국 실질적 추진이 이루어지지는 못했다.[77] 그러다가 1961년 장면 정부 수립 후 정부 차원에서 1961년 1월 ILO 가입안이 각의에 상정되어 ILO 가입이 정부의 공식

---

77 1950년대 ILO 가입 추진 경과에 대해서는 노동청, 「5. ILO 가입 추진사업」, 『노동사업 5개년 계획』, 1966. 12, 75쪽; 노동청, 『노동행정십년사』, 1973, 130~131쪽.

입장으로 정해졌다. 5·16 군사쿠데타 이후에는 경제개발계획 추진을 위한 '경제적 노동사업' 추진에 ILO 가입이 중요해지자 정책 과제로 부상되었다.

노동청이 ILO 가입을 추진한 이유는 크게 네 가지였다. 첫째, 노동 분야의 기술원조를 받아 국내 산업을 발전시키기 위해서였고, 둘째, 1962년 노동자의 서독 진출을 시작으로 노동자의 해외 진출이 본격화되고 있었기 때문에 해외 고용 노동자들의 법적 지위를 확보할 필요가 있었다. 셋째, ILO가 채택한 조약과 권고를 국내에 도입해 한국 노사관계의 근대화를 추구하기 위해서였고, 넷째, 노동행정에 지원을 받기 위해서였다.[78]

정부 내에서도 노동행정은 생소한 분야였던 만큼, ILO 자문의 역할과 영향력이 컸다. 1960년 4월에는 ILO 초청으로 산업보건 전문가 존 J. 브롬필드가 방한하여 산업보건안전에 문제가 있는 50개 사업장에 대한 실태조사에 착수했다. 그는 이 과정에서 한국의 산업안전 상태가 심각하여 이를 보완할 작업장 안전시설 확보와 재해보상 제도 도입이 필요하다고 제안했다.[79] ILO 자문관의 권고를 받은 보건사회부 노동국은 1961년 9월 각령 132호로 근로보건관리규칙을 공포했고, 사회보장심의위원회의 사회보장 제도들 중 가장 먼저 산업재해보상보험 제도가 도입되었다.

직접적인 노동 관련 제도 도입에도 영향을 미쳤지만, ILO의 자문이 한국 노동행정에 끼친 중요한 영향은 노동행정이 인력관리사업이라는 점을 주지시

---

78 ILO는 유엔 회원국이 아닐 경우 회원국의 2/3 이상 찬성표를 얻어야 가입할 수 있다. 1970년대 내내 외무부와 노동청의 협조하에 가입을 위한 회원국 교섭을 진행했지만, 번번이 가입 최저 득표를 얻지 못했다. 1973년에 북한이 WHO 정식 회원국으로 가입하면서 표면적으로는 가입에 박차를 가한다는 목표를 세웠던 것으로 보이지만 유신체제 아래 노동운동 탄압이 국제적 문제로 부각되었던 시기라 가입 득표를 더 얻기 어려웠을 것으로 보인다.

79 노동청, 『노동행정십년사』, 120쪽; 許成俊(노동청 노정국장), 「근대 산업에서 본 그 의의와 종류—직업병과 직업재해」, 『기업경영』 제102호, 1966. 10, 28쪽.

킨 것이었다. 브롬필드는 한국 정부에 제출한 조사보고서 『한국의 산업보건』에서 "산업보건이 필요한 이유는 산업재해가 발생할 경우 받는 피해를 경제적으로 측정해 경제적 손실을 줄이기 위해서"라고 서술했다.[80] 인적자원 관리를 체계적으로 하지 않으면 경제적 손실을 입게 되고, 이는 경제개발에도 전혀 도움이 되지 않는다는 주장이었다. 브롬필드뿐만 아니라 1960년대 초반 이후 노동청 자문으로 내한한 대다수 노동행정 자문관들이 인력관리의 필요성을 제안했다.[81]

ILO가 초기 한국의 노동정책 구상과 제도 도입에 협조한 배경에는 ILO의 독자적인 이유도 작용했다. ILO는 이미 1962년 ILO 제46차 총회를 통해 「직업훈련에 관한 권고」(제117호)를 채택하고 국가가 직업훈련사업을 기획·관리할 것을 권고하고 있었다. 특히 ILO는 공업화 과정에 있는 국가에 대해 별도의 조항을 마련하여 노동력의 수요공급 상태에 맞추어 훈련계획을 수립할 것을 권고하였다.[82] 이 권고는 1961년 제45차 총회에서 사전 토의를 거쳐 채택되었다. 1964년 노동청은 직업훈련사업을 이관받기 위해 1961년 제45차 총회를 위해 작성되었던 「직업훈련」(1960)과 제117호 권고를 함께 번역하여 『직업훈련자료 제1호』로 발간하였다.[83] 이 자료에서 ILO는 경제개발의 수요에 대응할 수 있도

80 許成俊, 앞의 글, 28쪽.

81 브롬필드 외에 한국 노동행정 전반에 관한 자문을 위해 G. C. Wilson이 1965년 방한해 보고서를 제출했다. 1963년에는 사업장 내 직업훈련과 직업훈련 교사 양성 방안에 대한 자문을 얻기 위해 정부가 ILO에 전문가를 요청했고, 이듬해 9월부터 2개월간 M. Masatsugu(일본)과 P. C. Tolson이 방한해 사업장 내 직업훈련 실태를 조사한 후 보고서를 제출했다. 서상선, 앞의 책, 361쪽; 노동청, 『사업장 내 훈련 및 교사훈련(Masatsugu & Tolson 보고서)』, 1965. 1(서상선 제공자료 ①, 1~2쪽).

82 노동부, 『ILO 勸告集 下卷 1958~1996』, 1996, 101~102쪽.

83 노동청, 『(職業訓鍊資料 制一號) 職業訓鍊』, 1964(제네바 국제노동기구, 1960).

록 인적자원을 적합하게 활용하기 위하여 훈련이 조직되어왔고 그것이 더 활성화될 필요가 있다는 점을 주지시켰다. 노동청은 이 자료를 통해 직업훈련사업이 경제개발과 노동행정을 연동시키는 역할을 할 수 있다고 확신했을 것이다.

그런데 ILO가 노동행정의 방식으로 인력개발과 관련한 여러 사업을 권고한 것은 사실이지만 양자가 추구하는 본질적 목적은 달랐다. ILO는 노동청이 표방했듯이 경제개발을 위한 인력개발을 목적으로 직업훈련을 권고한 것은 아니었다. 1919년 근로조건 개선을 목표로 설립된 ILO는 1944년 "노동은 상품이 아니다"라는 필라델피아 선언 이후 "경제에 대한 인간 우위"라는 목표를 가지고 있었다. ILO가 직업훈련에 관한 권고를 채택한 가장 큰 이유는, 직업훈련이 실업으로부터의 탈출, 고용 수준의 개선, 평생교육을 받을 노동자의 교육권 보장과 같은 노동자의 지위 향상에 유용한 방안이기 때문이었다. 나아가 ILO는 청소년에 대한 직업훈련 과정 중 육체노동자에 대한 사회적 차별 철폐와 같은 사회적 의의를 실현시킬 것을 권고의 목표로 삼았다.[84]

반면에 노동청이 추구한 바는 인력개발이라는 노동행정을 통한 경제개발이었고, 이를 위한 '인력개발 노동행정'이었다. 양측이 다 인력개발을 수단으로 설정했지만 그를 통해 실현할 우선 목표는 경제개발과 노동자의 지위 향상으로 서로 달랐다. 노동청도 '근로자'의 지위 향상을 표방하긴 했지만 경제개발을 위한 인력개발이었고, 경제개발을 위한 산업에 필요한 노동력으로 형

---

84 이에 대해서는 노동청, 앞의 글, 13~14쪽 참조. 제117호 「職業訓鍊에 關한 勸告」 "I. 일반원리"의 2항은 "훈련이란 그 자체가 목적이 될 수 없으며 개인의 고용 기회 및 자기 자신과 사회를 위한 능력의 최대 활용 기회를 고려한 직업 능력 개발의 수단인 것이다. 즉 훈련은 특히 청소년이 연관되는 한 개성의 발전을 중점에 두어야 할 것이다"라고 규정했다. 노동청, 같은 글, 69~70쪽.

성되어야 지위 향상도 가능하다고 보는 입장이었다. 이러한 노동청의 노동행정 안에서 경제성장과 노동자의 지위 향상은 '인력개발'을 매개로 긴밀히 연동되었다. ILO 총회에 노동청 대표가 정부 공식 대표로 참여하게 된 후 노동청은 ILO의 주요 사업을 인력개발 노동정책으로 받아들였고, 노동청의 입지 구축에도 이를 활용했다.[85] 이후 노동청은 직업훈련 권고를 표방하고 있던 ILO의 지원을 받아 직업훈련사업을 추진해 나갔다.[86]

노동청이 인력개발을 노동행정의 목표로 표방한 또 다른 국제적 맥락은 1961년부터 개최된 아시아노동장관회의였다. 아시아노동장관회의는 애초 필리핀에서 개최를 제안하였는데 이미 필리핀에는 ICA(International Cooperation Agency)의 지원 아래 자유민주주의 체제의 발전, 노사협조, 생산성 강화를 위한 마닐라 노동교육센터가 설치되어 있었다. 주로 국제자유노련(International Confederation of Free Trade Unions, ICFTU) 산하 아시아 국가의 노조 지도부들이 파견되어 이 센터에서 '미국식' 노동조합 활동에 대해 교육받았다. 여기에는 미국의 노동훈련 전문가들이 20여 명 지도자로 파견되어 있었는데, 이들이 필리핀 노동부의 이 같은 제안에도 일정한 영향을 미쳤을 것으로 보인다. 필리핀 노동부는 ① 아시아

---

85 가령 1967년 제51차 총회를 보고하는 글을 노동청이 발간하는 『산업과 노동』에 게재했다. 제51회 총회의 주요 결의안은 노동자 1인이 운반할 양의 제한, 노사 간에 발생하는 불평 처리와 의사소통에 관한 권고, 산업재해 부상자 및 유가족의 연금 채택 권고 등이었고, 기타 토의사항에서 개발도상 국가를 위한 ILO의 임무로 인적자원 개발사업 강화가 논의되었지만, 『산업과 노동』 기사 제목은 "인적자원 개발, 근로 조건의 향상 등을 위한 기술원조 강화 문제 토의"라고 하여 ILO 총회가 인력개발사업에 집중한 것처럼 보도하였다. 「제51차 총회(노정과ILO계 제공)」, 『산업과 노동』 제1권 5호, 1967, 62~64쪽.

86 1968년 9월 2일~9월 13일 개최된 ILO 아시아지역회의는 경제발전의 핵심인 생산적 고용의 창조, 기능의 발전을 위해 필요한 인력계획에 관한 결의안을 채택하였고 UNDP의 지원으로 아시아 각국에 인력 전문가를 파견하기로 결정했다는 소식을 1969년 사업계획과 함께 소개했다. 「아시아 인력계획에 관한 선언」, 『산업과 노동』 제3권 제1호, 1969, 53쪽.

의 노동 문제 해결을 위한 협력을 모색하고, ② 인력관리 분야의 경험과 평가를 공유하며, ③ 미국과 유럽 등 선진국에 아시아 인력을 파견하기 위한 '아시아 인력풀(Asia Labor Pool)'을 설치하고, ④ 그간 아시아 국가들의 노동자들에 대한 오해로 인해 UN과 그 산하기관에서 받았던 불이익을 불식시키자며 아시아 11개국에 노동장관회의를 제안하였다. 처음 소집된 1961년 회의에 한국이 초청받을 것이라는 사전 조사 결과를 통보받은 후, 보건사회부는 최영근(보건사회부 차관), 김문영(보건사회부 노동국장), 심강섭(보건사회부 노동국 직업과장)을 파견하려고 계획을 세웠다. 그러나 회의가 개최될 예정이었던 1961년 5월 18일은 5·16 군사쿠데타 직후였기 때문에 대표를 파견하지 못했다.[87]

이후 한국은 1966년 제1차 대회부터 노동청장을 대표로 이 회의에 참여시켰다. 첫 회의에서는 ① 지역 내 인력개발 정책 및 경험의 교환, ② 사회적·경제적 성장에 필요한 인력자원 개발을 위한 상호협력 모색, ③ 아시아 지역 내에서 인력자원의 질적 제고 및 활용 효율 증대를 위한 관심 환기가 의제로 상정되었다. 아시아 여러 국가의 노동부처들이 인력개발 정책에 높은 관심을 가졌기 때문에 회의의 중심 의제로 상정된 것이다.[88] 제1차 회의에서 퀘존 선언(QuezonDeclaration)을 통해 2년에 한 번 회의를 개최하자는 합의가 이루어졌다. 1969년 1월 제2차 회의에서도 아시아 지역 내의 기술협력이 주요 의제로 상정되었고, 제3차 회의에서는 아시아 지역의 인력 교류를 위한 기능 수준 평준화 방안이 논의되었다. 1973년 제4차 회의는 일본 도쿄에서 개최되었는데, 경제성

87 외무부, 『아시아 11개국 노동장관회의 Manila, 1961. 5. 18~20』(관리번호: CA0000061), 국가기록원, 1~73쪽.

88 필리핀 퀘존시에서 개최된 이 회의에서 퀘존 선언문이 채택되었다. 선언문에서는 아시아 지역 내 인력정책, 사회보장, 노동행정에 관한 문제들을 협의하기 위해 2년에 한 번 아시아 지역 노동장관회의를 개최할 것이 결의되었다.

장을 위한 노동행정의 역할과 기능 및 고용개발이 의제였다. 이 같은 국제회의 참가를 통해 노동청은 노동행정의 목표로서 인력개발이라는 '기조'를 수립할 수 있었고, 국제회의의 권위를 이용해 인력개발사업 추진 시 이를 노동청 사업으로 끌어올 수 있었다.

덧붙여, 아시아노동장관회의는 반공 진영 국가들만 참여하는 회의는 아니었으나 회의 개최국이 참가국을 초청하는 형식으로 이루어져 개최국의 국가체제에 따라 참여국에 차이가 있었다. 한국은 이 회의에 북한이 초청되지 못하도록 힘쓰고 있었기 때문에, 그 자신이 개최국이 되거나 반공 진영 국가가 개최국이 되도록 하는 전략을 취했다. 1971년 개최된 제3차 회의는 한국 측의 유치 노력에 힘입어 서울에서 개최되었다. 이는 친공산 진영에 속하는 스리랑카가 개최국이 될 것을 우려해 회의 유치에 적극 나서서 얻은 결과였다. 애초 제3차 회의는 스리랑카에서 개최될 것이 유력했지만 제2차 대회 때도 초청받지 못했던 대만을 참가시키고 북한의 참가를 막는다는 입장을 세워 개최에 적극 나선 한국이 유치할 수 있었다.[89] 아시아노동장관회의는 인력개발이라는 노동행정의 입지를 구축하는 데도 활용되었지만 아시아 반공 국가의 협력체제를 강화하는 데도 유효했던 것이다.[90] 1970년대 들어 노동청은 한국 정부와 재계의 일본 자본 유치 '기조'에 동반해 일본의 기술협력을 요구하는 자리로 이 회의를 활용하기도 했다.[91]

---

89 노정국, 「제2차 아시아 지역 노동장관회의 보고」, 『산업과 노동』 제3권 제1호, 1969, 52~53쪽.

90 한국은 다른 나라들보다 대만과 협력 관계를 구축하고 있었는데, 대만은 제1차 대회에만 참가했고 제2차 대회에는 초청되지 못했다. 제3차 대회에 다시 한국이 초청해 참가했으나 제4차 대회 때는 중국과의 관계 회복을 중시한 일본의 입장으로 인해 초청되지 못했다.

91 제4차 회의의 의제 중 하나는 고용개발이었다. 노동청은 이에 대한 한국의 보고서를 작성하던 중 아시아의 고용 증진을 위해서는 일본의 아시아 협력, 즉 일본의 기술원조가 필요하다

2) 후진적 고용 구조 개선과 인력개발 노동정책의 결합

노동청이 설정한 인력개발 노동정책의 또 다른 목표는 후진적 고용 구조의 개선이었다. 선진과 후진이라는 프레임은 그 자체가 후진을 부정적이고 벗어나야 할 상태로, 선진은 이루어야 할 상태로 규정하는 가치가 반영된 것이었다. 1949년에 이미 UN에서 구상되었던 후진국 경제개발 방안이나 미국 트루먼 정권의 후진국 기술원조계획이 국내에 소개되어 있었다. 덧붙여 유엔의 개발도상국 확대기술원조계획(Expanded Programme of Technical Assistance)과 넉시(R. Nurkse)가 1951년 UN 경제사회이사회에 보고했던 『후진국의 자본 형성』이라는 책자가 번역된 상태였다. 후진성의 전형적인 요소로 꼽히는 위장실업(계절적 실업), 전시효과, 빈곤의 악순환이 한국의 상황으로 진단되고, 이를 극복하기 위한 경제발전 방안이 1950년대 후반 이후 빈번하게 논의되었다.[92] 넉시 외에도 싱거(H. W. Singer)는 통계적 사실을 기초로 ① 인구 1,000명 사회에서 산업인구 구조가 농업인구 70%, 비농업인구 30%로 구성될 때, ② 농업인구 1인당 소득이 비농업인구 1인당 소득의 3분의 1에 불과할 때 후진국이라 규정할 수 있다고 정의했다. 싱거의 후진국 모형은 보건사회부와 노동청 내부에서 한국의 고용 구조와 유사하다는 인식을 확산시켰다.[93]

는 견해를 서술하였다. 「제4차 동경회의를 통해 본 아시아노동장관회의」, 『산업과 노동』 제7권 제4·5통합호, 1973, 71~73쪽. 한국 정부와 재계의 일본 자본 유치 및 경제협력사업 추진 동향에 대해서는 이현진, 「한일 국교정상화 이후 경제협력 논의 구조의 변화양상—정·재계 경제협력회의의 위상과 역할을 중심으로」, 『한국민족운동사연구』 74, 2013, 239~276쪽 ; 장미현, 「1970년대 초반 재계의 외국인 투자 유치 활동과 그 '결과'」, 『역사문제연구』 30, 2013, 241~274쪽 참조.

92 조기중, 「넉시 이론과 한국 자본 형성에 대한 고찰」, 『경영논집』 Vol. 12, 중앙대학교 경영대학, 1960, 30~37쪽.

93 노동청 실업대책위원회, 「고용촉진을 위한 기본계획—완전고용을 목표로」, 『산업과 노동』

이러한 인식은 5·16 군정기 이후 박정희 정부에도 그대로 이어졌다. 박정희 정부는 실업률 극복과 고용률 제고를 경제개발계획 추진의 주요 목표로 삼았다. 노동청이 노동사업계획을 수립하기 시작한 1966년부터 노동사업의 제1 목표는 고용증대였다. 1965년 노동인구 9백만 명이 1981년 1,400만 명으로 증가할 것이 예측되는 가운데, 노동청은 농림수산업 분야에서 약 100만 명, 광공업 분야에서 약 170만 명, 사회간접자본 및 기타 서비스업에서 약 240만 명 고용을 증가시킬 것을 목표로 제시했다. 이러한 계획안을 수립했지만 노동청은 "여전히 농림 부문을 비롯하여 저생산 부문의 잠재실업이 다수 잔존하는 것"을 향후 해결해야 할 과제로 인식하고 있었다. 노동청이 생각하기에 문제는 어떤 산업을 발전시키고 어떤 산업으로 고용을 유도할 것인가라는 점이었다.

근대적 고용 구조란 산업화에 따라 농림수산업의 고용인구를 광공업 분야가 흡수해 농림수산업에 속한 고용인원을 점차 비농림수산업 분야로 흡수시키는 것이었다. 농가의 취업자 수를 비농가의 취업자 수로 이동시키는 것을 "바람직한 노동 분배"로 설정한 것이다.[94] 마찬가지로 산업발전을 초과한 이농 현상과 이들을 공장노동자로 만들기 위한 최소한의 고용 능력 부족으로 농림수산업 고용인구가 서비스업에만 몰리는 것도 문제였다. 농업 부문의 극심한 정체 현상 때문에 자발적 이농자들이 급격히 증가해 이들이 영세적 행상이나 영세 소경영자가 되어 최저의 생계수단만 추구하고 있는 것도 고용 구조의 문제라고 인식했다. 단순히 산업발전을 위한 인력개발의 측면보다는 노동력 이동을 통한 고용 구조의 개선이라는 목표 아래 노동청은 인력개발 노동정책을

제1권 제4호, 1967, 19~22쪽; 보건사회부 사회보장심의위원회, 『경제성장에 따른 노동력 이동 실태와 사회개발에 대한 조사연구』, 1969, 17쪽.

94 노동청, 『노동사업 5개년계획(1967~1971)』, 1966. 12, 10~12쪽; 보건사회부, 앞의 책, 12쪽.

수립한 것이었다.

인력개발 노동정책 수립을 통해 노동청은 실업률 저하를 실현하려 했다. 실업률 저하는 5·16 군정기부터 박정희 정부 사회정책의 주요 목표였지만, 노동청은 고용 구조 개선이라는 방법을 통한 실업률 저하를 계획했다. 이미 번역 소개된 경제학 저서를 통해 농업 분야 위장취업 실태나 계절제 실업의 문제가 인식되었지만, 인구와 경제 활동 인구 통계, 고용과 실업 통계가 주기적으로 작성되면서 농업 분야 실업 문제가 현실적 극복 과제로 제시되었다. 취업 시간의 부족과 극도로 낮은 소득 수준이 농업 분야 고용의 현실이라며, 농업 분야의 고질적인 불완전 취업 상태가 자주 문제제기됐다. 1967년 경제기획원이 작성한 『경제활동인구조사보고』에 따르면, 경제 활동 가담 인구의 취업 시간을 조사한 결과 주당 18시간 미만이 전체 취업자의 7.1%, 주당 19~29시간이 10.7%로 이들의 합계가 17.8%에 이르고, 실제로 158만 4천 명이 주당 29시간 미만만 근무하고 있다고 파악되었다. 특히 29시간 미만 취업자 158만 4천 명 중 128만 8천 명이 농림업 종사자였다.[95] 계절제 실업도 대다수가 자연환경의 영향을 받는 농림업에서 발생한다고 본 노동청은, 실업률을 낮추기 위해서라도 고용 구조 변화와 광공업 분야로의 노동력 이전이 필요하다고 생각했다.

인력개발 노동정책의 다음 목표는 노동력의 질적 제고였다. 광공업 분야로 노동력이 이전해도 인구의 자연증가로 인해 노동공급이 수요를 초과해 '마찰적 실업'이 발생할 수밖에 없었다. 이미 수립된 바 있는 경제개발계획과 과학기술 5개년계획에 따르면, 앞으로 노동력 수요가 부족해질 분야는 기능 노동력이었다. 산업의 고도화에 따라 기술 분야의 세분화, 신규 사업의 발전, 과학기술의 발전이 일어난다는 전제 아래 노동청은 기술계 노동력 수요를 충족시

95 김문모(金汶模), 『한국의 노동력』, 인력개발연구소, 1968, 96쪽.

키기 위해 직업훈련사업이 필요하다고 보았다. 직업훈련은 농림업 인구가 광공업 분야로 이동하기 위해서도 필수적이었다. 노동력 수급조절 차원에서도 노동력을 가장 필요로 하는 분야는 과학기술계였지만, 이 분야에 진입하기 위한 교육과 훈련은 원활하게 이루어지고 있지 않았다. 따라서 훈련을 제대로 시킨다면 후진적 고용 구조의 개선과 실업률 저하, 나아가 노동력의 질적 향상을 통한 경제성장까지 이룰 수 있다는 것이 노동청의 전망이었다. 인력개발 노동정책은 이 같은 목표 달성을 위한 노동청의 핵심 방안이었던 것이다.

구체적인 사업으로 노동청은 직업훈련사업 추진에 주력했다. 직업훈련사업은 인력개발 노동정책 중 인력양성에 해당하는 사업이었다. 인력개발 노동정책에는 이 외에도 3개의 하위 사업이 있었다. 노동청은 인력양성과 인력보존, 인력활용을 인력개발을 실현할 세 가지 요소로 보고, 이 요소들을 종합적으로 추진하는 것을 인력개발 노동정책이라 규정했다.[96] 산업화가 ① 고액의 자본, ② 대규모 시설, ③ 다량의 산업 원료, ④ 충분한 노동력, ⑤ 고도의 과학기술, ⑥ 선진적인 경영기술을 요한다고 할 때, 후자의 3개에 속하는 노동력, 기술, 경영 능률을 높이는 과정을 노동청은 인력개발이라 이해했다. 이 중 노동자의 능력에 해당하는 노동력과 기술력을 높이는 인력개발은 산업화에 필요한 인적자원을 육성·보존·활용하는 과정으로 이루어진다. 인력양성과 보존, 활용이 인력개발 과정의 하위 정책인 셈이다. 산업화에 필요한 인력을 육성했다고 해도 열악한 근로조건, 노동력 재생산이 불가능한 상황이라면 생산성은 떨어지고 인간이 제공하는 노동력은 손상되거나 심할 경우 사망해 없어진다. 노동청은 노동력 상실을 생산성 저하에서 나아가 경제적 손실로 설명했다. 애써 육성

---

96 이희균(기획관리관), 「생산정책으로 전환된 노동행정」, 『산업과 노동』 제1권 제4호, 1967, 29~31쪽; 노동청, 「4. 노동행정의 임무」, 『노동행정십년사』, 1973, 49~51쪽.

한 인력이 훼손되어 생산성이 낮아지거나 심한 경우 상실한다면 경제적 손실이 크다는 논리로 인력보존 정책의 중요성을 설파한 것이다.[97] 마지막으로 인력활용과 관련하여, 노동청은 직업안정소(직업소개소) 운영, 노동시장 정책, 적성검사, 노사협조를 통한 생산성 증대 등을 모두 인력활용 정책으로 보았다. 이렇게 볼 때 인력보존과 인력육성은 인력활용을 목적으로 행해지며, 육성과 활용, 보존이 종합적으로 추진되는 과정이 곧 인력개발이었다. 최종적으로 노동청은 경제성장과 사회·정치적 근대화를 추진하기 위해 인적자원을 관리하는 행정부서가 필요하다고 강조했고, 이를 위해 수립한 핵심 정책이 인력개발 노동정책이었던 것이다.

노동청의 이 같은 정책 방향은 경제성장과 근대화를 추진했던 당시 정부와 이에 동조하고 있었던 시대적 분위기에 부합하는 것이었다. 노동청은 이를 통해 인적자원을 관리하는 행정부처로서 자신의 입지를 강화할 수 있었다.

그러나 결과적으로 보자면 노동자의 사회적 지위 향상을 목표로 삼아야 하는 노동 담당부처가 설립 초기부터 생산과 개발을 노동정책의 최우선 목표로 삼았다는 것은 결국 노동자들의 지위 향상을 위해 필수적인 '분배의 문제'를 후순위로 둔 노동행정이 시작됐다는 걸 의미했다. 노동행정이 궁극적으로 추구해야 했던 "근로자의 지위 향상"이 노동사업에서 가장 소외되고 있다는 역설이 발생했다. 노동청이 수립한 노동정책의 모순에 대해서는 이미 당대부

97 노동청이 실시한 최초의 사업이자 노동보험이었던 산업재해보상보험에 대해 노동청은 사회보장적 의미를 넘어 경제적 측면에서도 기업의 위험을 분산시키고 생산의 주요 요소인 노동력의 보존을 통해 경제발전을 촉진하는 기능을 하고 있다고 의미를 부여했다. 산재보험은 근로기준법에서 파생된 제도로, 일반적으로 산재를 당한 노동자에게 적절한 보상과 재활을 제공하는 노동자 복지 제도의 성격을 가지지만, 노동청은 '인력개발'이라는 노동행정관에 따라 노동력의 손실이 생산에 차질을 가져오고 기업에 손해를 줄 수 있다는 '경제적' 문제로 파악하고 있었다. 노동청, 앞의 책, 1973, 249쪽.

터 문제가 제기되었다.

> 정부 노동정책의 범위를 박동서 교수께서 정의한 "노동의 원활한 수급 즉 주로 인력정책"에 국한시키는 방식에는 이의(異議)를 갖습니다. 기업(자본)이 필요로 하는 노동력을 개발하고 그 공급을 원활히 하는 것도 하나의 방책이지만 (…) 근로기준권(이른바 노동삼권)의 조장 문제 등도 중요한 노동정책의 측면으로 다루어져야 할 것으로 생각되기에 말입니다. 더구나 이들 문제는 한국적인 경제 사회 구조면에서 볼 때 인력정책에 못지않게 중요한 것이 아닌가 생각되며, 따라서 주제논문 중 노동정책 범주로는 너무나 좁은 개념이 아닌지 하는 느낌을 금할 수 없습니다.[98]

기존의 노동행정을 "소극적 노동보호행정"으로 정의한 노동청은 인력관리를 담당하는 행정부처로서 '인력개발' 노동행정을 표방했지만, 이러한 '인력개발 노동정책'이야말로 노동정책의 범위를 양적 고용 확대 위주의 노동정책으로 축소시켰다는 점이 당시에도 제기되었던 것이다. 본말이 전도된 인력개발 노동정책이야말로 독자적 노동정책을 수립하기 시작한 초기 한국 노동행정의 특징이었다.

---

98 배무기(裵戊基) 발언, 『산업노동관계연구 No. 5. 사회발전과 노동 문제—서산연 창립 10주년 기념연찬회 회의록』, 서강대학교부설 산업문제연구소, 1976, 71쪽.

3장

노동청의 직업훈련사업 전담과 기능직 양성

1. 경제기획원의 기술훈련소 설치 구상

1960년대 기술인력 양성은 경제개발계획 수립 이후 장기적이고 거시적인 인력개발계획 아래 추진되는 경제적 사업으로 성격이 변해갔다. 인력개발 정책의 수립은 경제기획원과 1967년 이후 설치되는 과학기술처가 담당했지만, 기술계 인력 중 기능직 노동자 양성사업은 고용정책의 성격을 갖는 노동정책으로 자리 잡게 된다. 노동청이 기능직 노동자 양성사업을 전담하기 전, 애초 이 사업은 경제기획원이 주관하고 있었다.

1962년 1월 5일 열린 제1회 각의에서 경제기획원의 『한국 기술계 인적자원 조사보고서』의 작성 보고가 있었다. 이 보고서는 제2공화국 당시 태완선(太完善) 부흥부장관이 기획했던 "기술자 인벤토리"사업을 계승해 작성된 것이었다.[99] 보고서가 필요한 이유로는 제1차 경제개발계획 사업이 진행될 시기에 기

99 이 보고서는 그 후 고려대학교 기업경영연구소에서 맡아 1962년 말에야 최종 보고서가 완성되었다. 경제기획원, 『한국기술계인적자원 조사보고서(1961)』, 1962.

술계 인적자원 수급에 불균형이 있다는 점이 제시되었다. 이에 대해 각의에서는 기술계 인적자원 부족 문제를 해결할 방안 마련이 시급하다는 의견이 오고 갔다.[100]

문제는 경제개발계획 사업 추진 초기의 기술인력 부족 문제를 해결하는 방안, 즉 인적자원의 공급정책 수립에 있었다. 경제기획원 조정국 기술관리과는 건설 예정인 공장과 학교의 수에 맞춰 기술계 인력수요를 예상할 수 있었지만, 부족한 인원을 어디서 어떻게 양성할 것인지를 준비하기는 어려웠다. 경제기획원 부원장 송정범(宋正範)[101]은 1주일 뒤 열린 국가재건최고회의에서 "현재의 경제기획원 기술관리과에서 감당할 수 없기에 문교부에서 이 문제를 연구 중"이라고 보고했다.[102] 당시 경제기획원은 기술자를 "이공계 대학 이상의 졸업자로서 해당 기술 직무에 종사하는 사람"으로 정의했고, 기능자를 "기술자를 제외하고 기술 부문에 종사하는 자"로 정의했다. 이러한 정의에 따라 경제기획원이 1차로 기술인력 양성부처로 고려한 곳은 문교부였다. 그러나 이미 1950년대 상공부 주도로 단기 기술훈련 정책이 추진된 적 있었고, 보건사회부도 근로기준법 제75조 기능자양성령을 발전시켜 「기능자양성령(안)」을 법제처에 제시했다. 보건사회부가 제출한 「기능자양성령(안)」의 내용에는 공장의 자체 훈련을 통한 기술공 훈련 방식이 포함되었다. 재직자 100명 이상인 기업은 기간

100 "기술계 인적자원조사 보고서 작성 보고의 건(제1회)", 1962. 1. 5(심의일자), 총무처, 『각의상정안건철(제1회~제3회)』, 관리번호 BA0084295, 국가기록원, 15~19쪽.

101 송정범은 대구상업학교와 일본 오이타(大分)고등상업학교를 졸업했다. 해방 전 조선은행 업무부에 근무하다 해방 후에는 한국은행 동경 지점, 오사카 지점을 거쳐 외국부 관리과장, 외환과장을 역임했다. 한국은행 조사부 차장을 하다 1960년 1월부터 부흥부 기획국장을 거쳐 1962년 경제기획원 차관에 임명되었다. 『大韓民國 行政幹部全貌』 4293년판, 國會公論社, 149쪽.

102 「국가재건최고회의 연석회의 회의록」, 1962. 1. 12(홍성주, 앞의 글, 88쪽에서 재인용).

평균 15명을, 200명 이상 기업체는 평균 25명, 500명 이상 기업체는 평균 50명을 교육한다는 제안이었다. 이를 위해 직업훈련법을 제정할 것도 제시했다.[103] 이렇게 양성된 기술공은 기사와 마찬가지로 기업에 정원할당제를 두어 반드시 고용을 보장해야 한다고도 제안했다. 경제기획원이 기능직 노동자 양성부처로 우선 고려한 곳은 문교부였지만, 보건사회부도 나름 기능직 노동자 양성사업을 맡기 위해 준비하고 있었던 것이다.[104] 이처럼 각 부처가 소관을 자처하고 나오자, 기술인력 공급 방향과 관련해 부처 간 협의가 필요하다고 생각한 경제기획원은 1962년 2월 5일 제1차 과학기술진흥계획 시안을 관계부처에 보냈고, 2월 6일과 14일 관계기관회의를 개최하여 협의한 후 계획안을 작성 완료하였다.[105]

1961년 말에 완성된 『한국 기술계 인적자원 조사보고서』는 경제기획원이 가지고 있던 기술자와 기능직 노동자 분류 체계를 그대로 계승했다. 다만 이 보고서는 기능직 노동자를 감독(Leadmen), 숙련공(Skilledmen), 미숙련공(Semi-Skilledmen), 비숙련공(Un-Skilledmen)으로 세분화했다. 기능직 노동자 양성에 감독자 양성이 포함된 것이다. 이는 그 전의 문교부가 교육의 단계에 따라 숙련공(기술

---

103 경제기획원, 「제1차 기술진흥 5개년계획(안) 각의 안건제출」, 1962. 3. 26, 『각의상정안건철(1962)』, 관리번호 BA0084309, 국가기록원, 123~127쪽.

104 보건사회부는 6개월~3년 정도 숙련 기간이 걸리는 기능직 노동자의 훈련 실시 요구와 훈련과정에 관한 규칙을 포함해 법(안)을 작성했다. 예를 들어 이 법(안)에 따라 금속공업의 제강공, 주물공, 용접공, 야금공, 금속기구 제작공 등의 기능자 양성을 위한 훈련 계약서 작성, 임금 지급, 도급 금지 등을 실시할 것을 규정했다. 보건사회부장관, 「기능자양성령(안)」, 『각의상정안건철(제4회~5회)』, 1962. 1, 국가기록원, 1089~1116쪽.

105 경제기획원이 1962년 3월 26일에 제출한 「제1차 기술진흥 5개년계획(안)」은 1962년 3월 27일 각의에서 원안 그대로 통과되었다. 홍성주, 앞의 글, 89쪽; 「제1차 기술진흥 5개년계획」, 1962. 3. 27, 『국무회의록(제1회~32회)』, 관리번호 BG0000261, 국가기록원, 216쪽.

학교·중등학교 졸업 수준), 기능자(고교 졸업자), 기술자(대학 졸업자)를 구분한 것과 달리, 대졸 이하의 기능직 노동자들을 교육 수준이 아닌 기능 수준에 따라 분류한 것이었다.[106] 적어도 경제기획원 기술관리과 차원에서는 학력에 따른 '정도 구분'을 변화시키려 한 것이다.

그러나 문제는 경제기획원이 기술자와 기능직 노동자 양성을 문교부에 위임하려 할 때, 기존 문교부 식의 분류에 의한 숙련공/기능자 구분을 기능직 노동자 수준에서 어떻게 반영할지 합의해야 한다는 점이었다. 문교부와 경제기획원이 합의한 바는, 경제기획원이 제시한 기능직 노동자 중 감독 기능직 노동자를 상층 기능직 노동자로 분류해 문교부의 기능자와 합치시키는 것이었다. 이 같은 합의에 의해 기술공을 "실업계 고교를 졸업하고 현직에 종사하여 '실기(實技) 면에 능숙한 자'로" 정의했다.[107] 이 합의는 양 부처 모두에게 유리했다. 경제기획원은 기능직 노동자 양성 업무에서 문교부의 협조를 받을 수 있었고, 문교부는 공업고교 정원을 2할 증가시키는 사업을 제1차 기술진흥 5개년계획에 포함시킬 수 있었기 때문이다. 제1차 기술진흥 5개년계획(안)에는 실업계 고교 정원증가 외에 졸업자들이 모두 기술공으로서 수준을 갖추게 하기 위한 여러 방안이 포함되었다. 첫째, 수업 시간의 50%를 실습공장에서 보낼 것, 둘째, 대학입시와 관련된 교육과정을 공업고교과정에서 전부 제외시킬 것, 셋째, 졸

---

106 문교부, 「실업기술교육 오개년계획」, 1956. 2, 『국무회의안건철』, 1956, 597쪽(김호준, 앞의 글, 55쪽 재인용).

107 제1차 기술진흥 5개년계획에서는 기술자보다 기술공과 기능직 노동자 부족이 더 시급한 문제로 제시되었다. 기술공은 54,791명, 기능직 노동자는 205,623명이 부족할 것으로 예상되었다. 이 중 기능직 노동자는 가용자원이 풍부해 특별한 공급 방안이 고려되지 않았고, 주로 기술공 공급 방안이 제시되었다. 경제기획원, 「제1차 기술진흥 5개년계획(안) 각의 안건제출」, 1962. 3. 26, 『각의상정안건철(1962)』, 관리번호 BA0084309, 국가기록원, 44~45쪽. 기술공 정의는 위의 글, 81쪽.

업 후 기술자 제도에서 지정하는 소정의 고사(考査)를 거쳐 기술공 자격을 부여하고 취직을 보장할 것 등이 방안으로 제시되었다.[108] 실업계 고교 졸업자로 부족한 인원 23,600여 명은 공업고교에 야간 직업보도부를 설치하여 기존 기능직 노동자 중 희망자를 2년 기간으로 교육하고, 과정을 수료하면 기술공 자격을 부여하는 방식으로 확보하고자 했다. 이 경우 기업주가 기능직 노동자의 야간 보도부 입학을 방해하지 못하게 하는 조치를 법률로 제정해야 된다는 주장도 제시되었다.

제1차 기술진흥 5개년계획에서 제시된 기능·기술공 육성 방안은 향후 정부의 기능인력 양성 방안의 토대가 되었다. 이 방안은 크게 네 가지로 요약될 수 있는데 첫째, 정규교육과정과 비정규교육의 연계, 둘째, 자격증제 도입을 통한 숙련 수준의 표준화, 셋째, 기업 내 자체 양성 강화, 넷째, 기능직 노동자 양성과 고용정책 연계라는 원칙이 처음 제시되었다. 이 원칙은 추후 직업훈련법을 포함해 박정희 정부의 기능직 노동자 양성정책의 네 가지 원칙으로 추진될 것이었다.

제1차 과학기술진흥 5개년계획에 대한 각계의 반응이 호의적이자, 경제기획원은 공고를 통한 기능직 노동자 육성사업 외에 사업 내 직업훈련을 통한 양성법(안) 마련에도 착수했다.[109] 애초에 보건사회부가 기능자양성령(안)을 통해 주관하려 했던 사업을 경제기획원 기술관리국이 직접 맡아 추진하려 한 것이

---

108 경제기획원이 이 같은 제한 조치를 둔 이유는 실업계 고교 졸업에 이미 3년의 시간이 걸리는 만큼 이 기간 동안 기술공 수준에 도달할 기능 수준을 연마시키기 위해서였다.

109 제1차 과학기술진흥 5개년계획에 대한 사회의 반응은 이 계획을 1면 기사로 내보낸 신문들에서 확인할 수 있다. 「기술진흥 5개년계획 수립」, 『경향신문』 1962. 2. 5; 「기술진흥 5개년계획안 발표」, 『동아일보』 1962. 2. 6; 「기술자 60만 명을 확보」, 『경향신문』 1962. 3. 28; 「일차 기술진흥 오개년계획 발표」, 『동아일보』 1962. 8. 18; 「과학기술진흥법 연내 제정 추진」, 『동아일보』 1962. 9. 26.

다.[110] 경제기획원의 이 같은 의도는 제1차 과학기술진흥 5개년계획 수립 시기부터 예정되어 있었다. 경제기획원은 기술관리국이 설치되지 않는 경우 직업훈련법은 상공부가, 기술자·기능직 노동자 고용법은 보건사회부가 맡는 것으로 계획했지만,[111] 기술관리국이 설치될 경우에는 양자를 모두 도맡아 주관하려 했다.[112] 경제기획원으로서는 제1차 과학기술진흥 5개년계획 입안에 주도적 역할을 한 마당에 제1차 계획 추진을 위해 가장 중요한 사업으로 제안된 기술공 양성사업 중 문교부의 실업계 고교 육성사업을 제외한 부분을 직접 추진하고 싶었을 것이다.

이를 위해 기술관리국은 사업 내 직업훈련을 활성화하기 위한 기술훈련법(안)을 작성했다.[113] 애초 이 법의 명칭은 '직업훈련법'이었으나 '기술훈련법'으로 변경됐다.[114] 기술훈련법에 대해서는 홍성주가 검토한 바 있다. 홍성주는 기

---

110 1962년 3월 제1차 기술진흥 5개년계획이 각의를 통과한 후 5월 국가재건최고회의 상임위원회에서 승인되자 이 계획을 추진할 핵심 부서로 경제기획원 기술관리과가 기술관리국으로 승격되었다. 홍성주, 앞의 글, 90쪽.

111 훈련의 실시와 관련해서도 보건사회부는 기능자양성령(안)에 포함시켜 주관하려 했지만 경제기획원은 사업체에 명령을 내린다는 점에서 상공부가 더 적합하다고 판단한 것으로 보인다.

112 홍성주, 앞의 글, 54쪽.

113 경제기획원 제출, 「기술훈련법(안)」, 1963. 8. 20, 『각의상정안건철(제83~86회)』, 관리번호 BG0000367, 국가기록원.

114 명칭이 변경된 이유에 대해 홍성주는 흥미로운 해석을 내놓고 있다. 기술훈련법(안)이 일본의 직업훈련법(1958. 5. 2 공포)과는 달리 기능검정과 기능사의 우대, 고용 문제를 다루지 않고 있다는 점, 법안의 직제가 8장 37조 체제인 데 반해 기술훈련법(안)은 장 체제 없이 19조 체제여서 동일한 명칭을 사용하기 어려웠을 거라고 주장하고 있다. 그러나 기술관리국의 기술훈련법(안) 제15조에는 "기능검정에 합격한 자에게 신분 및 보수상의 대우를 강구하여야 한다"고 명시되었다. 또한 일본의 직업훈련법은 8장이 아닌 7장 37조 체제이다. 『職業訓練法』, 법률 133호, 1958. 5. 2 제정, 일본 중의원 검색, www.shugoin.go.jp. 기술훈련법(안)이 일

술관리국이 각 산업체의 직장훈련을 지원할 예산을 확보하지 못했기 때문에 기술훈련소 설립 방침을 기술훈련법(안)에 포함시켰다고 보고 있다. 홍성주는 "제6대 국회 제40회 제1차 재정경제위원회 회의록" 기록을 그 근거로 삼고 있으나, 이 기록에는 경제기획원이 예산을 확보하지 못했다는 내용은 보이지 않는다.[115] 대신 기술훈련 실시계획(안)에 사업체가 자체 기술훈련으로 기술공을 확보하도록 하는 계획과 기술훈련소 설립 방안이 같이 제시되어 있다. 사실 기술훈련소 설치계획은 제1차 과학기술진흥 5개년계획 때부터 수립되어 있던 것이었고, 기술훈련법(안)에도 사업체 내 직업훈련 계획과 같이 포함되어 있었다. 따라서 사업체 내 기술훈련의 예산 부족 때문에 기술훈련소 설립 방안을 마련한 것으로 보이지는 않는다.[116] 오히려 1964년 초까지는 두 가지 모두 실시할 계획을 가지고 있었다고 보아야 할 것이다.

다음으로 홍성주는 기술관리국의 기술훈련법(안)에 대해 관계부처의 반대

본의 직업훈련법을 참고했는지는 좀 더 고찰이 필요하지만 기술훈련법(안)에 기능사 우대 항목이 들어 있다는 점, 1차 계획에서 보건사회부로 하여금 기술자·기능직 노동자 고용법을 마련토록 계획했었다는 점을 볼 때 이러한 주장은 고려될 필요가 있다. 후술하겠지만 일본의 『職業訓練法』은 오히려 1965년 노동청이 발의한 직업훈련법과 더 유사하다. 홍성주, 앞의 글, 128쪽.

115 「제6대 국회 제40회 제1차 재정경제위원회 회의록」, 1964. 1. 23, 29쪽. 이 회의록에는 경제기획원이 1961~1962년 사이에 실시한 사업과 앞으로의 계획만 제시되어 있다. 경제기획원의 예산을 결산하거나 예산안을 심의받는 회의가 아니었고 대략의 사업계획을 보고하는 자리였다.

116 마찬가지로 기술관리국이 설립을 계획했던 기술훈련소에 대해서도, 그는 국가기관으로 기술훈련소를 설립할 계획을 구상했고 이것이 1958년 5월 2일에 공포된 일본 직업훈련법을 참고한 방안이라고 주장했지만 기술훈련법(안)에는 국립 기술훈련소의 설립과 공사립 기술훈련소의 설립 방안이 같이 포함되어 있었다. 기술훈련소 설치가 기술훈련법(안)의 핵심이었다는 주장도 재고될 필요가 있다. 「기술훈련법(안)」 제6조, 제7조 참조; 홍성주, 앞의 글, 129쪽.

가 있었고 특히 내각사무처가 단호하게 "공공기술훈련소를 정부기관에 설치 않는 것이 옳을 것으로 사료됨"이라는 의견을 제출했다고 보았지만, 이러한 의견에 대해 기술훈련법(안) 내에 이미 경제기획원이 "공공기술훈련소는 기술훈련을 실시하는 데 없어서는 안 될 기관이며 이 훈련소 설치를 위하여 UN 특별기금을 신청 중에 있음"이라고 답변 및 처리한 것으로 나와 있다. 나머지 11개 부처도 법(안)에 대한 의견과 질문을 제출했지만 경제기획원이 답변 형식으로 처리한 것이 법(안)에 첨부되었다.[117] 홍성주는 1963년 9월 19일 제정된 산업교육진흥법으로 인해 기술관리국의 기술훈련법(안)에 대해 정부 내의 여론이 좋지 않았다고 보았지만 실상은 그렇지 않았다. 당시 제1차 과학기술진흥 5개년계획과 경제개발계획을 직접 주관한 행정기관이 경제기획원이었던 점을 고려한다면, 타 부처에서 경제기획원의 추진사업을 반대하기는 어려웠을 것이다. 경제개발계획 자체가 정부 주도로 막 시작된 시점에 공공기술훈련소와 사업내 기술훈련 실시를 정부기관이 반대할 이유는 없었다. 오히려 1964년 국회 재정경제위원회에서 보고한 경제기획원의 사업보고에 이 기술훈련법(안)의 추진 내용이 들어가 있었다는 점을 상기한다면, 적어도 이 시점까지는 경제기획원이 기술훈련법(안) 제정을 통해 공공기술훈련소 설치와 운영을 도맡아 추진하려 했다고 보아야 할 것이다.

그렇다면 기술훈련법(안)에는 어떤 내용들이 포함되어 있었을까? 1963년 8월 법제처에 제출된 기술훈련법(안)은 19조로 마련되었고 주요 내용은 〈표 1-1〉과 같다.

117 11개 부처 중 건설부, 서울특별시, 보건사회부, 교통부, 원자력원, 체신부, 재무부, 농림부는 모두 "이의 없음", 또는 "적극 찬성"의 의견을 보냈다고 나와 있다. "기술훈련법(안)", 43~45쪽.

〈표 1-1〉 경제기획원의 기술훈련법(안)

조항	범위	내용
제2조	훈련 대상자	국·공립, 민간 기업체의 기술계 직원과 기술계 업무에 종사하게 될 자
제3조	정의	"직장 기술훈련"이라 함은 기업체가 그 직원에 대하여 직장에서 행하는 훈련을 말한다.
제4조	기본 정책 등의 수립 및 집행	① 경제기획원장은 이 법에 의한 기술훈련에 관하여 기본 정책과 계획을 수립한다. ② 주무부 장관은 전항의 규정에 의한 기본 정책 및 지침에 따라 기술훈련계획을 수립하여 이를 집행한다.
제6조	국립기술훈련소	정부는 경제기획원에 기술훈련소를 설치할 수 있다.
제8조	기술훈련의 실시	주무부장관은 관할하는 기업체 중 기술훈련이 필요하다고 인정될 때 기업체를 지정하여 직업기술훈련 또는 위탁기술훈련을 실시하게 할 수 있다.
제11조	훈련기사	기술훈련을 실시하는 기업체 또는 기술훈련소에는 기술기사 1명 이상을 두어야 한다.
제12조	기능검정	주무부장관은 이 법에 의한 기술훈련을 받은 자에 대하여 기능검정을 실시하여야 한다.
제14조	임금의 지급	기업체는 이 법에 의한 기술훈련을 받는 훈련 대상자에게 그 기간 중 근로기준법에 의한 평균임금을 지급하여야 한다.
제15조	신분 및 보수상의 대우	기업체는 이 법에 의한 기능검정에 합격한 자에게 신분 및 보수상의 대우를 강구해야 한다.

* 출전: 경제기획원 제출, 「기술훈련법(안)」, 1963. 8. 20, 『각의상정안건철(제83~86회)』, 관리번호 BG0000367, 국가기록원.

경제기획원 기술관리국에서 제출한 이 법(안)에는 1차 과학기술 5개년계획에서 수립한 기술공 훈련의 네 가지 원칙 중 정규교육과 연계시킨다는 원칙을 제외한 세 가지 원칙이 법 조항으로 포함되었다. 전술한 원칙은 문교부가 주관하는 실업계 학교 육성사업에 해당해 기술훈련법(안)에서는 별다른 언급이 없었던 것으로 보인다.[118] 이 외에 기능검정 제도 도입을 통한 기술 수준 표준화

118 1963년 제정된 산업교육진흥법의 초안이었던 실업교육진흥법(안) 제16조에는 실업에 종사하거나 장차 종사하고자 하는 청소년에게 단기 실업교육을 실시할 때 국가 또는 공공단체가 지원해야 한다고 규정하고 있다. 문교부, 「실업교육진흥법(안) 제안(1962. 11. 28)」, 『법률원안철』, 관리번호 BA0231068, 국가기록원, 143쪽. 이 조항은 산업교육진흥법 제17조 "단기산업교육"으로 규정되었다. 1965년 6월 8일 제정된 산업교육진흥법 시행령(대통령령 제

와 기업체 기술훈련의 제도화 및 기능검정 합격자에 대한 고용보장이 포함되었다. 법(안)의 내용상 상공부가 담당할 직업훈련법과 보건사회부의 기술자·기능직 노동자고용법의 내용을 합쳐 만든 셈이었다. 다만 제1차 과학기술진흥 5개년계획과 비교해볼 때, 기업의 재직자 수에 비례해 기술훈련을 할당하는 정도의 강제성이나 기술자(기술공) 정원할당제와 같은 초기의 강력한 시행방침이 법안에 반영되지는 않았다. 제1차 과학기술진흥 5개년계획보다 법(안)의 조항이 좀 더 추상화된 것은 기업에게 이러한 사업을 강제할 경우 별도의 주무부처를 내세워야 한다는 경제기획원의 판단에 의한 것으로 보인다. 이 법(안)은 경제기획원이 주관하는 사업에 대해서는 "경제기획원"을 명시하고 있지만 제4조, 제8조, 제12조에는 주무부 장관이라는 표현이 나와 있다. 초안을 마련할 때 공공기술훈련소는 경제기획원이 운영하지만 사업 내 직업기술훈련은 다른 부처가 주관할 가능성을 열어둔 것이다.[119]

경제기획원 기술관리국은 법(안)을 제출하기 전 과학기술진흥 관계법령 기초위원회에서 법(안)의 초안을 작성했는데 이 기초위원회에는 법제처, 상공부, 문교부, 보사부, 건설부, 교통부, 체신부 등 7명의 관련부처 국장들이 참여하였

2149호) 8조에는 실업기술양성소 설치 항목도 포함되었다. 문교부도 실업계 학교를 활용한 단기 기술교육을 자체 사업으로 계속 추진하려 했다.

119 경제기획원이 애초에 기술훈련사업을 위임할 부처로 고려한 곳은 상공부였던 것으로 보인다. 1차 계획안 작성 시 기술관리국이 설치되더라도 상공부가 기술훈련사업 자체를 맡는 안이 제시되었고, 1차 계획에 대한 각 부처의 의견 수렴 과정에서도 기업 내 기술훈련에 대해서는 상공부의 의견 제시가 가장 많았으며 경제기획원도 이를 대부분 수렴했기 때문이다. 「제1차 기술진흥 5개년계획(안) 각의 안건제출」, 34~36쪽. 전상근은 기술훈련법(안) 작성 전, 이 법(안) 마련을 보건사회부 노동국에 위임할 것을 고려했지만, 노동국이 노사행정만 전담하고 있어 기술관리국에서 마련했다고 회고했다. 전상근, 『한국의 科學技術 開發』, 삶과꿈, 2010(개정판 1쇄), 179쪽. 그러나 1963년 8월 시점까지는 기술훈련을 담당할 부처가 정해지지 않은 상태라 법(안)에도 "주무부처" 라 표시한 것으로 보인다.

다. 각 부처의 이해관계로 인해 사전에 주무부처를 결정하는 것도 어려웠을 것이다. 특히 상공부와 보건사회부 중 어느 한쪽을 주무부처로 결정하기는 더욱 어려웠다. 결국 법(안)은 주무부처를 결정하지 못한 채 제출되었고, 이후 각 부처별로 기술훈련사업을 담당하기 위한 경쟁이 벌어지는 단초가 되었다.

인력개발을 노동행정의 목표로 설정한 노동청은 인력개발의 하위 사업으로 인력양성과 인력보존, 인력활용, 인력배분을 설정하고 구체적으로 인력양성을 위해서는 직업훈련사업을, 인력보존을 위해서는 근로기준사업을, 인력활용을 위해서는 노사협조사업을, 마지막으로 인력배분을 위해서는 직업안정사업을 노동행정사업으로 설정했다.[120] 인력개발 노동정책의 수립으로 인력양성부처의 입지를 다질 수 있었던 노동청은 직업훈련사업을 전담하기 위한 행동에 나섰다.

2. 정부 내 조정 과정(1964~1965)

1964년 1월만 해도 기술훈련법 제정을 자체 사업으로 설정했던 경제기획원은 1964년 4월 기술훈련법을 노동청에 이관하기로 결정했다. 경제기획원이 기술훈련법(안)을 노동청에 이관한 사정에 대해서는 여러 연구사적 견해가 제시되어왔다. 기술훈련법안을 마련하고 직접 노동청에 이관한 책임자였던 전상근은 기술사법 제정에 역력을 쏟고 있던 경제기획원 기술관리국의 사정으로 인해 법안 상정이 미루어졌고, 구체적으로 사정을 말하지는 않았지만 경제

120 노동청, 앞의 책, 1973, 50쪽.

기획원에서 자발적으로 기술훈련법안을 노동청으로 이관했다고 밝혔다.[121] 기술관리국이 노동청에 기술훈련법(안)을 이관한 맥락을 밝히고자 했던 홍성주는 기술자·기술공 양성사업을 둘러싼 경제기획원과 문교부 사이의 갈등과 경쟁 구조 때문으로 파악했다. 홍성주는 경제기획원이 기술훈련사업을 자체 사업으로 가져가려는 의도로 기술훈련법(안)을 마련했지만, 관련부처의 반발 때문에 기술공·기술자 양성정책이 의도대로 실현되지 못하자 기술훈련법을 노동청에 이관했다고 결론 지었다. 홍성주가 파악한 대로 경제기획원과 문교부가 갈등과 경쟁 관계를 조성할 수 있는 구조였는지도 의문이지만,[122] 그의 결론과 달리 기술훈련법은 각의에서 보류된 것이 아니라 타 부처의 의견, 특히 상공부의 제안을 수용한 형태로 수정 의결되어 대통령에게 보고되었다.[123] 따라서 경제기획원이 의도한 기술인력 양성사업이 뜻대로 되지 않아서라기보다는, 인력개발 정책을 추진하던 중에 앞서 살펴본 바대로 여러 사정에 따라 경제기획원이 직업훈련사업을 담당할 주무부처로 노동청을 선정했다고 보아야

---

121 전상근이 자신의 자서전에서 밝힌 기술훈련법(안) 제정의 목적은 첫째, 정규교육만으로는 인력 수급과 세분화된 직종의 훈련이 어렵고, 둘째, 학력 편중과 기술천시 사회 분위기를 바꾸며, 셋째, 훈련을 통한 기능기술의 평준화와 상품의 품질 향상과 그를 통한 고용 증대, 노동자의 지위 향상 등을 위한 것이었다고 기술했다. 이러한 목적을 실현할 부처로는 문교부나 상공부가 아닌 노동청이 적합하다고 판단했을 것이다. 전상근, 앞의 책, 180~183쪽.

122 홍성주가 주요 근거로 제시한 내각사무처의 비판에 경제기획원이 대응한 바를 볼 때, 타 부처 의견의 수렴 여부를 정하는 주도권은 경제기획원이 가지고 있었던 것으로 보인다. 이 문제는 1960년대 초중반 각의 내의 부처 간 관계 구조를 좀 더 면밀히 해명한 후에 파악 가능하겠지만, 적어도 1960년대 중반까지로 한정 짓자면 경제기획원의 주도 아래 경제개발계획을 위시한 정부 정책이 수립되었고 부처 간 경쟁도 경제기획원의 주도 아래 조정되었다고 보아야 할 것이다. 이는 후술할 직업훈련법 제정 과정에서도 마찬가지였다.

123 내각사무처, 「기술훈련법(제90회), 1963. 9. 3」, 『국무회의록(제90회~111회)』, 국가기록원, 관리번호 BA0085246, 10쪽. 내각사무처에서 보고한 날짜는 1963년 9월 4일이다.

할 것이다.[124] 노동청에서 장기간 직업훈련사업을 담당했던 서상선이 기술한 대로, 이는 직업훈련사업을 추진할 국내외적 분위기를 조성하고 인력개발이라는 노동행정의 목표를 수립하면서 직업훈련사업을 이관받기 위해 노동청이 노력한 결과였다. 문제는 경제기획원이 직업훈련사업을 이관한 다음이었다.

1964년 4월 경제기획원이 직업훈련사업을 노동청에 이관할 당시 사업 담당자는 직업안정국 심강섭 국장과 신석규였다. 발족 당시 노동청 산하에는 노정국과 직업안정국 등 2개의 국이 설치되었는데, 노정국은 기존의 노동조합 설립과 근로기준사업을 담당했다. 노동청 발족과 함께 시작된 산재보험사업과 직업훈련사업은 직업안정국에서 담당했는데, 이 두 사업은 모두 직업안정국장인 심강섭의 주도로 수립·추진되었다. 심강섭은 1918년생으로 1950년대에 이미 보건사회부 노동국 노동과 노동계장을 역임하고 있던 노동행정가였다.[125] 5·16 군사쿠데타 이후에는 보건사회부 노동국의 파견으로 보건사회부 사회보

---

124 경제기획원은 직업훈련사업이 노동청이 노동행정의 본질이자 목표로 표방했던 인력개발 정책의 일환으로 실시되어야 한다는 주장에 동의해 사업을 이관했다고 한다. 서상선, 『韓國職業訓鍊制度의 발자취』, 대한상공회의소, 2002, 52~53쪽.

125 1942년 니혼대학(日本大学) 법대에서 노동법을 전공한 심강섭은 1945년 10월부터 경상남도청 광공부에서 직업공무원 생활을 시작했다. 경상남도청 노동국 직업과 노동계장을 역임하고 대학에서 노동법 강의를 하기도 했다. 상공과장과 사회국 사회과장을 맡고 있을 때 보건사회부장관으로부터 전재민 구호에 관한 표창을 받고 부산시장에게 사회행정 및 구빈 구호에 관한 공로를 인정받아 표창을 받았다. 경상남도청 노동국장에 임명된 후 1960년 6월 사직했고, 곧바로 보건사회부로 옮겨 직업과장에 임명되었다. 심강섭은 당시 보기 드문 노동행정 전문가로 법과 제도를 통한 노동행정의 중요성을 인지하고 있었다. 일본 노동법을 전공한 만큼 노동청 발족 후 노동 관련법 제정 시 일본 노동법 계통을 유입시키는 데 일조하였을 것으로 보인다. 이력은 '아시아 11개국 노동장관회의'에 대표로 파견되기 전 파견 인원의 이력을 통보하기 위해 작성된 것을 참고했다. 보건사회부, 「아시아 11개국 노동장관회의에 대표 파견에 관한 건」, 『아시아 11개국 노동장관회의, Manila, 1961. 5. 18~20』, 관리번호 CA0000061, 국가기록원, 44~49쪽.

장심의위원회의 노동 관련 사회보장 제도 연구와 법제 마련에 참여해 산업재해보상보험 제도를 도입하는 데 기여했다.[126]

직업안정국 산하에는 실업대책과, 산재보장과, 직업안정과가 있었는데, 실제 1964년 직업안정국의 주요 사업은 직업안정소 증설보다는 산재보험 제도 도입과 직업훈련사업 이관이었다. 이것은 당시 주요 국가사업이었던 서독 광부 파견과도 관련이 있었다. 당시 서독에 파견할 광부를 선발한 노동청은 이들을 데리고 장성탄광소에 가서 채탄 훈련을 실시해야 했기 때문에, 이를 위해 법 제정 이전에 직업훈련사업의 조기 실시가 필요했다.[127] 채탄 훈련을 위해 노동청은 자체 훈련 교재를 마련하기도 했다.[128] 사전에 자체 훈련을 진행하고 있던 노동청은 곧 직업훈련법 초안 마련에 착수했다. 이 때 참조한 법안은 크게 두 가지로, 경제기획원의 기술훈련법(안)과 당시 실시되고 있던 일본의 직업훈련법이 그것이다. 기술훈련법(안)이 직업훈련을 위한 원칙 제시 정도였다면, 노동청은 이 원칙들을 반영해 직업훈련법을 작성했다. 기술훈련법(안)에 포함되었던 직업훈련의 목적, 훈련 대상자 지정, 훈련의 지시, 훈련 후 검정시험 실시 등의 항목이 직업훈련법에도 포함되었다.

그러나 세부 내용에서는 경제기획원과 노동청의 시각에 차이가 있었다. 가장 큰 차이는 기술훈련과 직업훈련의 목적이었다. 경제기획원에서 마련한 기술훈련법(안)이 경제개발계획에 따라 수립된 기술계 인력의 공급을 목적으로

---

126 산재보험 제도 도입 과정에 대해서는 우명숙, 「한국의 복지 제도 발전에서 산재보험 도입의 의의」, 『한국사회학』 41-3, 2007; 장미현, 「1960~70년대 산업재해보상보험 제도의 시행과 산재(産災) 노동자의 대응」, 『사림』 50, 2014, 95~127쪽 참조.

127 2013년 6월 26일 구술, 고홍소 노동청 산재보장과·춘천, 대전, 성남 직업훈련원 근무(법무법인 노정 사무실).

128 노동청, 『鑛山實技訓練教材—獨逸派遣 炭鑛勤勞者用』, 1964.

〈표 1-2〉 기술훈련법과 직업훈련법 내용 비교

조항	기술훈련법(안)	조항	직업훈련법
제1조(목적)	경제개발 촉진을 위한 기술계 인적자원의 양성과 그 자질의 향상을 기하기 위하여 새로운 지식과 기술을 효과적으로 습득 활용케 함을 목적으로 한다.	제1조(목적)	이 법은 근로자에게 직업훈련과 기능검정을 실시하여 공업 및 기타 산업에 필요한 기능자를 양성함으로써 근로자의 지위 향상을 도모하고 국민경제 발전에 기여함을 목적으로 한다.
제2조	국·공립, 민간기업체의 기술계 직원과 기술계 업무에 종사하게 될 자	제2조	① 이 법에서 근로자라 함은 사업주에 고용된 자와 구직자를 말한다. ② 구직자에 대한 훈련
제3조	"직장기술훈련"이라 함은 기업체가 그 직원에 대하여 직장에서 행하는 훈련을 말한다.		(직업훈련 용어 정의) 사업 내 직업훈련 공공직업훈련 인정직업훈련
제7조	공·사립 기술훈련소의 정의		
제4조 (주무부처)	① 경제기획원장은 이 법에 의한 기술훈련에 관하여 기본 정책과 계획을 수립한다. ② 주무부 장관은 전항의 규정에 의한 기본 정책 및 지침에 따라 기술훈련계획을 수립하여 이를 집행한다.	제3조 (주무부처)	노동청장은 직업훈련에 관한 기본 계획을 수립하여야 한다.
제6조	정부는 경제기획원에 기술훈련소를 설치할 수 있다.	제8조	중앙직업훈련소의 임무
		제9조	공공직업훈련소의 기준
제8조 (사업주에 대한 강제)	주무부 장관은 관할하는 기업체 중 기술훈련이 필요하다고 인정될 때 기업체를 지정하여 직업기술훈련 또는 위탁기술훈련을 실시하게 할 수 있다.	제10조	노동청장은 필요에 따라 사업주 또는 사업주 단체에게 직업훈련 시설의 설치를 명할 수 있다.
		제26조	명령 불이행 시의 벌칙
제11조	기술훈련을 실시하는 기업체 또는 기술훈련소에는 기술기사 1명 이상을 두어야 한다.	제12조	직업훈련교사면허 직업훈련교사의 자격기준, 자격시험, 자격면허 부여 및 취소
제12조	주무부 장관은 이 법에 의한 기술훈련을 받은 자에 대하여 기능검정을 실시하여야 한다.	제19조	기능검정의 실시, 기능검정의 등급, 시험의 구분, 검정 자격요건
제14조 (기술훈련 중 근로기준법 준수)	기업체는 이 법에 의한 기술훈련을 받는 훈련 대상자에게 그 기간 중 근로기준법에 의한 평균임금을 지급하여야 한다.		초안 해당사항 없음
제15조 (기능사 우대)	기업체는 이 법에 의한 기능검정에 합격한 자에게 신분 및 보수상의 대우를 강구해야 한다.	제21조 (기능사 우대)	검정 합격자의 우대

* 출전: 경제기획원 제출, 「기술훈련법(안)」, 1963. 8. 20, 『각의상정안건철(제83~86회)』, 관리번호 BG0000367, 국가기록원(「직업훈련법 초안」, 서상선, 앞의 책, 58~59쪽에서 재정리).

삼고 있었다면, 노동청은 직업훈련법의 목적을 "기능자의 양성을 통한 근로자의 지위 향상"으로 바꾸었다. 경제개발계획 수행을 위한 공급 목적에서 노동정책적 성격이 포함된 목적으로 직업훈련법의 성격을 변모시킨 것이다.[129]

직업훈련사업의 대상은 '기술계 종사자와 종사할 자'에서 '일반 근로자와 구직자'로 확대되었다. 직업훈련사업의 주무부처로 노동청이 명시되었고, 직업훈련의 성과 확인을 위해 기능검정을 실시할 것도 포함되었다. 무엇보다, 직업훈련의 대상인 기능직 노동자를 어떻게 정의하느냐에 대해서 양 부처 간 입장 차이가 뚜렷하다. 경제기획원은 애초 기술훈련법(안) 마련 시부터 기능직 노동자보다 기술공 양성에 중점을 두었던 만큼, 기술공 훈련에는 3년 정도의 기간이 필요하지만 기능직 노동자는 3개월의 훈련만 거치면 양성 가능하다는 입장이었다. 장기 훈련 기능직 노동자보다는 단기 훈련 기능직 노동자 양성을 구상한 것이다.

반면 노동청은 3년을 훈련 기간으로 잡아야 한다고 주장했다. 노동청이 훈련 대상자로 생각한 것은 역시 고용노동자보다는 구직자, 즉 실업자였다. 구직자가 기업 내에 배치되어 기능직 노동자로 역할하기 위해서는 취직 이전 3년의 훈련이 필요하다고 본 것이다.[130] 이 문제로 합의를 보지 못하자 매달 '인력

---

129 실업자의 구직과 노동자의 지위 향상이 직업훈련의 목적으로 전면 배치되었다. 노동청의 설립 목적과 당시 가장 중요한 노동사업이 고용정책이었던 점이 반영되었다. 노동청의 의도에 대해서는 서상선, 앞의 책, 58쪽.

130 서상선, 앞의 책, 55쪽. 직업훈련법에 기능직 노동자의 정의가 규정되어 있지는 않지만 기능직 노동자 양성을 분담했던 노동청과 문교부는 기술계 인력 양성의 현황과 전망을 제시하면서 기능직 노동자를 제작, 제조, 운전, 보수, 유지의 직능을 담당하는 이들로 규정해 제시한 바 있다. 문교부·노동청, 『고도성장을 향한 기술인력의 양성』, 1977, 15쪽. 기능직 노동자의 위치와 관련해서는 기술자의 관리와 지시를 받아 적절한 작업 행위를 통해 신속, 정확하게 작업을 수행한다는 정도의 합의가 있었다. 康明順(기계분과위원회 부위원장), 「논단: 기능직 노동자 훈련과 기능직 노동자의 자세」, 기능올림픽 한국위원회, 『기능』 1-1, 1967,

개발회의'를 주관하고 있던 경제기획원 김학렬 차관은 기능직 노동자의 훈련 기간에 대한 소위원회를 구성하라고 지시했다. 소위원회에는 전상근, 심강섭, USOM에서 파견한 조클러(Zoeckler)가 참여하였다. 조클러는 기능직 노동자 양성을 위해서라면 한 분야에서 3~5년의 훈련 기간을 투자해야 하지만, 한국의 산업 구조상 당장 장기 훈련을 거친 기능직 노동자만을 필요한 상황은 아니라는 견해를 제시했다. 결국 훈련 기간은 3개월에서 3년까지 가능하다는 다소 모호한 합의가 이루어졌다. 사실 경제기획원과 노동청이 기능직 노동자 훈련 기간을 두고 보인 입장 차이는 훈련에 얼마만큼의 예산을 투입할 것인가에 대한 입장 차이에서 비롯된 것이었다. 경제기획원은 예산이 많이 드는 사업인 만큼 직업훈련사업의 예산 규모를 최대한 줄이려 했지만, 노동청은 주무부서가 된 만큼 보다 많은 예산을 유치하려 했다.

경제기획원과 어느 정도 조율을 마친 후 노동청은 1964년 12월 12일 자체 초안을 마련하여 관련 부처인 경제기획원, 문교부, 상공부, 한국경제인협회 등에 의견 제시를 요청했다. 이미 제1차 과학기술진흥 5개년계획에 직업훈련사업을 포함시켰던 경제기획원은 1차 계획이 마무리되기 전인 1966년에 직업훈련사업을 시작할 필요가 있었기 때문에 조속한 추진을 원하는 입장이었다. 그러나 노동청 주관사업으로 마련된 직업훈련법 초안에 대한 반대 기류는 경제기획원과 노동청이 예상했던 것보다 훨씬 컸다. 조정 과정을 거치는 데만 무려 9개월의 시간이 소요되었다.

먼저 초안 작성 과정에서 사전 협의를 거쳤던 경제기획원은 노동청이 직업훈련사업을 주관하는 데는 찬성했지만, 애초 중앙직업훈련소를 문교부의 중앙교육연구소나 한국생산성본부가 맡는 것이 좋겠다는 입장이었다. 중앙직

56~58쪽.

업훈련소는 직업훈련 제도의 연구기관이자 직업훈련교사를 양성하는 기관으로 규정되어 있었는데, 이를 노동청이 맡기에는 무리가 있다고 본 것이다. 경제기획원이 이런 제안을 한 것은 직업훈련생 관리와는 달리 교사 양성은 기존의 교육 연구기관에서 맡는 것이 바람직하다고 보았기 때문으로 보인다. 또 다른 담당 주체로 한국생산성본부를 제시한 것은 이미 1962년 ILO와 유엔 특별기금의 원조자금이 한국생산성본부에 배당되어 경영자 및 기술자 훈련이 실시되고 있었기 때문이었다. 경제기획원은 이 사업을 주관했기 때문에 중앙직업훈련소와 같은 직업훈련 연구 및 교사 훈련 기능을 두 기관 중 한 곳으로 이관할 것을 제안한 것이다.[131] 그러나 경제기획원은 이 같은 제안을 관철할 수 없었다. 상공부와 문교부를 비롯해 노동청의 직업훈련사업 주관 자체에 대해 반발하는 이들을 조율하는 것이 더 큰 문제였기 때문이다.[132]

상공부는 노동청장이 사업주에게 인정직업훈련소의 설치를 명령할 수 있고 이를 이행하지 못할 경우 벌칙을 내린다는 10조와 26조를 지적하며 법안에 불만을 제기했다. 직업훈련을 강제로 명할 법적 근거가 없을뿐더러 현재 기업의 여건상 대다수가 직업훈련소를 설치할 여건이 되지 않는다는 이유에서였다. 한국경제인협회와 대한상공회의소도 비슷한 입장이었다. 한국경제인협회는 한 발 더 나아가 직업훈련 시설의 설치는 시기상조이고 현재 정규교육기관으로 전환된 교통학교, 체신학교 등도 졸업 후 취직을 못하고 있는 실정이므로

131 「한국에 85만 불 ILO 아주지구 사무국장 언명 직업 보도와 기술훈련」, 『동아일보』 1962. 3. 24; 「국제노동기구 등서 85만 달라 원조 획득」, 『동아일보』 1962. 8. 4. 한국생산성본부에서 실시한 훈련은 기능직 노동자나 기술공 양성과정이 아니었고, 기업의 감독에 해당하는 직장, 반장, 조장에게 감독자 훈련을 실시하는 감독 훈련 지도자 양성과정이었다. 한국생산성본부의 감독자 훈련과정은 한국산업훈련협회의 결성과 운영에도 영향을 미쳤다.

132 중앙직업훈련원은 1967년 ILO와 UNDP의 원조를 받아 노동청 산하 공공직업훈련소의 일환으로 설립되었다.

당장 도입될 필요가 없다는 입장이었다. 마찬가지로 대한상공회의소도 직업훈련 시설의 설치 명령과 벌칙 부여에 문제를 제기했다. 이러한 조항은 기업에 직업훈련 제도에 대한 부정적 이미지를 각인시킬 뿐, 직업훈련이 기업을 위한 제도라는 취지에 비춰 보면 기업이 필요할 때 자율적으로 훈련소를 설치·운영하는 것이 바람직하며, 따라서 벌칙 조항은 삭제되어야 한다는 것이었다.[133]

가장 강하게 반대한 부처는 역시 문교부였다. 경제기획원이 기술훈련법(안)을 제출했을 당시에도 산업교육진흥법을 통해 청소년 기능직 노동자 양성을 주관하려 했던 문교부는 이 법을 제정할 필요가 없다는 입장이었다. 산업교육진흥법 17조가 규정한 단기 산업교육을 기존의 기업체 부설 양성소나 기술학교·고등기술학교를 통해 실시하면 문교부 주관으로 충분히 양성 가능하다고 본 것이다.[134]

노동청이 예상했던 것보다 더 많은 반대에 직면한 데다[135] 상공부를 비롯한 일부 관계부처에서 직업훈련 주관부처, 사업 내 직업훈련 강화 반대 등을 이유로 회의를 소집할 분위기를 보이자, 노동청은 청장 주재로 관계부처회의를 소집했다.[136] 회의의 핵심은 두 가지였다. 직업훈련사업의 주관부처를 결정하는

---

133 서상선, 앞의 책, 66~69쪽.

134 위의 책, 70쪽.

135 신설 부처였던 노동청이 사업 주관부처로 적합하지 않다는 주장은 직업훈련법 제정 때만 있었던 것은 아니다. 이미 1963년 12월 산업재해보상보험법 제정 전에도 사회보험 업무를 담당해본 적이 없는 노동청이 사업을 주관하는 것은 무리이고 재무부가 맡아야 한다는 요구가 있었다. 장미현, 「1960~70년대 산업재해보상보험 제도의 시행과 산재(産災) 노동자의 대응」, 『사림』 50, 2014, 99~100쪽.

136 회의는 1965년 3월 25일 열렸다. 참석자는 경제기획원 전상근 기술관리국장, 이창제 기술진흥과장, 문교부 실업교육과 박완희 과장, 상공부 중소기업과장, 노동청에서는 이찬우 청장과 김문영 차장, 심강섭 직업안정국장, 조용시, 신석규 등이 참여하였다. 서상선, 앞의 책, 71쪽.

것과 사업 내 직업훈련을 강화하는 제반 조항을 어느 수준까지 지정할 것이냐는 문제가 핵심이었다. 상공부는 직업훈련 실시를 명령하고 벌칙 조항까지 삽입하려면 국가의 훈련 지원이 우선되어야 한다며 다시 한번 벌칙 조항 삭제를 주장했다. 상공부의 주장은 기술훈련법(안) 제안 시의 입장과는 다른 것이었다. 당시 상공부는 기술훈련법(안)에 포함되어 있던 기술훈련 실시 명령에 대해 벌칙 조항이 필요하다는 견해를 제시해 경제기획원이 벌칙 조항을 포함시켰다.[137] 상공부의 입장 변화에는 경제단체의 압력이 있었던 것으로 보인다.

이러한 상공부 입장에 대해 경제기획원 전상근 기술관리국장은 훈련비를 지원할 수는 없지만 훈련시설에 대한 융자와 같은 지원이 가능할 것이고, 이미 법안에 훈련시설과 훈련시설 부지와 같은 훈련투자에 대한 비과세 조항이 포함되어 있다는 점을 상기시켰다. 실제 지원은 포함되어 있기 때문에 사업 내 직업훈련소 설치 미이행 시 벌칙 조항이 유효하다고 반박한 것이다. 그러나 상공부는 주무부처를 노동청으로 인정해주는 대신 벌칙 조항 포함은 강력히 반대하였다. 1965년 7월, 정부안이 확정될 때까지 관계부처와 협의가 지속되었는데, 결국 사업체에 직업훈련 실시를 명령하는 조항은 권고 조항으로 대체되었고 명령 불이행에 따른 벌칙 조항도 삭제됐다.[138] 경제기획원의 기술훈련법(안) 시절부터 기업이 주도하는 직업훈련을 직업훈련의 핵심으로 삼고 있었지만, 결국 상공부와 기업가 단체의 압력에 양보한 셈이었다.

상공부와 일단 타협이 이루어졌지만, 문교부는 더 단호했다. 경제기획원과

---

137 경제기획원 제출, 「기술훈련법(안)」, 앞의 철, 43쪽.

138 정부원안 제10조 5항에는 "노동청장은 이 법의 목적을 달성하기 위해 필요하다고 인정한 때에는 사업주 또는 사업주의 단체에 대하여 사업 내 직업훈련을 행하도록 권고한다"라고 적시되었다. 권고로 변경됨에 따라 사업 내 직업훈련 이행 명령을 따르지 않을 시 받는 벌칙 조항은 삭제되었다. 정부 원안은 서상선, 앞의 책, 344~354쪽 참조.

제1차 과학기술진흥 5개년계획 추진 시부터 협의해왔던 문교부는 내심 장기 직업훈련은 실업계 학교를 통해 실시하고 단기 직업훈련은 기업체 부설 학교나 양성소를 통해 주관하려고 준비하고 있던 차였기 때문이다.[139] 노동청과 경제기획원은 ILO가 직업훈련 제도 도입을 권고하고 있으며 직업훈련을 관장하는 부처가 대부분 노동행정 담당부처라는 점을 들어 설득하였다. 경제기획원은 교육을 주관하는 것은 문교부 소관이 맞지만, 교육을 마친 후 사회인으로서의 자기계발은 노동청이 맡아야 한다고 강하게 설득에 나섰다. 결국 상급 기관인 경제기획원의 주장에 동의할 수밖에 없었던 문교부는 산업교육진흥법 시행령에서도 "구직자"라는 용어를 삭제했다. 그러나 사실 교육과 훈련은 명확히 구분될 수 없는 것임에도 불구하고, 문교부의 '간섭'은 노동청으로 하여금 지속적으로 훈련과 교육은 다르며 노동청이 직업'훈련'을 관장할 필요가 있다는 점을 강조하도록 만들었다.[140]

1965년 7월까지 부처 간 협의를 진행하는 와중 문교부는 교사 명칭을 가지고 다시 노동청의 직업훈련 제도 주관에 이의를 제기했다. 문교부는 교사(教師)란 교육법에 근거해 학교 교사 자격을 부여 받은 이들에게 부여되는 호칭인데, 직업훈련법에 의한 교사는 다른 법 체계에 의한 자격 부여이므로 같은 명칭을

---

139 문교부는 산업교육진흥법 시행령에 이러한 내용을 포함시키고자 했다. 1965년 6월 8일 제정된 산업교육진흥법 시행령에는 양성소에 입소할 수 있는 자로 "고등학교 졸업 이상의 학력이 있는 자"라는 규정이 포함되었다. 「산업교육진흥법 시행령(1965. 6. 8 시행)」, 대통령령(제2149호), 1965. 6. 8 제정, 국가법령정보센터(www.law.go.kr).

140 인력개발의 중요성을 각인시킨 당시의 많은 보고서들은 훈련과 교육의 유기적 협조와 조정을 강조했다. 하지만 한국 정부 내의 이 같은 사정으로 인해 오히려 문교부와 노동청은 교육과 훈련의 차이를 강조하는 전략을 취하게 되었다. 훈련과 교육의 유기적 협조 관계에 대한 강조는 프레데릭 허비슨·찰스 마이어스, 앞의 책, 234~235쪽; 노동청, 『한국의 인력개발 및 활용—Edgar C. Mcvoy 보고서』, 1965. 6, 10~11쪽 참조.

사용할 수 없다고 주장했다. 노동청은 훈련교사도 직업훈련법에 의한 시설에서 훈련생에게 지식을 가르치기 때문에 같은 교사라고 주장했지만 문교부는 막무가내였다. 결국 노동청과 문교부는 직업훈련교사를 교사(教師)가 아닌 교사(教士)라는 신조어로 칭하는 데 합의했다.[141]

3. 1967년 직업훈련법 제정

이처럼 경제기획원의 지원 아래 추진된 노동청 사업조차 타 부처의 간섭을 받을 정도로 행정부 내에서 노동청의 입지는 대단히 좁았다. 사실 이는 노동청 스스로 초래한 결과이기도 했다. 자신들이 추진할 노동행정을 "경제시책의 일환"으로 규정하였기 때문에, 노동정책이 갖는 독자성을 보다 강하게 요구하지 않았던 것이다.[142] 직업훈련법(안)을 제정할 때도 이런 입장이 반영되었다. 근로기준법 집행을 주관하는 행정기관이었음에도 노동청이 마련한 직업훈련법(안)에는 직업훈련을 받는 훈련생이 근로기준법 중 제51조와 제68조의 규정에서 제한된다는 내용이 포함되었던 것이다. 1963년 개정된 근로기준법 제51조와 제68조는 여자와 18세 미만자 및 무경험자를 위험한 사업과 업무에 종사시키지 못한다는 보호조항이었다.[143] 아무리 훈련 과정이지만 미성년자를 대상

---

141 서상선, 앞의 책, 174쪽. 교사 명칭에 대한 문제제기와 노동청 측의 답변은 『제6대 국회 제55회 보건사회위원회 회의록(제1차)』, 1966. 3. 4, 7~8쪽.

142 노동청 노동행정의 목표에 대해서는 노동청, 앞의 책, 1973, 54~57쪽.

143 대통령령 제3060호로 제정된 직업훈련법 시행령(1967. 5. 10 제정)에는 초과근로 시간으로 학과훈련 시간을 대체할 수 있고 이에 해당하는 초과근로 시간에 대해서는 연장근로와 야간근로 수당을 지급하지 않아도 된다고 규정되어 기업 측이 무급훈련을 진행할 충분한 여

으로 직업훈련이 실시될 가능성이 높다는 점을 감안할 때, 이것은 훈련생인 청소년 노동자를 보호한다는 노동청 본연의 근로기준사업에 저촉되는 것이었다. 그러나 노동청은 자신이 작성한 직업훈련법(안)에 근로기준법 예외 조항을 포함시켰다. 애초에 보건사회부 차원에서 추진하려 했던 기능자양성령(안)에는 이 같은 특례가 전혀 포함되지 않았다. 게다가 보건사회부(안) 제18조는 기능 습득의 시간을 근로시간으로 규정했지만, 노동청(안)에는 근로시간과 임금에 대해서도 근로기준법 적용 제외로 규정한다는 조항이 포함되었다.[144] 노동청 스스로 기업 측에 양보할 여지를 마련한 셈이다.[145]

우여곡절 끝에 노동청은 직업훈련사업을 주관할 부처로 최종 인정받을 수 있었다. 그러나 부처 간 협의를 거쳐 마련된 직업훈련법(안)은 노동청이 애초 구상했던 안에서 훨씬 후퇴한 형태였다. 사업 내 직업훈련을 확산시킨다는 명분과 학력중심사회가 아닌 능력중심사회의 조성, 나아가 노동자 지위 향상을 위한 직업훈련법의 내용 중 상당 부분이 삭제된 채 국회에 정부안으로 제출되었다. 이러한 수준의 정부안은 국회 내에서 "뼈다구 없는 법"에 불과하다는 악평을 들은 후 다시 긴 수정과 합의의 과정을 거칠 수밖에 없었다.[146]

결국 문교부와 상공부의 압력을 반영해 마련된 노동청의 직업훈련법(안)이 정부안으로 확정되어 국회 보건사회위원회에 상정된 것은 1965년 9월이었다.

지를 마련해주었다.

144 보건사회부 제안, 「기능자양성령(안)」 제18조(교습시간) 및 제19조(임금) 참조.

145 직업훈련 대상자의 위험유해사업장 및 취업제한 조항의 예외조치는 일본 직업훈련법 제70조 및 제71조의 "직업훈련에 관한 특례" 조항을 그대로 가져와 포함시킨 것이었다. 확실히 노동청의 직업훈련법(안)은 1958년 일본의 직업훈련법과 똑같은 법 체제와 조항을 다수 가지고 있다.

146 신관우 의원 발언, 『제6대 국회 제55회 보건사회위원회 회의록(제1차)』, 1966. 3. 4, 5쪽.

그러나 국회에 심의 안건으로 상정된 것은 1966년 1월 28일에 가서였다. 국회 안건 상정이 상당히 늦어진 셈이다. 제안 설명에서 노동청은 직업훈련법의 목적을 크게 세 가지로 제시했다. 첫째, 기술자는 많지만 숙련된 기능직 노동자가 부족한 상황의 타계가 필요하다, 둘째, 경제개발에 따라 새로운 기계가 도입될 여지가 많은데 이것을 다룰 수 있도록 훈련시킨 인력을 공급해야 생산성을 높일 수 있다, 셋째, 교육적 차원에서 한국 사회는 기술 습득을 지나치게 학교교육에만 의존하여 일하며 배우는 기풍이 서 있지 못하지만 이러한 분위기를 바꿔 교육을 받지 않더라도 훈련을 통하여 훌륭한 기술을 습득시키고 이를 통해 학력중심사회를 바꾼다는 것 등이었다.

다시 두 달 후 1966년 3월 4일 제55회 보건사회위원회 회의와 제57회 회의에서도 직업훈련법 심의가 이어졌다. 법안 심의가 상정되고 6개월이 지났지만 법안의 필요성, 노동청의 사업 주관에 대한 회의, 직업훈련의 효과를 둘러싼 이견만 오고 갔다. 특히 기업체를 운영하고 있던 이원만(李源万) 의원은 현재 한국 기업들에게 필요한 것은 숙련공이 아니며 경제개발계획을 위해서도 근로자 훈련보다는 공장 건설과 같은 산업발전이 우선이라고 발언하며 당시 기업주들의 입장을 대변했다. 반대로 직업훈련법(안) 심의 과정에서 가장 많은 발언을 한 신관우(申灌雨) 의원은 기업주가 이윤의 일부를 재직 노동자들에게 투자해 노동자들의 생산성을 높이면 노동자들도 장시간 노동에서 벗어날 수 있고 이직 시에도 기술은 노동자에게 남기 때문에 해당 기업으로부터 이윤을 배당 받는 것과 같은 재분배 효과가 있다며 법안 발의에 찬성했다. 신관우 의원은 오히려 직업훈련법의 성격상 기업주에 대한 강제가 필요한 중요한 법안임에도 이 법을 주관할 행정기관이 노동청이라는 점을 우려해 주관부처를 국무위원급인 보건사회부로 바꾸거나 노동청을 노동부로 승격할 것을 제안하기도 했다.[147] 사흘 뒤 개최된 제14차 회의에서는 문교부와 간신히 합의된 교사(教士) 명칭과 직업교육과 직업훈련의 중복을 피한다는 3조 조항이 쟁점이었다. 신관우 의원은 훈련교사도 "선생"인데 이 같은 명칭은 직접 훈련을 지도하는 위치에 있는 자에게 적합하지 않고 동물 훈련을 지도하는 분야에서 사용하는 명칭 같다며 용어 변경을 요구했다. 교육과 훈련 중복을 피한다는 원칙에 대해서도 학교교육에서 진행된다는 이유만으로 훈련소에서 노동자들에게 꼭 필요한 훈련 분야와 종목이 제외될 우려가 있다는 의견이 도출됐다. 이 조항들은 사업을 주관하려 했던 문교부의 반발로 인한 것들이었지만 결국 "근로자에게 이윤이 더 가도록 하는 정신하에서 해야 하는" 노동청이 노동자를 위한 직업훈련사업 추진에서 노동자의 입장을 충실히 대변하지 못했다는 질책이었다.[148]

이렇게 노동청이 노동자를 우선에 두는 행정을 실시해야 한다고 다그치는 분위기도 있었지만, 정작 보건사회위원회 의원 그 누구도 직업훈련 실시 기간 중 훈련생과 재직 근로자가 근로기준법 적용에서 제외될 수 있다는 조항에 대해서는 문제제기를 하지 않았다. 나아가 보건사회위원회 심의 과정에서는 공공직업훈련소의 경우 원칙적으로는 무료로 훈련을 실시한다는 조항에 대하여 정부 예산의 한계와 무료 훈련의 비효율성을 이유로 유료로 진행해야 한다는 수정안이 제시되었다. 노동청은 현재 훈련을 받으러 올 사람들은 가정형편으로 인해 공고 진학도 중단하고 입소할 사람들이 대다수일 것이므로 법정 수업료를 무료로 제정해야 한다고 주장했지만, 결국 "훈련에 사용되는 실비의 일

147 이원만 의원 발언, 『제6회 국회 제57회 보건사회위원회 회의록(제13차)』, 1966. 7. 22, 6~7쪽, 10쪽; 신관우 의원 발언, 『제6회 국회 제57회 보건사회위원회 회의록(제13차)』, 10~11쪽.

148 신관우 의원 발언, 『제6회 국회 제57회 보건사회위원회 회의록(제14차)』, 1966. 7. 25, 2~4쪽.

부 또는 전부를 받을 수 있다"는 조항이 신설 삽입되었다.[149] 노동자를 위한 노동행정 추진을 요구한 국회의원들조차 직업훈련사업 추진 시 "근로자에게 가장 이윤이 되는" 내용, 즉 근로기준법 준수와 훈련비 제공에 대하여 노동청이 책임을 방기하도록 독려한 셈이다. 법사위원회에서 자구 수정과 조문 체계화를 거친 보건사회위원회 대안은 1966년 12월 21일 제58회 본회의에서 별다른 논의 없이 그대로 통과되었고, 1967년 1월 16일 법률 제1880호로 제정 공포되었다.

149 『제6회 국회 제57회 보건사회위원회 회의록(제14차)』, 1966. 7. 25, 25~26쪽, 29쪽.

2부

기술인력 양성사업의 추진과 전개

"근데 그게 이제 말하자면 언더잡(Under Job)으로 해 나가는 건, 독일에서 보니까 이걸 다 노동부에서 다 했거든요. 노동부에서, 같은 이렇게 있어도 이론은 학교에서, 슐레(Schule)에서 했지만은, 기업에서 실습을 하는 것은 노동부가 주당 몇 시간, 그러니까 그걸 보시고서 아, 이건 노동부구나, 어쨌든 그런 과정을 걷다 보니까 이게 오래 걸렸어요. 이게 1961년에 시작된 것인데 그동안에 어느 부처에서 할 거냐, 또 하면 어떤 방향으로 할 거냐, 이런 걸 가지고 쭉 이렇게 하다 보니까 한 5년 걸린 거죠."

—서상선, (전)직업훈련국장 인터뷰 중.

"배움을 찾아가는 책가방 대신 얼룩진 작업복을 입고 새벽길을 달려야 했고 (…) 사회의 낙오자란 과거 의식을 모두 씻어버리는 사회, 나아가 국가는 나를 버리지 않았다는 것을 알 수 있었을 때 흐뭇한 기쁨을 누려보는 것입니다."

—제1회 전국기능경기대회 주조 직종 1등 권중규.

2부에서는 1967년 직업훈련법 제정과 기능경기대회, 1973년 국가기술자격제도 도입과 같은 정부 차원의 법·제도 도입의 역사를 살펴본다. 직업훈련을 통한 기능의 형성, 기능경기대회와 기능기술 자격증 제도는 학력 위주로 구성된 교육현장과 노동현장의 사회 문화를 실습과 검정, 능력 중심으로 바꾸려는 의도에서 추진되었다. 그러나 제도의 도입과 운용의 역사가 그러했듯이 수용과 확산의 과정에서 여러 주체들에 의해 기술인력 양성 제도 또한 변용의 과정을 거쳤다.

1장

기업 주도 직업훈련의 강조

1. 노동청의 초기 직업훈련사업과 사내훈련의 부진

1967년 1월 직업훈련법이 제정되고 직업훈련사업을 노동청이 전담하게 되자 1967년 2월부터 본격적으로 공공직업훈련소와 사내직업훈련소 인가작업이 시작되었다. 그간 정부 내 여러 부처에서 운영해왔던 직업훈련기관도 공공직업훈련소로 인가를 받아야 직업훈련에 필요한 비용을 지원받을 수 있었다. 대표적으로 철도청이 운영하고 있던 서울공작창은 내부의 기능직 노동자양성소를 공공직업훈련소로 인가 받기 위해 1967년 5월 시설 현황, 훈련 내역, 자본금, 훈련예산안 등을 작성해 제출했다.[01] 노동청으로서도 처음 하는 사업이었기 때문에 공공직업훈련소를 인가할 때 절차를 엄격히 적용했다. 철도청 서울공작창은 제출한 인가 신청서에서 교사면허가 없는 자를 직업훈련 교사로 삼은 점과 훈련생 자격을 "국민학교 졸업자로 서울공작창에 근무하는 임시공"이라고

---

01 김덕수(직업훈련과), 「철도청 서울공작창 공공직업훈련소 인가」, 『군공공직업훈련인가관계철 (5)』, 관리번호 BAO758247, 국가기록원, 76~128쪽.

제시한 점을 지적 받아 신청서를 수정해 다시 제출해야 했다.[02] 대한인쇄공업협동조합연합회도 인쇄기능직 노동자 양성을 목적으로 공공직업훈련소 설립 인가서를 제출했지만, 마찬가지로 직업훈련 교사의 자격을 갖춘 자의 부재, 시설 부족, 비영리법인이 아니라는 이유로 승인 받지 못했다.[03] 중소기업협동조합중앙회는 산하기관인 중소기업기술지도센터를 공공직업훈련소로 인가받고자 했으나 자격을 갖춘 훈련 교사의 미비, 자체 실습장 미비 때문에 훈련생이 공장 내 잡역부로 전락할 위험이 있다는 이유로 거절당했다.[04] 중소기업기술지도센터는 상공부 내 자체 기능직 노동자 양성사업계획에 따라 기능직 노동자 양성계획 인원으로 설정된 4,550명 중 2,990명의 훈련을 맡기로 되어 있었다. 상공부의 지원을 받는 사업 책임자였기 때문에 중소기업기술지도센터는 당연히 공공직업훈련소로 선정되어 예산을 지원받을 수 있을 것이라 낙관했지만 불허되었다. 직업훈련법이 제정되자마자 직업훈련 인가 신청이 활발하게 이루어진 것을 고려한다면, 직업훈련에 대한 사회적 분위기가 조성되어 있었던 것을 확인할 수 있다. 이러한 분위기 속에서 공공직업훈련사업을 맡은 노동청은 훈련소의 양적 증가만을 추구하지 않고 질적 수준도 고려했던 것으로

---

02 공공직업훈련소에서 중학교 이상 이수한 자 및 동등 이상의 자격을 인정받는 자를 입소시킨다는 규정은 직업훈련법, 직업훈련법 시행령, 시행규칙 어디에도 나와 있지 않다. 공식적으로 중졸 학력을 표면화하지는 않았지만 과학기술계 하급 인력인 기능직 노동자를 훈련하기 위해서는 최소한 중졸 이상의 학력을 갖추어야 한다는 '예규'가 노동청 내부에 만들어져 통용되고 있었던 것으로 보인다. 실제로 이후 설립된 공공직업훈련소와 사내직업훈련소의 경우 대부분 중졸 이상의 학력 수준을 요구했다.

03 김덕수(직업훈련과), 「공공직업훈련소 인가 신청에 대한 불허 회신」, 『군공공직업훈련인가관계철 (5)』, 관리번호 BA0758247, 국가기록원, 129~169쪽, 178~222쪽.

04 김덕수(직업훈련과), 「공공직업훈련소 인가 신청에 대한 회신」, 『군공공직업훈련인가관계철 (5)』, 관리번호 BA0758247, 국가기록원, 223~274쪽.

〈그림 2-1〉 직업훈련 수료자 현황(1967~1969)

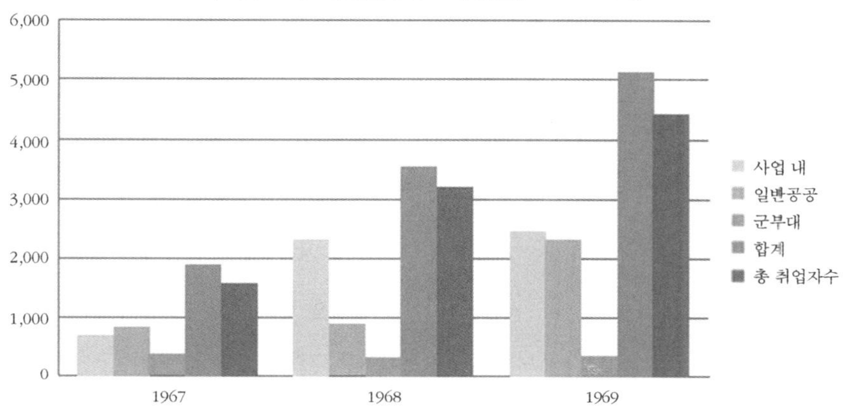

* 출전: 노동청, 『기능직 노동자 훈련의 실태와 개선방안조사연구보고서』, 1970, 12쪽 표를 재구성.

보인다. 그것은 엄격한 훈련소 규정을 적용해 공공직업훈련의 질을 일정 수준 이상으로 유지하기 위해서였다.

신설 후 처음으로 기능직 노동자 양성훈련을 실시한 노동청은 1970년 직업훈련의 여러 문제들을 진단하고 개선방안을 마련하기 위해 조사를 실시했다. 이 조사는 1969년까지 인가 받은 직업훈련소 전체를 대상으로 실시되었다. 조사의 주목적은 직업훈련 수료 후의 결과 평가와 훈련 소요비용의 정확한 측정을 통해 보다 정확한 훈련비 지원을 실시하려는 것이었다.

조사 결과 노동청은 훈련 수료자들이 90% 이상 취업할 수 있었고, 생산성 측면에서는 비훈련생에 비교해볼 때 30% 정도의 차이를 보였다는 점, 특히 생산 수준의 격차가 큰 분야에서 생산성 차이가 컸다는 점을 결과로 제시했다. 훈련의 성과를 측정하는 방법에 대해 초기부터 노동청에서 직업훈련사업을 담당했던 서상선은 인간에 대한 훈련 성과는 단시일 내에 측정하기 어렵기 때문에 어떤 방법으로 측정해야 하는지 난감했다고 회고했다.

자기네들이 인풋은 얼마나 들어가는데 거기에 대한 아웃풋은 없느냐 그걸 얘기한 거예요. 아휴, 난 그래서 경제학과 출신이 아니란 말이야, 참 답답하더라구요. 그래도 누구한테 뭐 물어봐도 전연 아는 바도 없고, 또 그거에 대한 연구한 사람도 없고 (…) 이, 거 트레이닝센터는 양성하는 사람을 갖다가 그렇게 비교하라고 그러면 그걸 양성하는 사람이 어떻게 되겠어요? 그래서 생각해낸 것이 말하자면 트레이닝을 받은 사람하고 안 받은 사람하고 두 사람을 갖다가 같은 선상에 놓고 일정한 기간이 지났을 때 나오는 아웃풋을 가지고 한번 할 필요가 있지 않겠냐라는 생각이 들더라구요. 참 억지죠, 나로서는 억지였어요. 그래서 생산성, 어느 정도 차이가 나냐, 둘째, 불량품이 얼마나 차이가 나냐, 세 번째는 산재 발생을 계수화해서 아웃풋을 (…).[05]

훈련 결과의 계량화가 필요했던 이유는 훈련소 신설을 위한 차관을 받기 위해서였다. 1968년부터 본격적으로 건설하기 시작한 공공직업훈련소는 외국 차관으로 지어졌는데, 1971년부터 ADB(아시아개발은행)의 차관을 받아 건설할 수 있었다. 당시 차관 도입의 서명 주체는 경제기획원이었지만, 사업계획서를 작성해 제출한 기관은 노동청이었다. 서상선은 당시 직업훈련국 소속 하급 공무원이었는데, 노동청으로 전보된 지 3개월 만에 차관 도입사업을 맡게 되어 '훈련의 성과'를 계산하는 방안을 마련했다고 한다. 이 보고서에서 채택한 훈련공과 비훈련공의 생산성 차이를 〈표 2-1〉과 같이 분석했다.

생산성 수준은 제품 생산량과 생산 기준작업의 소요 시간을 통해 측정되었다. 아울러 생산의 질 측정을 위해 불량 수준 측정도 함께 진행했는데, 총 73개 측정 대상 가운데 27개 업종에서 불량품이 21~30% 감소했고 31~40%까지

05 2013년 8월 21일 구술, 서상선 노동청 직업훈련국장(군포 구술자 자택).

<표 2-1> 훈련공과 비훈련공의 생산성 비교

업종	기준작업(동작)	훈련공	비훈련공
제관	BODY LINO 시간당	12,000관	7,000관
방적	사절(糸切) 잇기 (1분당)	13개	6개
직포	사절 잇기(1개당)	0.5분	1분
합판	단판투입 제품검사(100매)	35분	46분
금속 도장	PUTTY 도포 작업	5분 59초	7분 12초
단조		5분 55초	7분 4초
자동차 정비	크럿치, 브레이크 페달 점검 조정	17분 45초	21분 45초
R/TV 조립	Lead Sodcet 투입	1분 13초	1분 48초
가발	기계가발 posting	10분	23분
조화	사출량(1일)	16kg	15kg

* 출전: 노동청, 『기능직 노동자 훈련의 실태와 개선방안 조사연구보고서』, 1970, 14쪽 표를 재구성.

불량품이 감소한 경우가 19개 업종, 40% 이상 불량품이 줄어든 업종은 9개에 이르러 75% 이상의 업종에서 30% 이상 불량률이 줄었다고 보고했다. 보고서는 불량률 저하를 통해 특히 고가의 재료를 사용하는 정밀작업 업종의 경우 훈련공을 채용하면 원가절감의 이득을 볼 수 있다는 점을 강조했다. 기업주들이 보다 적극적으로 훈련에 나서도록 독려하기 위해서였다.[06]

보고서는 훈련을 거치면 비훈련공보다 임금 수준이 높아지고 무엇보다 취업률이 높아진다는 점을 강조해 마찬가지로 훈련을 유도하고자 했다. 물론 노동청이 주관하는 직업훈련사업을 개선해 적극 추진한다는 목적으로 만들어진 보고서라서 긍정적 결과를 강조한 것일 수도 있지만, 이 조사를 통해 노동청은

06 노동청, 『기능직 노동자 훈련의 실태와 개선방안 조사연구보고서』, 1970, 13~15쪽.

직업훈련사업의 성과를 확인할 수 있었다. 1971년부터는 경제기획원과 협력해 ADB의 차관을 얻어 공공직업훈련소를 건설하는 작업에도 착수했다. 사실 차관사업을 벌이게 된 이면에는 직업훈련사업에 정부 예산을 대거 투입할 수 없다는 현실적인 이유가 있었다. 훈련소 건설과 훈련 비용은 부담이 큰 반면, 생산에 당장 필요한 기간재(자본재,capital goods)가 아니어서 정부 예산을 많이 확보할 수 없다는 점을 경제기획원도 잘 알고 있었다. 경제기획원은 노동청의 직업훈련사업을 지원하고 있었던 만큼, ADB 차관 사업을 알선해주고 원금을 보장해줌으로써 직업훈련사업을 확대해 나가려 했다. 경제기획원은 직접 예산을 확보해주지는 못했지만 경제개발계획에 꼭 필요한 사업이라는 점을 인정해 직업훈련사업 예산을 투융자 예산에 포함시켜 주었다. 노동청이 교부받는 예산 중 직업훈련사업 예산만 투융자 예산에 들 정도로, 노동청 사업 중 직업훈련사업은 중요도가 높았다.[07]

보고서에서 노동청은 직업훈련사업의 핵심이 공공직업훈련에 있는 것이 아니며, 사내직업훈련이 활성화되고 훈련도 양성 훈련이 아니라 입사 후 지속적으로 이루어지는 향상 훈련 중심이 되어야 한다는 점을 개선방안으로 제시했다. 공공직업훈련소를 계속 짓고 있었지만, 노동청의 기본 입장은 기능직 노동자 공급과 수요는 결국 기업이 담당해야 한다는 것이었다. 개선방안도 사내직업훈련을 확대하기 위한 지원 방안들을 구상해 제시하는 것이 대다수였다. 직업훈련의 주체는 기업, 수혜자는 노동자로 규정한 노동청은 직업훈련사업의 최종 목적을 "근로자의 기능을 제고해 산업소요(기업)의 인력이 되는" 것이라고 규정하였다. 물론 이러한 입장은 기업의 적극적인 참여가 전제되지 않고서는 직업훈련사업을 확대할 수 없다는 현실적인 판단에서 나온 것이었다. 훈

07 2013년 8월 21일 구술, 서상선 노동청 직업훈련국장(군포 구술자 자택).

련의 최종 이익은 "훈련받은 기능직 노동자를 고용하는" 기업에게 돌아가기 때문에, 기업이 더 적극적으로 참여해야 한다는 것이었다. 보고서는 기업을 설득하기 위해 "훈련 경비는 인적자원에 대한 투자이기 때문에 설비투자에 대해 저리 장기융자나 투자공제 제도, 특별상각제를 비롯한 세제상 혜택을 주는 만큼 직업훈련에 대해서도 같은 지원을 해야 한다"고 직업훈련사업의 개선방안을 제시했다.[08] 노동청의 '기업 설득'은 행정부 내의 좁은 입지나 기업중심적이었던 시대적 상황을 고려할 때 어쩔 수 없는 측면도 분명 있었다. 하지만 기업을 상대로 하는 상공부가 직업훈련사업을 맡았을 경우와 노동자들을 상대로 하는 노동청이 직업훈련사업을 맡았을 때는 같은 '사업'을 추진하더라도 방법은 다르게 나와야 했다.[09] 이미 노동청도 향상 훈련에 대한 기업의 소극성이나 대다수 사내훈련의 수준이 낮다는 점, 몇몇 대기업 훈련소만 훈련 수준이 높아 훈련소에 따라 편차가 크다는 점 등을 알고 있었지만, 어떻게 해결할 것인지에 대한 방안은 부족했다. 더구나 기업의 훈련 참여에만 주목한 나머지 훈련의 수준과 훈련 이후 향상 훈련, 훈련받은 노동자들의 사회적 지위 상승과 훈련 기간 중 근로 조건 개선과 같은 문제에 대해서는 무관심했다. 노동청 사업이었지

---

08 노동청, 앞의 책, 1970, 29~36쪽.

09 가령 독일의 경우 1969년 직업훈련법을 제정하면서 전통적으로 훈련을 담당해왔던 회의소(수공업회의소 및 상공회의소)의 권한이 축소되었는데, 이는 1966년에 사회민주당이 '대연정'의 일부로 참여하면서 개혁의 가능성이 열렸기 때문이다. 1919년 이후 노동조합은 직업훈련사업을 감독할 권한을 요구했는데, 이 시기 비로소 연방직업훈련조사연구소의 이사회에 노동조합 대표가 참여함으로써 이 권한을 확보했다. 애초 독일 직업훈련의 주 업무는 경제성이 담당했지만, 이러한 개혁적 분위기로 인해 경제성이 담당해왔던 훈련 규정의 승인 업무에 노동성의 협조를 얻는 과정이 포함되었다. 이 법을 통해 노동성은 직업훈련사업과 관련한 부처 간의 복잡한 관계를 조정하는 책임을 부여받았고, 신설된 연방직업훈련조사연구소의 감독관청도 맡게 되었다. 캐쓸린 썰렌 지음, 신원철 옮김, 『제도는 어떻게 진화하는가』, 모티브북, 2011, 418~422쪽.

만 '기업 설득'에만 관심을 가진 나머지, 기업의 훈련 '악용'을 감독한다거나 훈련 이후 숙련된 노동자들을 우대할 구체적 방안을 모색하는 노동청 본연의 역할은 방기했다. 성장을 위한 인력개발 노동정책이 가진 한계가 직업훈련사업에서도 그대로 드러난 셈이었다.

1970년 기능직 노동자 양성방안 조사를 통해 사내직업훈련을 확대할 필요성을 절감한 노동청은 직업훈련사업에 기업들을 참여시키기 위한 작업에 나섰다. 노동청은 수시로 기업가 측과 노동계, 학자들을 모아 노동정책에 관한 세미나를 진행했다. 이미 1968년에 "인력개발과 경영발전"이라는 주제로 사내직업훈련을 확대하는 방안에 관한 세미나를 진행한 적이 있었다. 이 자리에는 임면제 한국산업훈련협회 회장과 윤능선 한국경제인협회 조사부장, 이은복 한국생산성본부 이사장 등이 패널로 참가했고 몇몇 회사 경영자들도 참가했다. 이 자리에서 임면제 회장은 직업훈련 기관지 발행을 통해 각 회사 최고경영자들이 직업훈련에 관심을 갖도록 만들 예정이라고 밝혔다. 강원산업주식회사에서 온 정연구는 훈련을 시켜놓으면 다른 회사로 스카우트되어 가버리는 문제와 직업훈련 교사 자격증을 가진 이를 교사로 채용하는 데 대한 어려움을 토로했는데, 이 문제는 분임 토론에서도 다시 제기되었다.[10] 아직 직업훈련 제도 도입 초기였는데도 사내훈련이 기업 측에 손해라는 인식을 드러낸 것이다. 물론 대다수 기업주들이 가진 인식과는 다르게 한국경제인협회나 한국생

10 노동청, 『제1회 최고경영자 세미나: 인력개발과 경영발전 보고서』, 1968, 153~157쪽. 노동청은 노동조합 지도층과도 비슷한 세미나를 진행하고 있었다. 정부 수립 후 본격적인 노동행정이 처음 실시된 시기였던 만큼 노동 현안에 대한 노사 양측의 견해를 듣는 세미나가 많이 개최되었던 것 같다. 물론 이런 자리의 최종 목적은 세미나 개회사에서 늘 나왔던 것처럼 "고도성장을 위해서는 노사협조가 절실"하다는 점을 강조하는 것이었다. 노동청은 1968년 한 해에만 중앙과 지방에 걸쳐 10회의 노동조합 지도층 세미나를 개최했다. 같은 책, 3쪽.

산성본부, 대한상공회의소는 회원사들을 대상으로 꾸준히 훈련과 인적자원에 대한 투자를 강조했다.[11] 대한상공회의소는 1971년 5월 산하 391개 기업을 상대로 노동행정에 대한 설문조사를 실시했는데, 직업훈련에 대한 기업들의 인식도 질문에 포함되어 있었다. 설문 결과, 55%의 기업들이 기술공과 기능직 노동자가 부족하다고 느끼지만 자사 노동자들을 공공직업훈련소나 인정직업훈련소에 파견 보내 훈련을 시킨 적이 있다는 기업들은 28%에 그쳤고 72%의 기업들은 그런 일이 없다고 응답했다. 이 조사에서는 직업훈련법에 포함되어 있는 "노동청장이 필요하다고 인정할 때에는 사업주에게 사업 내 직업훈련을 행하도록 권고한다"라는 조항을 들며 일정 규모 이상의 기업들에게 사내직업훈련이 강제될 경우 따를 의향이 있냐는 질문도 주어졌다. 결과적으로 80%의 기업들이 사내직업훈련을 강제할 필요가 있다고 응답했다. 이러한 설문을 바탕으로 대한상공회의소는 직업훈련행정에 대해 일정 규모 이상 기업체의 사내직

11 한국생산성본부의 이은복은 생산성 향상과 훈련의 밀접한 관계에 대해 자주 기고하는 편이었고, 재계 내부만 보더라도 1968년 고제훈을 이사장으로 한 인력개발연구소가 개소했다. 전국경제인연합회에서는 상근부회장인 김입삼(金立三)과 윤능선이 기능개발과 사용자 측을 대표하여 직업훈련 관련 글을 발표했다. 윤능선, 「우리는 직업훈련을 이렇게 본다—사용자 측을 대표하여」, 『산업과 노동』 제2권 제6호, 1968; 김입삼, 「기능개발의 현황과 과제」, 『기능』 제6권 제2호, 1972, 11~13쪽. 1967년에는 재계 인사들이 모여 한국직업훈련협의회를 발족했다. 이 협의회는 한국산업훈련협의회로 개칭된 후 1970년부터 한국산업훈련협회로 현재까지 이어오고 있다. 한국직업훈련협의회는 직업훈련을 실시하고 있었던 부산 지역 기업체들이 사내직업훈련에 대한 정보를 얻기 위해 일본을 시찰한 후 일본의 단체와 같은 이름으로 만든 것이었다. 단체 임원은 동명목재, 신진자동차, 금성사, 한국기계공업, 성창산업, 기아산업, 제일모직, 석공, 대한조선공사, 호남전기 등 초기부터 사내훈련소를 운영하고 있었던 대기업체 임원들이 맡아 운영했다. 이들 기업은 1960~70년대 내내 사내직업훈련의 '모범' 업체들로 한국산업훈련협회가 발행하던 『산업훈련』이라는 잡지에 자주 소개되었다. 「부산상의서 창총, 직업훈련협의회 설립키로」, 『매일경제』 1968. 5. 1; 김제원, 「권두언」, 『산업훈련』 제1권 1호, 1970. 6, 6~7쪽.

업훈련 의무화가 바람직하다는 의견을 제시했다. 1967년 직업훈련법 도입 당시 이 법의 도입 자체를 반대했던 대한상공회의소의 입장을 생각한다면 5년 만에 입장이 바뀐 것이었다.[12] 1968년 세미나에서 기업가들이 '훈련 후 스카우트되어 타사로 가버리니 훈련한 기업만 손해'라고 불평하던 상황을 바꾸기 위해서도 대기업 우선 사내직업훈련 의무화는 현실적인 해결 방안이 될 수 있었다. 스카우트되어 갈 만한 기업들 대다수가 훈련을 실시한다면 훈련의 수준도 보장될뿐더러 자사만 훈련시켜 훈련비가 지출되는 상황은 피할 수 있기 때문이다. 기업들 내부에서 이 같은 분위기가 조성되자 노동청은 일정 규모 이상 기업들에게 사내직업훈련을 의무화하는 '직업훈련에 관한 특별조치법' 제정에 돌입했다.

2. 사내훈련 의무화와 대기업의 우수 기능직 양성

1973년 이후 본격적으로 실시된 중화학공업화를 달성하기 위해서는 기술인력의 확보가 가장 중요한 문제 중 하나였다. 1971년 작성된 제3차 경제개발 5개년계획에 따라 제3차 인력개발 5개년계획안도 수립되어 있었지만, 중화학공업화 계획에 대응하는 새로운 인력수급 계획이 수립될 필요가 제기된 것이다. 인력수급 계획서는 과학기술처가 도맡아 작성했는데, 1971년 제3차 경제개발 5개년계획 기간 동안 1976년에는 기능직 노동자가 약 778,200명이 필요할 것으로 예측했다. 기능직은 실업계 고교와 각종기술학교를 통해 제3차 경제개발계획 기간 동안 54,300명을 추가 양성하고, 대신 직업훈련을 대폭 확충해 그

12 대한상공회의소, 「一. 요약 및 건의」, 『노동행정에 대한 의견조사보고』, 1971. 7, 3쪽.

세 배가 넘는 199,800명을 양성한다는 계획을 수립하였다. 과학기술처의 인력수급(안)은 직업훈련 중심으로 기능직 노동자 양성이 이루어져야 한다는 계획으로, 이 사업을 맡은 노동청이 가지고 있던 사내직업훈련소 확대 방안 계획에 정당성을 부여했다.[13]

중화학공업화 선포 이후 과학기술처는 1973년 8월 새롭게 중화학공업 공장 건설에 따른 기술 및 인력수급 계획안을 작성했다. 1971년 당시 과학기술계 인력수급에서 과학기술자는 과잉공급이라고 예측했던 것과는 다르게, 중화학공업 부문에서만 과학기술자가 8,000명 부족할 것이고 기능직 노동자는 64만 8,000명 부족할 것이라고 추정되었다. 이러한 수치는 중화학공업화를 추진할 경우 과학기술계 인력이 절대적으로 부족할 것임을 의미했고, 향후 인력개발이 중화학공업 분야 중심으로 이루어져야 한다는 결론으로 귀결되었다. 특히 1971년 수요계획이 수립되고 불과 2년 만에 기능직 노동자 인력이 5배 정도 더 필요하다는 새로운 추계가 나오자, 기능직 노동자 인력양성 문제가 과학기술계 인력양성의 주요 사업으로 부각될 수밖에 없었다.[14] 1973년까지만 해도 경제기획원과 과학기술처 둘 다 실업교육은 경직성과 장기성 때문에 급증하는 인력 수요에 신축적으로 대처할 수 없다고 보고, 기능직 노동자의 대다수를 공업계 학교 위주가 아닌 직업훈련기관을 통해 양성한다는 계획을 수립했다. 직업훈련의 주축이 되어야 할 기관은 물론 사내직업훈련소였다.[15] 이러한 입장은

---

13 과학기술처, "과학기술계인력의 수급계획", 『제3차 인력개발5개년계획(안)』, 1971, 83쪽.

14 과학기술처, 『중화학공장 건설에 따른 기술 및 인력의 수요 분석과 그 개발방안』, 1973, 227~229쪽.

15 과학기술처는 1973년(안)을 통해 ① 모든 기업체가 직업훈련을 의무적으로 실시하도록 하는 제도의 확립, ② 기업의 사내훈련 의무화는 직업훈련 분담금 제도를 확립함으로써 간접 강제할 것을 제안했다. 위의 글, 229쪽. 경제기획원도 기술공 및 기능직 노동자 부족 인원의 약

노동청의 직업훈련사업 방안과 정확히 일치하는 것이었다. 노동청 또한 기능직 노동자 양성이 사내직업훈련 위주로 이루어져야 산업 수요에 맞는 인력이 양성됨과 동시에 고용률 향상과 실업률 격감 효과를 볼 수 있다고 판단했기 때문이다. 과학기술처의 제안에 맞춰 노동청은 경제기획원과 함께 사내직업훈련을 의무화할 수 있는 법 제정을 시도했다.

상시고용 근로자 200인 이상, 또는 연인원 6만 명 이상인 사업체의 경우 반드시 직업훈련을 실시하도록 강제한 '직업훈련에 관한 특별조치법(안)'은 노동청의 직업훈련 전문관료였던 서상선에 의해 작성되었다. 이미 서상선은 'ADB 공공직업훈련소 설립차관'사업의 실무자로 활약한 바 있었고, 1972년 1월부터는 중앙직업훈련원 훈련과장으로 근무하던 중 정수직업훈련원 설립사업을 맡아 추진한 적도 있었다. 1973년 막 개소한 부산 한독직업훈련원 교수부장까지 거친 후 1974년 8월 다시 노동청 직업훈련국 직업훈련과장으로 돌아와 처음 맡은 사업이 이 법안의 제정이었다.[16] 노동청의 입장과 경제기획원, 과학기술처의 입장에 차이가 없었기 때문에 직업훈련법 제정 과정과 달리 사내직업훈련 의무화 법 제정은 조속히 추진되었다. 서상선이 직업훈련과장으로 부임하기 이전 이미 내부적으로 1975년부터 사내직업훈련을 의무적으로 실시시킨다는 방침이 정해져 있었기 때문에 법안 마련과 법 제정 과정도 빠르게 진행될 수밖에 없었다.[17] 그 결과 1974년 12월 1일 본회의를 통과하고, 1975년 4월 30일 시행령과 시행규칙이 마련되어 실행에 들어갔다. 실제로 이 법 시행 후 1975년

87%에 해당하는 130만 명 이상을 직업훈련 방식을 통해 양성해야 한다고 제안했다. 경제기획원, 『우리경제의 장기 전망 1972~1981』, 1973, 60쪽.

16 서상선, 『韓國職業訓鍊制度의 발자취』, 대한상공회의소, 2002, 128쪽, 147쪽, 183쪽.

17 위의 글, 183쪽.

이전 30여 개에 불과했던 사내직업훈련소가 1975년 279개, 1976년에는 476개로 늘어났다.

그러나 문제는 조속한 시행에만 주력한 결과 실제 사내직업훈련소를 설립·운영해야 할 기업들의 거부감을 오히려 키웠다는 점이었다. 이 법에 따르면 실제 업종에 필요한 기능직 노동자 수급과는 상관없이 고용인원 기준으로 무조건 양성인원을 맞춰야 한다는 점에 대해 기업 측의 불만이 컸다. 또 실시 의무 기업이 직업훈련을 이행하지 못할 경우 벌금을 물어야 한다는 것도 거부감의 중요한 요인이었다.

그 결과 사내직업훈련소의 절대적 수치는 늘었지만, 기능직 노동자 공급 수치는 경제기획원과 과학기술처가 사내직업훈련을 통해 양성될 것으로 추정했던 수치에 비해 턱없이 부족했다. 1975년 직업훈련사업 추진 상황을 살펴보면, 5월 중에 이미 공공직업훈련은 공급 목표 인원의 82.5%를 달성한 반면, 사내직업훈련은 29.6%에 지나지 않았다.[18] 계획은 사내직업훈련을 통해 기능직 노동자를 공급한다는 것이었지만, 결과는 그렇게 나오지 않았던 것이다.

더구나 1976년 중화학공업화 정책 추진의 핵심 인사였던 청와대 제2비서관 오원철을 중심으로 중화학공업 부문 기능직 노동자 양성은 사내직업훈련이 아닌 공고를 중심으로 이루어져야 한다는 정책 방향이 정해졌다. 오원철은 이미 상공부 근무 당시 기술력 향상을 위해서는 교육·훈련이 중요하다고 판단해 상공부 산하에 정밀기기센터 설립을 주도한 적이 있을 정도로 인력양성사업에 관심이 높았다.[19] 오원철의 구상은 중화학공업 분야의 기능직 노동자는

18 국무총리기획조정실 평가교수단, 『제3차 경제개발 5개년계획 4차년도 평가보고서 v. 1. 종합부문』, 1976, 213쪽.

19 정밀기기센터는 정밀기기의 제조기술과 수리에 필요한 기술진의 양성 및 정밀과학기계 생산을 목적으로 하는 기관으로 설립되었다. UNDP의 특별 원조기금과 정부 투자금을 받아

문교부 산하 공고에서 전담하고, 노동청 산하 공공직업훈련소는 미용, 조리사와 같은 서비스업종 직업훈련과 경공업 분야 훈련으로 재편하는 것이었다. 이를 위해 그는 1976년 당시 노동청 산하 직업훈련원 중 중공업 분야 훈련을 시키면서도 기능경기대회 입상 성적이 좋았던 중앙직업훈련원, 정수직업훈련원, 부산 한독직업훈련원을 문교부 산하 정규학교로 전환한다는 구상을 가지고 사전에 노동청을 설득하려 시도했다.[20] 오원철의 구상에는 박정희의 의사가 반영되었던 것으로 보인다. 1973년 대통령비서실 문서에 따르면, 박정희는 기술작업 면에서 기술자 양성이 중요하고 고급기계 생산공장의 경우 기계가공사의 50% 이상이 대졸이어야 한다고 강조할 정도로, 정규교육기관을 통한 과학기술계 인력 양성 방안을 선호했다.[21] 1973년 3월 17일에는 보다 구체적으로 중앙직업훈련원과 중소기업협동조합중앙회 기능직 노동자 양성시설을 문교부에 이관할 것을 지시했다.[22] 중화학공업 분야 인력 양성은 정규학교 위주로 이루어져야 한다고 본 것이다. 이러한 방안은 1960년대 이후 문교부가 줄곧 희망해온 바였다. 중화학공업화 정책 선언 이후 문교부는 기능직 노동자 양성에 대

1966년 착공해 이듬해 조기 준공했다. 구로동 수출공단 내에 설치된 정밀기기센터는 1968년 2월부터 공고 졸업자를 대상으로 훈련생을 모집해 기계산업에 종사할 인력 양성에 나섰다. 상공부 산하 정밀기기센터는 훈련과정의 우수성이 입증되어 전문대학 수준으로 승격되었고, 정밀기기센터 훈련생에 대한 시장의 수요도 높았다. 「정밀기기센터 설치계획 수립」, 『동아일보』 1965. 9. 28.

20 서상선, 앞의 책, 187~188쪽.

21 이미 1966년 1차 과학기술계 인력양성이 계획대로 추진되기 어려웠을 때도 군대를 통해 기술인력을 양성할 것을 김윤기 무임소장관에게 지시한 바 있었다. 무임소장관 김윤기, 『과학기술요원수급대책 보고서』, 1966. 8. 박정희는 정규교육기관과 군을 기술교육기관으로 신뢰하고 있었는데, 이러한 경향은 그 자신이 엘리트 교육을 받았던 기관인 학교와 군에 대한 신뢰에서 비롯된 것으로 보인다.

22 대통령비서실, 「회중3대통령결재문서」, 1973. 3. 20(박영구, 앞의 책, 2012, 176~177쪽 재인용).

해 그간 별 효과가 없어 유명무실해진 기업 부설 기술원양성소, 고등기술원양성소 같은 기관을 통해 165,300명의 기능직 노동자를 양성할 수 있다는 계획안을 다시 제출하기도 했다.[23]

다만 1973년까지는 적어도 박정희의 의도와 오원철의 개입이 표면화되지는 못했던 것으로 보인다. 경제기획원과 문교부, 과학기술처, 노동청 모두 기능직 노동자 양성의 핵심 기관은 사내직업훈련소라 보고 이 기관을 통해 대거 양성이 이루어져야 한다는 계획에 합의한 상태였다. 학교기관을 통한 직업훈련은 경직성, 고비용 문제로 인해 비효율적이라 판단한 것이다. 그러나 계획한 대로 사내직업훈련의 기능직 노동자 양성 실적이 나오지 않자 점차 '공고 육성' 쪽으로 방안이 바뀌었다.[24] 거기다 청와대 비서실과 문교부는 먼저 공고의 시설 확충을 해결하기 위해 차관사업으로 추진하고 있던 공공직업훈련소 건설과 마찬가지로 세계은행 차관교섭을 추진했다. 그 결과 1973년에 차관교섭이 매듭지어져 고등학교 이상 63개교에 시설투자가 이루어졌다.[25]

이처럼 사내직업훈련의 확대가 원활히 이루어지지 않는 상황은 중화학공업 정책 추진에 절대적으로 부족하다고 파악된 기능직 노동자 양성을 다시 학

---

23 문교부, 『중화학공업화 추진을 위한 공업기술계 인력공급 계획 및 공업교육 개선방안』, 1973. 9. 19, 38~41쪽.

24 기능직 노동자 양성에 대해 선행 연구들은 1973년 중화학공업 추진 선포 이후부터 줄곧 공고 위주 육성방안이 수립되어 있었다고 보지만, 본 연구는 이와 견해가 다르다. 적어도 1977년 제4차 경제개발 5개년계획안이 수립되기 전까지 직업훈련소와 같은 비정규 훈련기관 중심으로 훈련이 이루어져야 한다는 입장이 견지되고 있었다. 위와 같은 선행 연구의 동향은 박영구, 「제20장 중화학공업화 선언과 기술인력 공급 정책의 형성」, 『한국의 중화학공업화—과정과 내용 (II)』, 해남, 2012; 정진성, 「7장 정부의 기술인력 수급계획과 기능직 노동자 인력 양성」, 『한국 중화학공업화와 사회의 변화』, 대한민국역사박물관, 2014 참조.

25 박영구, 앞의 책, 2012, 179~180쪽.

교교육 위주로 돌리는 결과를 초래했다. 방안의 전환은 10여 년 동안 비정규 훈련기관 중심으로 직업훈련 방식을 만들기 위해 여러 방안을 모색해온 노동청에게 위기의식을 심어주었다. 이미 오원철이 구상했던 대로 중앙직업훈련원을 문교부가 인수해 공고 교사를 재훈련하는 기관으로 재편하려는 시도가 일어났다. 1976년 오원철은 박정희와 함께 중앙직업훈련원 시찰을 왔는데, 이것은 중앙직업훈련원 재편 이전에 대통령의 의사를 확인하고 대통령의 지시라는 권위에 의존해 노동청을 설득하기 위해서였다.

그러나 이 자리에서 노동청 직업훈련과장이었던 서상선은 역으로 공고 교사보다 직업훈련 교사의 필요성을 더욱 강조하고, 이러한 직업훈련 교사의 처우가 학교 교사인 공고 교사에 미치지 못한다는 점 때문에 직업훈련사업에 어려움이 있다는 점을 보고했다. 두 번째로 강조한 점은 직업훈련기관이 비진학 청소년들에게 중요한 공간이라는 점이었다. 이미 정수직업훈련원 설립을 통해 비진학 빈곤 청소년 문제를 직업훈련을 통해 해결하려 했던 경험이 있었기 때문에, '비진학 청소년 문제 해결을 위한 직업훈련'이라는 주장은 박정희에게 설득력이 있었다.[26] 결과적으로 이를 계기로 오원철과 문교부가 원하던 노동청의 '우수' 직업훈련시설이 문교부로 이관되는 것을 막을 수 있었다. 더불어 계획 중이던 공공직업훈련소들도 중화학공업 분야일 경우 질 높은 훈련을 실시할 수 있었다.

당시 공공직업훈련원 출신 기능직 노동자들은 6개월에서 1년 정도의 훈련을 받았는데, 이론보다 실습 위주였다. 훈련원 퇴소식 즈음에는 각 기업에서

---

26 직업훈련기관이 비진학 청소년의 사회 문제 해결 방안이 될 수 있다는 구상은 노동청만의 인식이 아니었다. 이미 경제기획원에서 기술훈련법(안)을 마련할 때도 실업 문제, 특히 학교 밖에 있는 소년공의 훈련을 위해 직업훈련이 필요하다는 인식이 형성되어 있었다. 전상근, 앞의 책, 179~180쪽.

기능직 노동자들을 먼저 데려가려고 '입도선매'에 나섰고, 훈련원 성적이 좋은 훈련생들은 훈련소 주변 대기업 중 가장 근무조건이 좋은 곳에 입사할 수 있었다. 이러한 동향은 공고도 거의 비슷했다.[27]

그러나 사내직업훈련의 확충으로 기능직 노동자 양성의 결과를 원활하게 내기 어렵다고 판단한 점은 여전히 유효했다. 때문에 제4차 경제개발 5개년계획 추진 이후부터는 인력개발 총액 중 가장 많은 예산이 실업고교 진흥, 실질적으로 공고 시설 확충과 신설에 투입되었다. 문교부 총 예산으로 봐도 실업교육비의 비율이 5%까지 차지했다.[28] 반면 전체 인력개발 세출 예산 중 직업훈련사업이 차지하는 비율은 점차 축소되었다.[29] 공고 예산 확대는 기능직 노동자 중에서도 고급 기능직 노동자를 양성한다는 목적 아래 시범공고, 특성화공고, 기계공고 등에 선별 지원하는 방식으로 이루어졌다.[30] 당연히 이러한 예산을 지원 받은 공고들은 1970년대 후반 중학교 성적이 우수한 비진학 청소년들을 흡수했고, 당시 '우수 공고'의 중요 잣대였던 기능경기대회에서도 성적이 좋았다. 이러한 선별 지원을 통해 성장한 '우수 공고' 출신 우수 기능직 노동자들은 대부분 학교 추천으로 지역 내 유력 대기업에 입사할 수 있었다.

---

27 2013년 9월 10일 구술, 서상선 노동청 직업훈련국장(군포 구술자 자택).

28 정진성, 앞의 책, 490~491쪽.

29 박훤구에 의하면, 1972년부터 1981년에 걸쳐 인력개발 총액을 100으로 볼 때 직업훈련사업의 비중은 1972년 22.7에서 1973년 31.7로 늘어났고 1974년 35.1까지 비율이 증가하지만 1976년부터는 26.8 수준으로 떨어지고 1981년에 가서는 21.8에 지나지 않도록 중요도가 낮아졌다. 박훤구, 『인력개발연구』, 1981, 한국개발연구원(등사본), 16쪽(정진성, 앞의 글, 490~491쪽에서 재인용).

30 중화학공업추진위원회기획단, 『중화학공업추진현황』, 1979, 294쪽; 중화학공업추진위원회기획단, 『제2권 중화학공업 정책사—한국 공업화 발전에 관한 조사연구』, 1979, 555쪽; 박영구, 앞의 책, 2012, 186~187쪽.

기능직 노동자 양성을 위한 예산의 많은 부분이 공고 육성에 투입되고 있었지만, 노동청도 가장 큰 규모의 기능직 노동자 양성을 책임자는 부처였던 만큼, IBRD 차관 도입에 따른 15개 공공직업훈련소 신설 사업을 추진해 나갔다. 사내직업훈련에 대해서는 법률 마련을 통해 의무훈련을 강화하는 방식이 도입되었다. 1976년 '직업훈련법'과 '직업훈련에 관한 특별조치법'을 통합해 '직업훈련기본법'이 마련되었는데, 이 법의 중요한 특징은 산업별로 고용자 수에 따라 정해진 훈련인원 이상을 기업이 의무적으로 훈련시키거나 훈련 분담금을 내도록 한 것이었다. 산업별로 필요한 훈련인원을 지정한 것은 이미 계획으로 나와 있는 기능직 노동자 양성 인원을 무조건 충족시켜 부족한 인원을 채우겠다는 의도가 반영된 것이었다.

1975년 '특별법'을 시행할 당시와 비교해보자면 1977년부터 실시된 '직업훈련기본법'에 의한 '훈련 의무화'에 대한 기업주들의 불만은 거의 드러나지 않았다. 이는 1976년 경기회복 이후 기능직 노동자를 비롯한 과학기술계 인력 부족이 기업주들에게도 큰 문제라, 조속한 인력 양성이 기업 스스로 필요했기 때문이다. '직업훈련기본법'에 따라 훈련 분담금을 부담하고 말 수도 있었지만, 그보다 직접 훈련시키는 것이 양성 후 인력을 확보하는 데 유리하다는 인식도 사업주들 사이에서 형성되었다. 훈련의 필요는 첫째, 중화학공업 각종 사업에 뛰어든 신규 기업들의 기술 유입 때문이었고, 둘째, 기업체가 대형화·국제화되면서 대기업들 위주로 일류대학 졸업생 스카우트 열풍이 거세져서였다. 이러한 분위기로 인해 대졸 초임의 임금 수준이 높아졌다. 대졸 초임금은 1977년 5월 말 현재 인문 상경계 졸업자가 평균 123,529원, 이공계 졸업자가 127,290원으로 집계되었는데 이 금액은 국졸 노동자의 4배 이상이었고 초대졸 노동자와 비교해도 1.5배 높은 수준이었다.

과학기술계 인력 수급에 관한 수치를 참고해가며 기능직 노동자 부족에

〈표 2-2〉 학력별 임금격차 동향

(기준: 국졸 실질임금, 단위: 원)

학력/연도	1974	1975	1976	1977
국졸	100(23,931원)	100(29,324원)	100(39,492원)	100(50,638원)
중졸	118.2	118.2	118.2	111.6
고졸	190.9	190.9	185.2	175.6
초대졸	240.5	240.5	260.0	258.9
대졸 이상	409.3	329.3	335.6	404.7

* 출전: 노동청, 『직종별 임금실태 조사보고서』(한국경영자협회, 『77 민간노동경제백서 100억 불 후의 노동정책 과제—임금격차와 인력난 심화』, 1978. 4, 42쪽 〈도표 II-21〉에서 재인용).

대해서도 우려했는데, 가장 큰 걱정은 역시 대졸 초임과 마찬가지로 기능직 노동자의 임금 상승과 기능직 노동자 스카우트였다. 기업주들은 이 같은 경제적 상황과 직업훈련 의무화에 따라 사내직업훈련소 설치에 나섰던 것이다. 실제로 1977년 사내직업훈련 추진 내역을 보면 총 1,012개 업체가 의무사업체였고 이 중 497개 업체가 자체훈련을, 39개 업체가 위탁훈련을 실시했고 137개 업체가 22개소에서 공동훈련을 진행했다. 하지만 훈련을 하지 않고 분담금을 내는 기업체도 많아 1,012개 업체의 30%에 달하는 339개 업체가 훈련 실시보다 분담금 납부를 선택했다. 이러한 결과도 매년 인력개발계획과 방안을 작성하는 관료들에게는 불만이었을 것이다.[31]

이 같은 경제적·제도적 조건하에서 기업들은 자사에 이익이 되는 사내직업훈련 운영방식을 도입했다. 사내직업훈련소를 독자적으로 설립한 기업들

31 한국 기업들이 직업훈련에 무관심하다는 비판은 당시 직업훈련사업에 관여하고 있었던 관료인 서상선(노동청)이나 전상근(경제기획원·과학기술처), 학자들로는 탁희준(노동경제학), 김수곤(경제학) 등이 모두 지적하는 바였다.

대다수가 중화학공업 분야를 포함한 대기업체들이었는데, 이들 기업체는 공고와 인문계고 졸업자와 같은 비교적 학력을 갖춘 이들을 선별해 기능직 노동자 훈련을 실시했다. 정부 정책으로 추진 중이었던 중화학공업 분야의 사업체인 경우 전국의 '우수 공고'에 훈련소 입사원서를 보내 학교에서 추천한 '우수 학생' 중 일부를 모집하는 방식으로 '우수 기능직 노동자'를 선점하기도 했다. 안양에서 가장 대우가 좋았던 금성통신의 경우, 기능인력 양성을 위한 사내직업훈련소 원서를 전국의 공고에 보냈다. 금성통신이 전기·전자회사였던 만큼 전기학과나 전자학과 소속 학생 중 성적이 좋은 이들이 우선 추천을 받아 원서를 제출할 수 있었는데 전국의 여러 공고에서 훈련생 원서를 제출했다고 한다. 원서 제출 후 면접을 통과해야 금성통신 사내직업훈련을 받을 수 있었던 만큼, 대기업 훈련소 입소는 합격의 가치가 높았던 것으로 보인다.[32] 기아산업도 고졸자 이상을 대상으로 매년 2월 시험을 거쳐 사내훈련생을 선발해 1년 과정으로 훈련을 시켰다.[33] 포항제철 사내직업훈련소는 1974년 9월 설립되었는데 직업훈련생은 인문계 고등학교 졸업자들 중 선발했으며 기능사 2급에 해당하는 훈련을 받았다. 직업훈련소 출신은 거의 모두가 훈련 종료 후 포항제철에 취직했다. 포항제철은 포항공고를 제철중점 특성화고교로 운영한다는 방침 아래 인수해 포항제철공고를 운영했는데 1979년부터는 포항제철공고도 포항제철

---

32 2015년 4월 25일 구술, 이선재 금성통신 사내직업훈련 거쳐 금성통신 생산직 입사(금정역 커피숍).

33 입소시험 과목은 국어, 수학, 영어, 일반상식, 신체검사, 면접 등이었고, 입소 후에는 교양 100시간, 기초 이론 공통과목 40~400시간, 전공 이론 250~1,050시간, 실기 1,450~2,050시간, 도합 총 2,000시간(금형공과는 4000시간) 훈련으로 구성되어 있었다. 「연 7,570만 원 투입, 집중훈련 고졸자 공모, 수료 후 전원 취업—기아산업주식회사 편」, 『기능』 제10권 4호, 1976, 63~67쪽.

기능직 노동자 훈련의 중요한 축으로 자리 잡았다.[34]

대기업들의 사내직업훈련 운영을 살펴보면 첫째, 공고에 우수학생들이 유입되던 시기에 자체 선발시험을 거쳐 훈련생을 모집하고 있었고, 둘째, 이러한 우수학생들을 모집한 후에는 비교적 충실히 기술 이론과 실기 교육·훈련을 실시했던 것으로 보인다. 사내직업훈련을 활성화한다는 정부 주도에 따른 것이긴 하지만, 중화학공업이라는 신규 산업의 초기 성장기에 해당 산업 대기업들의 이런 훈련투자는 당시 청소년·청년기였던 이들의 숙련 형성에 일정 정도 기여했을 것이다.

전술한 대졸 초임자 임금 향상이라는 상황에 직면한 일부 대기업들은 '기간사원 양성과정'이라는 특수 훈련과정을 운영하기도 했다. 금성통신은 1976년 사내훈련생 모집을 시작으로 1981년까지 5기에 걸쳐 고등학생 중 기간사원 훈련생을 모집해 1년간 훈련시켰다. 이 과정을 이수한 훈련생은 고졸이라도 대졸 기술사무직의 직급에 포함되어 회사 생활을 하게 되었다. 1976년 1기생을 모집할 때는 사내 기능직 노동자들도 대상에 포함시켜 추천 받았다. 2기부터는 전국의 인문계, 상업계, 공업계 고등학교에 추천서를 보내 우수학생을 학교로부터 추천 받은 후 선발 과정을 거쳐 합격자를 선정했다. 금성통신은 합격자를 일간지에 게재할 정도로 이 훈련과정에 가치를 부여했고, 선발된 훈련생들에게 자긍심을 부여하기 위한 여러 교육 프로그램이 운영되었다. 금성통신 기간사원 양성과정은 우수한 훈련생들을 모집하기 위해 주로 두 가지 특혜를 선전했다. 훈련 수료 후 대졸사원 대우를 약속한 것이 첫 번째였고, 둘째는 대학 진학 기회 보장이었다. 이러한 선전은 인문계, 실업계를 막론하고 당시 진학이

---

34 정진성, 「포항제철의 기능인력 충원 및 양성」, 『한국 중화학공업화와 산업의 변화』, 532~533쪽.

어려웠던 우수 고등학생들에게 혜택으로 다가왔다. 기간사원 양성과정 자체도 초대졸 이상 관리직 양성과정으로 교육과정이 구성되어 있었다. 훈련 수료 후에는 전원 대졸급 사원으로 입사했다. 금성통신 기간사원 양성과정은 1977년과 1978년 확대 실시되었다가 그 후 축소를 거쳐 1981년 폐지되었다.

3. 사내훈련의 일시적 확대와 공고 위주 재편

금성통신 기간사원 양성과정 폐지는 사내직업훈련의 단기적 확대 및 연이은 쇠퇴와도 관련 깊다. 1977년부터 실시된 사내직업훈련 의무화에 따라 사내직업훈련소가 단기간 내에 증가했지만, 사내직업훈련이 사회적으로 정착하지는 못했다. 이는 1977년 이후 기능직 노동자 양성을 공고 위주로 재편하려 했던 정부의 인력개발계획으로 인한 결과였다. 1973년까지 나온 정부의 각종 계획에는 기능직 노동자 양성 계획이 있었을 뿐 기능직 노동자 내부의 위계는 포함되어 있지 않았다. 1973년 대통령 지시사항에서도 기술자원 양성을 공대나 공고와 같은 교육기관에만 의뢰하지 말라는 내용이 포함되어 있었다.[35] 다만 이 문서에는 직업훈련 교사를 양성하는 기관은 문교부에서 관할하는 것이 좋겠다는 의견이 포함되어 있었다.

그러나 이미 이 시기 중화학공업화 추진위원회는 직업훈련소와 중졸 노무자의 자격 획득을 통해서는 단순 기능직 노동자를 양성하고, 공고를 통해서는 기능직 노동자를 양성한다는 학력과 훈련기관에 따른 기능직 노동자 위계화

---

35 오원철 청와대 경제 제2비서 작성, 『회의각서: 중화학공업화 정책 외 3건』, 1973. 3. 20(박영구, 앞의 책, 2012, 176~177쪽 재인용).

구상을 계획하고 있었다.[36] 이러한 계획에는 전술한 오원철의 구상이 영향을 미쳤을 것이다. 같은 인식이 직업훈련을 공고 위주로 재편하려 했던 문교부의 계획안에서도 확인된다. 앞서 살펴봤듯이 문교부는 직업훈련사업을 노동청이 주관하는 데 대해 불만이 컸다. 이후에도 문교부는 기능직 노동자면서도 이론적 지식을 갖추고 현장을 감독할 수 있는 기능직 노동자 위의 기술공은 공고를 통해 양성해야 한다는 입장을 고수했다.[37] 문교부의 이 같은 입장은 직업훈련소에서 이루어지는 훈련보다 공고와 같은 학교에서 이루어지는 훈련이 수준 높은 것으로 위계화되어야 한다는 입장과 일맥상통했다. 직업훈련소에서 제대로 된 이론교육은 힘들고 학교에서 이론교육이 이루어져야 한다는 인식은 중화학공업화 추진위원회도 마찬가지였다.

결국 사내직업훈련이 생각만큼 확산되지 않는다는 현실적인 이유와 공고 위주로 기능직 노동자가 양성되어야 한다는 문교부와 중화학공업화 추진위원회의 입장이 영향을 미쳐, 제4차 경제개발계획 시기에 접어들어서는 학력과 훈련기관에 따른 기능직 노동자 위계화로 계획이 바뀌었다. 1979년 간행된 자료에 따르면, 기능직 노동자 중 기능사 2급은 공고에서 주로 양성하며, 직업훈련을 통해서는 기능사보 수준의 기능직 노동자를 양성한다는 계획이 수립되었다.[38] 문교부에서도 상급 기능직 노동자는 공고에서 양성하며 보통 기능직 노동자는 직업훈련소에서 양성한다는 계획을 수립했다.[39] 제4차 경제개발 5개

---

36 중화학공업화추진위원회, 『우리나라의 중화학공업화 정책』, 1973, 171쪽.

37 문교부, 『참고자료: 중화학공업화 추진을 위한 공업기술계 인력공급 계획 및 공업교육 개선 방안』, 1973. 9. 19, 2~10쪽.

38 중화학공업추진위원회기획단, 『중화학공업 추진 현황』, 1979, 291~292쪽.

39 문교부·노동청, 『고도성장을 향한 기술인력 양성—현황과 전망』, 1977, 11쪽. 이 자료에 따르면 문교부는 상급 기능자 중 다수는 공고에서 육성하고(소수, 공공직훈), 보통 기능자는 공

년계획의 기능직 노동자 양성사업 평가는 이러한 위계를 전제한 가운데 이루어졌다.[40]

이러한 구상과 계획 아래서 1977년 이후 공고에 대한 선별육성은 더 강화되었다. 1977년부터 공고를 일반공고, 기계공고, 시범공고, 특성화 공고로 나누어, 기계공고는 기계공업의 정밀화에 필요한 정밀가공사 양성에 특성화시키고 설치 학과를 기계, 배관, 금속, 전기 등으로 재편했다. 시범공고는 해외 진출 건설업체에 기능직 노동자를 공급한다는 목적에 맞게 양성시켰고, 특성화 공고는 전자, 화공, 건설, 제철, 철도, 군 기술 등의 부문에 필요한 기간 양성공을 양성한다는 목적으로 1978~1979년 사이 12개교를 지정했다.[41]

정부는 이러한 공고 위주 기능직 노동자 양성사업에 기업의 투자를 유도했다. 중화학공업 분야 신규 산업에 투자하고 있던 대기업들이 주로 참여했다. 당시 중동 건설사업에 참여하고 있었던 대림산업과 현대건설은 시범공고에 지원했다. 포항제철은 1978년 포항공고를 인수해 포항제철공고를 설립했다. 문제는 이러한 대기업들이 이미 사내직업훈련소를 운영하고 있었다는 것이다. 포항제철도 포항제철 사내직업훈련소를 운영하고 있었지만, 포항제철공고

공직훈, 사내직훈, 인정직훈과 같은 직업훈련소에서 양성한다는 계획을 세웠다.

40 국무총리기획조정실, 『(평가교수단) 제4차 경제개발 5개년계획 3차년도 평가보고서: 제1편 종합 부문』, 1980, 161쪽. 이 자료에서는 상급 기능자(공고), 보통 기능자(직업훈련)라는 항목으로 표시되어 있는데 이는 학력·양성 기관 별 기능직 노동자의 위계화를 공식화한 결과였다.

41 최규남, 앞의 책, 218~222쪽. 각 분야에 맞는 기능직 노동자 양성을 위해 구미전자공고(정보기술, 전자·통신설비), 전주건설공고(기계공사, 중기정비, 전기공사, 토목공사 등), 포항제철공고(기계정비, 제철, 제강, 압연, 전기계장), 대중금속공고(금속제련, 열처리, 주조, 금속재료), 수도전기공고(발전, 발전기계, 변전, 송배전, 전자응용) 등으로 각 특성화 분야와 학교, 설치학과를 긴밀히 연관시켰다.

인수 후에는 공고에 대한 투자를 강화해갔다.[42] 이미 정부 방침을 통해서도 직업훈련소의 위상은 떨어질 수밖에 없었지만, 상대적으로 양질의 사내직업훈련소를 운영할 대기업이 공고 운영까지 맡게 되자 기업 입장에서도 사내직업훈련소 확대에 힘쓸 필요가 없어진 것이다.

결과적으로 기업은 사내직업훈련을 통해서는 저숙련 훈련만 실시하고 생산에 필요한 기능직 노동자의 대다수는 공고를 통해 공급 받는 '실리적' 입장으로 사내직업훈련 의무화 방침에 대응했다. 정부 지원으로 인해 더 잘 훈련받은 공고생들이 배출되는 이상 기업이 사내직업훈련에 투자할 이유가 없었던 것이다.[43] 사내직업훈련 확산 초기에 정부 정책이 직업훈련 지원 쪽으로 결정되어 일정 기간 유지되고 여기에 대기업들의 적극적 동참이 있었더라면 사회적으로도 사내직업훈련이 정착할 수 있었을 것이다.

사내직업훈련에서 학교 위주의 훈련 방식으로 변하자 기능직 노동자 내부의 학력별 위계는 더 강화되었다. 전술한 금성통신 기간사원 양성과정도 전국의 우수 공고와 인문계고, 상고에 원서를 보내다가 1980년과 1981년에는 우수 공고에만 응시원서를 보냈다. 즉 우수 공고 입학이 되지 않을 경우 대기업 중 하나였던 금성통신 기간사원 양성과정이나 사내훈련소 입소가 불가능했던 것이다. 대학 입시와 마찬가지로 기능직 노동자로 입사할 때도 '우수 공고'라

---

42 정진성, 「포항제철의 기능인력 충원 및 양성」, 『한국 중화학공업화와 사회의 변화』, 2014, 537~538쪽.

43 기업들은 사내직업훈련소 출신과 공고 출신 기능직 노동자들 사이에 처우의 차별은 없다고 밝혔지만, 실제 작업장 내에서나 사회적으로는 이 같은 정책 방향과 기업의 대응으로 인해 직업훈련소 출신이 받는 차별이 존재했을 것이다. 가령 대한중기(주) 직업훈련소의 이무 훈련소장은 1978년 당시 훈련생과 공고생들이 동일한 처우를 받도록 정부의 방책이 필요하다는 의견을 제시하기도 했는데 양자 사이의 차별을 감지한 결과 내놓은 제안이었을 것이다. 「대한중기(주) 직업훈련소」, 한국경영자총협회, 『월간 경영계』 제15권, 1978, 11~12쪽.

는 학교 명성이 영향을 미쳤다. 학교를 통해 수익자가 비용을 부담하며 '교육·훈련'을 받고 입직하는 이상 기업이 스스로 교육·훈련할 필요는 없었다. 결국 기업이 기능직 노동자 활용에 무임승차한다는 비난이 일어났지만, 이러한 구조를 만든 것은 학교를 통한 기능직 노동자 양성방식을 강화한 정부 정책이었다.[44]

노동청은 사내직업훈련을 통해 인력개발에 대한 기업의 의무와 투자를 확대시키려 했지만, 이미 노동청보다 상급 결정기관에서 방향을 정한 이상 상황을 바꾸기는 어려웠다. 노동청이 관리감독했던 정수직업훈련원이나 중앙직업훈련원, 한독직업훈련원은 상당히 수준 높은 훈련을 제공하는 기관이었다. 정수직업훈련원이나 한독직업훈련원의 경우 보유 시설이나 지도교사들의 수준도 높은 편이라 국제기능올림픽 선수단의 준비 훈련시설로 활용될 정도였다.[45] 정수직업훈련원은 1년 기간의 주간과정과 1년 6개월의 야간과정을 운영했는데, 특히 주간과정 훈련생들은 기업체에서도 선호할 정도로 숙련 수준이 높았다. 한독직업훈련원은 독일이 자국의 훈련 시스템을 한국에 도입하기 위해 만든 '독일식 훈련 프로토 타입' 훈련소였다. 한독직업훈련원은 훈련기관이었지만 1년과정 훈련뿐만 아니라 2년과정을 거쳐 1급 기능사 수준의 기술력을 갖

---

44 정부 정책이 기업의 무임승차자 지위를 유지 강화시킨 점과 대기업이 우수인력을 독식하고 있으면서도 개인과 정부에 교육 비용을 전가하고 있는데도 정부가 이를 제지하지 못한 점에 대해서는 박영구도 언급했다. 박영구, 「제20장 중화학공업화 선언과 기술인력 공급 정책의 형성」, 앞의 책, 2012, 198~199쪽.

45 1977년 제23회 국제기능올림픽 파견 선수들은 정수직업훈련원에서 합숙훈련을 받았다. 부산에서 개최된 제24회 국제기능올림픽 개최 장소는 부산기계공고였지만 한독직업훈련원에서도 경기가 개최되었다. 이 밖에 성동기계공고, 금오공고 등도 전국기능경기대회나 기능올림픽 합숙훈련 장소로 선정되었는데, 이는 이 기관들의 시설과 장비가 월등했기 때문이다. 2014년 8월 18일 구술, 권율혁 제24회 국제기능올림픽 창호부문 은메달 수상자(광주시 오포읍 K2D2 사무실).

출 수 있는 유일한 훈련소였다.[46] 이러한 훈련기관에 입소하는 대다수 훈련생은 가정형편이 어려워 고등학교에 입학하지 못한 청소년들이었다. 철저한 훈련을 받고 입사한 만큼 이들 훈련기관의 훈련생들은 기업 내에서도 인정받는 편이었다.[47] 그러나 전술한 공고를 통한 기능직 노동자 양성방안 채택으로 인해 이러한 우수 공공직업훈련소가 더 확산되지는 못했다. 사내직업훈련소가 이러한 모델로 발전했을 경우 비정규학교기관을 통한 숙련 형성 방식이 확산될 수도 있었지만, 전술한 이유들로 인해 기업은 다만 '우수' 기능직 노동자를 공급받으려고만 했다.

이후 이들 모두 자기 기술력이 아닌 학력으로 인한 차별을 경험했다. 정수직업훈련원을 나와 가구회사에 입사했던 권율혁은 중졸이라는 학력 때문에 승진이 막히자 사장에게 직접 졸업장을 획득해 오라는 권고를 받기도 했다.

> 이제 뭐, 학력이니 뭐 이런 거를 쭈욱 다 묻더라고, 음, 그러시면서, 다 갖췄는데, 그래도 부족하다, 현실은, 학력이 없으면, 진급이 힘들다, 으음, 그때 당시만 해도 이제 고과 점수 그게 있어서 학력, 뭐 고졸자는 몇 점, 대졸자는 몇 점, 이 기본으로 이제 점수가 따라다니거든요, 그래서 아무리 고과 점수를 잘 받아도 열심히 하

---

46 노동청 직업훈련국장을 역임했던 서상선은 자신의 자서전에서 한독직업훈련원은 독일이 자국의 숙련 기능직 노동자 양성 시스템을 정착시키기 위해 훈련 교사 선발, 훈련 장비, 훈련 방식, 교재, 공과 자문관까지 모두 독일식, 독일인으로 배치한 곳으로 "독일의 훈련시설이 송두리째 옮겨온 격"이었다고 회고했다. 서상선, 앞의 책, 124~126쪽.

47 정수직업훈련원에서 기능을 습득한 구술자 권율혁과 구술자 정기란은 모두 공채로 입사했는데 입사 후 기술력을 인정받아 회사 관리자로부터 정수직업훈련원 출신을 소개하라고 권유 받기도 했다. 정기란이 금성통신에 입사하기 전에도 정수직업훈련원 출신 선배들이 금성통신 내에서 기술력을 인정받고 있었다고 구술했다. 2015년 6월 27일 구술, 정기란 정수직업훈련원 출신 금성통신 기능직 노동자(영등포 수도학원 강의실).

고 해도, 여기서 뒤쳐지면, 이것을 뒤집을 수, 힘든 시절 아니에요? 그래서 내가 주임까지 했는데, 그 이상은, 네가 공부를 하지 않으면, 진급이 어렵다 (…).[48]

이러한 권고로 인해 권율혁은 방송통신고와 방송통신대에 진학해 졸업장을 획득했다.

그렇게 변질되고 말았어요. 그러니까 그런 정도로, 이제 아무래도 기업한테도 책임이 있지요. 기업이 급여 책정할 적에 학력평가로 해서 하다 보니까, 우리 아이들이 그 훈련원 가서 이 년 삼 년 했는데도 불구하고 경력으로만 인정하지 학력으로는 인정 안 해주고, 그냥 중학교 나왔다 초등학교 나왔다 이런 식으로만 하니까, 했던 거죠.

노동청 직업훈련 담당 관료였던 서상선도 훈련소 출신 기능직 노동자들이 학력 문제로부터 자유롭지 못한 점과 제도적으로 미리 대비하지 못한 점에 대한 아쉬움을 회고하였다.

그거는 저도, 반성되는 바가 있는데, 차라리 [훈련소가 모두 학교로 바뀌어 이론 중심으로] 이렇게 될 줄 알았으면, 교육부가 제대로 좀 처음부터 제대로 했으면은 노동부가 이렇게 할 필요가 없었지 않냐. 아예 그야말로 사업 내 직업훈련, 기업체에서 하는 것만 관여하고, 아예 이 집체훈련, 오프 더 잡 코스(off the job course)를 하는 건 교육부가 제대로 했으면 좋았을 거예요. 그런데 공고가 그렇게 많아도 제

---

48 2014년 8월 18일 구술, 권율혁 제24회 국제기능올림픽 창호 부문 은메달 수상자(광주시 오포읍 K2D2 사무실).

구실을 못했어요.[49]

서상선은 훈련소가 학교처럼 바뀌어 이론 위주 교육을 진행하게 된 것은 학력 위주 사회 분위기 때문이라 보았지만, 사실 이러한 분위기를 바꾸려는 시도야말로 노동청 본연의 임무였다. 공공직업훈련소 설립과 운영에만 주력했던 노동청이 기업에서 사내직업훈련이 제대로 이루어지도록 감독하고 훈련소 출신이 기업 내에서 차별 받지 않도록 관리감독했다면 학력중심사회적 분위기를 바꿀 수도 있었다. 그러나 양성훈련과 고용 그 자체에만 주력한 나머지 훈련의 내용이나 훈련소 출신 노동자들의 차별 금지와 같은 제도적 보완까지는 생각하지 않았던 것이다. 오히려 당시나 지금 노동청이 보완책이라고 실시하고 있는 정책은 학력으로 인한 차별 금지 정책이 아닌 학력 보완의 기회를 제공하는 것으로 학력중심을 강화하는 효과를 강화하는 것이었다.

상공회의소 트레이닝센타는 그런 식으로 학점제로 인정해가지고, 그래서 그 학점이 모아지면 또 학력 인정받고, 또 대학원도 가고 뭐 하고 그런 길을 만들자. 오히려 그것이 옳았지.[50]

서상선은 훈련소 출신들이 학력을 보충할 기회를 제공 받는다면 학력으로 인한 차별에서 벗어날 수 있다고 본 것이다. 이러한 시스템 자체가 학력중심주의를 강화하는 요소였다. 더구나 회사생활을 하며 학교에 다니는 건 간단한 문제가 아니었다. 권율혁은 승진을 위해 업무와도 상관없는 방송통신대 불어과

---

49 2013년 9월 10일 구술, 서상선 노동청 직업훈련국장(군포 구술자 자택).

50 서상선 구술, 위의 글.

에 진학했지만 회사생활과 학업을 병행하는 것은 쉽지 않았다.

> 이게 힘든 거야, 그럼 결국은 다 내 일인데, 내가 또 학교 갔다 와서 뭐 또, 날새워 하든지, 다음 날 또, 뭐 두 배, 세 배 힘들여 해서 하든지, 해야 된다면, 누가 안 도와주잖아요. [방통대는] 그러니까 1학기, 1학년은 그대로 넘어가고, 2학년, 쓰읍, 1학기까지는 이제 어느 정도 한 거 같은데, 이제 한계에 부딪히더라고.[51]

기능직 노동자의 사회적 지위를 향상시키기 위해 노동청이 추진했던 기능장학금 제도도 결국 기능경기대회에서 입상한 기능직 노동자들에게 진학의 기회를 제공하는 것이었다. 이 제도를 통해 일부 기능직 노동자들은 학력을 상승시켜 '탈기능직 노동자'에 성공하고 사무·관리직으로 승진할 수 있었지만, 결과적으로 이 사업은 훈련소 출신 기능직 노동자들의 차별을 강화하는 것이었다. 기능직 노동자가 자기 기술력으로 성장하고 인정받는 사회가 되어야 기능직 노동자의 사회적 지위도 상승할 수 있는 것인데, 노동청의 정책과 사업은 오히려 그런 목적 달성에 적합하지 않았다. 결국 대다수 훈련소 출신 기능직 노동자들은 학교 위주 기능직 노동자 양성정책과 기업의 손쉬운 편승, 노동청의 안일한 대처로 인해 우수한 기능·기술이 있어도 학력 때문에 상대적 박탈감을 맛보아야 했다.

기능직 노동자들 내부에서 학력에 따른 위계화가 진행된 데는 노동청의 책임도 분명 있었다. 그러나 더 큰 문제는, 노동청의 의도는 직업교육과 훈련을 통한 기능직 노동자의 사회적 지위 향상이었음에도, 이를 위해 실시된 기능

---

51 2014년 8월 18일 구술, 권율혁 제24회 국제기능올림픽 창호 부문 은메달 수상자(광주시 오포읍 K2D2 사무실).

경기대회와 국가기술자격 제도를 통해 오히려 기술계 인력의 학력별·학교별 위계화가 강화되었다는 점이다. 국가기술자격 제도를 설계하고 초기 책임을 맡은 부처는 과학기술처였지만 노동청도 국가기술자격 제도 구상과 실시의 일부 책임을 맡고 있었던 행정부처로서 그 책임에서 자유로울 수는 없었다.

다음 장에서는 직업훈련소와 공고에서 기술을 배우고 기능경기대회에 출전했던 이들의 목소리를 통해 그들이 기술 습득을 통해 기대했던 생애와 그러한 기대와 현실의 괴리, 균열 그리고 개인적 경험이 시대적 조건과 만나 변곡된 역사를 살펴본다.

2장

경쟁을 통한 확산, 기능경기대회의 임계

1. 국제기능올림픽 참가 결정과 기능경기대회 도입

1966년 한 대회가 기술인력 양성에 박차를 가한 한국의 시야에 들어왔다. 국제기능올림픽(이하 기능올림픽)이 그것이다. 한때 기능을 습득하면 자신과 가족의 생계는 물론 학교와 소속 기업, 나아가 제3세계 저개발 국가인 국가의 위신도 높일 수 있다고 믿었던 시기가 있었다. 이 시기 청소년 기능공들은 국제기능올림픽에 출전해 입상하면 자신의 계층상승은 물론 보국(報國)도 가능하다고 믿고 훈련에 임했다.

한국의 기능올림픽 참가는 1965년 유럽 순방 중 기능올림픽을 접한 김종필(金鍾泌) 공화당 의장의 제안으로 시작되었다고 알려져 있다.[52] 그러나 먼저 기

---

52 한국에서의 정식 명칭은 국제기능올림픽이지만 영어 명칭은 WorldSkills이다. 올림픽이라는 용어는 포함되어 있지 않다. 올림픽이라는 용어가 들어간 것은 이 대회의 '학습장'으로 활용된 일본의 '국제기능올림픽' 명칭이 '기능오륜국제대회(機能五輪国際大会)'였기 때문이다. 이것을 바로 번역 사용하면서 일종의 국가 간 경쟁체제를 가진 '올림픽'으로 칭해졌다. 물론 올림픽 운운에는 박정희 정권이 초지일관 추구한 '민족중흥'의 이데올로기적 목적도 있

능올림픽을 발견한 것은 김종필과 같이 순방에 나섰던 '혁명' 동지 석정선(石正善)이었다.[53] 1964년 가을 유럽과 아메리카대륙을 순방할 기회를 가졌던 석정선은 경제개발에 필요한 기능인구의 증대를 위해 대회 참여에 관심을 갖게 되었다. 당시 일요신문사 사장이었던 석정선은 유럽 순방길에서 귀국하자마자 스페인 마드리드에 위치한 국제조직위원회 본부 및 일본국의 기능오륜일본위원회와 연락해 대회의 성격과 운영 내용 등을 파악한 후 1966년부터 일요신문사 주관의 '사업'으로 실시할 계획을 세웠다. 이 과정에서 일요신문사 사고(社告)에 실린 대회 취지를 본 김종필이 관심을 보인 것이다. 경제개발계획 추진을 위한 기능인력 증대방안으로 국제기능올림픽 참가를 모색했던 석정선과는 달리, 김종필은 직업훈련법을 비롯한 기능경기대회를 근로자의 소득 증대방법으로 구상하였다. '근로자'가 국제적 수준의 기능을 습득한다면 해외 진출도 가능해지므로, 이 같은 기회를 통해 '근로자'의 권익 실현과 중산층 확대, 나아가 중산층이 주도하는 조국 근대화도 가능하다는 게 김종필의 생각이었다.[54] 김종필의 이러한 구상은 당시 노동청이 직업훈련사업을 통해 목표한 바와 같았다. 김종필의 지원으로 기능경기대회는 신문사 주관의 사업에서 국가적 사업으로 변

었을 것이다. 이에 대해서는 황병주, 「기능올림픽, 패자부활의 잔혹사」, 『1970 박정희 모더니즘』, 천년의 상상, 2015, 77쪽.

53 김종필과 육사 8기 동창인 석정선은 김종필의 최측근이었다. 김종필이 5·16 쿠데타에 참가를 권유했지만 이때는 거절했는데, 김종필이 중앙정보부를 만들 때 정보부 차장으로 참여했다. 김종필과 마찬가지로 '4대 의혹 사건'으로 구속되었다가 석방된 후 해외순방에 나섰는데, 이때 처음 국제기능올림픽을 접하고 한국의 참여 방법을 모색하게 되었다고 한다. 국제기능올림픽 한국위원회 발족 당시에는 현대경제일보사 사장이었고 한국위원회 부회장을 맡았다. 「새나라차 의혹 사건으로 전 정보부 차장보 석정선 씨 구속」, 『경향신문』 1963. 3. 11; 「5·16 주역들의 오늘」, 『동아일보』 1978. 5. 16.

54 「공화당 기조연설」, 『경향신문』 1966. 1. 21; 석정선, 「국제기능올림픽대회 한국위원회의 창립과 그 발자취」, 『기능』 제1권 제1호, 1967, 18쪽.

모했고, 1966년 1월 29일 사단법인 '국제기능올림픽대회 한국위원회'(이하 한국위원회)가 창립되었다. 한국위원회의 감독은 역시 기능검정 업무를 맡고 있던 노동청이 담당하게 되었다.

한국위원회는 김종필 공화당 의장을 회장으로 추대하고 입법부, 언론계, 학계, 실업계, 노동운동 등 각계를 망라하여 저명인사 각 1인씩을 부회장으로 추대했다. 국회 상공위원장이었던 김재순(金在淳),[55] 현대경제일보사 석정선, 삼양방직주식회사 사장 정재호, 연세대 공과대학장 한만춘(韓萬春), 그리고 노동계를 대표해 한국노총 위원장인 이춘희(李春熙)가 부회장으로 추대되었다. 이외에도 문교부, 상공부, 건설부, 보건사회부, 교통부, 경제기획원, 노동청 등 국무위원이 당연직 이사와 감사로 임명되었고, 이사직에는 경제단체, 대기업, 업종별 협회, 대학의 다양한 이들이 망라되어 이름을 올렸다.[56] 시작 단계부터 이미 국가 중대사업이었던 것이다. 1966년 4월에는 한국위원회 산하에 강원도를 포함하는 경인지방위원회, 대구지방위원회, 전라남북도와 경상남도를 포함시켜 부산지방위원회를 설립하였다. 국내 산하위원회 조직뿐만 아니라 실제 사

55 1923년생인 김재순은 1960년 5대 민의원 선거에서 민주당 후보로 출마해 당선되었지만 5·16 군사쿠데타 이후 민주공화당에 입당해 6~9대(9대는 유신정우회 임명직) 국회의원을 지냈다. 1965년 12월부터 1967년 6월까지 국회 상공위원회 위원장을 역임했다(국사편찬위원회 한국사데이터베이스 한국 근현대 인물 자료 검색 결과). 국회 상공위원회가 국제기능올림픽과 어느 정도 관련이 있었던 것도 사실이지만, 국회 보사위원장 김성철(金聲喆)이 고문이었던 것과 달리 김재순이 부회장직까지 올랐던 데는 김종필과의 친분이 크게 작용한 것 같다. 김재순은 김종필이 공화당 창당 과정에서 저지른 부정으로 인해 출국하던 당시 박준규, 김용조 등과 같이 환송에 나설 정도로 김종필과 관계가 돈독했다. 「"나를 빨리 돌아오게 해주시오" 공항서 인사, 많은 국민이 원한다면 정계에 복귀」, 『경향신문』 1963. 2. 25. 김종필에 이어 제2대 한국위원회 회장직도 역임했다.

56 설립 초기 한국위원회 임원명단은 「국제기능올림픽대회 한국위원회 임원명단」, 『기능』 제1권 제1호, 1967, 127~128쪽.

업을 추진하기 위해 필요한 기술을 습득하고자 김재순 부회장을 단장으로 한 5명이 기능오륜일본전국대회를 참관하고 돌아왔다. 6월에는 국제기능올림픽이 개최된 네덜란드 유트레히트(Utrecht)시에 김재순을 단장으로 한 참가단을 파견했다. 10월에는 일부 유럽 국가의 반대가 있었지만 국제위원회 측의 적극 지지를 얻어 국제대회 정회원국으로 가입할 수 있었다.

공화당 기조연설에서 강조된 목표는 "근로자의 권익 실현"이었지만 막상 일본의 대회와 기능올림픽을 직접 참관한 후 실감한 것은 이것이 말 그대로 국가 간 대항전인 '올림픽'이라는 점이었다. 특히 기능올림픽에 대한 일본의 대응 양상은 한국위원회에도 그대로 영향을 미쳤다. 1962년부터 국제기능올림픽 대회에 참가하고 있던 일본은 이미 1965년 대회 참가 4년 만에 종합 1위를 차지해 '일본 기술이 세계 톱'이라는 이미지를 창출해내고 있었다. 한국 측이 볼 때 일본은 이를 통해 세계시장에서 공업 선진국이라는 대외 홍보를 수행하고 있었고, 국위선양, 상품의 국제적 신용도를 높이고 있었다. 더구나 국제기능올림픽이 자격에 나이 제한을 두고 있는 청소년 기능직 노동자끼리의 대회라는 점에서, 장차 해당 국가의 기술력을 가늠하는 장이라고 볼 수 있었다. 요컨대 국제기능올림픽 입상은 공업입국에 필요한 기능인력 증대만이 아니라 공업 선진국 한국의 이미지를 창출하고 이를 통해 세계시장에서 한국 상품의 우수성을 입증하기 위해서도 중요하다는 것이 한국위원회의 입장이었다.[57]

노동청도 1967년 직접 발행하던 잡지 『산업과 노동』(1974년 이후 『노동』)에 전국기능경기대회 입상 소식과 국제기능올림픽 수상 소식을 싣고, 기능경기대회와 기능올림픽 대회를 기능 근로자가 자기 능력을 발휘할 기회이자 일에 자

---

57 김동립(金東立), 「국제기능 '올림픽' 이란?」, 『기능』 제1권 제1호, 1967, 26~28쪽. 김등립은 석정선이 사장으로 있던 일요신문사의 전무이사이면서 한국위원회 감사를 맡았다.

부심을 느낄 수 있는 계기로 인식했다. 나아가 기능경기대회 입상자들을 우대함으로써 일반 국민들이 기능직 노동자들에게 감사와 존경을 준다면 기능직 노동자들의 사회적 지위가 높아질 것이라며 기능경기대회와 국제기능올림픽 참가에 기대를 보였다.[58]

정부뿐만 아니라 기업가 측도 대회 유치와 운영을 위한 한국위원회에 적극 참여하였다. 국제기능올림픽대회 한국위원회는 설립 당시 총 121명의 이사를 임원으로 임명했는데, 이 중에는 공과대학, 미술대학의 대학장들과 한국건축가협회장과 같은 학계의 인사들도 포함되어 있었지만 대다수가 기업가들이었다.[59] 1966년 초기 조직을 정비한 한국위원회는 곧바로 1966년 9월 3개 지방위원회별로 23개 직종에 걸쳐 지방대회를 개최하였다. 첫 해였음에도 총 520여 명의 선수들이 참가했다. 지방대회 참여 열기를 확인한 한국위원회 측은 연이어 11월 4일 서울공업고등학교에서 제1회 전국기능경기대회를 개최하였다.

1966년 역사상 최초로 개최된 제1회 전국기능경기대회는 크게 네 가지 목표를 가지고 있었다.[60] 첫째, 기술 평가를 통해 대회 참가자인 청소년 기능직 노동자가 기술 수준 향상에 관심을 가지도록 유도한다는 것, 둘째, 국내의 기능직 노동자들이 국제적 수준에 얼마나 도달해 있는지를 확인해본다는 것이었

58 노동청, 『1967년도 기능검정종합보고서』, 1967. 12. 31, 1~2쪽; 「전국기능경기대회」, 『산업과 노동』 제1권 제1호, 1967, 52쪽; 「제2회 전국기능경기대회 500여 선수 참석리에」, 『산업과 노동』 제2권 제1호, 1968, 52~53쪽.

59 락희화학주식회사 사장 구인회, 주식회사 금성사 사장 구정회, 경성방직 사장 김용완 등 재계의 영향력 있는 인사들이 대거 한국위원회 이사진에 속해 있었다. 「국제기능올림픽대회 한국위원회 임원명단」, 『기능』 제1권 제1호, 1967 참조.

60 전국기능경기대회에는 지방기능경기대회에서 입상한 선수들이 참가할 수 있었고, 지방기능경기대회에서 실시하지 않았던 직종의 경우 관할 지방위원장이 추천한 지방 대표선수들이 참가할 수 있었다. 「1977년도 사업실적보고」, 『기능』 제11권 4호, 26쪽.

다. 셋째는 기능인, 특히 청소년 기능직 노동자에 대한 사회적 이미지를 쇄신하고, 나아가 경제성장의 주축이 될 청소년들이 대회 참가를 통해 기능직 노동자로서 동기를 부여받고 근면성실하면 자기 생계는 물론 국가의 산업화에 기여할 수 있다는 확신을 지니도록 하는 것이었다. 마지막으로 전국기능경기대회는 국제기능올림픽 대표선수 선발을 겸하고 있었다.[61]

대회는 성공적이었다. 한국위원회 측은 대회에 대한 선전 홍보가 부족했다는 점을 한계로 지적했지만, 대회 참가와 입상에 대한 열기는 매우 뜨거웠다. 제1회 전국대회에는 총 435명이 참가했다. 첫 대회는 참가율을 높이기 위해 참가 연령을 30세 미만으로 설정했기 때문에 재학생보다 기업 소속 기능직 노동자들의 참여도가 더 높았다. 435명 중 재학생은 58명에 그쳤고 나머지는 1~5년 경력자가 189명, 6~10년 경력자가 135명, 11년 이상 20년 미만의 참가자도 53명이나 되었다. 참가자들의 연령을 높인 만큼 국제기능올림픽보다 높은 수준의 문제가 출제되었는데, 대략 50% 이상의 참가자들이 국제적 수준에 도달해 있다는 점이 확인되어 대회 주최 측으로서도 고무적이라 평할 정도였다.[62]

첫 대회를 통해 확인한 가장 중요한 점은 주최 측이 생각했던 것 이상으로 대회 참가 열기가 높다는 점이었다. 실업학교 교사였던 한 기술위원은 "전국대회를 전후해서 학생들이 생기가 돌기 시작했으며 실습에도 정성을 들이게 되었고 자신도 교육에 일층 열을 올리게 되었으며 책임감을 느끼게 되었다"고

---

61 「특집 I. 제1회 전국기능경기대회의 성과」, 『기능』 제1권 제1호, 1967, 32~33쪽.

62 이 대회를 시찰하러 왔던 국제조직위원회 회장 및 부회장은 한국 선수들의 수준을 대단히 높게 평가했으며 이를 다른 회원국들에게도 고지했다. 이 과정에서 한국의 국제조직위원회 가입을 반대했던 회원국들의 인식도 바뀌고 있다고 한국위원회 측은 평가했다. 국제기능올림픽을 통해 특히 선진국들을 상대로 한국의 기술과 한국 상품에 대한 호감을 높일 수 있었다는 것도 또 다른 효과였다.

소감을 밝혔다. 일반 기능직 노동자들은 기업 소속으로 참가했는데 전국대회 참가와 입상에 기업 경영자들의 관심도 상당히 컸다. 자사 대표 선수들의 대회 준비를 회사가 맡아 도와주는 경우도 많았다. 대회 결과가 나온 후에는 다른 기업 소속 선수들과 자사 대표 선수들의 성적을 비교하며 다음 대회를 준비시킬 정도로 기업의 참가 의욕은 높았다. 제1회 전국대회에는 총 26직종별로 기능을 겨루었는데 금메달리스트들의 명단은 〈표 2-3〉과 같다.

첫 대회 금메달 수여자만 한정해보면 대체로 20세 이상의 성인이었고 경력도 5년 이상이 대다수였다. 재학생이 입상한 분야는 옥내배선과 배관 두 분야뿐이었다. 첫 대회 입상자 중에는 이미 25~30살 사이의 나이에 이른 청년들도 포함되어 있었지만, 이들도 그 시절을 겪은 청소년 기능직 노동자 출신이었다. 청소년기에 직장으로 간 이들의 대다수는 가정형편으로 인해 학업을 포기한 경우였다. 제1회 대회에서 입상한 이들의 입상 수기에는 자신의 처지에 대비되는 단어로 학생, 교복, 입학, 학문이라는 단어가 자주 등장하는데, 기능대회가 이들에게 진학을 이루지 못한 설움을 극복할 계기를 마련해준 셈이었다.

> 그해 이른 봄은 저로 하여금 오늘의 영예를 갖게 만든 결과를 낳기도 한 때이지만, 한편 그 당시 중학에 진학하지 못한 데서 오는 쓰라린 제 마음은 여러 해가 바뀐 지금도 잊을 수가 없습니다.[63]

> 너무나 부족한 학문입니다. 못 배웠기에 그런 것이라고 단순히 넘겨버리기엔 안타까움이 있는 것입니다.[64]

---

63 「한진주물 목형 1등 유성근」, 『기능』 제1권 제1호, 1967, 70쪽.

64 청소년 입상자들은 학업을 이어가지 못한 안타까움을 수기에서 표현했다. 「入賞所感 三南

〈표 2-3〉 제1회 전국기능경기대회 금메달리스트

지방별	직종	성명	출생	경력	소속
경인	기계제도	文基億	1937. 2. 23.	8년	부국화학
부산	기계조립	朴根春	1946. 8. 29.	1년 8개월	금성사
경인	선반	咸英成	1940. 9. 5.	7년	인천조선공사
대구	주조	權重奎	1946. 12. 15.	6년	삼남공업사
경인	목공	柳成根	1941. 8. 25.	7년	한성주물
경인	개스용접	吳相烈	1937. 10. 2.	10년	국제전기기업
부산	전기용접	裵永洙	1950. 1. 15.	2년 5개월	대한조선공사
경인	판금	田慶善	1948. 2. 4.	1년	일신산업
대구	동력배선	金在根	1946. 9. 2.	2년 8개월	풍한산업
대구	옥내배선	申永浩	1947. 8. 20.	1년 1개월	청주공고
부산	라디오, TV 수리	河龍洛	1947. 12. 13.	2년	금성사
경인	배관	金在龍	1947. 11. 3.	재학	한독실업학교
경인	가구	尹在休	1940. 3. 16.	11년	중앙산업
대구	창호	姜泰鉉	1936. 8. 15.	7년	동양건구
부산	목공	李愚喆	1939. 8. 22.	5년 6개월	부평목공사
경인	양복	洪根三	1947. 12. 15.	5년	이성우양복점
경인	편물	李明子	1943. 6. 10.	4년	제일편물
경인	자수	金春子	1940. 12. 1.	6년	근미수예
경인	제화	溫祥基	1940. 3. 13.	10년	칠성양화점
경인	도장	金永甲	1942. 10. 14.	6년	아카데미극장

* 출전: 「入賞者 프로필」, 『기능』 제1권 제1호, 1967, 59~65쪽.
* 총 26개 직종에서 금메달 수상자가 배출되었지만 국제기능올림픽 출전 직종이 아닌 나전칠기, 도장, 초경가공(草莖), 금은세공, 석공, 도자기공은 표 작성에서 생략했다. 1966년 첫 대회 당시만 해도 민속공예기술 향상을 통해 전통공예품 수출을 기도했지만 추후 이 종목은 참가자가 감소하면서 대회 직종에서 하나씩 삭제되었다.

工業社 鑄造 1등 權重奎」, 『기능』 제1권 제1호, 1967, 70쪽.

기능대회에 대해 이들이 더 크게 기대했던 바는 국가가 나서서 청소년 기능직 노동자를 멸시하는 사회적 분위기를 변화시킬 거라는 점이었다.

> 배움을 찾아가는 책가방 대신 도시락을 옆에 끼고 그들의 교복 대신 얼룩진 작업복을 입고 새벽길을 달려야 했고, 온종일의 피로를 어루만지며 달님이 지켜주는 길을 걸어온 8년 성상. (…) 사회의 낙오자란 과거 의식을 모두 씻어버리는 사회는 나아가 국가는 나를 버리지 않았다는 것을 알 수 있었을 때 흐뭇한 기쁨을 누려보는 것입니다.[65]

> 관료주의 사상이 농후했던 과거에는 우리 기능자들을 천시 여겼으나 현 정책은 우리 청소년 기능자들에게 사기를 앙양시켜주고 격려하고 있으니 더욱 노력할 것을 다시 한번 맹서하는 바입니다.[66]

이러한 체감은 "쟁이"라며 기능직을 멸시해온 사회적 시선을 바꿔줄 것이라는 기대를 갖게 했다. 목형 부문 1등을 차지한 유성근은 "현 사회에서 천대를 받는 기능직 노동자들에게도 밝은 빛이 찾아왔나 봅니다", "옷에 기름을 묻히고 땀을 흘리는 육체적 노동보다는 회전의자에 앉아 펜을 놀리는 정신적 노동을 선망하여왔으니 이러한 낡고 썩은 정신을 일소하여야 할 것입니다"라며 변화에 대한 기대를 표출했다. 이러한 기대는 자신의 기술을 발전시켜 국가의 공업화를 촉진시키고, 나아가 "우리의 공업을 국제적 위치에 올려놓을 그 임무도 역시 우리 기능 근로자 자신들에게 있다는 것을" 자각시켰다. 이러한 임무를

---

65 「入賞所感 三南工業社 鑄造 1등 權重奎」, 『기능』 제1권 제1호, 1967, 69쪽.

66 「入賞所感 부국화학공업주식회사 기계제도 1등 文基億」, 『기능』 제1권 제1호, 1967, 69쪽.

부여받은 이들이 바로 국제기능올림픽의 국가대표들이었다.[67] 세계시장에서 경쟁할 수준에 이르렀다는 것을 증명하는 방법은 바로 입상이었다.

한국위원회는 전국대회가 완료된 후 곧바로 다음 해 파견할 국제대회 선수 선발에 착수했다. 국제기능올림픽대회의 과제는 경쟁 직종을 4개 그룹으로 나눠 한 그룹당 세 국가를 지정했다. 첫 해에 한국은 기계제도, 선반, 밀링, 전자기구 조립, TV 수리, 가구, 창호, 목공 등 총 8개 분야에 룩셈부르크·네델란드와 같이 과제를 출제하도록 지정받았다.[68] 한국위원회는 한국이 출제한 문제가 선정된다면 한국 선수들에게 크게 유리하겠지만 선정될 가능성은 희박하다고 판단했다. 당시 한국은 기술 수준이 떨어진다는 평가를 받고 있었고 일본의 과제도 채택된 적이 별로 없었기 때문이다.[69] 이러한 판단 아래서 한국위원회는 입상을 위한 여러 방안을 모색하였다.

먼저 국제대회를 통해 한국의 기술 후진국 이미지를 불식시킨다는 목표 아래 근대 공업 분야의 직종에 선수를 파견한다는 원칙을 세웠다. 특히 기계, 금속, 전기 분야 선수를 육성·파견한다는 내부 원칙을 정했다. 이에 맞춰 비공업 분야의 경우, 입상 가능성이 있는 분야에만 선수를 파견한다는 방침도 수립했다. 비공업 분야에서는 전국대회의 과제 수준과 국제대회 입상 작품을 국제

---

67 전국대회는 참가자들에게 일종의 교육의 장이기도 했다. 모든 참가자들이 자기 분야 권위자들에게 자기 기능의 결함 사항을 시정 받았고, 나아가 새롭고 유익한 최신의 기술지식을 전수 받을 수도 있었다.「제1회 전국기능경기대회의 성과」,『기능』 제1권 제1호, 1967, 36쪽.

68 과제 출제는 1967년 2월 출제위원을 선정해 이루어졌는데, 특히 TV 수리 분야 출제에 어려움이 많았다. 한국의 경우 미국제 TV가 대다수였고, 미국제 TV 수리기술만 가진 출제위원들은 유럽 국가산 TV를 확보하기가 어려웠다.

69 결과적으로 첫 과제 출제에서 한국이 제출한 8개의 과제 가운데 제도, 선반, 밀링, 창호, 목공 등 5개 과제가 대회 과목으로 채택되었다. 이 결과에 한국위원회 측은 상당히 고무되었다. 이창정,「제16회 국제기능올림픽 대회 참가기」,『기능』 제1권 2·3호, 1967, 17쪽.

〈표 2-4〉 제16회 국제기능올림픽 한국 파견 선수 명단

직종	성명	연령	전국대회 순위	현 소속	출신
선반	鄭萬龍	19	6위	동양특수기계	마산
조립	李永植	18	5위	한독실업학교	인천
목형	金盛東	17	동메달	중앙목형	서울
판금	田慶善	18	금메달	일신산업	서울
동력배선	嚴允燮	18	동메달	금성사	부산
목공	金永基	19	은메달	영창악기	서울
도장	金順成	19	동메달	경기공전 학생	서울
제화	裵進孝	19	4위	칠성제화점	서울
양복	洪根三	19	금메달	이성우 양복점	서울

* 출전: 「제1회 전국기능경기대회의 성과」, 『기능』 제1권 제1호, 1967, 36쪽.

위원회 초청 요인에게 평가 받아 제화와 양복 등 2개 직종이 유력한 메달후보라는 결론을 얻어 파견 종목으로 채택했다. 한국위원회 기술위원회의 분과별 회의와 사무국 협의에 의해 최종 파견 분야가 결정됐다. 결국 한국위원회는 첫 국제대회에 총 9개 분야 9명을 파견하기로 결정했다.

〈표 2-4〉에서 알 수 있듯이 한국위원회는 예산 문제로 9개 분야에만 한정해 출전 선수를 선발했다. 더구나 국제대회는 만 20세 미만으로 연령 제한을 엄격히 했기 때문에 전국대회 1위 입상자라 해도 국제대회 대표선수가 될 수 없었다. 제1회 전국대회에서는 청소년보다 가년의 경력을 거친 청년층이 다수 입상했기 때문에 금메달을 땄더라도 국제대회 대표가 되지 못한 경우가 더 많았다. 선반 분야의 경우 1위부터 5위까지가 모두 1937~1940년생 사이의 청년들이어서 순위에 들지 못했던 6위 입상자에게 첫 국제대회 파견의 기회가 돌아갔다.

일단 대표선수를 선발한 후 한국위원회는 선수들의 학력과 기술을 다시 분석하여 이들의 훈련에 필요한 훈련장을 3~4개씩 배치했다. 지도해줄 기술지도위원도 한 분야당 250명 정도의 인원 중 3~4명을 선발해 선수의 훈련을 맡겼다. 훈련은 4단계로 나뉘어 총 18주 동안 이루어졌다. 1단계로 선발선수 개개인의 기능을 검토 분석한 후 기초적인 이론과 공작법을 습득시켜 기초적인 도면의 이해력, 공구의 사용법, 작업계획, 제한 시간 엄수를 훈련시켰다. 2단계부터는 개별 지도로 들어가 이론과 공작을 세밀하게 나눠 지도했다. 3단계로 불충한 점을 보완하는 훈련을 실시한 후 국제대회 출전에 앞서 일본의 제5회 기능오륜대회에 참가해 일본 선수들의 기능도를 세심히 관찰하였다. 일본의 기능수준을 통해 국제적 수준을 가늠해보려 한 것이다. 기능 수준뿐만 아니라 대회시설과 일본 선수들이 지참하여 사용하는 공구도 관심 대상이었다.[70] 한국위원회에게 일본은 세계무대의 연습장이었다. 3단계까지 거쳐 실기훈련이 끝나면 마지막 4단계에서는 9명을 합숙시키며 교양과목과 종합정리, 공구 정리 등의 마무리 훈련이 이루어졌다.

훈련 과정 중 상시적으로 대표 선수들에 대한 평가가 이루어졌다. 한국위원회는 과제 이해도와 대회 시설 활용도에 중점을 두고 평가를 진행했다. 이를 통해 국제대회의 경우 어느 정도 기초교육을 이수한 자를 선발해야 하며, 특히 금속, 기계, 전자의 경우 도면의 이해도가 높은 선수 선발이 필요하다는 점, 서구식 기계시설이 완비된 훈련장이 필요하며 서구의 재료를 사용해 훈련시킬 필요가 있다는 점 등을 포함한 내부 평가를 내놓았다. 객관적인 조건 구비가

---

70 일본 선수들의 공구를 확인한 한국위원회가 대표선수들에게 일본에서 수입까지 해서 공구들을 제공하였으나, 일부 선수들은 서양 선수들의 공구에 비해 성능이 떨어져 불만을 표출하기도 했다. 위의 글, 19쪽.

필요하다는 점을 한국위원회도 잘 알고 있었지만, 결국 이런 조건이 완비되기까지 한국이 기댈 수 있는 것은 '정신력'이었다. 기술위원들은 서구의 선수들이 사용하는 기계와 공구에 비해 한국 선수가 좋은 결과물을 내기 어렵다는 점을 잘 알고 있었지만, 이들이 주력한 것은 열악한 시설에서도 더 좋은 작품을 만들어낼 수 있도록 하는 정신훈련이었다. 한국위원회도 훈련에 필요한 정신적 자세의 확립이 선수 훈련에 있어 중요하다는 점을 재차 강조했다.[71]

첫 출전에 큰 기대를 가지고 참여했던 한국 선수들은 기대 이상의 성적을 냈다. 9명이 참가해 6명이 입상했고 판금과 동력배선 분야에서는 평균점수에 근접한 점수를 받았다. 그러나 실제 성과보다도 한국위원회에게 중요했던 것은 성과 자체를 홍보하는 것이었다. 이를 위해 한국위원회는 분야가 달라 의미 없는 참가국별 총 참가 선수의 평균점수를 내서 한국이 일본과 스페인, 스위스에 이어 4위에 해당하는 훌륭한 성적을 보였다고 자평했다. 나아가 한국은 총 참가 선수 대비 입상자 비율로 일본과 스위스에 이어 3위에 해당한다는 점을 강조해 성과를 과시했다.

첫 참가에서 기대 이상의 성과를 보인 만큼 귀국환영대회도 화려하게 이루어졌다. 선수단 전원이 '시가(市街)퍼레이드'를 거쳐 서울시민회관에서 거행된 환영대회에 초대되었다. 대표선수 전원에게 정부 각 부처에서 기념품이 하사되었고, 김종필 한국위원회 회장이 순금 배지를 수여했다. 그러나 환영대회에는 같이 초청되었어도 그 대우에는 차이가 있었다. 애초 대회 참가 전부터 수상을 목표로 삼았던 만큼 환영대회는 입상자 위주로 진행되었다. 특히 5명의 메달리스트에게는 갖가지 표창과 기념품이 제공되었다.[72] 순위에 따라 철저

---

71 위의 글, 21쪽.

72 양복공과 제화공 분야에서 평균보다 10점 이상 높은 점수로 금메달을 획득한 홍근삼과 배진

히 구별된 부상과 상금도 부여되었다. 상을 수여한 대표자는 바로 박정희 대통령이었다. 박 대통령은 금메달 수상자에게는 대통령 하사 상금 100만 원을 수여하고 은메달은 50만 원, 동메달은 30만 원, 대회장 특상자에게는 10만 원을 하사하는 식으로 차별을 기해 참가에 의의가 있는 것이 아니라 입상에 의의가 있다는 점을 드러냈다. "현 사회에서 천대를 받고 있는" 기능직 노동자들이 어느 정도의 기능을 연마해야 천대로부터 벗어날 수 있는지를 단적으로 보여준 것이었다.

2. 남성 기능직들의 경쟁 심화와 우수 공고·대기업의 지원

처음으로 국제기능올림픽대회에 입상한 선수들이 쟁취한 '성공'은 청소년 기능직 노동자들이 보기에도 대단한 것이었다. 한국위원회는 국제기능올림픽 입상자들의 근황 보고를 통해, 기능 향상이야말로 개인적·사회적·국가적 지위 상승을 일으킬 수 있는 요소라는 점을 각인시켰다. 확실히 첫 참가자들의 삶은 이전의 삶과 달라졌다. 양복 부문에 출전한 홍근삼은 대통령 하사금을 받아 집을 샀고, 제화공으로 금메달을 획득한 배진효는 직장 내 제화공들을 지도하는 기술감독직을 맡게 되었다. 마산의 동양특수기계제작소 재직 중에 선반공으로 참가한 정만용은 일반 기능직 노동자에서 조장으로 승진했다. 동력배선공으로 참가했던 금성사의 엄윤섭은 입상 이후 기능직 노동자에서 사원으로 직

효에게는 산업훈장 석탑이 주어졌고 은메달과 동메달리스트인 도장공, 판금공, 목형공에게는 산업포장이 주어졌다. 메달리스트는 메달 색깔에 따라 수상자(授賞者)가 달랐다. 금메달 수상자에게는 국무총리가 트로피를 수여했고 은메달리스트에게는 경제부총리가, 동메달리스트에게는 보사부 장관이 트로피를 수여했다. 이창정, 앞의 글, 30쪽.

군 변경 혜택을 받았다.[73] 이들의 성공은 청소년 기능직 노동자들로 하여금 기능경기대회, 특히 국제기능올림픽에 열중하도록 만들었다. 이후 기능경기대회는 적어도 1970년대 말까지 확대일로를 걸었다. 1966년 3개 지역에 불과했던 지방기능대회는 1976년 10개 지역의 대회로 확대되었다.[74] 참가자 수도 1966년 578명에 불과했던 것이 1971년에는 2,948명, 1976년에는 2,784명, 1977년에는 3,000여 명으로 늘어난 뒤 내내 3,000명 내외를 유지할 정도로 대폭 증가했다. 참가자 수 증가에는 정부의 홍보와 선전이 큰 역할을 했지만[75] 이보다 더 중요한 역할을 했던 곳은 바로 학교와 기업이었다.

1) 학교의 대회 몰입

첫 전국대회는 재학생 참가율이 14%에 지나지 않았지만 회를 거듭할수록 재학생 참가자가 늘어났다. 재학생들은 대다수가 공업고등학교 학생이었다. 공고생들이 기능경기대회 참가에 열의를 보인 것은 역시 기능경기대회 참가로 인해 받을 수 있는 혜택이 많아서였다. 이미 정부는 1973년 중화학공업화 선언 이래 1979년까지 인력개발에 투입한 총 985억 6,500만 원의 예산 중 69.2%

---

73 사무국, 「그들은 지금 무엇을 하고 있을까?」, 『기능』 제2권 제1호, 1968, 60쪽.

74 지방대회는 경인, 대구, 부산에서만 개최되다가 1977년에 서울, 대구, 부산, 광주, 대전, 강원, 경기, 청주, 전주, 경남 지방 등 10개 지역으로 확대되었다. 지역위원회 위원장은 주로 지역 상공회의소 회장이 맡았다.

75 정부는 제1회 전국대회 개최 때부터 수상자들 중 극적인 성취를 이룬 청소년 기능직 노동자의 생애를 영화로 만들어 보급했다. 첫 번째 작품은 목형 부문 전국대회에서 동메달을 수상하고 국제기능올림픽에 출전해 은메달을 획득한 김성동(金盛東)의 생애를 영화로 만든 〈양지(陽地)에 오른 젊은이〉였다. 이 영화는 현대문화영화공사에서 제작했다. 김성동은 국제기능올림픽대회 참가자 중 가장 나이가 어렸다. 이 영화는 청소년 기능직 노동자를 주인공으로 한 최초의 문화영화였다. 이 영화의 가장 중요한 관객으로 선정된 이들은 역시 같은 처지의 실업계고등학교 학생들이었다. 이창정, 앞의 글, 30쪽.

를 공고에 투입할 정도로 1970년대 공고 교육을 집중 육성하고 있었다.[76] 이 예산의 대부분이 시설 지원 금액이었다. 1973년 이후 전문화·특성화 정책에 따라 공고 선별 지원이 이루어졌다. 1977년까지는 주로 기계공고 중심으로 전국에서 11개교를 특성화 공고로 지정해 선별 육성했다. 1977년 제4차 경제개발 5개년계획 추진 이후에는 기계공고를 별도로 떼어내 공고를 기계공고와 시범공고, 특성화공고, 일반공고로 세분화하여 이 중 기계공고에 시설 지원을 집중시켰다.[77]

이러한 시설은 당연히 국제기능올림픽대회를 비롯한 기능경기대회 준비에 있어 공고생들에게 유리하게 작용하였다. 특히 국제기능올림픽대회의 경우 우수한 기계 및 공구를 사용할 줄 알고 이것을 가지고 꾸준히 연습해야 좋은 성과를 낼 수 있었기 때문에, 얼마나 우수한 기계설비를 갖추고 있느냐는 기능경기대회 입상에 큰 영향을 미쳤다. 1973년부터 실시된 기계공고 중점 육성정책은 전국 공고들의 전국기능경기대회 참가 선수와 입상자 수에 영향을 미쳤다. 전국기능경기대회 초기에는 전통의 서울공고나 용산공고의 성적이 우수하였지만[78] 기계공고 중점 육성 정책을 추진한 결과 1977년의 결과는 사뭇

76 전체 예산 중 직업교육(훈련)에 투입된 비율은 7.1%에 그쳤고, 공대 특성화 부문에도 16.8%가 투입되었다. 박영구, 「제21장 중화학공업화의 진행과 기술인력 공급 정책의 변화」, 앞의 책, 2012, 230쪽.

77 박영구의 연구 결과에 따르면 1977년 공업고등학교 시설지원 총예산 87억 5백만 원 중 62억 7천 2백만 원이 총 82개의 공고 중 19개의 기계공고에 지원될 정도로 기계공고에 대한 시설 지원이 압도적이었다. 위의 글, 235쪽, 표 〈21-18〉 참조.

78 1969년 지방기능경기대회 입상자를 살펴보면 목형, 주조, 판금 분야에서 서울공고성이 경인 지방 1위를 차지했고 선반 분야는 용산공고생이 경인 지방 1위, 그 외에 옥내배선 분야에서 성동공고생이 1위를 차지했다. 국제기능올림픽대회 파견 선수 중에서는 옥내배선 분야에 출전한 최상명 선수가 유일한 공고 재학생이었다. 중화학공업화 선언 전만 해도 공고 재학생 중 입상자 비율은 낮았던 것이다. 「입상자 명단: 69년도 지방기능경기대회」, 『기능』 제3권

〈표 2-5〉 1977년 전국기능경기대회 소속업체별 현황

구분	참가 인원(명)	1위	2위	3위	계	입상율
공업고등학교	**335**	**14**	**12**	**15**	**41**	**37.96**
직업훈련원	42	8	4	5	17	15.74
대기업체	80	2	4	4	10	9.26
중소기업체	296	10	15	11	36	33.33
법무부	43	2	1	1	4	3.71
계	796	36	36	36	108	100

* 출전: 「제12회 전국기능경기대회 성과 분석」, 『기능』 제11권 제3호, 1977, 56쪽.

달라졌다. 〈표 2-5〉를 통해 알 수 있듯이, 지방기능경기대회에서 1위에 입상해야만 참가할 수 있었던 전국기능경기대회의 참가 선수나 입상에서 공고 재학생이 대부분을 차지하였다. 공고 내부의 서열에도 변화가 생겼는데 정부의 전폭적인 지원을 받고 있었던 기계공고들이 참가 선수 배출에서 우위를 차지했다.

〈표 2-6〉을 통해 알 수 있듯이, 전국기능경기대회 개최 초기에 두각을 드러냈던 서울공고나 용산공고보다 기계공고로 선정된 부산기계공고, 성동기계공고의 입상 성적이 상승했다. 특히 1973년 개교한 금오공고는 한·일 정부의 협력하에 상공부 주도로 설립된 학교로, 입학 때부터 중학교 성적 우수자를 선발해 전액 무료로 교육을 시키고 있었다. 당시 금오공고에는 일본의 우수한 실습설비들이 많이 들어왔고, 교사들도 우수한 이들로 구성되어 있었다. 신규 학교였던 금오공고가 단시일 내에 기능경기대회에서 우수한 성적을 낼 수 있었던

제2호, 1969, 70~75쪽.

〈표 2-6〉 1977년 전국기능경기대회 공업고등학교 참가자 현황

학교명	참가 선수 수(명)	입상자 수(명)
금오공고	48	16
부산기계공고	34	9
전남기계공고	25	1
충남기계공고	23	1
성동기계공고	18	5
춘천기계공고	19	0
청주기계공고	16	0
천안공고	14	2
인천기계공고	10	1
서울공고	9	1

* 출전: 「제12회 전국기능경기대회 성과 분석」, 『기능』 제11권 제3호, 1977, 56쪽 표를 재구성.

바탕에는 이와 같이 월등한 물적 토대가 있었던 것이다.[79] 전국기능경기대회에 이어 기능올림픽대회에서도 공고생의 입상이 이어졌는데 1977년 대회에서는 총21명의 메달리스트 중 성동공고에서 2명, 부산기계공고에서 5명, 금오공고에서 3명의 메달리스트가 배출되었다.[80] 학교는 기능경기대회를 준비하기에

79 금오공고의 교육과정은 철저하게 실습 위주로 이루어졌다. 금오공고 학생들은 주당 37시간의 수업을 받도록 규정되어 있었는데 그중 23시간을 전문교과 수업에 할당했고 23시간 중에서도 실습 및 제도에 16시간이 할애되었다. 각자의 전공 분야 수업 위주로 이루어졌고 그 가운데서도 실습 및 제도 수업을 집중적으로 받도록 되어 있었다. 금오공고는 군 기술인력을 양성하기 위한 학교로, 학교 운영과 생활이 모두 군대식으로 이루어졌다. 이 같은 분위기와 교과 구성 아래 당연히 금오공고는 기능경기대회에서 좋은 성적을 낼 수밖에 없었다. 금오공고의 설립 취지와 개교 과정에 대해서는 임소정, 「금오공업고등학교의 설립과 엘리트 기능인력의 활용, 1973~1979」, 서울대학교 석사학위논문, 2015, 26~28쪽 참고.

80 「제23회 국제기능올림픽대회 참가 보고」, 『기능』 제11권 제3호, 1977, 27~29쪽.

가장 유리한 공간이었을 뿐 아니라 기능경기대회라는 경연대회의 정보를 접하기에도 가장 유리한 공간이었다.

> 동력배선이 우리 학교에서 쎘죠. 그때만 해도 우리 학교가 여기에 대한 전통을 무시 못했고…. 전국대회 할 때까지 선배들이 와서 상당히 많이 지도해줬어요. 굉장히 [도움이] 큰 거죠.[81]

부산기계공고 재학 중 전국대회와 국제대회 동력배선 분야에서 우승한 허경남은 자신의 입상에 학교 선배의 지도가 큰 도움이 되었다고 기억하고 있다. 1972년 한국위원회에서 경인 지방 기능경기대회에 참가한 선수들 534명을 대상으로 기능경기대회에 대한 설문조사를 실시했는데, 신문광고나 포스터, 라디오 방송을 통해 정보를 접한 이들보다는 소속업체, 특히 학교를 통해 대회 개최 정보를 접했다는 이들의 비율이 높았다. 물론 정부와 학교의 지원만이 기능경기대회 참가자 수를 늘린 것은 아니었다. 기능경기대회에 참가한 동기를 묻는 질문에 제일 많은 답변은 "평소 자신의 실력을 알기 위해서"였다. 확실히 기능경기대회라는 권위 있는 이벤트를 통해 자기 실력을 알아보고 싶다는 개인적 욕구도 작용한 것이다. 그러나 참가 동기를 묻는 질문에 두 번째로 많은 답변이 "국제대회에 출전하기 위해"였음을 통해 알 수 있듯이, 참가자들을 기능경기대회로 불러 모은 중요한 이유 중 하나는 국제대회 출전과 입상을 통한 계층이동이었다.[82]

---

81 2014년 8월 28일 구술, 허경남 제24회 국제기능올림픽 동력배선 부문 금메달 수상자(안양 테크빌 사무실).

82 대회 개최 소식을 접한 매체가 무엇이었냐는 질문에 '신문광고를 통해'라고 답한 이들이 25.1%였고 라디오 방송을 듣고 알게 된 이들은 6.4%에 불과한 반면, 소속 업체(학교)를 통해

학교 대표로 선발되는 것도 쉬운 일은 아니었다. 매 경기 출전 선수는 바로 직전에 내부 선발을 거쳤다. 학교에서 선발되지 않으면 본대회 참가가 불가능했다. 때문에 국제대회 출전이라는 목표가 확실한 이들 중 일부는 출신학교의 선배가 뛰어난 기량을 가진 경우 2학년 때 참가 분야를 바꿔 1년을 다시 준비하기도 했다. 성동기계공고 재학생으로 밀링 분야 대회에 참가했던 양판석은 기능경기대회 학교 대표로 선발되기 위해 "뭐 할까, 막 하다가 이쪽저쪽 막 하다가" 1년 휴학이 기회가 되어 성동기계공고의 경쟁력 높은 분야인 밀링 분야 선수로 선발될 수 있었다. 정수직업훈련원 출신으로 국제기능올림픽에 참가한 권율혁은 정수직업훈련원 경쟁 분야인 가구 분야에 이미 자신보다 실력이 높은 선배가 있어서 자신이 선발되기는 쉽지 않겠다고 판단했다. 그는 당시 정수직업훈련원에서는 출전 분야로 고려하고 있지 않았던 창호 분야를 지원해 훈련했고, 전국대회에서 2등의 성적을 올려 국제대회까지 참가할 수 있었다.[83] 계층상승에 대한 기대와 열망을 실현하기 위해 자기주도적 삶을 실현한 셈이었다.

모두 입상을 바라고 기능경기대회에 참가했지만 입상은 쉽지 않았다. 오히려 입상도 학교에 따라 분야가 정해져 있을 정도였다. 가령 타출판금, 동력배선 분야는 3년 이상 부산기계공고에서 국제기능올림픽대회 파견선수를 내고 있었고, 밀링 분야는 성동기계공고에서 계속 국제기능올림픽대회 선수를 배출했다. 우승한 선배들은 학교의 전통을 이어야 한다며 새로 후보로 선출된 후

정보를 접했다고 답한 이들이 42.3%에 달했다. 「'72 기능경기대회 결산」, 『기능』 제6권 제2호, 20~22쪽.

83 2014년 8월 21일 구술, 양판석 제24회 국제기능올림픽 밀링 분야 금메달 수상자(서울방송고등학교 교장실); 2014년 8월 18일 구술, 권율혁 제24회 국제기능올림픽 창호 분야 은메달리스트(경기도 광주 K2D2 사무실).

배들의 지도에 열의를 보였다. 전국기능경기대회 금메달리스트나 국제기능올림픽 입상자를 배출한다는 것은 학교에 상당한 명예였기 때문에 학교도 선수훈련에 열심이었다.

사실 당시 공고는 내부에 기능대회 '선수반'을 자체 운영하고 있었다.[84] 내부 경쟁이 있었던 것이다. 이미 공고 재학 1학년 2학기부터 2학년 1학기 사이에 실습성적이 우수한 학생들을 사전 선발해 '선수반'을 운영했다. '선수반' 선발은 직종 교사의 추천과 선발 과정, 학생의 의지 등을 고려해 이루어졌다.

> 이제 특활반, 이름, 그 당시는 특활반이라고 불렀어요, 특별활동을 특활이라고 그랬는데, 어, 그러니까 차이는 뭐, 이제 그 뭔가, 이제 그 안에서도 또 이게, 애써 지금 생각해보니까, 뭐, 그, 엘리트 교육이라고 생각이 들어요, 뭔가 하다 보면, 뭔가 리딩하는 걸 만들어가지고, 붐을 일으켜서 나갈 때잖아요, 그러니까 이제, 그, 이제, 아주 지원을, 그러니까 그 안에서도, 1인 1기종, 그 시키게 해놨었는데, 특활하는 (학)생으로 또 선발을 되면, 그건 1인 한 기계가 아니라, 1인이 두 개, 세 개든, 내가 하고 싶은 대로 쓰는 거예요, 완전히, 내, 내가, 하기 싫어서 못하지, 하고, 내가 해보고 싶은 모든 것은, 다 하게 지원을 해줬어요.[85]

'선수반'은 정규 수업이 끝난 후에도 계속 기능훈련을 해야 했고 토요일, 일요일을 불문하고 연습했다.[86] '선수반' 구성원들에게는 특별 혜택이 주어졌다.

---

84 각 학교별로 기능경기대회 준비반을 부르는 명칭도 달랐다. 부산기계공고의 경우 '특활반'이라 불렀고 기능반 또는 선수반으로 부르는 학교도 있었다.

85 2014년 8월 28일 구술, 허경남 제24회 국제기능올림픽 동력배선 부문 금메달 수상자(안양 테크빌 사무실).

86 2014년에 열린 국제기능올림픽 입상 선수들은 공고생이든 직업훈련원 출신이든 모두 이 '선

실기교사의 특훈은 물론 실습장비도 보통 학생들이 1대만 사용할 수 있었다면 2~3대를 이용할 수 있도록 했다. 지도 학생의 입상은 지도교사의 성과로 인정받았다. 지방경기대회를 비롯해 국제기능올림픽대회 입상자까지 배출하면 지도교사들에게도 특별수당이나 근무가산점이 주어졌다.[87] 당연히 학교 간에도 경쟁이 조성되어 같은 분야 지도교사들끼리는 경쟁의식이 생겨나기도 했다. 특히 전국대회나 국제기능올림픽대회와 같은 전 국가적 대회에서는 서로 몇 명을 입상시키고 국제대회 대표로 선출시키느냐를 가지고 실습지도교사들 간의 경쟁이 치열했다.

> 서로 경쟁이랄까 라이벌 의식이 있죠, 지고 싶지 않은 거는 서로 간에 있는 거죠, 특히 밀링 지도교사들 간에는 서로가, 관계가, 막 경쟁이 붙는 거예요, 근데 이제, 주로 이제 뭐, 어떤 때는 내가 지기도 하고, 어떤 때는 이기기도 하고, 서로 엎치락뒤치락 했죠.[88]

> 학교 간 경쟁이 엄청난 거 있었어요. [전국대회 때 메달 합계로] 그거 가지고 학교를 평가했었던 거 같아요. 저는 오히려 국가대표 된 뒤에 생활이 행복했습니다. 학교에서는 아침 4시부터 밤 11시까지는 했던 거 같아요. 근데 국가대표 할 때

수반'을 거쳐 국제대회까지 진출할 수 있었다. 대체로 10대 후반이었던 이들은 학창 시절 놀거나 쉬었던 기억이 별로 없다고 구술했다.

87 권순찬, 「성동기계공업고등학교」, 『대한공업교육학회지』 제2권 제1호, 1977, 49쪽; 「공업교육 현장: 공업고등학교 소개—안양공업고등학교」, 『대한공업교육학회지』 제19권 제2호, 1994, 108~113쪽.

88 2014년 8월 21일 구술, 양판석 제24회 국제기능올림픽 밀링 분야 금메달 수상자(서울방송고등학교 교장실).

는 그렇지 않았습니다.[89]

성동기계공고와 금오공고를 통해 기능대회에 참가하게 된 양판석과 공부건은 각자 학교를 대표해 대회에 참가했다는 의식을 가지고 있었다. 학교 당국도 학교 간 경쟁에서 지면 안 된다는 점을 강조했다. 금오공고의 교내 훈련은 혹독하기로 유명했다. 금오공고 소속으로 배관 분야 선수로 선발된 공부건이 학교 안의 훈련이 가장 힘들었고 오히려 국가대표 선발 후 받은 훈련은 그보다는 수월했다고 기억할 정도였다.[90]

당시 대통령이 직접 운영하는 학교라고 알려진 학교끼리는 경쟁이 더 치열했는데, 서울의 정수직업훈련원과 금오공고, 국립공고로 전환된 부산기계공고가 여기에 해당했다. 정수직업훈련원은 설립자가 육영수 여사였고, 금오공고는 상공부 주도로 군 기술인력을 양성하기 위해 설립된 학교였다. 두 훈련기관 모두 1973년에 개교했는데 박정희는 개교 초기부터 이 학교들에서 기능경기대회 입상자들이 많이 배출되어야 한다고 강조했다.[91] 대통령이 직접 국제대회 입상자 만찬에서 정수직업훈련원과 금오공고의 입상자 수를 별도로 묻기도 했다. 대통령의 직접적인 관심은 훈련기관 간 경쟁을 조장했다.[92] 정수직업훈련원은 국제대회 선발전에 소속 선수를 내보내기 위해 전국기능경기대회에

---

89 2014년 9월 22일 구술, 공부건 제24회 국제기능올림픽 배관 분야 금메달 수상자(수원하이텍고등학교 교감실).

90 위의 구술.

91 「개인의 영광이며 나라의 자랑, 박 대통령 기능올림픽 선수단과 환담」, 『경향신문』 1975. 9. 27.

92 "전국대회 우승을 항상, 모든 그 기관들이, 다 목표로 막, 경쟁, 서로 경쟁했어요. [1978년도에] 우리가 국제대회에도, 그래도 제일 그래도 대표선수가 많았잖아요, 우리 기수들이, 금오공고가 그 다섯 명, 우리가 여섯 명 (…)." 2014년 8월 18일 구술, 권율혁 제24회 국제기능올림픽 창호 분야 은메달리스트(경기도 광주 K2D2 사무실).

서 해당 분야 선수가 금메달을 획득하지 못하면 다음 해 다시 출전시키려고 퇴소를 막을 정도였다.[93] 기관과 학교 간 경쟁에다 교사들 사이의 경쟁까지 조성되어 있는 이상, '선수반' 학생들은 방학과 휴일을 반납한 채 열심히 하는 수밖에는 없었다. 국제기능올림픽 입상자들의 수기 중에는 학창시절을 오로지 훈련에만 집중하며 받은 고통이 표현되어 있다.

> [2학년] 2학기부터 점차 실습에 싫증을 느끼게 되었다. 어느 정도 수준에 도달했으므로 계속 반복적인 실습이었고 더구나 동료들과 어울려 놀 수 없는 것이 견딜 수 없는 큰 고통이었다.[94]

1977년 국제기능올림픽대회에서 금메달을 딴 김동호는 2학년 2학기 '선수반' 활동을 그만두고 싶었지만 지도교사가 허락하지 않았다.

> 운동장에서는 급우들의 축구시합 응원소리가 요란하게 들려왔으나 나는 동요되지 않고 열심히 기능을 익혔다.[95]

10대 청소년들에게 끝도 없이 반복되는 훈련은 힘들 수밖에 없었다. 훈련 자체도 힘들었지만 선배와 지도교사의 명령과 체벌을 참아야 한다는 게 또 다른 고역이었다.

---

93 위의 구술.

94 김동호, 「메달리스트의 수기: 광적으로 전자 이론 공부해 유관 기관 협조로 소원성취」, 『기능』 제11권 제3호, 1977, 106쪽.

95 이홍우, 「목적의식 갖고 제도 지망 우여곡절 극복, 소원성취」, 『기능』 제11권 제3호, 1977, 104쪽.

〈그림 2-2〉 공고의 기능경기대회 우승 퍼레이드
왼쪽은 금오공고, 오른쪽은 성동기계공고 퍼레이드 사진이다. 출처: 대한뉴스 1203호(제작 1978년 9월 23일), 〈기능올림픽 선수단 개선〉 화면캡쳐.

제가 이제 힘 안 들 수가 없지요, 정말로 진짜 그때는 힘들었어요, 뭘 보고 알 수 있느냐 하면, 아침에 일어나면, 아침에 일어나면 하품을 한 2, 3분에 한 번씩 해요, 잠이 부족해가지고, 근데 그 당시에 이제 선생님들이, 그 뭐냐 하면 작품을 하나 만들어내면, 저는 이제 잘 만들고 싶은 욕심이 있잖아요, 하다보면 실수를 하잖아요, 그러면 영락없이 밤을 새워요, 밤을 새워서 작품을 만들어요, 왜 그러냐하면, 선생님이 퇴근하시면서, 야, 작품 그 해갖고, 내 책상 위에 올려놔, 그래요, 근데 그 당시에, 그 책상 위에 딱 놓아두면, 이제 그 다음에 채점을 하잖아요, 그러면 한 개 틀리는 데 한 대씩이에요.[96]

96 2014년 9월 15일 구술, 권현점 부산기계공고 '특활반' 출신 부산기능경기대회 밀링 분야 금메달리스트(인천 성리중학교 교장실).

훈련 중 실수는 체벌로 이어졌다. 선수반 내부는 선후배 위계도 엄격했고 선배들에 의한 지도훈련도 종종 이루어졌기 때문에 그 와중에도 체벌이 가해졌다. 이러한 분위기 속에서는 힘들어도 중도에 그만두기 힘들었다. '선수반' 운영 결과가 지도교사에게 미치는 영향이 컸던 점을 고려해본다면, '선수반' 생활이 맞지 않는다고 해서 그만두기는 더욱 쉽지 않았을 것이다. 그러나 대다수의 '선수반' 소속생들은 이를 자랑스러워했고 교사와 학교의 기대, 자신의 성공을 위해 고된 훈련을 견뎌냈다.

학교별 대항으로 이루어진 기능경기대회는 결국 선별 집중 육성방식을 취하고 있었다는 점에서 엘리트 교육방식을 적용한 것이었다. 전술했다시피 기능경기대회 입상을 목표로 한 '선수반', '특활반' 학생들은 이미 고등학교 1학년 2학기에 선발되어 고교 시절 내내 기능경기대회 참가에만 매진해야 했다. 일반 수업 참가도 불가능했고 평범한 고등학교 생활도 힘들었다. 방학과 주말 없이 경기 준비에만 매진하는 것은 '선수반' 교사들도 마찬가지였다. 결과가 좋으면 보람과 자긍심을 느낄 수 있었지만, 경쟁과 성공만을 위한 '비인간적인' 과정은 감수해야 했다. 학력중심사회를 타파하고 능력중심사회를 만들기 위해 도입한 기능경기대회도 결국 입시교육이 이루어지고 있던 일반 교육현장과 같은 방식으로 교육을 수행하고 있었던 것이다.

2) 대기업의 기능경기대회 활용과 지원

기능경기대회에 몰입한 또 다른 주체는 바로 기업이었다. 기능경기대회 초기에는 재학생 입상자보다 오히려 기업 소속 기능 노동자의 입상률이 높은 편이었다.[97] 그러다 점점 학생 참가자 수가 늘어나면서 상황이 변해갔다. 학교는

---

97 이 책의 <표 2-3>, <표 2-4> 참조.

최소 3명에서 최대 48명까지 선수를 참가시킨 반면, 기업체는 금성통신, 금성사, 현대자동차주식회사를 제외하고는 1~2명 파견에 그쳤다.[98] 금성사와 금성통신, 대한조선공사, 기아산업(주)과 같이 꾸준히 전국기능경기대회에 선수를 참가시키고 국제기능올림픽 대회 참가 선수까지 배출할 수 있었던 기업은 직업훈련법 제정 초기부터 사내직업훈련소를 운영하던 곳이었다.

1967년 직업훈련법이 제정된 후 사내직업훈련소를 운영한 회사는 총 26개 사였는데 이 중 금성사가 1967년 상반기부터 조기에 직업훈련소를 설치했다. 기계공, 기계조립공, 판금공, 전기조립공, R.TV 수리공, 금속 프레스공구 등에 걸쳐 첫 해 총 870명을 양성하겠다는 계획안을 제출할 정도로 금성사는 일찍부터 사내직업훈련에 열성적이었다.[99] 1965년부터 금형공과와 기계조립공과를 개설해 금형공양성소를 운영해왔던 금성통신은 1970년 정밀기기제작 분야에서 국제기능올림픽대회에 대표를 파견한 것을 시작으로 정밀기기제작과 기계

---

98 「제12회 전국기능경기대회 성과 분석」, 『기능』 제11권 제3호, 57쪽, "대기업체, 중소업체 참가자 및 입상자 소속 현황" 참조. 전국기능경기대회는 기본적으로 지방기능경기대회에서 입상해야 참가할 수 있었고, 대기업체 소속 기능직 노동자의 경우 소속 기관장의 추천을 받아 서류 전형에 합격한 뒤에 참가할 수 있었으므로 금성사나 금성통신, 현대자동차 소속의 참가 선수가 많았다는 것은 이들 기업 소속 기능직 노동자가 지방대회에서도 성적이 좋았다는 걸 의미한다. 대한조선공사와 기아산업주식회사도 오랫동안 입상자를 배출했다. 기아산업은 1972년 프레스금형 분야에서 금메달리스트를 배출했고 1975년에도 프레스금형 부문에서 1위를 차지했다. 1977년 국제기능올림픽대회에서는 가스용접 부문과 선반 부문에서도 금메달 수상자가 나왔다.

99 1967년 직업훈련법 제정 이후, 초기에 사내직업훈련소 개설 계획안을 낸 기업 중 가장 많은 훈련인원 수를 제출한 업종은 방직공장들이었다. 방직공장들은 주로 방직공과 방적공을 양성한다는 계획안을 제출했는데, 이들 분야를 제외하고는 대동공업주식회사가 주물공, 기계공을 비롯해 930명을 양성한다는 계획을 제출한 것을 제외하고는 금성사의 양성계획 인원이 제일 많았다. 徐相善, 「별표 4. 최초의 사업 내 직업훈련 기관별 훈련계획」, 『韓國職業訓鍊制度의 발자취』, 대한상공회의소, 2002, 356~358쪽.

제도 분야에서는 계속 국제대회 대표선수를 양성해냈다.[100] 1977년 7월에 노동청으로부터 사내직업훈련소를 인가받기 전에는 금형과 '금형공 양성실'에서 주로 고졸 이상이거나 기능사보의 자격증을 가진 이들을 선발해 훈련시켰다. 이들 중 자질이 뛰어난 자는 특별훈련과정에 편입시켜 기능경기대회 참가를 준비시켰다.[101] 기아산업도 일찍부터 기능경기대회에 소속 기능직 노동자를 참가시켜 다수의 입상자를 배출했다. 기아산업의 경우 1968년 3월부터 사내에 인정직업훈련소를 개소해 운영하며 그 안에서 별도의 '국제기능올림픽 선수반'을 꾸렸다. 기능직 노동자 양성과정 훈련생 중 우수한 자를 선발해 훈련시키는 방식이었다.[102]

이처럼 대기업의 사내직업훈련소가 자체적으로 기능경기대회 '선수반'을 운영하고 있었지만, 기업 '선수반' 기능직 노동자들의 대다수는 이미 직업훈련소나 특히 공고를 거쳐 소정의 훈련과정을 거친 이들이 대다수였다. 사내직업훈련소 입소 자격이 "중졸 이상"으로 명시되어 있었지만, 대기업 사내직업훈련소에는 이미 공고 졸업자나 적어도 고졸 이상 학력 소지자들이 입소하는 경우가 많았다.[103] 지방기능경기대회에 입상해 전국기능경기대회까지 기업 소속

---

100 1970년부터 1981년 사이 금성통신은 소속 기능직 노동자를 국제기능올림픽대회에 8번 참가시켰고 입상자는 총 13명 배출했다. 금성통신이십년사 편찬위원회, 『金星通信二十年史』, 1992, 369쪽.

101 훈련소 소장 명중진, 「직업훈련소 훈련 현황 (1)」, 『금성통신』 제29호, 1977. 10, 74~75쪽; 금성신이십년사 편찬위원회, 앞의 글, 368~369쪽.

102 기아산업 훈련소 훈련과장 전용철, 「우리 사내의 직업훈련」, 『기능』 제4권 제2호, 1970, 68~69쪽.

103 금성통신 사내직업훈련소의 경우 1976년 이전까지는 중졸 이상의 무기능자를 선발해 기초훈련을 시키는 기초훈련과정생을 뽑지 않았다. 1976년에 직업훈련법 개정으로 사내직업훈련이 의무화된 이후에야 기초훈련과정을 운영하였다. 즉 1976년 이전에는 기능사보의 자격이 있거나 고등학교 졸업자 또는 등등 학력 소지자만을 선발해 훈련시켜 입사시켰던 것

〈표 2-7〉 대기업 소속 국제기능올림픽 선수 참가 상황 (1975년과 1977년)

<table>
<tr><th colspan="3">1975년</th><th colspan="3">1977년</th></tr>
<tr><th>분야</th><th>이름</th><th>소속</th><th>분야</th><th>이름</th><th>소속</th></tr>
<tr><td>전기용접</td><td>황희철</td><td>포항종합제철</td><td>옥내배선</td><td>이창희</td><td>금성사</td></tr>
<tr><td>가스용접</td><td>배득성</td><td>모토로라 코리아</td><td>기계제도</td><td>이홍우</td><td>금성통신</td></tr>
<tr><td>판금</td><td>송신근</td><td>기아산업</td><td>가스용접</td><td>민대열</td><td>기아산업</td></tr>
<tr><td>밀링</td><td>윤필구</td><td>기아산업</td><td>선반</td><td>김을곤</td><td>기아산업</td></tr>
<tr><td>프레스금형</td><td>구자복</td><td>금성사</td><td>프레스금형</td><td>최종수</td><td>금성통신</td></tr>
<tr><td>기계조립</td><td>정춘식</td><td>금성사</td><td>기계조립</td><td>이관용</td><td>금성통신</td></tr>
<tr><td>기계제도</td><td>김영상</td><td>금성통신</td><td>정밀기구제작</td><td>김중렬</td><td>금성통신</td></tr>
<tr><td>R.TV수리</td><td>백대현</td><td>금성사</td><td>목공</td><td>박재선</td><td>영창악기</td></tr>
<tr><td rowspan="10">대기업 이외 참가 분야</td><td rowspan="2">장석현(목공)</td><td rowspan="2">용산공고</td><td rowspan="10">대기업 이외 참가 분야</td><td>윤현모(밀링)</td><td>성동기계공고</td></tr>
<tr><td>이병학(시계수리)</td><td>한미시계학원</td></tr>
<tr><td rowspan="2">조현근(타출판금)</td><td rowspan="2">부산기계공고</td><td>이규환(창호)</td><td>성동기계공고</td></tr>
<tr><td>신충찬(철골구조물)</td><td>정수직업훈련원</td></tr>
<tr><td rowspan="2">김형필(철골구조물)</td><td rowspan="2">부산기계공고</td><td>오왕근(판금)</td><td>금오공고</td></tr>
<tr><td>김동호(R/TV수리)</td><td>금오공고</td></tr>
<tr><td rowspan="2">이해득(동력배선)</td><td rowspan="2">부산기계공고</td><td>김원석(전기용접)</td><td>금오공고</td></tr>
<tr><td>김을곤(선반)</td><td>부산기계공고</td></tr>
<tr><td rowspan="2">정인교(목공)</td><td rowspan="2">성동기계공고</td><td>황규섭(타출판금)</td><td>부산기계공고</td></tr>
<tr><td>송권식(미술도장)</td><td>부산기계공고</td></tr>
</table>

* 출전: 「제22회 국제기능올림픽대회 참가 보고」, 『기능』 제9권 제3·4호, 1975, 10~11쪽; 「제23회 국제기능올림픽대회 참가 보고」, 『기능』 제11권 제3호, 1977, 27~29쪽의 명단으로 재구성.

이다. 明重鎭, 「이론, 실기 갖춘 기간사원 양성 공개모집, 합숙훈련비 전사 부담—금성통신 주식회사 편」, 『기능』 제11권 제3호, 1977, 96~97쪽.

으로 참가한 이들은 대다수가 공고 출신이었다. 1977년 전국기능경기대회에서 입상한 선수 중 대기업체 소속자는 총 10명이었는데 이 가운데 부산기계공고 졸업자가 2명, 용산공고, 청주공고, 광성공고 졸업자가 각 1명, 안양공고 졸업자가 2명으로, 7명이 모두 공고 졸업자였다. 나머지 3명 중 2명이 중졸로 금성사 사내직업훈련소 출신이었고, 다른 1명은 현대자동차 사내직업훈련소 출신이었다. 즉 대기업 직업훈련소의 훈련을 거쳐 기능경기대회에 참가한 기능직 노동자들 중 대다수가 이미 어느 정도의 기능 훈련을 받고 입사한 이들이었던 것이다.[104] 따라서 기능경기대회 입상자들의 훈련이 대기업의 훈련투자만으로 이루어졌다고 보기는 어렵다. 직업훈련소에 대한 대기업의 투자와 아울러 대기업이라는 '우위'를 이용해 이미 훈련받은 '인재'를 제공받았기 때문에 대기업의 입상 성적이 더 좋을 수밖에 없었던 것이다.

국제기능올림픽을 앞두고는 대기업과 학교의 결착이 더 심해졌다. 국제기능올림픽 대표 선발전은 전국기능경기대회에서 높은 성적을 올린 이들 중 연령제한에 맞는 두 명이 3차에 걸쳐 경연을 펼쳐 최종 선발되는 형식이었다. 1972년 경인기능경기대회에 참가한 선수들을 대상으로 대회 출전 동기를 묻는 설문조사를 통해 알 수 있듯이, 지방대회 참가자들에게 제일 큰 목표는 국제기능올림픽대회 대표로 선발되는 것이었다. 따라서 전국기능경기대회가 치러지는 9월부터 '대표선발전'이 치러지는 그해 겨울까지의 훈련이 어느 시기보다 중요했다. 대표로 선발된 뒤에도 자체적으로 훈련하다가 다음 해 4월부터 '국가대표 합숙훈련'에 합류해야 했기 때문에, 다음 해 졸업한다면 학교에 남아 있기가 곤란했다. 기업체 소속인 경우 사내직업훈련소에서 훈련을 지속할 수 있었지만 공고생이거나 직업훈련소 소속일 경우 훈련을 이어가기가 어

104 「대기업체 입상 선수 출신교」, 『기능』 제11권 제3호, 1977, 57~58쪽.

〈그림 2-3〉 국제기능올림픽 입상자 배출 기업 홍보
왼쪽 금성사 출전은 『기능』 제11권 1호·2·3호, 1977; 가운데 태윤양복점·명동극장 출전은 『기능』 제3권 2호, 1969; 오른쪽 영창피아노 출전은 『기능』 제3권 1호,1969.

려웠다. 이 시기에 국제기능올림픽대회에 열성적이었던 대기업들이 이미 국가대표로 선발된 학생을 입사시켜 국가대표로 출전시켰다.[105] 사내직업훈련소에서 2년 이상 훈련을 받고 국가대표까지 발탁되는 경우도 있었지만, 대기업 소속 국가대표가 많이 배출되었던 이유는 학교에서 이미 국가대표가 될 정도로 기능 숙련이 뛰어난 이들을 데려와서였다. 구미공장과 부산공장을 가지고

105 공고뿐만 아니라 당시 기능경기대회에서 두각을 나타낸 정수직업훈련원의 경우도 국가대표로 선발된 뒤에는 기업체 입사를 거쳐 기업체 소속으로 국제기능올림픽대회에 참가했다. 1977년 제12회 전국기능경기대회에서 입상했던 권율혁(창호 부문)과 박동명(프레스공구 부문)은 정수직업훈련원 소속이었는데, 국가대표로 선발된 뒤에는 각각 상일가구와 진영전기 소속으로 이듬해 국제기능올림픽대회에 참가했다. 2014년 8월 18일 구술, 권율혁 제24회 국제기능올림픽 창호 분야 은메달리스트(경기도 광주 K2D2 사무실); 2014년 10월 6일 구술, 박동명 제24회 국제기능올림픽 프레스공구 분야 금메달 수상자(경기도 부천 생산기술연구원 사무실).

있던 금성사는 대구지방경기대회와 부산지방경기대회에서 우수한 성적을 거둔 공고생을 거의 매년 금성사로 '영입'했다. 안양 지역에 공장을 가지고 있던 금성통신은 지역 내의 안양공고로부터 경인지방경기대회 우수 입상자를 입사시켰다. 학교 측도 졸업할 학생의 훈련비를 계속 지출하기는 부담스러웠기 때문에, 대기업체에서 해당 공고의 국가대표로 선발된 학생을 입사시키기 위해 추천의뢰가 들어오면 무조건 입사시켰다. 대회 참가에 열성적이었던 기아산업, 금성사, 금성통신은 당장 졸업 후 취직해야 하는 공고생들에게 선망의 직장이었다. 때문에 학생들도 큰 불만은 없었다.[106] 국가대표 선발전에는 학교 소속으로 참여해도 국가대표로 선발된 뒤에는 기업체 소속으로 바뀌었다. 대기업체 선수가 국제대회에서 두각을 드러낼 수 있었던 것도 자체 훈련투자의 결과라기보다는 이처럼 공고에서 '우수학생'을 뽑아간 결과였다.

그렇다면 기업은 왜 기능경기대회 참가에 열성을 보였을까? 사실 기업에게 가장 중요한 대회는 역시 국제기능올림픽대회였다. 국제기능올림픽대회 입상을 통해 한국 기술력의 우수성을 입증하고 싶었던 국가와 마찬가지로, 기업 또한 국제기능올림픽 선수 배출과 입상을 통해 자사의 기술력이 우수하다는 점을 선전하고자 했다. 이는 대기업이든 중소기업이든 마찬가지였다.

기능경기대회 참가에 가장 열을 올린 금성사는 국제기능올림픽 입상자 배출을 통해 '기술 금성'의 이미지와 '민족기업 금성', 나아가 '세계적 기업'이라는 이미지를 창출해냈다. 건축목재 및 공예제조 분야의 중소기업도 국제기능

---

106 1976년 전국기능경기대회(제11회)에서 우승 또는 준우승한 뒤 20~21살에 국가대표가 된 이들을 살펴보면, 전체 29개 직종 중 양복, 양장, 석공, 이용, 미용, 시계수리를 제외한 23개 직종 가운데 타출판금 직종을 제외하고는 모두 기업체 소속이었다. 이들은 이미 국가대표로 선발된 후 기업체에 입사해 기업체 소속 국가대표가 된 것이었다. 「1977년 제23회 국제기능올림픽 대회 한국 선수 프로필」, 『기능』 제11권 제2호, 97~102쪽.

올림픽대회 입상을 기업 홍보에 이용했는데, 이 분야는 기능직 노동자의 숙련도가 더 중시되었기 때문에 국제대회 입상자가 제작한다는 점을 전면에 내걸었다. 1977년 제12회 전국기능경기대회 은메달을 딴 후 이듬해 국제기능경기대회에서도 은메달을 딴 권율혁은 비인기종목이었던 창호 분야 출전자였는데 전국대회는 정수직업훈련원 소속으로 참가했다.

> 대기업에서, 예, 그때 당시에는 금메달 따고 오면, 그, 그때 당시, 지금 연배가 어떻게 되시는지는 모르지만, 신문에 전부 다, (신문 자료를 펼쳐 보이면서) 이렇게 광고들을, 저도 이제 삼익, 삼양가구, 나 하면서, 내가 이제 광고 나왔던 건데, 이렇게 해서, 엄청나게 홍보를 하던 시절이에요.[107]

국제대회는 상일가구 소속으로 참가했다. 기업 소속으로 국제대회에서 입상하자 상일가구는 권율혁을 내세워 광고하기도 했다. 기업 이미지 개선과 광고에 국제기능올림픽 수상자 배출은 효과가 있었다.

국제기능올림픽 선수와 입상자 배출은 단순히 이미지 제고뿐만 아니라 기업에 실질적 이익을 주기도 했다. 박정희 정부의 중화학공업화 정책은 통신, 전력, 수송, 건설과 같은 사회간접자본 축적과 함께 추진되었는데, 독점의 이익을 누릴 수 있는 이들 분야를 어느 기업이 맡을 것인가가 당시 대기업들의 초미의 관심사였다. 기업들은 국가로부터 해당 분야 선도 담당 업체로 지정되는 것에 사활을 걸었다. 금성통신도 마찬가지였다. 제2차 경제개발계획 시기부터 추진된 '통신시설 현대화' 사업에서 금성사를 이어 금성통신이 주도권을 놓치

107 2014년 8월 18일 구술, 권율혁 제24회 국제기능올림픽 창호 분야 은메달리스트(경기도 광주 K2D2 사무실).

지 않고 유지하는 것이 중요했다. 정부 수주 사업에서 입찰을 받기 위해서는 정부부처에서 부여하는 '지정업체' 자격을 지니는 것이 유리했다. 실제로 상공부가 부여했던 '정밀기술 1급 공장'이나 노동청 지정 '녹색사업장(노사협조 모범사업장)', 나아가 유신체제기 정부가 보호육성을 보장했던 군수사업체와 비슷한 '국가 기간산업체'에 선정된다면 해당 기업의 성장은 보장받은 것과 같았다. 이러한 국가 '지정'에는 항상 해당 기업체가 기능올림픽 참가자와 수상자를 몇 명 배출했는지가 평가 요소로 포함되어 있었다. 금성통신은 1974~1975년에 걸쳐 이 모든 지정을 받아 대기업으로 성장했는데, 여기에는 금성통신이 매해 양성 배출한 기능경기대회 입상자들과 국제기능올림픽 입상자들의 존재가 큰 역할을 했다.[108] 기능경기대회 입상자들의 증대는 회사 이미지 제고와 사업 수주를 위해서도 기업에게 매우 필요한 일이었다.

국제기능올림픽대회 참가자들은 제16회 대회 참가 이후 매년 대통령을 만나 '귀국신고'를 했다. 가장 많은 입상자를 배출한 기관은 이 자리에서 별도로 대통령의 찬사를 들었다. 1975년 제22회 국제대회 참가 후 귀국한 자리에서 박정희는 기업체 중 금성사가 가장 많은 입상자를 배출했다고 치하했다. 국제기능올림픽 한국위원회 이사들의 대부분이 기업체 사장들이었던 만큼, 서로 얼마나 많은 입상 선수를 배출하느냐를 두고 경쟁이 조성됐다. 귀국 후 환영대회에는 국제기능올림픽대회 참가 선수들의 소속업체 대표들도 참가했는데, 대다수 대기업이 비슷한 분야에 선수를 출전시키고 있었던 만큼 이 자리에서 신경전이 벌어지기도 했다.[109]

국가와 학교, 기업, 개인적 요인이 맞물려 단기간에 확대된 기능경기대회

---

108 금성통신이십년사 편찬위원회, 『金星通信二十年史』, 1992, 298~299쪽.

109 「제23회 국제기능올림픽대회 참가 보고」, 『기능』 제11권 제3호, 1977, 27쪽.

는 한국 역사에서 최초로 기능을 두고 실력과 수준을 겨루는 사회적 분위기를 만들어냈다. 이로 인해 부의 축적과 고시 합격, 학력 상승과 같은 요인과 별도로 기능, 나아가 기술이 '성공'의 원천으로 인정받는 시대로 접어든 것이다. 1966년에 시작되어 1970년대에 전성기를 구가한 기능경기대회 입상자들의 성공 미담은 이러한 시대의 개막을 알리는 징후였다. 기능을 통해 성공을 꿈꾼 기능경기대회 참가자들에게 박정희 '시대'와 박정희 대통령은 최고의 후원자였다. 그런 점에서 박정희 정부가 기능경기대회를 통해 수립한 네 가지 목표 중 "청소년 기능직 노동자에 대한 이미지 쇄신"을 제외한 나머지 세 가지 목표는 적어도 1970년대 말까지는 성공적으로 이룩된 것처럼 보였다. 그러나 이러한 상황은 오래 지속될 수 없었다.

3. 메달리스트라는 환상과 고졸 기능직의 한계

1966년 시작된 기능경기대회는 학력중심사회를 기술중심사회로 바꾸기 위한 사회정책이자 경제개발계획에 필요한 기능직 노동자 공급정책의 일환으로 실시되었다. 그리고 이를 통해 무기능자를 기능자로 만들어 '근로자'의 소득증대를 꾀한다는 노동사업의 성격도 가졌다. 기능경기대회는 대통령을 비롯해 각종 정부기관의 적극적인 후원을 받으며 단시일 내에 청소년 기능직 노동자 전체의 관심을 불러일으켰다. 매년 기능경기대회에 참가하는 인원도 늘었고, 기능경기대회의 위상도 높아졌다. 1967년 첫 참가한 국제기능올림픽대회에서 국내 공업 수준의 후진성을 절감했던 청소년 기능직 노동자들의 성적은 대회 참가 후 불과 10년 만인 1977년 한국이 가장 많은 입상자를 배출해낼 정도로 상승했다. 주최 측이 의도한 청소년 기능직 노동자의 기술에 대한 관심

유도, 기능 측정, 동기부여에 어느 정도 성공한 셈이다.

그러나 기능경기대회에 청소년 기능직 노동자들이 몰입하도록 만든 핵심 주체는 국가의 선전과 독려보다는 학교와 대기업, 즉 청소년 기능직 노동자들의 소속단체들이었다. 공업고교는 인문계 고교가 입시경쟁을 하듯이 학생들 중 실기 실력이 우수한 학생을 미리 선발해 기능경기대회 출전 선수로 양성했다. 이들이 어떤 성적을 거두는지는 학교의 명예와 관련되었고, 따라서 학교 간 경쟁도 치열했다. 전국대회 우승자는 대부분 특채로 금성사나 금성통신 같은 대기업에 입사해 국제기능올림픽대회까지 준비할 수 있었다. 여기서 입상할 경우 회사는 기능직에서 사무직으로 직관 변경을 하사하거나 승진의 기회를 부여했다. 기업이 기능경기대회에 관심을 가졌던 만큼 지방기능경기대회 정도에서 입상해도 취직에는 큰 도움이 되었다. 대기업과 공고가 기능경기대회 참가에 열의를 가지고 있었기 때문에 기능경기대회는 이들 기관 사이의 '경쟁의 장'이었고 우수 공고와 대기업에 입사해야 그만큼 기능경기대회에서 입상할 가능성도 높았다.

비록 단기간에 국한되었지만 국제기능올림픽대회 입상은 청소년 기능직 노동자의 일생을 바꿀 수 있는 기회를 제공했다. 정부가 제공하는 상금은 생애 처음 가져본 거금이었다. 대부분의 선수들이 입상 후 소속 사업체 내에서 승진하거나 직관 변경을 통해 기능직에서 '기술·사무직군'으로 옮겨 사무직 대우를 받게 되었다. 중졸과 고졸로 학업을 마친 이들이 대다수였던 청소년 기능직 노동자들은 기능대회 입상을 통해 진학의 기회도 많이 얻었다. 노동청은 매년 기능경기대회 입상자 중 일정 수를 선발해 학비를 지원하는 기능장학금 제도를 운영했다. 기능경기대회 입상자들은 중졸 입상자의 경우 공고에 진학하거나 전문대·대학에 진학할 경우 이 장학금을 받을 수 있었다. 1973년 제21회 국제기능올림픽대회 참가 후 귀국환영회 자리에서 김종필 국무총리가 "기능올림픽에서 입상한 기능직 노동자들이 학업상 우대를 받아 공대나 공고에서 이론, 지식을 길러 자기 분야의 지도자가 되도록 하는 방안을 강구해보라"고 지시한 이후,[110] 입상자가 대학에 진학할 경우 대학 등록금에 준하는 장학금이 지급되었다.[111] 이미 1961년 실시가 고려된 바 있었던 실업계 고교 졸업자의 동계(同系) 대학 입학 시 특혜를 주는 방법을 고려하라는 대통령의 지시가 내려진 후, 1976년 문교부는 실업계 고교 우수 졸업생들이 동계 대학에 진학하면 대학 입시의 필기시험을 면제받는 특별전형에 응시할 기회를 부여했다.[112] 1970년대 후반 국제기능올림픽대회에 나가 입상한 이들은 이 혜택까지 받게 되면서 이전 입상자들보다 대학에 입학하는 경우가 늘어났다.

이 같은 정부 정책으로 인해 우수 기능직 노동자 중 일부가 지속 불가능했던 학업을 지속할 수 있었고, 기능 숙련에서 나아가 이론과 지식까지 배울 기회를 제공받은 것은 분명하다. 그러나 결국 정부가 추진한 기능직 노동자 우대 정책은 우수 기능직 노동자들이 기능직 노동자에서 벗어날 수 있도록 만들어 주겠다는 기능직 노동자 '탈출' 정책이었다. 국제기능올림픽대회에 입상한 후 대기업에 입사한 메달리스트들은 입사 후 자기 기능과는 다른 업무에 배치되었고, 기능경기대회 준비 시절의 '문제' 해결을 창의적으로 결정할 권리는 부여되지 않았다.

---

110 「제21회 국제기능올림픽대회 참가 보고」, 『기능』 제7권 제3·4호, 1971, 14쪽.

111 「기능올림픽 입상자 진학에 장학금 지급」, 『경향신문』 1978. 9. 23.

112 「실업계 고교 출신자 동계 대학 진학 적용 범위」, 『경향신문』 1962. 10. 26; 「실업계 고교 졸업생에 한해 동계 대학 특전」, 『경향신문』 1963. 6. 13. 이 특전은 1965년 대학 관계자의 반발로 폐지되었다가(「동계 특전 없애기로」, 『동아일보』 1965. 7. 22) 다시 '공고 특성화사업'의 일환으로 재실시되었다. 「박 대통령 지시 "농·공고 학생들 동계 대학 진학 인문계고보다 특혜」, 『매일경제』 1976. 5. 11; 「실업계 고교 출신이 동계 대학 진학 땐 예비고사 면제」, 『동아일보』 1976. 8. 27.

[직장 생활] 아, 그건 재미가 없었던 거 같애. 직장은 인제 내가 손재주가 있다 보니까, 그 분야에 이렇게 직장에서, 생각을 하고 나는 설계 쪽 하고 싶은데 설계 쪽에 방향이 안 틀어지는 것 같더라고 그러니까 재미가 없는 거야. 그러고 이제 너무 단순한 것 같고 난 쫌 계속 어드밴스 좀 하고 싶은데 단순한 것 같고. 그래서 거기 좀 한계가 있었던 거 같아요. 거기 적성에 맞는 사람들은 그렇게 안정적인데 내가 여기까지 오는 과정을 보면 계속 변했거든요.[113]

주물공장에서 쇳물을 녹여가지고, 거기서 깎아가지고 이제 그 기계를 만들면, 거기에다가 이제, 제어장치도 만들어가지고 하고, 하는 이제, 그런 이제, 그 부서, 크게 보면, 그런 사업부에 저는 있었지, 으음, (생각에 잠기더니) 일단은, 그때의, 대충, 이 일 자체가 돌아와서 보니까, 그런, 내 전공적인 일들이 별로 없어요. 그래서 야, 이게, 결국은 내가, 저, 지금 이것만, 기능만 가지고는 안 되겠구나, 이건, 이거 아니야, 설계 쪽, 어떤, 이제, 다시 이론 쪽인 베이스가, 설계 쪽을 해야 되겠다 해 가지고[114]

결국 고졸 기능직 노동자에게는 대졸 엔지니어와 같은 창의적 업무는 주

---

113 박동명은 국제대회 참가 후 정수직업훈련원에서 추천하는 대로 50~60명 규모의 기계제작 업체인 진영전기에 입사했다. 이 회사에서 그에게 부여한 업무는 부품 조립이었는데 (기계)설계에 관심이 많았던 그는 이 업무가 대단히 지루했다고 구술했다. 2014년 10월 6일 구술, 박동명 제24회 국제기능올림픽 프레스공구 분야 금메달리스트(경기도 부천 생산기술연구원 사무실).

114 허경남은 당시 최고의 직장으로 인정받았던 금성사 원동실에 근무하게 되었지만 자기 전공인 전기 관련 업무가 아니라 변전실 관리, 보일러실 관리에 투입되었다. 그는 업무에 흥미를 잃어 엔지니어가 되기 위해 퇴직했다. 2014년 8월 28일 구술, 허경남 제24회 국제기능올림픽 동력배선 부문 금메달 수상자(안양 테크빌 사무실).

어지지 않았다. 학력에 따라 업무가 분리되어 있던 직장에서 이들이 택한 방법은 기능직 노동자 신분에서 탈출하는 것이었다. 1973년 완성된 국가기술자격법 내의 중요한 분류 기준도 학력이었다. 능력중심사회를 만들겠다는 기능직 노동자 양성정책은 능력뿐만 아니라 학력도 있어야 된다는 점을 우수 기능직 노동자들에게 각인시켰다. 우수 기능직 노동자 우대정책으로 인해 대졸사원들과 같이 근무해야 했던 이들이 절실하게 느낀 바는 "그래봤자 나는 고졸 기능직"이라는 자신의 임계점이었다. 결과적으로 정부의 기능직 노동자 우대정책은 기능직 노동자로서 자부심을 갖게 만드는 정책이었다기보다는 기능직 노동자에서 벗어날 기회를 제공하는 정책이었다.

구술자들 중 기술연구직에 진출해 금형설계 분야의 기술사, 박사를 모두 획득한 박동명은 대학을 졸업하자마자 생산기술연구원에 입사해 연구개발 분야에 종사했다.

> 그 장비들을 운영할 이제 고등학교 졸업자들을 뽑잖아요. 그런데 그 사람들이 내가 실기를 전혀 모르는 줄 알아요. 그래서 그냥 보면 장비 운영을 잘 못해요. 그럼 내가 지도해요. 그러나 인제 내가 (침묵) 그 금메달 땄다, 프라이드를 가지고 명함 내밀기는 좀 그렇잖아요. 그걸 가지고서는 누가 밥 먹여주는 게 아니니까. 아, 그런데 막상 사회에 나와 보니까, 안 그런 거 같더라고. 학력이 제일 중요해, 난 거 국가대표 금메달이야 하는 거 한 번도 생각한 적이 없어요. 그래 누가 알아주냐, 이거야. 그런다고 해서 뭐 그 인센티브가 하나 더 들어오는 것도 아니고, 아무것도 없으니까.[115]

---

115 박동명, 앞의 구술.

박동명은 기능올림픽 메달리스트들 중 가장 높은 성취를 획득한 편이었지만 오히려 높이 올라간 입상자일수록 기능직 노동자였던 과거와 국제기능올림픽 입상 경험은 숨기고 싶은 '과거'에 불과했다. 최고의 기능을 가졌던 그에게도 기능직 노동자는 여전히 '공돌이'였고, 그들에게 주어진 사회적 멸시가 두려웠다. 기능직 노동자의 과거를 숨기고 기술사의 이력을 드러낸 사례를 통해 확인할 수 있는 바는 기능우대사회를 목표로 한 것과는 정반대의 결과였다.

사실 기능우대사회는 생산직 노동자의 사회적 지위 자체를 높여야 가능한 것이었다. 기능직 노동자의 지위 향상이나 학력중심사회의 타파는 결국 생산 자체에 종사하고 있던 노동자들의 사회적 지위가 그 외 직업 종사자들과 비슷해져야 이룰 수 있었다. 그러나 현실은 달랐다. 인력개발연구소가 조사한 바에 따르면, 1976년까지도 주요 산업 분야에 종사하는 기능직 노동자들 중 67%가 사무직과는 달리 일급제로 임금을 지급받았고, 퇴직금도 사무직에 비해 훨씬 낮거나 아예 없는 상태였다.[116] 근로기준법과 산업안전, 적정 임금 지급, 노동조합 결성 권리, 단체협약 체결과 같은 노동자들의 기본 권리가 보장되지 않는 사회에서, 일부 우수 기능직 노동자들이 아무리 성공적으로 기술계로 진출하더라도 그것만으로 기능직 노동자 집단 전체의 사회적 지위를 높이고 기능우대사회를 만드는 것은 불가능했다. 청소년들에게 기능을 훈련시켜 취직만 시키면 된다는 '고용정책 일변도'로는 이 같은 사회적 분위기가 조성될 수 없었다. 노동자들의 권리인 노동3권 보장이나 노동조건의 개선, 임금 격차의 해소와 같은 노동환경 개선정책이 같이 추진되어야 기능직 노동자라도 기사보다 못한 업무에 종사한다는 열등감을 버릴 수 있었다. 기능직 노동자를 존중하지 않는 근로조건 속에서 "기술 자격을 갖춘 후 자신의 기술을 자부하고 자신의

116 이창석 과학기술처 차관, 「기능자의 처우 개선책」, 『기능』 제10권 제4호, 18쪽.

직장, 공장, 회사에 애착을 느끼게 되는 직업의식을 갖춘다"[117]라는 목표가 달성되기는 어려웠다. 기능경기대회에 대한 사회의 관심도 이 대회가 지나치게 경쟁적이라는 비판과 함께 1981년 '진짜' 올림픽인 하계올림픽을 유치한 이후 점점 낮아졌다.[118]

---

117 鄭淳和 국제기능올림픽 한국위원회 사무차장, 「기능직 노동자의 위치 자세 미래」, 『기능』 제2권 제1호, 1968, 38~39쪽.

118 「전국기능대회 성격 바꿔 선수 선발서 기능 전수장으로」, 『매일경제』 1981. 9. 10; 「서울이냐 나고야냐… 긴장 감도는 결전전야」, 『경향신문』 1981. 9. 29; 「88올림픽 서울 개최」, 『동아일보』 1981. 10. 1.

3장

국가기술자격 제도 통합과 역설

1. 기능검정 제도 실시와 도입 의도

1967년부터 실시된 직업훈련사업을 통해 실업 문제와 고용 문제를 해결하려 했던 노동청은 직업훈련법에 포함된 기능검정사업 실시를 통해 기능 습득의 의욕 고취, 기능 개발과 향상을 추구하는 사회적 분위기를 조성하려 했다. 노동청 노동정책의 핵심이었던 인력개발 노동정책은 노동자의 기능을 습득시키고 이 기능의 향상을 통해 기능직 노동자의 생활 수준 향상과 사회적 지위 상승을 이룬다는 정책 목표를 가지고 있었다. 이러한 정책 목표 아래 기능직 노동자의 사회적 지위 향상을 위해 도입된 제도가 기능검정 제도였다.

당시 언론도 국제기능올림픽 참가가 소수의 선발된 "특수 기능공"들에게만 관련되는 문제라면 기능사 자격검정 제도의 실시는 모든 기능공들의 기능을 공적으로 인정해주는 제도라면서, 이 제도를 안착시키기 위한 노동청의 적극적 역할을 요구하였다.[119] 기능검정에 합격한 자에게 '기능사' 칭호를 부여한

119 「기능공들의 두 가지 관심」, 『매일경제』 1967. 7. 4.

다면 기능 습득에 대한 의욕이 증진될 것이고, 이로 인해 직업훈련사업이 촉진될 것이다. 기능사가 아닌 자는 2급 기능사가 되길 원하고, 2급 기능사는 1급 기능사가 되길 원하게 되어 사회적으로 기능 수준 향상을 위해 노력하는 분위기가 조성될 것이라는 게 노동청의 판단이었다. 노동청은 이러한 기능검정을 통해 노동자가 자신의 기능 중 부족한 면을 발견할 것이고, 이를 극복하는 데서 노동자 자신의 기능에 대한 자부심을 형성할 수 있다는 점을 기능검정 제도 도입의 의의로 생각했다.[120]

1967년 기능검정 제도를 거쳐 1970년대 국가기술자격 제도로의 변화와 그 성과, 그리고 시대적·제도적 한계에 대한 연구는 이제 막 시작된 수준이다. 직업훈련 제도 초기 도입 과정을 연구한 서상선은 직업훈련의 성과를 측정하기 위한 방법 중 하나로 기능검정 제도를 고려했다고 언급한 바 있다.[121] 그러나 직업훈련 제도와 별도로 운영된 기능검정 제도는 주목하지 않았다. 과학기술정책사를 다루는 영역에서는 과학기술인력 정책 중 하나로 국가기술자격법이 제정되었고, 주무부처가 과학기술처에서 노동부로 이관된 결과를 '부침'으로 평가할 뿐 구체적인 과정은 다루지 않았다.[122] 중화학공업화 추진 당시, 국가기술자격 제도 도입 의도와 도입 후 운용과 실적에 대한 실증연구는 박영구에 의해 이루어졌다. 박영구는 이 제도의 목표가 ① 검정을 통해 균질화되고 공인된 기술계 인력을 공급하고, ② 국가고시에 의한 기술자격 제도를 확립해 유자격자의 우대 조치를 실현하고 궁극적으로 기능·기술인의 사회적 지위를 향상

---

120 노동청, 『1967년도 기능검정 종합보고서』, 1967. 12. 31, 1~2쪽.

121 장미현, 「설립 초기 노동청의 '인력개발' 노동행정의 수립과 의미」, 『한국민족운동사연구』 92, 2017a, 312~313쪽.

122 과학기술정책연구원·과학기술정보통신부, 『과학기술 50년사 2편: 과학기술 정책과 행정의 변천』, 2017, 103쪽.

시키는 것이었음을 밝혔다. 1973년 도입 이후 자격검증 현황 분석을 통해 정부의 우대 조치가 실제 사회적으로도 유효했다고 평가했다.[123] 박영구가 제기한 정책 수립의 의도는 본서에서 전술한 바와 유사하다. 그렇다면 기능검정 제도를 기능계와 기술계 검정으로 일원화하는 과정에서 발생한 제도의 한계는 없었을까? 정부 관계자들의 회고와 통계 자료만으로 기능·기술인의 사회적 지위가 향상되었다고 평가하기도 어렵다. 제도의 사회적 효과를 파악하기 위해서는 제도의 당사자였던 기능공들의 입장을 들여다보아야 한다.

다른 한편 국가기술자격 제도의 도입은 인간을 지식, 기술, 기능을 가진 인력으로 취급하는 인식의 확산이라는 점에서 비판되곤 했다.[124] 담론적 차원에서 직업훈련사업과 기능검정에 이러한 인식이 투영되어 있었다는 점을 부정할 수는 없다. 하지만 보다 주목해야 할 지점은 "각자의 능력을 공정하게 평가한 후 기능자의 자부심을 높이고 사회적 인정을 받게 하겠다"는 목표를 정책입안자들이 구체적으로 어떻게 실현하려 했고, 이 과정에서 어떠한 사회적 효과와 한계가 발생했는지일 것이다. 지금까지의 연구들이 산업화 시기 한국의 노동시장이 학력에 따라 분화되어온 결과 대학입시 경쟁이 치열해졌다는 점에만 주목했다면, 국가기술자격 제도가 학력을 상대화시키는 효과와 함께 당

123 박영구, 「중화학공업화 선언과 1973년 공업교육 제도 변화」, 『한국민족문화』 40, 2011; 박영구, 「20장 중화학공업화 선언과 기술인력 공급 정책의 형성」, 『한국의 중화학공업화—과정과 내용 (II)』, 해남, 2012, 206~208쪽; 「21장 중화학공업화의 진행과 기술인력 공급 정책의 변화」, 앞의 책, 2012, 262~269쪽.

124 이상록은 인간관계 경영이론, 인간자원론, 인간투자론이 모두 다른 내용이지만, 인간을 개발의 핵심 주체로 상정하고 경영 차원에서 '관리'해야 할 대상으로 삼고 있다며 비판적으로 인식했다. 이상록, 「산업화 시기 '출세'·'성공' 스토리와 발전주의적 주체 만들기」, 인천대학교 인문학연구소, 『인문학연구』 28, 2017, 55~56쪽; 이상록, 「동기부여와 인간개발, 자기관리형 인간의 탄생—1970~80년대 한국에서 인간개발 담론과 '성과주체' 생산」, 『역사비평』 132, 2020, 203~205쪽.

대인들에게 다른 기회를 제공했는지 여부 또한 검토되어야 한다. 기능자의 자부심과 사회적 인정은 담론 생산자들을 비롯해 위로부터 만들어진 제도의 의도대로 형성되지 않는다. 오히려 기술자격 제도의 주체인 정부와 기업, 특히 기능자들의 '제도 수행'을 살펴야 제도 도입의 의의와 한계를 파악할 수 있다.

1967년 직업훈련법에 기능검정이 명시되기 전에는 19개의 다른 법령에 따라 26개의 각기 다른 기능·기술검정자격 제도가 산발적으로 운영되고 있었다. 개중에는 외국의 자격 제도를 모방한 수준에 그쳐 한국의 사정에 맞지 않는 것도 있었다. 그로 인해 자격 종목과 등급 규정이 혼란스러웠고, 자격 기준이 서로 일치하지 않고 유사한 종목들이 중복되기도 했다.[125] 직업훈련법 제정을 통해 직업훈련 제도의 주무부처가 된 노동청에게 직업훈련의 효과 검증과 공증을 위해서도 기능검정사업의 추진이 필요했다. 노동청은 직업훈련법 제2조와 제18조에 명시된 기능검정 제도 운영 조항을 활용해 15개 직종을 먼저 선정해 기능검정시험을 실시했다.

첫 사업인 점도 작용했지만 15개라는 소수의 직종에서 기능검정 제도를 실시할 수밖에 없었던 것은 두 가지 이유에서였다. 첫째, 정부 수립 이후 기능검정 제도가 일원화되어 있지 않아 여러 부처에서 주관하고 있었다.[126] 노동청이 기능검정 사업을 추진하기 이전, 각 부처가 제각각 기능 관련 자격증을 발급하고 있었다.[127] 둘째, 기능검정은 학과시험과 실기시험으로 구분 실시하고 모두

125 조성수·박정주·나영선, 『한국 직업훈련 발전사』, 직업훈련연구소, 1989, 303~308쪽.

126 첫해인 1967년에는 15개 직종, 2,700명이 2급 기능사시험에 응시해 442명의 합격자를 배출했다. 첫해라고는 해도 시험 응시자 수와 합격자 수가 저조하자 노동청은 응시자 수의 증가를 위해서는 직종의 확대가 선행되어야 한다고 평가했다. 김갑진, 「기능검정에 대한 고찰」, 『기능』 6-1, 1972, 17쪽; 사무국, 「72년 사업계획을 펼쳐보면」, 『기능』 6-1, 1972, 47~48쪽.

127 몇 가지만 예를 들면, 상공부가 압축가스단속법에 의한 가스 및 냉동 관계의 면허시험을, 보

합격해야 기능사 자격인정을 받을 수 있었지만, 행정부처인 노동청이 실기시험을 실시하기가 쉽지 않았다. 이러한 두 가지 난점을 개선하기 위해, 노동청은 기능검정부처가 분산되어 기능 측정과 기능직 노동자의 사회적 지위를 높이는 데 어려움이 있다며 기능검정의 일원화를 주장했다.

1967년 기능검정 제도를 운영한 이래 노동청은 지속적으로 타 부처가 주관하는 기능검정사업을 이관 받으려 했다. 기능검정 기관의 분산은 기술 수준의 평준화를 어렵게 만들고, 기능사의 명칭이 통일되지 못해 기능사로 자격인정을 받아도 대외 공신력이 높지 않으며, 비슷한 기능검정을 여러 부처에서 실시하는 것 자체가 국가적 낭비라는 점을 강조했다. 노동청의 입장은 직업훈련 주관부처이자 직업훈련법에 의해 기능검정사업을 주관할 권한이 있는 노동청에 기능검정이 집중되어야 하며, 기능검정을 일원화시켜 등급책정과 승급이 이루어져야 기능사라는 자격이 사회적으로 공신력을 확보할 수 있다는 것이었다.

일례로 원동기 취급 및 검사자격 제도는 내무부가 주무부처였고 상공부는 가스 및 냉동관계 면허시험을 주관하였다. 내무부와 상공부는 자신들이 주관하는 기능검정이 노동청이 추구하는 기능 취득과 향상을 장려하기 위한 자격검정이 아닌 공안상의 위해(危害)를 방지하기 위해 작업자의 기능을 제한하는 제한법이므로 기능의 향상을 위한 노동청의 기능검정 제도와 무관하다며 이관에 반발했다. 타 부처의 반발을 무마시키기 위해 노동청은 국무회의를 통해 기능검정사업을 노동청에 이관하도록 요청했다. 1969년 6월 18일에는 국무총

건사회부가 식품위생법에 의한 조리시험 면허를 주관하고 있었다, 김갑진, 「기능검정에 대한 고찰」, 『기능』 제6권 제1호, 1972, 17쪽. 식품위생 및 보건 문제 해결을 위해 도입된 조리사 자격 제도의 도입과 시행에 관해서는 조훈상, 「조리사의 탄생—박정희 시기 조리사 자격 제도의 도입과 시행 과정을 중심으로」, 『역사연구』 43, 2021 참조.

〈표 2-8〉 기능검정 실기 실적(1967~1971)

(단위:명)

	1967	1968	1969	1970	1971
실시직종(개)	15	67	88	88	117
수검인원	1,407	8,339	21,512	27,918	48,123
합격자	434	3,525	9,156	12,845	22,834
합격비율	66%	67%	40%	45%	47%

* 출전: 김갑진, 「기능검정에 대한 고찰」, 『기능』 6-1, 1972, 16쪽.

리가 나서서 여타 부처들이 기능검정 사업을 노동청에 이관하도록 특별지시하기도 했다.[128] 이러한 과정을 거쳐 1972년, 가스 및 냉동 관계 면허증과 조리사면허시험 등이 노동청에 이관되었다. 이관 받은 후 노동청은 중복되거나 통합이 필요한 기능시험을 재조정해 시행했다.[129] 〈표 2-8〉을 보면 기능검정 실시직종과 수검자 수가 지속적으로 증가했음을 알 수 있다.

하지만 여전히 실기검정이 아닌 필기시험 위주로 검정을 실시한 후 자격증을 부여했기 때문에 공신력을 확보하기 어려웠다. 오히려 실기검정에 비견할 정도의 공신력을 조기에 확보한 것은 기능경기대회였다.[130] 기능경기대회가 조기에 정착할 수 있었던 배경에는 여러 가지 요인들이 작용했지만, 기능올림픽 한국위원회를 발족시켜 지역별·직종별 위원회를 바탕으로 검증의 객관

128 김갑진, 앞의 글, 17~18쪽.

129 1972년 당시 노동청은 원동기 취급 책임자 시험과 운전사, 건설기능공, 중기조종공, 차량정비사 및 검사요원, 유선통신 기술자와 영사기사의 기능시험을 통합하려 했다. 위의 글, 17쪽.

130 박용상, 「기능경기사업과 국가적 의의」, 『기능』 6-1, 1972, 12~13쪽.

성과 체계화를 확보해서였다.[131] 실기검정을 직접 실시할 수 없었던 노동청은 1972년 4월 이후 노동청이 주관하는 기능검정 분야의 실기검정을 기능올림픽 한국위원회에 위탁하였다. 기능올림픽 한국위원회는 사단법인이었지만 과학기술처의 사업으로 인식되고 있었다. 과학기술처는 과학기술계 인력정책 구상과 시행을 책임지는 부처로 기능공 양성부처였던 노동청과 대체로 협조적인 관계를 맺고 있었다. 노동청은 경제기획원의 최종 결정으로 직업훈련사업을 주관할 수 있었는데, 이러한 결정에 중요한 역할을 한 전상근 경제기획원 기술관리국장도 과학기술처로 옮겨 근무 중이었다.[132] 기능올림픽 한국위원회는 지방기능경기대회 개최 시기에 맞물려 연중 실기검정 실시 횟수를 늘렸다. 지역별로도 실기검정 실시 직종을 확대해 실기기능검정 수검자와 기능검정의 공신력을 높여 나갔다.[133]

이처럼 기능사의 사회적 지위 상승을 위해 기능검정 제도사업 일원화를 시도했지만, 노동청이 의도한 만큼 단기간에 기능검정 제도가 확대되고 기능사의 사회적 지위가 향상되기는 쉽지 않았다. 노동청은 기능사 자격증 획득을 통해 노동자의 생활 수준과 사회적 지위 향상을 연결한다는 목표를 가지고 있었지만, 기능사 자격을 얻는 것만으로 이런 변화를 얻을 수 있는 건 아니었다. 이 점에 대해서는 노동청이나 기능경기대회를 주관하던 한국위원회 측도 잘

---

131 기능올림픽 한국위원회와 전국기능경기대회에 대해서는 장미현, 「박정희 정부 시기 기능경기대회의 도입과 '엘리트' 기능공들의 임계」, 『역사연구』 32, 2017b, 211~254쪽 참조.

132 전상근, 『한국의 科學技術 開發』, 삶과 꿈, 2010, 177~182쪽, 194~198쪽. 국가기술자격법 제정 당시 각 부처의 반발에 대해서는 전상근도 언급한 바 있다. 이 과정에서 전상근은 관계부처의 권한을 이관받기 위해 당시 막강한 권한을 행사했던 청와대 오원철 비서관의 지원을 받았다고 한다.

133 편집실, 「실기기능검정 연중 실시」, 『기능』 6-2, 1972, 45쪽.

알고 있었다.[134] 기능검정 제도를 통한 기능사 지위 상승은 결국 기능사를 써주는 기업이 기능검정 제도를 자사 노동자들에게 권고해 그 성취를 정당하게 대우해줘야 이루어질 수 있는 것이었다. 그러나 이것을 어떻게 실현할 것인지에 대한 구체적 방안은 없었다. 1967년 이후 줄곧 기능사들을 우선채용해야 한다는 권고를 하는 수준에 그쳤다. 노동청으로서도 승진·승급 시 기능사에게 혜택을 주도록 기업에게 법·제도적으로 강제하고 싶었겠지만 실제로 이는 불가능했다. 이미 직업훈련법 제정 시 직업훈련을 의무화하고 기능사 우대조항을 기업에게 강제하려 했던 시도가 기업주들과 상공부의 거부로 좌절된 적이 있었다.[135] 이러한 구조적 제약 아래서 노동청은 기능사의 사회적 지위 향상을 위해 기업주들에게 우대조치 실시를 권고할 수밖에 없었다.

물론 전경련의 김입삼과 같이 노동자들이 기능개발에 나서기 위해서는 산업 구조상 과잉공급되고 있는 대졸 인원을 줄이고 직업학교 위주로 학제를 개편해야 한다는 수준의 제안을 하는 기업가도 존재하기는 했다. 김입삼은 기능공들이 기능사 자격을 취득해도 임금 수준이 낮다면 기능사 자격의 의미가 없다는 점을 정확히 인식하고 있었다. 그러나 이런 인식을 가지고 있던 그도 결국 기업에게 기능사에 적절한 대우를 해주라고 권고하거나 기업주들이 기능공들의 임금을 높여줘야 한다고 주장하는 것이 아니라, 대학 진학을 높이 평가하는 사회적 인식의 변화나 직업교육 확대와 같은 정부 정책만 주문할 뿐이었

134 실기검정을 실시해달라는 기업체의 요청이 많아져야 하고, 또 검정에 합격한 기능공을 우대하고 그들을 우선적으로 채용하려는 풍토가 조성되어야 기능자의 자부심과 사회적 인정이라는 목표를 이룰 수 있다며 결국 기능존중사회의 핵심은 기업의 변화라는 점이 자주 거론되었다. 김갑진, 앞의 글, 18쪽; 이창갑, 「지역 기능개발을 위한 나의 소견」, 『기능』 6-2, 1972, 34~35쪽.

135 장미현, 앞의 글, 2017a, 309~311쪽.

다. 그는 기능공들의 사회적 지위를 상승시키는 데 관심이 있었다기보다는, 고급 인력의 과잉공급이 사회적으로 인력투자의 낭비라 보는 쪽이었다. 오히려 그의 우려는 이들이 자기 기대에 맞는 정신노동계의 직업을 얻지 못할 경우, 사회불안 세력으로 자리 잡을 수도 있다는 것이었다.[136] 정부의 역할만 강조했을 뿐, 이를 위해 기업에게 기능사를 우대하라는 권고는 하지 않았다.

기능공의 사회적 지위 향상을 위한 기능검정 제도 정착이라는 목표에서 결국 관건은 자격이 성취·보상과 이어져야 한다는 점이라는 문제제기가 확산되었다. 이 문제를 해결하기 위한 선행조건으로 기능검정 제도의 공신력 획득을 위해 노동청을 비롯한 정부는 과학기술계에 해당하는 기술계 자격과 기능계 자격을 일원화하는 제도의 통일을 모색하게 되었다. 물론 과학기술계 자격 제도 일원화가 일차적으로 목표로 삼은 바는 중화학공업화에 필요한 과학기술계 인력을 충분히 공급하는 것이었다.[137] 그러나 과학기술계 자격 제도 일원화는 단순히 필요한 인력을 공급하는 데 그 목표가 한정되어 있지 않았다. 국가기술자격 제도의 공신력을 높여, 자격증을 취득하면 사회적 인정도 받는 사회적 분위기를 만들기 위한 선행조건으로 제도 일원화를 추진하였다.

2. 국가기술자격 제도 일원화와 공인 기능장 제도의 도입

기능인을 우대하는 사회적 분위기 조성을 위해 박정희 정부가 추진한 다

136 김입삼, 「기능개발의 현황과 과제」, 『기능』 6-2, 1972, 13쪽.

137 인력개발 5개년계획에 의한 기술 수준별 인력수급 계획 달성을 위해 국가기술자격 제도가 도입되었다. 이 제도의 운용과 실적을 분석한 연구로는 박영구, 앞의 책, 2012, 262~263쪽.

〈그림 2-4〉 기술자격시험 체계도

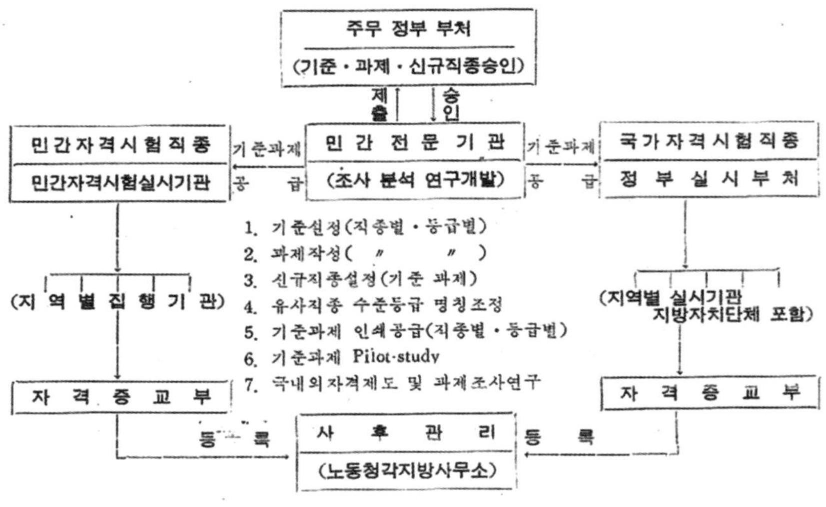

* 출전: 정순화, 「기능자격 부여에 관한 현실적 방안」, 『기능』 7-3·4, 1973, 41쪽.

른 정책은 '전 국민의 과학화'와 '1인 1기 습득운동'이었다. 박정희가 생각한 '전 국민의 과학화'는 특정인만 과학기술의 발전에 기여하는 것이 아니라 전 국민이 참여해야 하며 국민 개개인이 자동차, 전기 등 기술을 하나씩 갖는 것을 의미했다. 즉 '전 국민의 과학화'를 실현할 방안이 '1인 1기 습득운동'이었다.[138] 이것을 실현하는 방법으로 선택된 것은 결국 미래의 노동인력을 과학기술계 인력으로 양성하는 것과 기능을 기술로 향상할 수 있는 방안을 마련해주는 것이었다. 이 방안을 통해 기능직 노동자가 고급 기능관리직으로 진출할 수 있게 되고, 이러한 사례가 증가한다면 기능직 노동자는 기능계발에 박차를 가하면서 자연스럽게 기능 중시, 과학기술에 대한 가치를 높일 수 있다는 게 정

---

138 「박 대통령 지시 주요 도시 '그린벨트' 설정 과학기술 풍토 조성」, 『매일경제』 1973. 1. 18.

부의 판단이었다. 이러한 효과를 내기 위해 구체적으로 청소년 기능공에게 기능자격 수검을 의무 실시하는 방안과 [139]국가기술자격 제도의 일원화가 추진되었다.

1972년 김종필 총리는 제7회 기능경기대회 시상식에서 "지방의 우수한 청소년 기능공 대표들이 한자리에 모여 각기 지닌 바 기능을 겨루고 교류하는 자리인 기능경기대회 수상 청소년 기능공들은 개발과 생산의 선두주자"라고 치하하였다.[140] 문교부와 청와대 비서실이 중심이 되어 청소년들이 공고 재학 시절부터 다양한 기능을 향상시킬 수 있는 여러 방안도 모색했다. 공고 재학생들의 기능 향상을 위하여 강제적 방안과 독려 방안이 동시에 실시되었다. 강제적 방안으로, 1976년부터 공고생들에게 현장실습을 의무화하고, 재학 중 기능사 자격시험에 모두 응시하도록 의무화하였다. 독려 방안으로는 재학 중 기능사 자격증을 획득하면 기능장려 장학금을 수여했고, 기능경기대회와 연동시켜 대회에서 입상할 경우 기능자격 제도 실기시험을 면제해주어 공고생들이 이론보다 실기에 매진하도록 했다.

정부가 취한 두 번째 정책은 기술계와 기능계 자격 제도를 일원화하는 것이었다. 전술했다시피 노동청은 기능검정사업 일원화를 먼저 추진하고 있었다. 여기에 기술계까지 기능계와 일원화하려는 시도는 과학기술계의 말단직이자 출발점인 기능공부터 시작해 기술자에 이르는 과정을 구축하는 것이었다. 〈그림 2-4〉에서 볼 수 있듯이 여기에 민간단체가 실시하는 민간자격시험까지 통합하려 했다. 분야별로는 제조·건설·유지(수리 포함) 직종을 먼저 일원화하고 자격증이 교부된 후의 사후관리는 노동청 각 지방사무소가 전담한다는 구

139 「기술자격 얻어야 졸업증—공업계 학생 현장실습 법제화」, 『매일경제』 1973. 1. 23.

140 김종필 총리, 「기능공은 생산의 선두주자」, 『기능』 6-3·4, 1972, 7쪽.

상이었다.

청소년 기능공의 기능검정 수검을 강화하는 방안과 자격 제도 일원화는 결국 교육 제도와 검정 제도의 통합을 시도하는 것이었다. 1973년 3월 23일 전주에서 개최된 제2회 전국교육자대회에서 박정희는 전 국민의 과학화 운동을 강조하면서 이를 뒷받침하기 위한 제도로 ① 기능장 제도를 신설해 진학이 아닌 생산 부문 현장을 기본으로 하는 기술교육 체계를 강화할 것, ② 국가기술자격제를 실시하여 자격증 소지만으로 취업이 가능하도록 제도 개선에 박차를 가할 것 등을 지시했다.[141] 자격 제도 일원화 정책을 추진한 과학기술처는 체력장 제도와 마찬가지로 기능장 제도를 도입해 바이스나 줄과 같은 금속 가공의 기본 기능이나 톱과 대패 사용법을 숙지시켜 등급을 매긴 후 상급학교 진학 시 점수를 부여하는 방식을 문교부와 논의하기도 했다. 이는 한국 사회의 가장 중요한 절차 중 하나인 상급학교 입시 및 취업에서 국가기술자격시험에 따른 공인자격이 가치를 인정받도록 제도화하려 한 것이었다. 고등학교 수준까지는 정규교육과정을 통해 유지하지만, 성인이 된 후에는 진학뿐만 아니라 자격제 승급을 통해 실력을 인정받고 사회적 보상을 받게 한다는 의도도 포함된 것이었다.

이러한 국가기술자격 제도의 모델은 독일에서 가져왔다. 독일의 기능공은 기초과정에서 일반교양과 자연과학적·기술적 기초를 학습하고 중급과정에서는 전문지식을 습득한 후 마지막 상급과정에서 경영학과 노무관리 및 인간지도 훈련을 마치면 공업 마이스터 시험에 응시하도록 되어 있었다. 필기시험과 실기시험, 구술시험까지 거쳐 마이스터 자격을 얻은 이들에게는 ① 영업 개

141 편집실, 「기능장 제도 실시와 공고 대폭 증설, 박 대통령 전국 교육자대회서 강조」, 『기능』 7-1, 1973, 34쪽.

설권, ② 도제훈련 실시권, ③ 고급 직·반장 승진이 특전으로 주어졌다. 과학기술처는 이와 유사하게 기능사 1급 자격증을 획득한 후 같은 업종에 7년 경력을 쌓으면서 기능대학의 과정을 이수하고 경력심사 면접에 합격하면 기능장 칭호를 수여한다는 방식을 구상했다. 나아가 기능사 1급 자격을 획득하면 기사 2급 자격시험에 응시할 자격을 부여해 1급 기능사가 2급 기사를 거쳐 기술사까지 자격을 높이는 방안을 도입해 기능공이 기사로 진출할 수 있도록 횡적 연결도 구축해놓았다. 궁극적으로는 연구를 담당하는 박사와 구상과 이론을 담당하는 기술사, 제작과 수리를 담당하는 기능장이 동등한 사회적 지위를 갖도록 만들겠다는 것이었다. 이러한 자격 제도 일원화 정책은 무엇보다 기능공의 개인적 상승 추구를 독려하는 목적이 컸던 만큼, 노동청도 협력하여 국가기술자격 제도 일원화를 추진해 나갔다.

그러나 도입 초기 국가기술자격 제도는 응시 자격에 학력 제한이 적용되는 형태였다(그림 2-5 참조). 예를 들어 대학을 졸업하면 바로 기사 1급 응시 자격이 주어졌지만, 공고를 졸업하면 기능사 2급 응시 자격만 주어졌다. 공고를 졸업하고 기사 1급 응시 자격을 갖기 위해서는 기능사 2급, 기능사 1급, 기사 2급까지 모두 합격해야 했다. 경력만으로 기사 1급에 응시하려면 최소 5년 이상이 필수요건이었다. 고교 졸업 후 바로 대학에 진학한다면 대학 재학 기간인 4년 만에 학력과 기술 자격을 얻을 수 있었다. 기능계와 기술계의 자격 제도 일원화에 기대를 걸었던 노동청도 지속적으로 이것이 국가기술자격 제도의 한계라며 문제를 제기할 정도였다.

> 그런데 우리나라의 국가기술자격법은 기능사보에서부터 기술사에 이르기까지 수검 자격에 엄격한 학력 제한을 두고 있을 뿐 예외 규정이 없어 상당한 등급의 자격증을 취득할 만한 기술 및 기능을 소지하고 있는 경우에도 학력이 없어 수

〈그림 2-5〉 국가기술자격 제도의 기본 이념과 체계

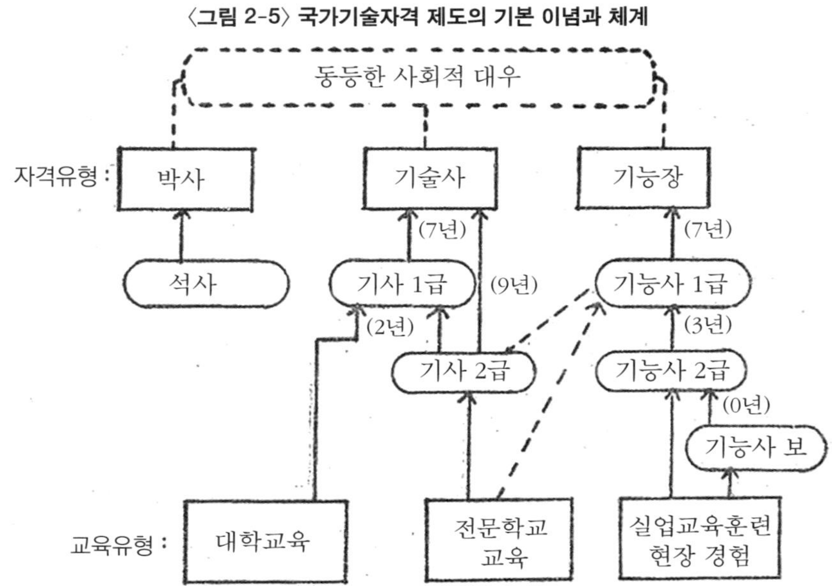

* 출전: 안영모 과학기술처 인력계획관, 「국가기술자격법 해설」, 『기능』 9-1, 1975, 11쪽.

검조차 받을 수 없는 실정이다.[142]

심대섭은 이러한 제도상 모순을 해결하기 위해 일단 무기능자를 위한 기능사보 자격검정은 필기시험을 폐지하고 실기시험만으로 실시해 경력과 기능을 갖춘 이들의 응시 의욕을 고취시켜야 한다고 주장했다. 아울러 궁극적으로 기능계 자격검정은 이론적 지식의 확인보다 기능 수준, 즉 실기 수준을 측정하는 데 목적이 있는 만큼 장기적으로는 기능계라도 학력에 따른 응시 제한을 폐

142 심대섭 노동청 기술검정과장, 「국가기술자격 취득자 등록과 보장책」, 『기능』 11-4, 1977, 52쪽.

지하고 실기 위주 자격검정으로 바꿀 것을 제안했다.[143]

〈그림 2-5〉를 통해 확인할 수 있듯이 기능사 1급과 기사 2급이 동등하게 제정되었다. 국가기술자격 체계에 따르면 전문대학에서 전공이론을 연마한 후 기능사 1급과 기사 2급 양쪽으로 응시가 가능했다. 그러나 〈그림 2-5〉의 체계도를 봐도 알 수 있듯이, 기능사 1급과 기사 2급이 호환 가능한 위치라면 기능사 1급과 기사 1급의 사회적 대우가 같을 수 없었다. 기술자격 제도가 도입되기 이전, 이미 한국은 학력에 따른 사회적 대우 차이가 강한 사회였다. 이 양자 사이에 고졸과 대졸이라는 학력에 따른 자격제도 체계가 잡힌 이상, 그 자체가 학력 상승 의욕을 더 부추길 가능성이 높았다.[144] 고졸 기능사 1급 자격을 획득한 후 7년의 경력을 쌓아 기능장이 되더라도, 대졸 기사 1급이 거의 비슷한 시간을 투여하여 획득한 기술사와 사회적 대우가 같아지는 것은 쉽지 않았다. 박사는 제쳐두더라도 이런 과정을 거쳐 기능장이 된 이와 기술사가 같은 사회적 대우를 받고 사회적 지위를 누릴 수 있다는 구상은 실현되기 어려웠다. 오히려 국가기술자격 제도 일원화가 자격 제도 승급을 통해 학력을 상대화하기보다는 학력의 가치를 강화하는, 의도한 바를 역행하는 결과를 낳을 가능성이 컸다.

자격제도 도입에 그치지 않고 자격 체계와 사회적 대우를 연결한 발상은

---

143 위의 글, 53쪽.

144 사실 학력 제한이 기능응시 자격제한 요건으로 포함된 것은 국가기술자격 제도만이 아니었다. 이미 노동청이 기능검정 제도를 도입했던 초기에도 2급 기능사자격 응시에는 직업훈련소를 나왔거나 학력에 따라 경력 제한을 낮추어주는 제한이 있었다. 그러나 노동청의 '제도'에는 검정 직종에 실무경력이 5년 이상인 경우 응시할 수 있었다. 이 요건은 국가기술자격법에 의해 기능사보에는 응시 제한이 없지만 2급 기능사는 공고 2년 이상 또는 1,800시간 직업훈련을 받은 자에 한해 응시할 수 있도록 변경되었다. 노동청, 『1967년도 기능검정종합보고서』, 1967. 12. 31, 12쪽; 박영구, 앞의 책, 2012, 263쪽.

최종적으로는 사회 인식을 바꾸려 한 시도였다. 이러한 시도가 성과를 이루기 위해서는 경제적 대우부터 사회적 대우에 이르기까지 실질적 혜택을 대폭 부여해야 가능했다. 그러나 이 제도가 과학기술처와 노동청이 협력해 구축한 국가기술자격 제도임에도 자격을 획득한 이들에게 어떤 우대 조치를 부여할 것인가에 대해 이전과 마찬가지로 구체적 방안은 마련되지 못했다. 국가기술자격법 제31조에는 "기술자격 취득자의 취업 등에 대한 우대" 조항이 포함되었다. 이 조항에는 정부나 지방자치단체, 정부투자기관에서 자격증을 취득한 자를 우선 채용하며 승진과 승급에 우대할 것이 포함되었지만, 사기업체로 하여금 어떠한 우대조치를 취하게 할 것인지에 대해서는 다만 "우선 채용하도록 권고한다"라고 명시되었을 뿐이다.[145] 기능·기술계 인력의 대다수가 근무할 사기업이 기술계·기능계 자격 취득자를 우대하지 않는 한, 학력중심으로 짜여 있는 노동시장을 자격취득자 중심, 즉 '탈학력중심' 노동시장으로 바꾸기는 어려웠다. 때문에 제도 시행 후 3년의 시간이 지난 1977년에도 "공고를 졸업하고 기능공이 된 우수한 청년들이 장기간의 근속과 산업현장에 끼친 기여에도 불구하고 고정된 보수와 직책에만 머물러 그들부터 기능공의 직책을 버리고 떠난다면 우수 기능공이 절실한 마당에 국가적 낭비일 뿐만 아니라 과학기술을 중시하는 사회적 분위기 조성은 불가능하다"는 비판이 이어졌다.[146]

결국 기업체에 자격취득자 우대를 의무화하지 않은 정부가 할 수 있는 건 공기업과 관공서 채용 시, 기술자격 취득자를 우대하는 조항을 넣도록 하는 것뿐이었다. 나아가 기존 재직자의 경우, 관공서에 재직하면서 자격증을 취득하

---

145 「국가기술자격법시행령」(1974. 10. 16 시행), 대통령령 제7283호, 1974. 10. 16 제정(국가법령정보센터).

146 진해술 과학기술처 인력계획과장, 「기능대학 설립의 기본 구상」, 『기능』 11-2, 1977, 36쪽.

거나 승급할 경우 보상을 제공하는 공공주도 자격 제도 보상 체계를 수립해 나갔다. 구체적으로 정부는 지방자치단체, 정부투자기관 및 정부 산하 기업체와 단체의 채용, 보수, 승진, 전보, 신분보장에서 우선 우대조치를 실시하였다. 정부의 자격 취득자 우대 적용 지침에 따라 실제 준공공기관으로 취급된 금융기관 내에서 1976년 하반기, 국가기술자격 취득자의 처우가 문제로 등장했다. 1976년 9월 전국금융노조는 정부가 금융기관 종사자들 중 전기, 원동기, 전신, 전화, 건축 등 기술 및 기능 직종 종사자들의 자격증 제출을 의무화하고 있음에도, 고졸 이상 학력 또는 동등 이상의 실무경력을 가지고 국가검정에 합격한 기술자격 소지자의 처우가 일반 사무직원과 비교할 때 현저하게 불리하다며 금융기관을 비판하였다. 국가기술자격 소지자를 우대하라는 정부 논리를 사측을 압박하는 수단으로 활용한 것이다.[147]

다음으로, 정부는 1977년 이후 실시된 공고 선별 육성정책과 함께 우수한 청소년 기능공들 위주로 진학 시 우대정책을 도입했다. 이 같은 조치는 청소년 기능공들이 가지고 있는 학력 열등감을 해소한다는 목적 아래 문교부 주도로 추진되었다. 정부는 국가기술자격 제도와 연계시켜 자격을 취득한 고교 비진학 청소년 기능공을 우선 선발해 공고 특별학급에 입학시키는 방안과, 직장에 다니면서도 진학할 수 있도록 각 대학의 공학 계열에 야간학과를 개설하는 방안을 내놓았다.[148] 공고 졸업자가 기능사 자격증을 취득한 후 동일 계열 학과에 응시하는 경우 별도로 심사하도록 했고, 대학별 입학시험도 10% 이상 특별정원을 두어 별도로 입학 사정을 치르도록 특전을 제공했다. 1979년부터는 대학

---

147 전국금융노동조합, 「3. 기술수당 신설과 운전기사 처우개선」, 『금융노조20년사』, 1981, 645~647쪽.

148 박일재 문교부 과학교육국장, 「청소년 기능인의 취학 문제」, 『기능』 11-4, 1977, 48~49쪽.

입학 예비고사를 면제받도록 하는 진학 특혜가 확대되었다.[149] 중졸인 기능공에게는 고등학교 진학의 기회를, 공고를 졸업한 기능공들에게는 대학 진학의 기회를 제공하는 것이 기능공 우대정책이었던 것이다.

셋째로, 창원에 기능계의 최고 수준인 기능장 양성 '대학'으로 창원기능대학을 설립하였다. 이미 1973년 국가기술자격법 제정을 검토할 때부터 기능대학 설립방안도 모색 중이었다. 기능대학인 만큼 교육기관을 담당하는 문교부에 이 대학 설립을 추진시킨다는 것이 박정희의 구상이었다. 1973년 9월 박정희 정부는 창원기계공업단지 건설을 계획하였고, 기계공업에 필요한 기술, 기능인력을 양성하기 위해 기계공고, 직업훈련소, 대학, 연구기관을 설립하기로 결정했다. 당시 계획은 고급 기능관리자인 기능장 양성을 목적으로 하는 기능대학을 설립하는 것이었다. 기능장 제도를 오랫동안 운영해온 독일 기능장들은 세 가지 혜택을 누릴 수 있었다. ① 기능장은 자영업이나 중소기업과 같은 자기 사업체를 운영할 때 정부나 금융기관으로부터 우대혜택을 받을 수 있었다. ② 기능장은 도제교육을 실시할 배타적 권한을 가지고 있었다. ③ 기능장은 기업체 내 생산현장의 고급 관리직으로 승진할 수 있었다. 이런 우대 조건이 사회적으로 통용되고 있었기 때문에 독일의 기능장인 마이스터들은 경제적 지위와 사회적 지위를 누릴 수 있었다.[150]

기능대학 설립 시 우선 고려된 목적은 생산현장의 고급 관리직을 양성하

---

149 위의 글, 50쪽; 박영구, 앞의 책, 2012, 196쪽.

150 기능장이란 원래 독일의 Meister와 유사한 자격 수준에 해당하는 기능인이라는 개념으로 도입되었다고 한다. 독일은 창원기능대학 설립과 기능장 제도의 모델이 되었을 뿐 아니라 실제 재정과 기술도 지원했다. 1978년과 1979년 합의된 제8·9차 한독 경제실무자 회담을 통해 제1단계 210만 불, 제2단계 400만 불에 해당하는 장비와 기술지원을 하였다고 한다. 서상선, 『한국 직업훈련 제도의 발자취』, 대한상공회의소, 2002, 256~257쪽.

는 것이었다. 대부분의 기업에서 공장장을 비롯한 기능 감독층은 모두 대졸 이상 학력자들로만 구성되었기 때문에, 기술지식에만 밝을 뿐 기능 경력을 가진 것은 아니어서 생산직 기능사와 실무 문제를 해결하는 데 부적당하고 기능직들과의 의사소통 및 피드백을 주고받기 어렵다는 판단이 있었다. 더구나 대졸 기술계 출신들은 생산현장(Line)에서 장기근무하는 것을 원치 않았기 때문에 기능 감독층으로 배치하는 것이 기업의 생산 효율성도 저해한다고 파악했다. 하지만 현장의 숙련 기능자들 대다수는 극히 제한된 분야의 숙련 기능에만 국한되어 있어 생산작업 각 분야에서 요구되는 제반사항을 지도 수행할 능력이나 이론적 지식이 부족했다. 이 문제를 해결하기 위해 기능대학을 설립하고 1급 이상의 기능사들에게 공장 생산관리, 노무관리, 이론적 지식 등을 습득시켜 기능장 자격증을 취득하게 한 후 기업에서 그들에게 기능 감독직을 맡기면 된다는 것이 기능대학 설립의 목적이었다.[151]

이러한 목적은 설립 계획 초기부터 반발에 부딪혔다. 박정희는 기능대학 교수들도 일반대학 교수들과 같은 대우를 받을 수 있도록 하라고 지시했으나 문교부가 완강히 반대했다고 한다. 문교부가 대학이 아닌데 대학이라는 명칭을 붙일 수 없으며 '훈련소 정도로 이름을 붙이면 적당하다'며 계속 반발하자, 박정희는 당시 과학기술처장관이었던 최형섭을 불러 기능대학 설립을 과학기술처에서 주관하라고 지시했다고 한다.[152]

1977년 창원기능대학을 개교하고 기능장 제도를 조기에 정착시키기 위해 여러 조치를 취했다. 창원기능대학은 설립자가 대통령 박정희(설립기금 일백만 원

151 창원기능대학십년사편찬위원회 편, 『창원기능대학십년사—1977~1987』, 1987, 39~40쪽.

152 김성진 편, 『박정희 시대—그것은 우리에게 무엇이었는가』, 조선일보사, 1994, 36쪽; 최형섭, 『과학에는 국경이 없다—최형섭 회고록』, 매일경제신문사, 1998, 221쪽; 박영구, 앞의 책, 2012, 223쪽.

출자)였고 초대 이사장으로 이낙선을, 초대 학장으로는 서울대학교 공학박사 출신의 한국전자기술연구소 소장 오현위를 임명했다.[153] 이낙선은 당시 국가기술자격 제도를 운영한 한국기술검정공단 이사장이었다. 이낙선과 같은 유력 정치인에게 국가기술자격 제도 관장과 창원기능대학 운영을 맡긴 것에 대해 당시 언론은 "뒤로 물러설 줄 모르는 추진력을 보여주었던 전직 장관. 남다른 행정 스타일과 무서운 집념 때문에 화제를 모으고 유명세를 물었던 인물로 불도저란 별명을 얻은" 인물이라고 보도했다.[154] 한국기술검정공단 내에서는 박정희가 이런 거물을 임명한 것은 사업의 높은 위상을 보증한 것이라며 기대를 가질 정도였다. 취임사에서 이낙선이 강조한 점도 국가기술자격 제도의 확산과 기능사 우대의 사회 풍토 조성이었다. 하지만 학과 확정과 신입생 선발은 1980년 3월 학기부터여서 박정희의 '위상 보장'은 실효를 거두지 못했다.

공공주도 자격 제도 보상 체계 마련을 위한 정부의 네 번째 방안은 병역특례 제도의 도입이었다. 기업에 국가기술자격증 취득자를 채용하거나 우대하도록 강제할 순 없었지만, 국가기술자격법에 따라 기능사·기사 자격증 취득자가 국가 방위·기간산업체로 지정된 기업에 취업하면 병역의 의무를 면제해주도록 한 것이다. 1978년 12월 18일 병무청은 주물용해, 주강용해, 압연, 정밀측정, 정밀가공 기능자에게 병역특례를 통지하였다.[155]

---

153 초대 학장 오현위는 공군 통신감, 서울대학교 공과대학 교수, 성균관대 대학원장과 대한전자공학회 회장을 역임했고 1977년 2월 한국전자기술연구소 소장에 부임하면서 창원기능대학 정관 초안을 작성하다가 초대 학장으로 임명됐다. 창원기능대학십년사편찬위원회편, 『창원기능대학십년사: 1977~1987』, 1987, 59쪽.

154 「결단력 강한 의욕파 이낙선 씨 한국기술검정공단 이사장」, 『매일경제』 1976. 11. 30; 「거인 예우 어떻게 해야 할지」, 『경향신문』 1976. 12. 3.

155 박영구, 앞의 책, 2012, 267쪽.

3. 국가기술자격 제도가 만들어낸 역설

그렇다면 1970년대 적극적으로 시도된 국가기술자격 제도는 당대의 기능·기술계 입직자들에게 어떤 영향을 미쳤을까? 기업에게 자격증 취득자의 채용과 우대조치를 강제할 수는 없었지만, 정부의 여러 제도들이 전혀 영향을 끼치지 못한 것은 아니었다. 특히 1970년대 후반 공고에 진학한 청소년 기능공들은 국가기술자격 제도 수검 의무자였고 정부가 추진한 우대 혜택을 적극 활용했다. 특히 진학 혜택과 병역특례는 강렬한 혜택이었다.

1974년 9월 안양공고 전기과 3학년 때 금성통신 안양공장으로 실습을 나간 후 계전기 조립반에 입사한 이선재는 국가기술자격 제도 도입 초기에 전기기기 기능사 2급 자격증을 획득하면 5년간의 근무로 병역을 면제받는다는 소문을 듣고 자격증 시험을 준비했다.

> 병역 특례가 있어요. 그 5년간 근무하게 되면 병역혜택을 받는 부분이거든요. 그래서 금성통신에 이제 근무를 하려고 했었던 부분인데 공고생들은 방위산업체로 가는 게, 병역혜택을 받을 수 있다면, 될 수 있으면 받을려고 노력했었죠. 제가 그 소재지(금성통신—인용자)가 방위산업체니까, 이제, 군대 갈 나이가 됐는데도 [입영] 연기가 된 거죠. 자격증 없어도 연기를 해준 거예요. 그래 가지고 [입영] 연기를 받았던 거죠.[156]

이선재가 기억하듯이 병역특례는 모두가 받고 싶어 한 혜택이었다. 정수직업훈련원 주간과정을 수료한 정기란은 훈련원 입소 당시 전국기능경기대회

---

156 이선재, 1차 구술, 2015. 4. 23.

선수반에도 선발됐지만 그에게 중요한 것은 좋은 회사에 취직하는 것이었다.

> 응 왜냐면 우리 [병역특례 업체에 입사] 하면은 거의 저기 군대 안 가는데… [군대] 안 가는 업체가 가장 좋은 거라고 생각한 거 같애. ADD, 뭐 국방과학원 뭐 이런 데도 갔었고. 뭐. 어… 그런 것도 갔었고 하여튼 코리아 타코마도 있었고 어 금성통신도 좋았었고 어 다 군대 혜택을 주니까.[157]

10대였던 그에게는 군대를 가지 않고 회사 생활을 계속할 수 있는 방위산업체나 기간산업체에 취직하는 게 더 중요했다. 1980년 2월 부천공고 전자과를 졸업한 홍용선은 금성통신 직업훈련소에 입소한 후 금성통신 QC과나 금성통신연구소에 배치되면 병역특례 대상이 된다는 정보를 얻었다. 3주 훈련만 받으면 병역이 면제되고 회사 생활을 통해 수입도 얻을 수 있었다. 그는 아들에게 병역면제 사실을 자랑스럽게 얘기했다고 한다.

> 내가 군대를 안 갔다 왔어. 내가 그걸 자랑스럽게 얘기했었는데 우리 애는 "아빠는 군대도 안 다녀왔는데 무슨 군대 얘기를 해?" 그러고 있지. 특례를 그때까지만 해도 자랑스럽게 우리끼리 얘기했는데. 군대 안 가려고 그때 많이 그랬던 것 같아요. 당시 가정환경이 다들 어렵고 해서 가장으로서 역할 수행을 하려고 그랬던 것 같아요.[158]

홍용선은 입대로 인한 경제 활동 중단 없이 동생들의 학비와 가족의 생계

---

157 정기란, 1차 구술, 2015. 6. 27.

158 홍용선, 1차 구술, 2015. 6. 4.

를 부담할 수 있었다. 이들의 생애를 통해 볼 때, 정부가 의도한 대로 병역특례는 청소년 기능공들의 수검 의욕을 높이는 효과가 있었다고 보인다. 공고와 직업훈련소의 청소년 기능공들은 병역특례를 받을 수 있는 기업에 입사하고 싶어 했다. 정기란의 구술에 의하면, 병역특례에 필요한 2급 기능사 자격증을 취득하기가 쉽진 않았다.[159] 홍용선도 고교 재학 중에는 실패하고, 금성통신훈련소에 와서 교육받은 후 합격했다.[160] 공고와 직업훈련소 재학생들 중 가정형편이 넉넉지 않은 청소년들이 많았던 점을 감안한다면, 이들에게 국가기술자격제도 도입에 따른 취업과 병역특례는 경제적 여유를 얻을 기회를 제공했다. 하지만 정부가 제도의 목표로 제시한 바, 2급 기능사 자격증 취득자가 1급 자격증을 취득하고, 기능대학으로 진학해 생산현장에서 박사에 준하는 기능장 자격까지 취득하거나, 기능사에서 기사자격증 취득으로 자신의 기술력을 높이고 검증받는 등의 국가기술자격 제도의 '일원화' 같은 일이 그들의 생애에서 일어나진 않았다. 사실 이들의 경제적 성취를 보장한 것은 기능사 자격증 그 자체라기보다는 자격증으로 인해 방위산업체·기간산업체인 대기업에 입사할 수 있었던 것, 그리고 병역특례가 보장한 장기 재직 기간이었다.

일원화 또한 기능계와 기술계의 일원화라기보다는 학력 취득을 통한 일원화였다고 보아야 한다. 10대 후반, 20대 초반에 병역특례를 통해 시간과 수입을 보장받은 우수한 엘리트 기능사들은 안정적 수입과 진학 특혜 제도를 활용해 대학에 진학했다. 중졸 학력으로 정수직업훈련원에 입소한 정기란은 금성통신에 입사한 후 산업체 특별학급 제도를 활용해 안양공고 야간반에 진학했다.

---

159 "어 그때 우리 시험볼 때 굉-장히 어려웠어요, 문제가." 정기란, 1차 구술, 2015. 6. 27.

160 홍용선, 1차 구술, 2015. 6. 4.

안양공고로 가서 이제 공부를 했는데. 아무래도 실력이, 별로 이렇게 도움이 많이 되는 것 같지 않았던 거 같애. 기억에. 서울 공고는 당시 상당히 좋다고 알려졌던 것 같아요. 그래서 서울공고 찾아가서 그 저, 기능올림픽 이런 걸 하면은 우리가 나가겠다. 우리한테 그걸 테스트를 해보게 해달라. 서울공고에서는 아 이 사람들이 굉장히 우수하다. 그래 가지고 우리를 이제 편입을 받아준 거지. 서울공고 갔더니 여기는 확실히 좀 선생님의 실력이라든가 그런 게 훨씬 나았던 거 같애. 여기서보다는 거기가 실력이 좋다고 생각해서 갔으니까.[161]

회사와 가까워 안양공고에 진학한 정기란은 친구 3명과 서울공고에 찾아가 전국기능경기대회에 나가겠다고 교장과 약속한 후 서울공고로 옮겼다. 그가 서울공고로 옮긴 이유는 서울공고가 우수 공고라고 평판이 좋아서였다. 그의 기억 속에 금성통신 내에서는 중졸 직업훈련소 출신과 고졸 간 처우의 차별은 없었다. 하지만 생산현장에 있는 기능사들의 관심사는 자격증 승급이 아닌 진학이었다. 고교까지 야간과정으로 졸업한 정기란은 병역특례 기간 동안 대학 야간과정까지 진학해 학사 학위를 취득했다. 정부가 제공한 기능사 자격증 취득 우대정책은 취업과 입사 초기에는 기회로 작용했지만, 그 후에는 회사와 직속 상사의 배려가 있어야 학업 병행이 가능했다. 입사 후 승진과 승급에 필요한 자격증은 학사 학위였다. 잘 알려져 있다시피 한국의 기업은 자격증 승급보다는 학력에 따라 직무, 직렬을 분리 운영했고, 정기란의 학사 학위는 부담이었다. 정기란은 생산직에서 사무기술직으로 직렬 전환을 원했지만 금성통신에서 이것이 불가능하자 퇴사 후 금성통신연구소에 재입사했다.[162] 국제기능

161 정기란, 1차 구술, 2015. 6. 27.

162 정기란은 1981년 2월 서울공고 전자과를 졸업, 1983년 3월 명지대 전기공학과 야간과정에

올림픽에 나갈 정도의 기능을 갖춘 입상자들도 누구보다 앞서 학력 취득을 선택했다. 그들이 추구한 바는 기능장이 아닌 대졸 엔지니어(기사)였다.

[부산기계공업]고등학교 졸업해가지고 이제 다시 공부를 하는 거지요. 세상에 나가서 딱 보니까, 아니다 싶으니까, 이제 공부를 하는 거예요. 그 머리가 좀 더 좋은 애들은, 또, 막, 한 해 더 해 가지고, 좋은 데로 가고.[163]

부산기계공고를 졸업한 후 실기교사를 거쳐 인하대학교 야간과정에 진학한 권현점도 공고 동기들이 자격증 승급보다 진학을 선택했다고 구술했다. 국제기능올림픽 동력배선 부문에서 금메달을 획득한 허경남은 고졸 기능직으로 금성사에 입사하여 입상에 대한 보상으로 기술관리직으로 직렬 전환됐다. 그러나 직장 생활 초기에 고졸사원의 한계를 깨달았고, 더 높은 성취를 위해서는 고졸사원으로는 부족하다 생각해 1년 재직 후 바로 퇴사해 학력고사 준비에 착수하여 부산대학교에 입학했다. 그는 자신을 엔지니어로 규정했다.[164] 재직 중 야간대 입시를 준비한 박동명은 대졸 학력 취득을 자신의 '개인적 상승'의 계기로 언급했다. 하지만 더 나아가 그는 학력보다 학벌에 대한 욕구도 컸다.

홍익대를 갔는데 직장이 거기 있어서 홍익대를 간 거야. 그때 학력고사 보고 그때 한양대도 갈 수 있고 중앙대도 갈 수 있고 나는 홍익대를 간 거야. 홍익대를 갔는데 직장이 거기 있어서 홍익대를 간 거야. 가까워서. 양화대교 딱 지나면 되니

입학해 1985년 9월 14일 병역특례 기간이 만료될 때까지 학업과 회사 생활을 병행했다. 정기란, 1차 구술, 2015. 6. 27.

163 권현점, 1차 구술, 2014. 9. 15.

164 허경남, 1차 구술, 2014. 8. 28.

까, 아주 철이 없었던 거지. 어떻게 보면. 아쉬운 점은 있지.[165]

가정형편상 직장 생활과 대학 생활을 병행해야 했던 박동명은 직장에서 가까운 대학을 선택하느라 홍익대에 입학했지만 당시 자신이 받은 학력고사 성적을 생각하면 지금 상위권 대학으로 평가받는 "한양대 공대나 연세대 공대에 입학할 수 있었는데, 그러면 내가 더 나아졌을 텐데"라며 아쉬움을 드러냈다. 이러한 상황은 1980년대에 보다 강화되었다.

그때만 해도 진학률이 굉장히 높았어요. 30% 안에 들면 특혜가 있었기 때문에 [대]학교 들어가는 것도 용이했고. 그래서 우리 전자과가 40명, 두 반으로 80명이었는데 [학교에] 갔더니 전부 다 열심히 준비하더라고. 그때 공고인데도 열심히 했고. 미리 실습 나간다고 하나? 난 안 나가봐서 모르겠지만 실습 간다고 표현됐던 것 같아요. 그렇게 나간 사람 몇 명 빼고서는 대학 간다고 다들 열심히 하고 있더라고. 학원 다니는 사람도 있고 그래요. 그래서 나도 안 되겠다. 나도 공부를 해야겠다.[166]

홍용선은 금성통신 입사 후 기술개발 분야에서 두각을 드러내 고졸 학력 그대로 금성통신연구소 팀원과 설계팀장까지 맡을 수 있었지만 사내 학력 차별 분위기가 있어 승진을 위해 방송통신대학에 입학했다.[167] 학력 취득으로 일

---

165 박동명은 정수직업훈련소 야간반 수료 후 검정고시로 고교 졸업자격을 취득한 후 홍익대 기계공학과 야간과정에 입학해 졸업했다. 박동명, 1차 구술, 2014. 10. 6.

166 홍용선, 1차 구술, 2015. 6. 4.

167 홍용선, 1차 구술, 2015. 6. 4.

원화된 우수 기능사들은 취직이 아닌 대학 진학을 선택했다.

1980년대 정부는 곧바로 중화학공업화 조정을 시도하면서 기능사 우대정책을 축소·폐지하기 시작했다. 이러한 사회적 분위기 아래 기능 수준으로 최고 경지에 이른 이들이 먼저 나서서 자격증 승급보다 진학을 선택해갔다. 이러한 진학 기회가 한편으로는 기능공에 머물 수 있었던 이들에게 새로운 기회였던 측면도 분명 있었다. 진학을 통해 구술자들은 학력 차별을 넘어 승진할 수 있었다. 하지만 정부 주도의 우대정책만으로 기능사가 자신의 기술력 자체에 자긍심을 느끼고, 기술자격을 향상시키는 분위기를 만들기는 어려웠다. 청소년기에 기능이 자신의 생활 수준을 높여줄 것으로 기대했던 우수 청소년 기능사들에게 가장 큰 성취를 준 것은 그들이 성취한 기능이 아닌 대졸을 통한 학력 취득이었다. 병역특례 제도를 활용해 대졸자가 된 정기란은 원하던 금성통신연구소에 재취업할 수 있었다.[168] 허경남이 보기에 자신과 같은 처지였던 대다수의 기능사들은 사회적 차별을 겪었다.

그냥, 이제, 저, 제가 살아온 시대에, 이제 계속 기능직에 있던 사람들을 보면, 으음, 상대적으로, 그, 많이 느꼈던 거 같아요. 그 당시에는 예, 보면, 자기가 이제, 좀, 그, 소위 말해서 사무직으로 되고 싶은 게 있는데, 뭐, 대학 안 나오면 안 되고, 뭐, 또 직관 전환 앞두면, 또 전투상의 용어지만, 회사에서 또, 엄청난 또, 선발 과정을 거쳐서 하고 이러니까, 자기가 도저히 이제, 갈 수 없는 상황, 그냥, 그냥 그대로 그 기능공으로 살아야 되는, 뭐 이런 사람들이 느꼈던 어떤, 그 감정은 제가 안 느껴봐서, 그거를 모르지만, 하여간, 그런 부분에 대해서 이제, 어렵다고 하는 사람들

168 정기란, 1차 구술, 2015. 6. 27.

은, 제 주위에서 옛날에는 많이 있었죠.[169]

부산기계공고를 나와 국제기능올림픽 금메달을 수상했던 허경남 자신은 '탈기능사'에 성공했지만, 그런 그가 보기에도 이 과정은 쉽지 않았고 기회는 굉장히 제한적이었다. 그리고 자신과 같은 기능공들이 기능사가 되었음에도 사회적 차별을 겪고 '생애 상승'의 기회를 누리지 못하고 살았다는 것을 잘 알고 있었다.

국가기술자격 제도는 기본적으로 기능계에서의 승급, 기능사에서 기사로의 승급, 기사 내에서의 승급이 수평·수직적으로 가능하도록 설계되었다. 하지만 기능사보다 기사의 급수를 우위에 두고 고졸과 대졸의 학력을 연계시킴에 따라, 학력 제도의 상대화를 시도한 자격 제도가 오히려 학력 상승 의욕을 더욱 부추길 가능성이 높았다. 더구나 사기업에 자격증 취득자를 우대하도록 강제할 수 없었던 정부는 병역특례와 진학 우대정책, 정부투자기관 및 정부 산하 기업체에 우선 우대정책을 도입했다. 이 중 병역특례와 진학 우대정책은 당시 수검 의무화 대상이었던 청소년 기능공들이 기능사 자격증을 취득하도록 독려하는 효과가 컸다.

하지만 기능공이 기능사로 불린다고 곧바로 사회적 지위가 상승하는 것은 아니었다. 정부 주도의 정책은 단기에 효과를 낼 수는 있어도 학력을 중시하는 사회문화가 정부의 의도대로 쉽게 바뀌긴 어려웠다. 더구나 박정희 정부는 1970년대 내내 기능공을 기능사로 부르고 혜택을 늘리라고 하면서도, 정작 그들이 기능공이면서 노동자인 사실은 부인하고 노동3권을 불허하는 모순된 입장을 견지했다. 생산을 담당한 기능공=기능직 노동자들이 자신의 근로조건을

---

169 허경남, 1차 구술, 2014. 8. 28.

개선하고 노동자의 권한을 보장받지 않는 한, 기능공이 기능사라 불리고 자신의 기능·기술자격을 승급하더라도 그것은 개인의 성취일 뿐 기능공이 우대받는 '사회'를 만들 방법이 될 순 없었다.

4장

1980년대 축소된 정책들

1. 직업훈련의 성격 변화와 중등교육의 일반교육 중시

1980년대 한국 경제는 급작스러운 정치권력의 변화와 중화학공업 축소로 인해 마이너스 성장으로 시작했다. 이러한 정치적·경제적 상황 변화는 박정희 정부 주도로 추진된 기능직 노동자 양성정책과 기능 우대정책에도 영향을 미쳤다. 3장에서 살펴봤듯이 박정희 정부는 임기 중 마지막 경제개발계획이었던 제4차 경제개발계획 기간 중 기술인력 수요가 급증할 것이라 보고, 이러한 인력을 공급하기 위해 이공계 대학, 실업학교, 직업훈련소를 확대한다는 계획을 수립하였다. 제4차 경제개발계획 기간 동안 기능직 노동자 37만 명 이상의 추가 공급이 필요하다 예상하고 추가 공급을 위한 직업교육·훈련기관을 신설하지 않는다면 약 30만 명 정도의 기능직 노동자 공급이 부족할 것이라 보았다. 이러한 예측 아래 1977년 이후 기능직 노동자 양성을 위한 다양한 방법이 대거 추진되었다.[170]

---

170 중화학공업화 추진 이후인 1973년 이후 기술인력 수급계획과 기능직 노동자 양성 수치에

대거 양성된 기술인력들 중 기능직 노동자들은 경기가 호황일 때는 입직과 이직에 별 문제가 없었다. 하지만 1980년대 접어들자마자 정치·경제적 상황 변화에 직접적 영향을 받았다. 12·12 쿠데타에 의해 불법적으로 정권을 장악한 전두환 정권은 국가보위비상대책위원회(국보위)를 설치하고 그 아래 상임위원회에서 박정희 정부가 추진했던 정책들을 전면 재논의했다. 기술인력 정책도 안건으로 올랐다. 국보위와 그 후 수립된 전두환 정권은 1970년대 한국 경제정책이 비효율성과 불균형 발전 상태에 있었다고 진단한 후 국가 주도의 성장 일변도 산업화정책이 주요 원인이었다고 평가했다. 이러한 평가에 따라 전두환 정권은 국가의 시장개입을 공공 부문으로 국한하고 기업 주도로 시장 기능을 강화하는 방식으로 경제정책 기조를 바꿨다.[171]

문제는 민간 부문 활성화에 따라 이전까지 국가가 주도하고 기업에 대해서도 다소 강제적으로 시행되었던 각종 경제·사회정책들이 연속성이나 일관성 없이 무분별하게 폐지되거나 축소되었다는 점이다. 정부 기조가 기업 주도로 바뀐 데다 1980년대 전반 중화학 부문 과잉투자와 세계적 불황에 직면한 기업들이 저임금과 장시간 근로 유지로 자본의 위기를 벗어나려 했다. 물가상승은 지속되는 가운데 이러한 국가와 기업의 유착은 노동자들에게 불만을 야기했다. 1984년 대한상공회의소에서 실시한 조사에 따르면, 46.1%의 노동자들이 현재 가장 걱정되는 문제로 "임금이 별로 오르지 않아 살아가기가 어렵다"는 점을 답했고 임금인상이 실현되지 않는 가장 큰 이유로 정부의 임금 억제 정책

대한 정부 각 기관의 예측과 양성정책 수립에 대해서는 정진성, 「7장 정부의 기술인력 수급계획과 기능직 노동자 인력 양성」, 『한국 중화학공업화와 사회의 변화』, 대한민국 역사박물관, 2014, 459~487쪽 참조.

171 이만희, 『국제경쟁력 정책론』, 대광문화사, 1996, 284~288쪽.

을 들었다.[172] 1970년대 노동운동이 1980년대 학생운동과 결합해 확산되자 전두환 정권의 노동정책은 고용과 숙련 독려 같은 정책에서 안정이라는 허울 아래 노동운동과 노동조합 탄압 위주로 중심을 옮겨갔다. 이러한 변화는 1970년대 기능직 노동자 양성과 기능 우대정책을 통해 제한적이나마 기능직을 포섭하려 했던 정책의 포기를 의미했다.

노동자의 대다수를 차지하는 기능직 노동자 양성방식에서도 박정희 정부는 대기업들이 우수한 직업훈련원과 공고를 운영하도록 강제하였고 이것은 나름대로 기업의 사회적 역할을 강조하는 것이었다. 물론 이마저 1977년 이후에는 공고 위주의 기능직 노동자 양성방식으로 변해, 대기업이 무임승차하도록 만든 측면도 있었다. 그러나 적어도 이 시기 정부는 사내직업훈련의 확충을 법제화할 만큼 형식적으로라도 기업이 사내직업훈련을 실시하도록 독려했다. 그러나 전두환 정권의 기조는 국가 개입을 최대한 줄이는 것이었다. 특히 경제 분야에서 기업 주도성이 강화되었다.[173] 이에 따라 기업들은 최소한으로 운영되고 있던 사내직업훈련마저 실시하지 않으려 했고, 직업훈련 분담금을 납부하는 방식으로 훈련인원을 축소해 나갔다. 직업훈련심의위원회에서 업종별 직업훈련 분담금 납부 비율을 정할 때마다 자기 업종은 신규 기능인력이 필요하지 않다는 이유를 대며 분담금 납부 비율을 낮추어달라 요구했다.[174]

〈표 2-9〉를 통해 알 수 있듯이, 박정희 정부 주도로 사내훈련 강화가 추진되던 시기와 달리 1980년대에 접어들면 운영 중인 사내직업훈련소의 개수와 훈

172 대한상공회의소, 『(調査報告)勤勞者 意識構造』, 1984, 42~44쪽, 65~66쪽.

173 유신 정권 말기부터 전두환 정권 초기에 걸쳐 경제정책 기조의 변화에 대해서는 황병주, 「유신체제기 평등-불평등의 문제설정과 자유주의」, 『역사문제연구』 29, 2013, 7~40쪽 참조.

174 조성수·박정주·나영선 공저, 『한국 직업훈련사』, 한국직업훈련관리공단 직업훈련연구소, 1989, 266~267쪽.

〈표 2-9〉 사내직업훈련 실시 현황의 변화

연도/구분	1977	1978	1979	1980	1981	1982	1983	1984	1985	1986	1987
훈련기관(개)	558	553	575	472	388	283	172	182	185	163	130
훈련인원(명)	58,739	73,038	90,992	66,213	48,406	30,131	20,960	20,764	23,876	19,042	14,208
실시비율*	5.70	6.20	6.70	3.14	4.13	2.44	1.79	1.82	1.73	1.63	-

* 출처: 노동부, 『노동통계연감』, 1983; 노동부, 『직업훈련사업현황』, 1988.
* 실시 비율: 직업훈련실시가 의무인 300인 고용 사업체 중 사내훈련을 실시한 사업체 비율.

련인원 총수, 훈련 실시 비율 모두에서 현격한 감소가 확인된다.

노동청도 이런 기업의 대응에 속수무책이었다. 1980년대 초반 노동청의 핵심 노동사업은 1970년대 말부터 확산 일변도였던 노동쟁의와 노동조합 결성 분위기를 저지하는 것이었다. 따라서 노동부로 승격된 후 노동정책 중 핵심 사업은 "노사 간 극한대립 현상 해소"였다. 이미 1980년 연말에 노동관계법의 개정이 이루어졌고, 종교단체나 학생운동가들이 노동조합 결성이나 노동쟁의를 '부추기고 있다'는 이유로 '제3자 개입금지' 조항이 신설되었다.[175]

초기부터 직업훈련사업에 근속해온 서상선의 주도로 만들어진 이 안은, 인력관리공단을 설립해 직업교육과 훈련, 자격검정 및 직업안정 업무를 통합 실시하게 한다는 것이었다. 국보위는 인력관리공단 설립을 결정했지만, 전두환 정권 수립 후 승격된 노동부장관 권중동의 반대에 부딪쳤다. 노동부 내부에서도 직업안정 업무의 이탈과 인력관리공단으로 전배될 노동부 소속 공무원들의 반발이 컸기 때문에, 결국 공단 설립안은 무산되었다.

175 「노동청 법개정 추진 요건 강화 3자 개입금지 검토」, 『동아일보』 1980. 12. 8; 「노동부의 태동과 노사관계 (하)—노사협의제 도입으로 극한대립 현상 줄어」, 『매일경제』 1981. 3. 18; 「전 대통령 근로자의 날 리셉션 연설—노동청을 부로 승격 개편」, 『동아일보』 1981. 3. 10.

1980년대 초반 노동부장관에 임명된 권중동과 정한주는 모두 한국노총 위원장 출신으로, 노동계 몫으로 국가보위입법회의 입법의원을 거쳐 장관에 임명되었다. 1970년대 내내 한국노총은 기술인력 정책과 기능직 노동자 양성정책에 큰 관심이 없었다. 따라서 한국노총 위원장 출신들이 노동부장관이 된 만큼 노동부 내부의 기능직 노동자 양성정책에 대한 관심은 미약했다.[176]

전두환 정권과 노동부는 1980년대 초 불황이 극심해지자 비용이 많이 드는 직업훈련사업의 축소를 기조로 삼았다. 이미 중화학공업 분야 재조정으로 인해 더 많은 기능직 노동자 양성은 불필요하다고 판단했다. 1982년에는 경제기획원이 우수 기능직 노동자 육성 위주로 직업훈련사업을 추진해왔던 노동부 직업훈련국에, 실업자 대상의 직업훈련사업을 입안해 추진하라는 지시를 내렸다. 지금까지 해왔던 것과 전혀 다른 사업이라 직업훈련국 훈련총괄과는 직업안정국 소관으로 변경을 요구했지만, 결국 사업을 맡을 수밖에 없었다. 훈련총괄과에서는 도시 영세민과 실업자들을 해외 건설인력으로 훈련해 해외에 송출하려 했다. 이 과정은 기업의 적극적 협조가 있어야 가능했지만, 기존에 우수 기능직 노동자 위주로 양성하고 제공받던 기업이 이러한 직업훈련의 성격 변화를 받아들이고 여기서 양성된 기능직 노동자들을 수용할 리가 없었다.[177]

중화학공업화 추진 이후 기능직 노동자 양성정책을 주도하려 했던 문교부의 기조도 바뀌었다. 1980년대 전반 문교부의 교육정책은 1981년 제5차 경제사회발전 5개년계획에서 확인할 수 있다. 문교부는 1970년대 기능직 노동자 양성

---

176 서상선, 앞의 책, 209쪽.

177 서상선은 이 사업에 참여했던 일부 기업들이 직업훈련 예결산 정산에서 금전상의 부조리를 저질러 실무를 맡았던 김성중 당시 훈련총괄과 사무관이 감사원 감사를 받고 고충을 겪었다고 기술했다. 위의 책, 236~237쪽.

을 통해 기능인력은 충분히 배출되었다고 전제한 후, 중등 직업교육 정책을 거의 제외했다. 당시 문교부는 중등 직업교육의 확대는 불필요하기에 공고와 같은 특성화고교를 일반고교로 전환한다는 방안을 수립했다.[178] 그러나 이는 기능직 노동자 양성을 양적 확대 차원에서만 고려한 시각에 불과했다. 1970년대 후반 문교부 주도로 공고 위주 육성이 확산되고 이로 인해 기능직 노동자들 내부의 학력 차별 경험이 확대되고 있던 상황을 문교부는 인식하지 못했다. 일반교육 확대 방침은 '졸업정원제'와 연동되어 학력 상승 열망을 부추겼고, 입시경쟁은 더욱 강화되었다. 그 결과 대입이 아닌 다른 진로를 선택한 실업계 고교 진학자는 학력이 낮고 가정형편이 어려운 자라는 선입견이 강화되었고, 점점 중학교 학업 성취도가 낮은 학생들 위주로 공고 진학이 이루어졌다. 이러한 변화는 전두환 정권의 정책 기조 변화와 경제적 조건 변화에 의한 것이었지만, 결국 1970년대 후반 가속화되기 시작한 노동시장의 학력중심주의를 강화했다.

2. 축소된 기능 우대정책

전두환 정권은 기능직 노동자 양성정책만 축소하지 않았다. 기능직 노동자의 양적 확대가 불필요하다는 판단은 기능직 노동자 공급 증대를 위해 실시했던 기능 우대정책에까지 영향을 미쳤다. 앞 장에서 살펴봤듯이 박정희 정부의 기능 우대정책은 기능직 노동자들을 경쟁시켜 선별 육성하고 혜택을 부여하는 방식이었다. 이러한 정책은 초기에 기능에 대한 사회의 관심을 급속히 고조시켰고, 특히 청소년들에게 기능을 통해 생계유지와 계층상승이 가능하다

178 최규남, 『한국 직업교육 정책 연구』, 2003, 258~261쪽.

는 확신을 심어주었다. 기능직 노동자 양성이 더 이상 필요 없어졌다고 판단한 전두환 정권은 기능 우대정책도 축소시켰다. 기능 우대정책의 일환으로 실시됐던 전국기능경기대회는 청소년 기능직 노동자들 사이의 경쟁을 조장한다는 이유로 '선수 선발을 위한 장'에서 '기능 전수와 청소년 기능직 노동자들의 축제'로 성격이 바뀌었다. 국제기능올림픽 입상자에 대한 상징적 대우였던 청와대 만찬과 카퍼레이드도 1980년대 후반 이후 폐지되었다.

기능 우대정책 중 기능직 노동자들에게 가장 큰 호응을 받았던 동계 진학 특혜와 기간산업체 및 방위산업체의 병역특례 혜택도 폐지됐다. 동계 진학 특혜 폐지의 명분은 졸업정원제 도입에 따라 예비고사 점수에서 주어졌던 특혜가 필요 없다는 것이었다. 그러나 정책의 의도와는 상관없이 공고 진학을 통해 대학 진학을 노렸던 공고생들의 상실감은 컸다. 1981년 5월 동계 진학 특혜 폐지가 결정된 이후 6월부터 공고 자퇴 현상이 불거지기 시작했다. 문교부가 1983년까지만 대입 동계 진학을 인정한다고 발표하자, 공고의 1, 2학년생들이 공고를 자퇴하고 집에서 검정고시를 준비하거나 다른 지역 인문계 고교로 옮겨갔다.[179] 산학협동 차원에서 공고에 지원됐던 기업의 보조금도 축소되거나 중단되어서, 공고들은 우수 학생을 확보하거나 재정을 확보하는 데 어려움을 겪었다. 앞서 살펴봤듯이 이미 취업보다는 진학 열풍이 공고에 자리 잡았고, 우수 공고와 우수 기능직 노동자들일수록 진학 열망이 더 높았다. 신입생 모집에서 정원미달 사태를 겪는 공고가 생겨났고, 한양공고 교장인 김영재는 "실업계 공고의 60% 이상이 대학 진학을 희망하고 있다"라며 현재 공고의 상황과

179 「공업고교 자퇴 현상」, 『동아일보』 1981. 6. 2; 「겉도는 기능인력 양성」, 『동아일보』 1981. 6. 2; 「제16회 전국대회 계기로 본 현주소, 부족한 기능인…우대 아쉽다」, 『경향신문』 1981. 9. 23.

공고 관련 정책에 근본적인 문제가 있다고 지적하기도 했다.[180]

2급 정밀가공기능사 자격증을 획득하거나 노동부가 인정한 자격증을 획득한 기능 소지자의 군 복무 중 기능 손실을 최소화하고 군 내부 기술력을 향상하기 위해 도입된 '기능직 노동자 병역특례'도 폐지됐다. 병역특례는 입직 후 실질적 가장 역할을 하면서 병역의무를 시행하는 것이 가능한 제도로, 주로 가정형편이 어려운 기능직 노동자들에게는 중요한 제도였다. 1984년 『동아일보』 「생활상담실」 코너에는 공고 재학 중(1981년 6월) 병역특례 혜택을 받기 위해 자격증을 획득한 자의 사례가 실렸다.

> 공고 재학 중 정밀가공기능사 2급 판정을 받았습니다. 신체검사 후 바로 특례보충역 편입 서류를 냈더니 지난 9월 22일자(1983년)로 병역법 시행령이 개정되어 특례보충역에 편입될 수 없다는 연락을 받고 깜짝 놀랐습니다. 저 같은 경우 특례보충역에 정말 편입될 수 없을까요?[181]

이 사례를 통해서도 알 수 있듯이, 전두환 정권 들어서도 많은 공고생들이 병역특례를 준비했고 이를 통해 군 문제를 해결하려 했던 것으로 보인다. 그럼에도 전두환 정권은 청소년 기능직 노동자들의 의사나 기대와는 달리 일방적으로 제도를 폐지했다. 더구나 고졸 기능직 노동자의 병역특례는 폐지하면서 대졸과 대학원 진학 이상의 연구직 병역특례는 유지시켜, 기능직 노동자들이 상대적 박탈감을 느낄 수밖에 없었다.

박정희 정부 말기에 실시된 기능 우대정책은 실제로는 기능직 노동자들

180 「괴로운 공고」, 『동아일보』 1981. 5. 30.

181 「2급 정밀가공기능사의 병역 혜택은」, 『동아일보』 1984. 11. 28.

이! 이 아픔을 그 누가 알아 줄것인가?
임금인상 25%, 고가 차등제 폐지 (상여금 차등제
그동안 말못하고 억눌려 왔던 전 노동자의 소원은 결국 이
지지 않는단 말인가?
29일 (수) 우리의 요구 사항으로.
— 안전 재해자에 대한 목욕탕, 이발소 운영권 인계.
— 안전 재해자 평생 생활 대책 보장
— 출근 시간 아침 8시로 실시
— 식사 처우 개선.
— 작업전 체조, 작업시간 인정 및 중식 시간 체조를 1시에 실
— 훈련소 출신과 공채 입사자의 임금 격차 해소.
— 두발 자율화.
— 3박 4일의 유급 휴가 소급 실시.
그러나 이것으로 배고픔을 면할수 있겠는가?
전 노동자는 원한다.
'임금인상, 상여금 차등제 폐지'
이의 관철을 위해 대책 위원회에서 전 경영진과 29일 19시
1차 협상에 들어 갔으나 결렬되고 22시 2차 협상 에서도
시간을 두고 해결하자는 회사측의 요구에 끝내 합의에 이르지 못
이에 본 대책 위원회 에서는 전 노동자의 소원이 이루어 질
집회는 계속 할것이며 대책 위원 전원은 무기한 단식 투쟁에
갈것을 천명 하는 바이다.
현중 전 노동자 제위 께서는 이제 시작하는 마음으로 힘껏
잡고 계속적인 투쟁에 적극적인 지지를 호소 합니다.

〈그림 2-6〉 울산 지역 노동자 대투쟁
* 출전: 양규헌 글, 도단이 그림, 『노동자 인간선언 1987 노동자 대투쟁』, 한내, 96, 114쪽.

중 우수 기능직 노동자들을 선발해서 '탈기능직'시키는 정책이었지만, 전두환 정권 들어서서는 아예 이 같은 우대정책조차 폐지됐다. 사실 박정희 정부의 기능 우대정책은 선별 육성과 같이 소수에게 혜택을 부여하고 다수의 기능직 노동자들을 소외시키는 방법이었던 만큼, 이 정책도 사회적 불평등을 초래했다는 비판에서 자유로울 수 없다. 박정희 정부와 전두환 정권 모두 기능우대사회를 조성할 핵심적인 방법인 기업의 변화를 이끌어낼 방안은 가지고 있지 않았고, 그럴 의도도 없었다. 기능우대사회는 결국 기업의 기능인 우대 문화가 형성되야 가능했다. 기업의 문화를 바꾸기 위한 유효한 정책 수단을 확보하고 노동현장의 기능 우대 분위기를 정착시키기 위해서는 노동자들이 노사정책과 기업 운영에 참여해 사회 변화를 이끌어내야 했다. 하지만 이를 위한 유효한 방법인 노동3권은 전면적 억압을 받는 상태였다. 1980년 12월에는 노동조합 설립방식이 기업별 노조 결성과 허가제로 바뀌어 실질적 노동3권을 행사할 수조차 없었다.

이 같은 정책 전환과 기능 우대정책의 폐지는 1970년대와 비교해볼 때 1980

년대 고졸 기능직 노동자들의 사회적 지위를 상대적으로 더 약화시켰다. 박정희 정부 시기 청소년으로 직업교육과 훈련을 접해 기능을 통한 '상승'을 기대했던 이들은 1980년대에 자신들의 기대와는 달리 기능직 노동자의 사회적 지위가 점차 낮아지자 이러한 사회적 조건을 바꾸기 위해 집단행동에 나서게 되었다.[182] 1987년 노동자 대투쟁 당시 가장 많이 나온 구호 중 하나가 직업훈련원 출신이나 군 보충역 출신의 임금 차별 철폐였다. 1987년 노동자 대투쟁의 가장 치열한 현장이었던 울산에서는 기능직과 사무직 간 작업복, 명찰 등의 차별 철폐, 관리직과 기능직의 동일한 통근버스 이용과 같은 차별 철폐가 강력히 요구되었다.[183] 1980년대 이후 기능 우대정책의 축소와 기능직 노동자 양성정책의 변화를 겪으면서 노동자 집단의 사회적 지위 향상을 실현하기 위한 노동운동에 나선 것도 이들, 노동자들이었다.

---

182 기능직 노동자들의 집단행위 참여 동기와 경로에 대해서는 울산 노동자들의 사례를 바탕으로 재구성한 원영미, 『1980년대 울산 대공장 노동자 연구—현대자동차와 현대중공업을 중심으로』, 울산대학교 역사문화학과 박사학위논문, 2016 참조.

183 울산 노동자 대투쟁에 대해서는 위의 책; 양규헌 글·도단이 그림, 『노동자 인간선언 1987 노동자 대투쟁』, 한내, 78~79쪽; 민주화운동기념사업회 기획, 울산민주화운동사편찬위원회 편, 『울산민주화운동사』, 292~294쪽.

3부

허용된 향상, 부서진 기대

주변에 친척들이, 아무래도, 박 대통령이 세운 학교다, 뭐 그중에 시험을, 선발 절차를 거쳐서 들어간, 너무 등등, 삼 년간 뭐, 어른들에게는 합격한다면 동네에서 잔치를 벌였을 정도니까.

—공부건 금오공고 3회 입학생, 제24회 국제기능올림픽 금메달 수상.

이 손기술이 좀 뛰어난 민족이고 그러니까, 으음, 그런 것들이 저한테는 잘 맞았어요, 그래서 이제 이 손 감각이, 좀 많이, 좀 하고, 어어, 그런 감각이 살아 있다고 봐야죠, 그래서 이제, 그런 것들이 맞아서, 으음, 연습하는데 지금 재미가 있었고, 또 부족한 것도 해결하려고 했었고, 어어, 거기에 또 지도도 따르긴 했었고, 다 그러면서 이제, 그런 것들이 좀 잘 연결돼서 그, 각종 대회에서 내가 땄고, 그런 것들이 좀 있었죠.

—양판석 제24회 국제기능올림픽 밀링 분야 금메달 수상.

2부에서 보았듯이 박정희 정부가 도입한 기술자격 제도와 기능경기대회는 기능 습득을 장려하는 정책이면서도 기능직 노동자 집단 전체의 사회적 지위를 높이는 방식이 아니었다. 그것은 기능직 노동자들 내부의 경쟁을 강화해 경쟁에서 승리한 이들에게만 혜택을 부여하는 방식이었다. 그 과정에서 제도적 혜택과 의례를 통해 자부심을 가질 수 있었던 우수 기능직 노동자들이 존재했지만, 그들에 대한 사회의 평가도 대회 우승, 진학, 경제적 성공 등에만 초점을 맞추었다. 3부에서는 우수 기능직 노동자들뿐만 아니라 1970년대 후반 대거 양성되었던 남성 기능직 노동자들을 중심에 두고, 국가와 사회의 기대나 방식과는 달리, 이들이 어떤 동기를 가지고 어떤 과정을 거쳐 숙련되고 기능을 연마해갔으며 그 과정에서 그들 스스로 국가와 사회에 대해 어떤 인식을 가지고 경제성장에 참여하며 '계층상승'을 실현해갔는지를 살펴본다.

1장

기술 향상의 경험들
—기능대회 참가자들

1. 기능경기대회 참가자들의 훈련과 수혜자 의식

기능경기대회 참가와 입상은 또 하나의 입시에 비등할 정도로 남성노동자들에게는 중요했다. 박정희 정부의 기술인력 정책 입안자들은 한국의 교육과정과 노동시장이 입시와 사무직 위주여서 "정신노동만 존중하고 육체노동을 천시하는 경향이 있으며 일반 국민은 학력이 있는 자만을 존중했다"라며 이 같은 사회 분위기를 바꿔야 한다는 점을 자주 언급했다.[01]

> 예로부터 기술과 기능을 가진 사람들의 존재의의를 옳게 평가할 줄 모르고 따라서 그들을 옳게 대접할 줄 몰랐던 우리 사회의 실정을 생각할 때 금년에 처음 열리게 된 이 대회는 여러 가지 면에서 매우 뜻깊은 행사가 아닐 수 없습니다.[02]

---

01 노동청, 『기능검정종합보고서(1967년)』, 1967, 1쪽.

02 박정희, 「대통령 치사 제1회 전국기능경기대회 시상식에 즈음하여」, 『기능』 제1권 제1호, 1967, 11쪽.

1966년 처음 개최된 전국기능경기대회 시상식 즈음 발표된 대통령의 연설은 기능 습득에 나선 대다수 청소년 기능직 노동자들에게 '기능근로자'가 되더라도 사회적으로 성공할 수 있다는 확신을 주었다. 그러나 실제 청소년 기능직 양성기관이었던 공고와 직업훈련소의 청소년들은 박정희 대통령과 같은 관료들의 발언 외에도 구체적인 동기를 갖고 있었다.

한국의 진학 위주 중등교육 체제 아래에서 이들이 가진 기능경기대회 입상 열망의 동기는 진학하지 못했다는 패배감에서 벗어나고자 하는 성취 열망이었다. 우수 기능직 노동자 양성기관은 대다수가 전폭적인 장학 혜택을 제공하고 있었다. 가정형편상 진학하지 못하거나 이미 진학이 좌절되어 생산현장에 근무 중이던 청소년 기능직 노동자들이 이런 양성기관에 입학·입소했다. 박정희 정부는 철저히 선별 육성 원칙에 근거해 우수 기능직 노동자 양성기관 위주로 지원을 제공했고, 이들 기관 사이의 경쟁을 유도했다. 유신체제 아래 대통령 박정희가 만들고 지원하는 기관에 입학·입소하는 것은 그 자체로 이들에게 자부심을 주었다. 1970년대 후반 기능경기대회 입상을 휩쓸었던 금오공고, 부산기계공고는 모두 '박정희 대통령이 세운 학교'라는 이미지를 가지고 있었다. 정수직업훈련원은 영부인이었던 육영수가 설립에 직접 관련되었기 때문에 '영부인 학교'라는 명성이 있었다. 실제 이들 학교나 훈련소의 입학과 졸업(퇴소)식에는 박정희와 육영수가, 육영수 사후에는 박근혜가 참석했다. 따라서 입학과 입소 전에 지원자들은 이미 이들 기관의 명성을 알고 있었고, 입학과 입소 결정만으로도 성취감을 느낄 수 있었다.

우수 공공직업훈련소였던 정수직업훈련원과 한독직업훈련원은 20세 이하의 청소년(군필자의 경우 만 27세 이하)들이 주로 입소했다는 점에서 공고와 마찬가지로 청소년 기능직 노동자 육성기관이라 할 수 있었다. 정수직업훈련원은 중학교 성적과 가정형편을 감안하고 해당 지역 경찰서장의 추천을 받아 지역별로 일정 수만 입소할 수 있었다. 부산 한독직업훈련원은 1970년 5월 26일 서명 공포된 '부산 한독공공직업훈련소 설치에 관한 약정'을 통해 설립되었다. 부산 한독직업훈련원에서는 1년과정 훈련과 3년과정 훈련이 운영되었다. 전자는 2급 기능직 노동자 수준의 훈련을 실시했고 후자는 1급 기능직 노동자 양성과정으로 기술공에 해당하는 훈련과정이었다. 양자 모두 중졸 이상의 만 18세 이하 청소년들에게만 훈련원 입소 자격이 주어졌다.[03]

비진학 청소년들에게 직업훈련에 입소하도록 정책적 유도를 취한 것은 중화학공업화 추진이라는 경제적 목적뿐만 아니라 사회적 목적도 실현하기 위해서였다. 정수직업훈련원 입소 대상자가 성적이 우수한 비진학 청소년들로 선정된 것은 이 훈련원을 설립한 육영수가 애초에 청소년 선도방안으로 직업훈련소 설립을 선택해서였다.

> 중학교 성적이 반에서 내가 충분히 5%는 됐지. 하여튼 그렇게 했고, 그 성적이 돼야 되고 가난해야 돼, 거기 면접 갈 때는 시계도 다 풀고 허름한 옷, 제일 허름한 옷을 입고 가야 돼. 신발 좋은 거 신으면 탈락이야.[04]

---

03 이 외에 한독직업훈련원에는 3급 이상 기능사 자격증 취득자가 기술공에 해당하는 훈련을 받는 과정도 개설되었다. 이 과정은 3급 이상 기능사 자격증 취득자이면서 해당 분야 3년 이상 실무 경험자로 연령은 만 30세 미만인 자만을 대상으로 진행되었다. 성인 기능직 노동자가 대상이었지만 실제로는 청년 노동자 훈련정책이었던 것이다. 「부산 한독직업훈련원 개원」, 『산업과 노동』 제7권 4·5통합호, 1973, 44~46쪽. 박영구는 부산 한독직업훈련원이 한독직업학교라 불렸다고 적었는데(박영구, 앞의 책, 2012, 185쪽 각주 83번), 부산 한독직업학교는 1966년 설립된 문교부 산하 직업학교로, 동백림 사건 이후 한·독 간 외교 위기로 인해 국립고등학교로 변경된 부산기계공고의 전신이다. 부산 한독직업훈련원과는 다른 기관이다.

04 2015년 6월 27일 구술, 정기란 정수직업훈련원 주간 3기 입소자(영등포 수도학원 강의실).

정수직업훈련원 출신들은 선발을 위해 성적 외에 '가난 정도'도 중요하다는 점을 잘 알고 있었다. 면접 때는 가난해 보이려고 평소보다 허름한 복장으로 참여하기도 했다. 입소자들은 대체로 중학교 졸업 후 1~2년 영세 사업장에서 단순노동 종사자로 근무하다가 우연한 기회에 정수직업훈련원 모집 공고를 보고 응시한 당시 17~18세 정도의 청소년들이었다.[05]

공공직업훈련소에 비진학 청소년들을 입소시켜 일정한 기능을 연마시킨 후 노동자로 생활을 영위하게 했던 정부 정책은 비진학 청소년들의 불량화를 사전에 방지하고 건전한 국민으로 육성한다는 '국민 만들기'적 성격 또한 담고 있었다. 다른 공공직업훈련소의 훈련과정에도 수업의 일부로 인생관, 경제, 문화, 정치, 노사협조에 대해 습득하는 사회과 수업이 개설되어 있었고[06] 정수직업훈련원, 부산기계공고, 금오공고와 같이 박정희와 육영수가 직접 설립과 운영에 관여한 훈련기관의 경우 대통령 부부가 자주 방문했다. 당시 설립된 공공직업훈련소에는 군 장성 출신들이 전역 후 일자리 보장 차원에서 소장으로 임명되었다. 훈련소 부설 기숙사도 모두 군대식으로 운영되었고 정수직업훈련원 훈련생들은 매일 훈련원 근처 해방촌과 보문동을 구호를 외치며 달려야 했다.[07] 이 과정에서 대통령과 국가에 대한 인식이 강화되었다. 동시에 불우한 청

---

05 2014년 8월 18일 구술, 권율혁 정수직업훈련원 주간 3기 입소자, 제24회 국제기능올림픽 창호 분야 은메달 수상자(광주시 오포읍 K2D2사무실); 2014년 10월 6일 구술, 박동명 정수직업훈련원 야간2기 입소자, 제24회 국제기능올림픽 프레스 공구 분야 금메달 수상자(한국생산기술연구원 사무실).

06 아시아개발은행(Asian Development Bank, ADB)에 제출할 공공직업훈련소 설치계획서의 직종별 훈련 교과에 따르면, 각 학과에 모두 사회과 과목을 개설하는 것으로 계획되어 있었다. 실제 공공직업훈련소에서 사회과 과목이 어떤 식으로 다루어졌는지에 대해서는 좀 더 확인이 필요하다. 노동청, 『공공직업훈련소 설치계획서』, 1971. 6, 26~47쪽.

07 정기란, 앞의 구술.

소년들을 보호하고 선도해야 한다는 시혜적 시각도 있었다. 입소 이후 모든 경비가 무료였고 퇴소 후 대기업을 비롯한 유명 기업에 입사할 수 있었다.

구술자 정기란은 입소 이전 중학교를 졸업하자마자 집 근처 영세 아이스크림 봉지 인쇄공장에 취직했다. 동전으로 임금을 받을 정도로 영세한 사업장이었는데, 이런 생활에 지친 정기란은 라디오에서 인천직업훈련원 훈련생 모집 광고를 듣고 전자과에 응시해 합격해서 6개월 정도 훈련원 과정을 이수했다. 후에 기숙사 생활을 하는 정수직업훈련원에 다니면 차비가 들지 않는다는 점 때문에 다시 정수직업훈련원 입소 시험에 응시해 합격했다.[08] 중학교 졸업 후 더 이상의 진학이 어려워 구직을 위해 상경한 권율혁은 우체국 집배원, 자개공장 수습공, 구로공단 고무고장 노동자를 거쳐 1976년 9월 정수직업훈련원에 응시한 후 목공에 대한 관심과 가구공장 경력을 살려 목재가공과에 입소했다.[09] 마찬가지로 광주에서 중학교를 마친 후 취직을 위해 서울에 상경한 박동명은 연세대 뒤 목장에서 젖소 관리 일로 노동을 시작한 후 후암파출소 급사로 근무하다 신문 광고를 통해 정보를 접한 후 1976년 9월 야간 2기생으로 정수직업훈련원 기계공작 분야에 입소했다.[10] 정수나 한독의 입소는 가정형편이 어려워 학업을 포기한 청소년 노동자들에게 기능을 습득해 생활 수준을 높일 수 있는 기회였다. 정수직업훈련원에 입소한 구술자 3인(권율혁, 박동명, 정기란) 모두 '대통령 학교'인 금오공고에 대해 알고 있었고 중학교 성적이 매우 우수하거나 집안에서 지원을 좀 해줘야 금오공고 지원이 가능했다고 기억했다.[11]

08 정기란, 앞의 구술.

09 권율혁, 앞의 구술.

10 박동명, 앞의 구술.

11 금오공고의 인지도와 장학 혜택은 적어도 실업계 내에서는 대단히 유명했던 것 같다. 이 책에 인용된 구술자 전원이, 기능인들은 중학 재학 시절 금오공고 진학을 희망했지만, 학교 추

전북 김제 출신인 구술자 공부건은 중학교 성적이 우수했지만 대학 진학을 위해 인문계 고교에 진학하기에는 집안형편이 어려웠다. 금오공고는 각 학교당 한 명만 추천이 가능했는데 공부건은 중학교 추천을 받은 후 입학시험까지 합격해 1975년 금오공고에 입학했다.

> 주변에 친척들이, 아무래도, 박 대통령이 세운 학교다, 뭐 그중에 시험을, 선발 절차를 거쳐서 들어간, 너무 등등, 삼 년간 뭐, 무려 어른들에게는 합격한다면 동네에서, 잔치를 벌였을 정도니까.[12]

공부건은 사실 인문계 고등학교에 진학하고 싶었지만 가정형편상 고교 3년 장학 혜택에 더해 대학 진학의 기회를 준다는 중학교 선생님의 권유로 금오공고에 지원했다. 공부건의 집안은 생계와 형제들의 학비를 지원받아야 할 정도는 아니었다는 점에서 정수직업훈련원에 입소한 청소년 기능직 노동자들과 처지가 달랐다. 적어도 10대 후반기에 학생 신분으로 금오공고 입시를 준비했고 마을 어르신들과 부모님 모두 합격을 바랐다. 합격 후 부모님은 작은 마을 잔치도 벌였다.[13]

금오공고와 함께 개교한 부산기계공고도 1970년대 후반 실업계 고교 중 명

천을 받지 못해 응시할 수 없었다고 했다. 1973년 개교한 금오공고의 명성은 적어도 1981년 대학 입학정원이 급증하기 전까지 유지되었던 것으로 보인다. 이에 대해서는 추후 연구를 기약한다.

12 2014년 9월 22일 구술, 공부건 금오공고 3회 입학생, 제24회 국제기능올림픽 배관 부문 금메달 입상자(수원 하이텍고 교감실).

13 2014년 9월 22일 구술, 공부건 금오공고 3회 입학생, 제24회 국제기능올림픽 배관 부문 금메달 입상자(수원 하이텍고 교감실).

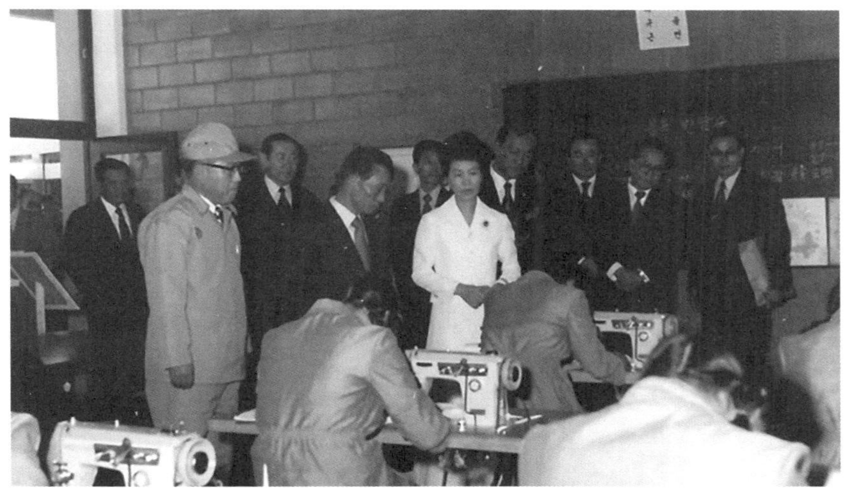

〈그림 3-1〉 1973년 정수직업훈련원을 방문한 육영수
출처: 한국폴리텍대학 홈페이지(http://www.kopohistory.com/campus?c=campus1).

성이 높았다. 진주고등학교에 불합격한 후 다음 해 부산기계공고에 합격한 권현점은 부산기공에 합격하면 "독일에 유학간다"고 알고 있었고 부모님도 기뻐했다.[14] 1975년 전자과에 입학한 허경남도 부산기계공고를 실업계 학교 중 "전국 1등"으로 알고 있었다.

가정형편상 인문계 고교에 진학할 수 없었던 남자 중학생들에게 당시 국가가 전폭적으로 지원하고 있었던 우수 실업고들은 진학 좌절에 따른 패배감

---

14 부산기계공고에 입학하면 독일에 유학갈 수 있다는 소문이 돌았던 이유는 부산기계공고가 애초 한독 경제협력사업 중 1967년 부산 한독직업학교로 설립되었기 때문이다. 하지만 이듬해 '동베를린 사건'으로 한독 관계가 악화되자 지원이 중단됐다. 이후 박정희와 청와대가 국립으로 전환해 학교를 운영하겠다는 방침을 세워 국립부산기계공업고등학교가 되었다. 이에 대해서는 추후 연구를 기약한다.「학교 소개 2. 부산기계공업고등학교」,『대한공업교육학회지』 제3권 1호, 1978. 10, 34~35쪽; 2014년 9월 15일 구술, 권현점 1975년 부산기계공고 기계과 입학, 1978년 인천기계공고 실기교사 부임(인천 성리중학교 교장실).

〈그림 3-2〉 1980년 정수직업훈련원 수료 및 입학식
출처: 한국폴리텍대학 홈페이지(http://www.kopohistory.com/campus?c=campus10).

을 극복하고 해냈다는 성취감을 가질 수 있게 해주었다. 학교는 아니지만 정수직업훈련원이나 부산의 한독직업훈련원생들도 청와대에서 관심을 기울이는 기관에 입소했다는 자부심을 가졌다.

일단 입학을 통해 맛본 성취감은 선수반 선발을 거치면서 기능경기대회 입상을 목표로 매진하게 만들었다. 1970년대 중·후반 실업계 교육·훈련기관은 기능경기대회 참가와 입상을 중시했다. 명문대 입학생 수치를 가지고 경쟁하는 인문계 고교들과 마찬가지로, 이들도 기능경기대회 입상자 수를 놓고 경쟁했다.[15] 기능경기대회 참가마저 내부 경쟁을 거쳐 '선수반'에 선발되어야 가능했던 만큼, 대회 입상은 소속기관과 참가 선수들의 바람이었다. 따라서 같은 분야에 소속기관 선배 선수가 내부 선발되어 있으면 기능경기대회에 출전하

15 대다수 실업계 고교의 '학교사'들은 기능경기대회 입상 실적을 학교 약사에 소개하고 있다.

고 싶어도 할 수 없었다.[16]

'선수반' 선발은 보통 지도교사의 추천으로 이루어졌는데 지도교사들이 눈여겨보는 것은 실습 과정 중 보였던 재능이었다. 부산기계공고 기계과 입학 후 1학년 2학기부터 '선수반' 활동을 시작한 권현점은 경남 하동군 악양면 농촌 출신이었는데, 어린 시절 동네에 있었던 대장간을 드나들며 기계 수리에 흥미를 느꼈다.

> 그 부시, 이제 닳지 않도록 하는, 그걸 제가, 목형을 떠 가지고, 제가 부어 가지고, 제가 만들어서 막 조립하고, 막, 그 정도 했었으니까, 그러니까 아까 제가 이야기했던 연도 만들고, 뭐, 세발자전거도 만들고, 그 다음에 그 스케이트, 저, 저, 저, 뭐지, 썰매도 만들고, 그리고 초등학교 때 이제 오다가, 중간에 이제 대장간이 있어요, 근데 대장간에서는 이제, 기름 냄새도 나고, 막 여러 가지, 거기가 냄새가 참, 저한테는 그게 좋고….[17]

대입에서 실업계로 진로를 바꾼 경우였지만 권현점은 고교 입학 후 자신이 기계에 관심이 많다는 것을 깨달았다. 적성에 맞았던 만큼 권현점은 특히 실기 수업에서 두각을 드러냈고, 입학 직후 바로 기능경기대회에 참가하겠다는 목표를 세웠다. 부산이라는 대도시에 처음 이주해 위축된 상태로 고교생활

---

16 제24회 국제기능올림픽 창호 분야 은메달 수상자인 권율혁과 같은 대회 밀링 분야 금메달 수상자인 양판석은 모두 같은 학교 선배가 출전한 분야를 피해 그간 학교에서는 참여하지 않았던 분야의 출전을 스스로 결정한 경우였다. 2014년 8월 21일 구술, 양판석 제24회 국제기능올림픽 밀링 분야 금메달 수상자(서울방송고등학교 교장실); 2014년 8월 18일 구술, 권율혁 제24회 국제기능올림픽 창호분야 은메달리스트(경기도 광주 K2D2 사무실).

17 권현점, 앞의 구술.

을 시작한 권현점은 기능을 통해 자신감을 갖고 성취감을 맛볼 수 있었다. 정수직업훈련원 목공계공과에 입소한 권율혁도 마찬가지였다.

내가 왜 나무를 택하게 되었나, 그 동기가 있어요, 그때 당시에는 뭐, 부모님은 배우지도 못하고 뭐 하고 해서 애를 진학 지도, 혹은 장래 지도할 만한 저기도 안 되고, 예, 어디서 도움을 받을 데도 없고, 그래서 제가 초등학교 때부터 이 손재주가 좋아서, 뭐 팽이, 썰매, 지금도 내가 그 초등학교 동창들을 만나면, 니가 그때 당시 파주었던 도장, 도장을, 제가, 예, 초등학교 때 파서 이렇게 선물해 주고 그랬거든요, 우리, 저 친구들한테, 근데 나는 다 잊어먹었는데, 이 몇십 년 만에 만나서 초등학교 동창회하고 뭐 이제 나가고 보면, 이제 그 친구들이 있어요, 니가 그때부터 이게 좋아서, 예, 해주었다.[18]

입소 후 정수직업훈련원에서 훈련 중이던 국제기능올림픽 국가대표 선수들을 우연히 본 권율혁은 스스로 국제대회 출전을 목표로 세웠고, 이미 목공예 분야 선수로 '선수반' 훈련 중이었지만 목공예 지도교수의 반대를 무릅쓰고 창호 분야 참가를 결정했다.[19] 창호 분야를 지도하고 있던 지도교사의 격려로 전국대회 출전 기회를 얻게 된 권율혁은 취침 점호를 어기면서까지 실습장으로 돌아와 훈련에 매진했다. 밀링 분야의 지방대회, 전국대회, 국제대회까지 모두 우승한 양판석은 실습을 너무 열심히 해 지문이 닳기도 했다.

18 권율혁, 앞의 구술.

19 권율혁은 정수직업훈련원 입소 이전 구로 고무공장에서 '제작' 경험이 있었다. 기능 습득의 경험이 있었던 것도 입소 후 실기에 두각을 보이는 데 도움이 됐다고 구술했다. 창호 분야로 바꾸겠다고 얘기한 후 권율혁은 "그 얘기하고 제가 반 죽을 만큼 맞았어요. 그렇게 얻어맞고 지도선생님이 접었죠"라고 회상했다. 권율혁, 앞의 구술.

근데, 이 기계하고 어떻게 보면, 이제 그, 거의 생활하는 거고, 사는 건데, 어어, 기계를 딱 잡으면 아침에 한 일찍 잡으면, 밤늦게까지 계속 기계하고 이제 작품을 만들고, 제작하고 해야 되니까, 으음, 거의 기계 가공이잖아요, 그러니까 이제, 절삭 가공이고, 그래 이제, 그런 상태에서 그게, 맞았었죠, 그게 이제, 그 적성에 맞았던 거죠, 어떻게 보면, 그런 손기술이, 좀, 좀 좋았다고 봤죠, 그 이제, 이쪽은 거의, 뭐, 이, 맛은 아니지만, 이런, 촉각이든 청각이든, 시각이든, 이런 감각들이 살아 있어야 되거든요, 그럼 이제 이렇게, 가공할 때, 막 뭐 이렇게, 1/1000밀리까지 막, 그 수치를 만들어내야 되니까, 그리고 이게 면이라든지, 어떤 조립 기능이라든지, 이런 것들이 다, 그런 것들이 이제, 그, 테크닉이 있어야 되는 거죠, 그래, 그랬기 때문에 그런 거는 이제, 나름, 그, 우리나라 사람들이 특히 있긴 있어요, 이 손기술이 좀 뛰어난 민족이고 그러니까, 으음, 그런 것들이 저한테는 잘 맞았어요, 그래서 이제 이 손 감각이, 좀 많이, 좀 하고, 어어, 그런 감각이 살아 있다고 봐야죠, 그래서 이제, 그런 것들이 맞아서, 으음, 연습하는데 지금 재미가 있었고, 또 부족한 것도 해결하려고 했었고, 어어, 거기에 또 지도도 따르긴 했었고, 다 그러면서 이제, 그런 것들이 좀 잘 연결돼서 그, 각종 대회에서 내가 땄고, 그런 것들이 좀 있었죠.[20]

10대 시절 권현점과 양판석, 권율혁이 훈련에 매진했던 첫 번째 이유는 국가와 가족을 위해서라기보다 기능 자체에 대한 흥미와 최고의 기술자가 되고 싶다는 개인적 동기가 컸다. 구해근이 지적했듯이, 한국의 노동계급은 호의적이지 않은 문화적·정치적 환경 속에 놓여 있었다.[21] 이 점은 국가와 사회, 무엇

20 2014년 8월 21일 구술, 양판석 제24회 국제기능올림픽 밀링 분야 금메달 수상자(서울방송고등학교 교장실).

21 구해근 지음, 신광영 옮김, 『한국 노동계급의 형성』, 창작과 비평사, 2002, 33~35쪽.

보다도 실업계를 선택한 그들 자신이 잘 알고 있었다. 그러나 1970년대 후반 박정희 정부는 한국의 전통적인 '기술 천시' 문화를 바꿔 새로운 기술계 인력을 양성하려 했고, 이러한 국가의 메시지는 자기 환경을 바꾸고자 했던 비진학 청소년들에게 희망으로 다가왔다. 이들 비진학 청소년들에게 기능은 새로운 분야였고 노력한 대로 성취할 수 있는 분야였다. "노동자들은 지적인 순발력, 열심히 일하는 습관, 낮은 기대 수준을 갖고 산업노동에 입문하였다"라는 구해근의 통찰과는 달리 순발력, 습관, 그리고 기술에 대한 기대를 가지고 산업노동에 입문하였다.

이 같은 성취동기를 산업 분야 출전자들만 가졌던 것은 아니다. 제화, 이발, 미용, 양복 부문 참가자들은 훈련소·공고 출신들보다 가정형편도 더 어려웠고 훈련소·공고 참가자들만큼 체계적인 교육, 훈련 지원을 받기도 어려웠다. 이 분야의 참가자들 대다수가 소속 직장 대표로 참가하였다. 사업주의 허락과 개인적 의지가 없었다면 대회 참가 자체가 힘든 경우가 대다수였다.

> 1970년 3월 1일 아이롱뽀이(다림질 담당—인용자)로 취직했다. (…) 비록 상급학교에 진학은 못했지만 언젠가 그들에게 보라는 듯 떳떳하게 살아가리라고 다짐하면서 앞으로 마음껏 나래를 펴고 기능을 발휘할 수 있게끔 처우개선이 되었으면 좋겠다. 좀 더 노력하고 새로운 것을 개발하여 세계적인 디자이너가 되는 게 꿈이다.[22]

1977년도 전국기능경기대회 양복 부문에서 금메달을 획득한 권금덕은 양복점에 근무하면서 전국대회에 참가했다. 기능도 사업장 선배에게 견습방식

22 권금덕(양복 금메달리스트), 「불구다리 이끌며 전력경주」, 『기능』 제8권 제3호, 1977, 99쪽.

으로 익혔다.[23] 제23회 국제기능올림픽 이용 부문 금메달 수상자였던 박성현도 마찬가지였다. 1969년 국민학교 졸업 후 진학하지 못하고 농사를 돕던 중 농사에 싫증이 나 이농한 박성현은 친구의 권유로 이용원에 취직해 이용 기능을 익혔다. 처음 기능을 습득할 때 주인은 이용기술을 가르쳐준다는 이유로 무보수로 근무시켰다. 기능경기대회 참가와 입상은 박성현에게 최고의 기술을 갖추면 경제적·사회적 성공을 이룰 수 있다는 점을 주지시켰다. 여러 업소를 전전하며 익힌 기술로 이용 부문 금메달까지 획득할 수 있었던 것은 "최고의 기술 보유자가 되어 인정받고 싶다"는 열망이 있어서였다.[24]

입상은 또 다른 성취를 부여했다. 전국기능경기대회 입상 후에도 국제기능올림픽 국가대표로 선발되기 위해서는 평가전을 세 번 치른 뒤 심사위원들의 선택을 받아야 했다. 전국대회 입상보다 국가대표 선발전이 더 치열할 정도였다. 정수직업훈련원에서 처음으로 프레스공구 분야 전국대회 우승을 차지한 박동명은 이 분야 '전통의 강호'인 금성통신 회사가 선수 선발에 압력을 행사하지 않을까 우려하기도 했다.

> 그 전국대회 했었거든요. 전국대회 했었는데 내가 점수가 월등히 좋아 가지고 1등이 됐는데, 그 뭐냐… 선발전을 한단 말이죠, 선발전은 이제 서울대학교 박장의 교수님이 하셨는데, 얼마나 로비가 있었겠어, 대기업에서. 그때 당시 금성사니

23 산업 분야와는 달리 도제 형태를 취하고 있었던 수공업 분야 사업장 대다수에서 이런 훈련은 "얻어맞기는 예사인" 상태를 견디며 이루어졌다.

24 박성현은 전국대회 입상 후 부산 지역에서 좋은 대우로 스카우트 제안을 받았지만 "돈이 문제가 아니었다. (…) 배운다는 신념 하나로 나날을 보냈다. 생활은 더 어려워졌다. 건강은 말할 수 없이 나빠져 있었다"고 회상할 정도로 경제적 성공보다 성취를 중요시했다. 박성현(이용 부문 금메달리스트), 「지게 벗어 던지고 야간도주 천신만고 끝에 이용술 터득」, 『기능』 제8권 제3호, 1977, 108~109쪽.

까. 금성통신 금성산데 거기서 그냥 훈련 보내버리잖아요. 어, 체계적으로 하고 대응하다 보니까 내가 조금 실수를 하면 한 방에 날라가는 거지. 한방에 날라가는데 내가 거기서 계속 만점을 맞은 거야. 허허. 어… 저쪽에서 그냥 대기업에서 감히 그 뭐라 그럴까 월등히 차이 나버리니까, 그냥 수긍해버린 거지.[25]

실제로 로비가 있었을지는 알 수 없지만, 박동명의 기억 속에는 정수직업훈련원 지도교사들이 혹시 로비가 있을까 우려하던 모습이 남아 있다. 프레스공구 분야 심사위원의 호의로 박동명은 금성통신 직업훈련소에 가서 훈련과정을 견학할 수 있었다. 오래 전이었지만 박동명은 체계적으로 훈련받는 금성통신 사내직업훈련소에 감탄했고, 지금도 이 같은 대기업 사내직업훈련소 활성화가 필요하다는 의견을 피력했다.[26] 국가대표로 선발되면 입상을 위해 해당 분야 최고 수준인 직종장이 직접 훈련을 지도했다. 이전에는 경쟁 기관·학교의 지도자였어도 국가대표로 선발되면 해당 분야의 스승과 제자 관계로 전환되어 지도가 이루어졌다. 국제대회에서 입상하면 해당 분야 직종장도 청와대 만찬에 초청됐고, 1977년에는 기능올림픽 참가 10주년을 기해 입상 실적이 좋았던 분야 직종장들에게 표창도 주어졌다.[27]

국제기능올림픽 참가를 위해 여러 번의 경쟁에서 이겨야 했지만, 정작 국제대회에서 입상하지 못하면 또 다른 차별을 감수해야 했다. 입상자들에게는

---

25 2014년 10월 6일 구술, 박동명 제24회 국제기능올림픽 프레스공구 분야 금메달 수상자, 한국생산기술연구원 수석 연구원(경기도 부천 생산기술연구원 사무실).

26 위의 구술.

27 「김재중(가스용접직종장) 외 5인 석탑산업훈장에 빛나는 다섯 얼굴」, 『기능』 제10권 제2호, 1976, 90~91쪽.

순위에 따라 다른 훈장이 주어졌다.[28] 국제대회 대표선수 정도면 국내에서는 최고 수준의 기능 보유자이고 계속 그 분야에서 활약할 가능성이 높았지만, 일종의 국제기능올림픽 입상 연금인 '계속종사장려금'도 입상자에게만 주어졌다. 가장 좋은 혜택은 역시 동계 대학 진학 시 받을 수 있었던 '대입 장학금'이었다. 이미 기능경기대회 출전을 준비하던 시기부터 선별 육성 혜택을 받아왔던 국제기능올림픽 입상자들은 학교와 기업, 국가가 제공하는 이 모든 혜택을 독점적으로 누릴 수 있었고 그 과정에서 입상에 대한 자부심을 가졌다.

그러나 가장 큰 것은 이 모든 과정을 스스로 해냈다는 성취 경험이었다. 10대 후반~20대 초반에 이런 경험을 한 이후 이들은 '과정으로서 기술'을 연마해 갔다. 국제기능올림픽 입상자들의 대다수가 현재도 기능경기대회 각 분야 지도자로 활약하고 있다. 이들에게 국제기능올림픽은 자신의 입상으로 종결된 사건이 아니라 현재진행형이다.

> 개인의, 개인의 역할이 뭐, 얼마나 있겠냐? 미약하죠, 개인이라는 힘은, 이제 단, 이제 거의, 이, 수많은 우리, 그 후배들, 제자들 키우면서 그 제자들이 이제, 다양하게 이제 산업사회에 그 적응을 하면서, 이, 성장시킬 동력이 되는 것은 맞죠, 그거는 엄청난 인원이니까요, 매년, 뭐 엄청나게 이제 배출하니까요, 지금 현장에서 잘하고 있고요. 그리고 나 자신도, 뭐 이, 학교에서 남은 보람이 그런 의미죠, 내가 후배를 키우고 이렇게 가르치고, 그렇게 사회에 나가 진출하고, 이 부분에 대해서는 자부심이 있어요, 그런 쪽에서는 [제가] 많은 역할을 했다고 보는 거죠, 으음, 그런 거에 대한 사회 공헌을 했다고 볼 수도 있고, 더불어서 나도 잘 됐고.[29]

---

28 1등에게는 동탑, 2등에게는 철탑, 3등에게는 석탑, 4등에게는 산업포상이 주어졌다.

29 2014년 8월 21일 구술, 양판석 제24회 국제기능올림픽 밀링 분야 금메달 수상자(서울방송고

1978년 제24회 국제기능올림픽 밀링 분야에서 우승한 양판석은 이후 성동기계공고 실기교사로 부임해 계속 밀링 분야 선수들을 육성했다.[30] 입상 자부심이 이후에도 소멸되지 않고 '선수 지도'를 통해 이어진 셈이다. 기능경기대회 '선수반' 지도를 맡은 모든 구술자들이 지도 때문에 가정생활에 소홀했고 아내의 불만이 컸다고 얘기했다. '선수반' 지도를 하다가 일본 유학을 준비한 공부건은 '선수반' 지도 때문에 귀가가 늦어 불만이었던 아내의 독려로 유학을 준비했었다.[31] 그러나 이 과정이 '국가를 위해', '학교를 위해' 이루어지지는 않았다. 훈련과 입상에 '미친' 정도의 몰입은 무엇보다도 여러 장애를 딛고 사회적 인정을 받고자 했던 성취동기 그 자체로 인해 가능했다. 이런 점에서 이들이야말로 박정희 정부가 의도한 그대로 자기 기능에 자부심을 가지고 기능우대사회를 믿고 스스로 그런 사회를 만들어왔다고 자부한다. 명실상부한 '조국 근대화의 기수'였던 것이다.

2. 입상자들의 기대와 기술보국 의식

국제기능올림픽 한국위원회에서 발행하던 잡지 『기능』과 노동청이 발행한 『노동』에는 자주 기능직 노동자의 처우개선 방법과 방향에 대한 특집과 기

등학교 교장실).

30 구술에 응한 공부건은 부천공고에서, 권현점은 인천기계공고에서 '선수반' 지도를 계속했고 권율혁은 목공예 분야 전수 프로그램과 국제기능올림픽 지도자로 참가했다. 박동명은 한국산업기술대학 대학원에서 연구 지도를 하고 있다. 공부건, 앞의 구술; 권율혁, 앞의 구술; 박동명, 앞의 구술.

31 공부건, 앞의 구술.

획이 수록됐다. 박정희 정부는 기능대학 설립과 기능장 제도 도입으로 기능장이 기술사, 박사와 동등한 사회적 지위를 누릴 수 있다면 '기능자'의 처우개선과 기능우대사회 형성이 가능하다고 생각했다.

과학기술처 차관인 이창석은 제4차 경제개발계획이 시작되기 반 년 전 기능직 노동자의 처우개선방안을 제시했다. 당시 박정희 정부는 중화학공업화 정책 추진에 절대적으로 부족한 기능직 노동자 양성을 위해 단순한 양성에서 나아가 사회적으로 기능 습득 의식이 고취돼야 하며, 그러기 위해서는 기능직 노동자의 경제적·사회적 대우가 높아져야 한다고 생각했다. 과학기술처가 주축이 되어 생각한 기능직 노동자 처우개선책은 크게 두 가지였다. 첫째, 단기적으로는 ① 임금 향상, ② 행정사무직에 비해 불리한 일급제 임금제나 퇴직금 미지급의 개선, ③ 우수한 기능직 노동자의 상급 학교 진학 기회 부여 등이었다. 둘째, 장기적 개선책으로 마련한 것이 앞서 살펴본 국가기술자격 제도를 통해 기능장의 사회적 지위를 높인다는 것이었다.[32] 실제로 가장 적극적으로 실행된 기능직 노동자 처우개선책은 우수 기능직 노동자의 진학 독려와 국가기술자격 제도 실시였다.

대학 진학이 어렵기는 국제기능올림픽 입상자들도 마찬가지였다. 이들의 집안사정은 더 나쁜 경우가 많았다. 국제기능올림픽 입상자들은 대학에 입학하면 국가로부터 '기능장학금'을 받을 수 있었다. 입상자들에게 대학 진학은 국가가 부여한 가장 큰 혜택이었다. "조국 근대화의 기수"로 기능직 노동자를 우대했다는 이들의 기억 중 핵심은 자신들에게 대학 입학의 기회를 부여하고 학비를 준 장본인이 국가라는 점이었다.

권율혁은 정수직업훈련원 출신으로 제24회 국제기능올림픽에 참가해 창

32 이창석(과학기술처 차관), 「기능자의 처우개선책」, 『기능』 제10권 제4호, 17~18쪽.

호 부문에서 은메달을 획득했는데, 자기 생애 성취의 기회는 국가가 제공했다고 구술했다. 원래 그는 전라북도 정읍 출신으로 고향에서 유신 정권을 반대하는 마을 어른들의 이야기를 자주 접해 박정희 정권에 대해 부정적이었다. 그러나 육영수가 운영한다고 믿었던 정수직업훈련원 입소와 국제기능올림픽 참가를 계기로 국가에 순응하는 인간으로 변해갔다. 지금도 자기 회사를 경영하느라 바쁘지만, 국가의 은혜에 보답해야 한다는 생각에 기능경기대회 지도 의뢰가 오면 반드시 나간다. 같은 '정수' 출신인 박동명도 국제대회 입상 포상금과 장학금으로 대학에 진학할 수 있었다. 박동명은 자기 형편상 장학금을 받을 수 없었다면 진학을 생각지도 못했을 거라 구술했다.[33] 그에게 진학 기회를 제공해준 국가는 '하늘'과 같았다. 박동명은 광주 출신이라 집안 사람들이 모두 '야당 기질'이 강하지만 그 자신은 국가의 수혜를 입은 만큼 국가에 순응해야 한다는 생각이 강했다.[34] 1950년대에 출생해 1970년대 학창시절을 보낸 대다수 기술계 교육·훈련기관 출신들에게 박정희 대통령은 역대 대통령 중 기능직 노동자를 가장 대우해준 대통령으로 각인되어 있다.

> 우리 국제기능올림픽 선수 출신들한테 박정희 대통령은 거의 신 같은 존재인데 어떻게 '대통령 박정희' 이런 말을 쓸 수가 있어요? 지금 우리 법인 사무실에도 저기, 박정희 대통령 사진이랑 육영수 여사 사진을 걸어놨는데….[35]

---

33 "아마 장학금 없었으면 내가 대학 못 갔었을 거예요." 2014년 10월 6일 구술, 박동명 정수직업훈련원 출신, 제24회 국제기능올림픽 프레스 공구 분야 금메달 수상자(부천 생산기술연구원 사무실).

34 위의 구술.

35 2015년 4월 12일 구술, 오황인(가명) (사)국제기능올림픽선수협회 회장, 현 한서케미컬 대표이사(사단법인 국제기능올림픽 선수협회 사무실).

구술자들 중 가장 연령이 낮았던 김록헌도 비슷한 시각을 드러냈는데, 박정희 대통령은 공고 출신들을 우대했다고 기억하고 있다.

근데 이제, 저, 저 또, 더, 또 하나 뭐냐면, 박정희 대통령 있을 때는, 이제 공업, 조국 근대화의 기수, 그래 가지고 공고 나온 사람들을 상당히, 많이 우대했어요.[36]

학력 상승의 기회 제공과 함께 기능직 노동자 처우개선을 가시적으로 보여줄 수 있는 방법은 오히려 경제적 열악함은 그대로 둔 채 국가가 가지고 있는 권위를 이용해 상징적 우대를 제공하는 것이었다. 박정희 정부는 기업을 상대로 기능직 노동자의 급여 지급을 월급제로 바꾸도록 하거나, 사무직과 동일한 퇴직금을 지급하도록 하는 등의 개선책을 강제할 의사가 없었다. 이러한 사정 아래 상징적 우대가 바로 박정희 정부가 택한 기능직 노동자 처우개선책의 핵심이었다.

상징적 우대를 보여주기 위해 박정희 정부는 기업을 상대로 기능직 노동자를 '기능직 노동자'나 '공원'이라 부르던 관습을 지양하고 사무직 직원과 마찬가지로 '기능직 사원'으로 호명하는 캠페인을 기획했다. 이런 운동이 어느 정도는 영향을 미쳤던 것으로 보인다. 1975년 금성통신의 인사발령에서는 직위가 과장, 사원, 공원으로 구분되어 있지만, 1977년 인사발령에서는 '사원'과 '기능직'으로 구분되어 있다.[37] 비록 '사원'이 된 것은 아니지만 '공원'이라는 호칭은 없어진 것이다.

---

36 2015년 6월 22일 구술, 김록헌 의정부 공고 전기과 졸업, 금성통신 연구소 입사(가산 디지털단지 GNTEL 사무실).

37 「사내소식 인사발령」, 『금성통신』 제1호, 1977, 12쪽; 「인사발령」, 『금성통신』 제26호, 1977, 13쪽.

〈그림 3-3〉 국제기능올림픽 입상 선수단 카퍼레이드
출전: 「서소문로를 통과하는 선수단」, 『기능』 제1권 제2·3호, 1967.

박정희 정부가 주로 활용한 상징적 우대는 '입상자 카퍼레이드(Car Parade)'와 청와대 만찬이었다. 국제기능올림픽 선수단 공식 귀국 환영식은 3일에 걸쳐 진행됐다. 김포공항 공항환영식을 시작으로[38] 첫날 저녁에는 김포공항에서 제2한강교, 시청 앞, 중앙청, 서울역, 동성로를 거쳐 카퍼레이드를 한 후 국립묘지를 참배했다.

'카퍼레이드' 길가에는 환영을 위해 '동원된' 시민들이 열 지어 오색종이를 흔들었다.[39] '카퍼레이드'의 탑승 순서와 탑승자 배치도 철저히 성적 위주로 결

---

38 김포공항 환영회에서 꽃다발을 만들어 전달하는 역할은 정수직업훈련원 여성 훈련생들이 맡았다. 「제23회 국제기능올림픽 참가 보고」, 『기능』 제11권 3호, 26쪽.

39 1967년 9대로 시작한 '카퍼레이드'는 1977년 국제기능올림픽 최초 우승을 발표한 해에는 21대로 늘었다.

〈그림 3-4〉 제23회 국제기능올림픽 귀국 환영회(김포공항)
출전: 한국폴리텍대학 홈페이지(http://www.kopohistory.com/campus?c=campus1).

〈그림 3-5〉 제23회 국제기능올림픽 선수단 귀국 현충원 방문
출전: 「환영식」, 『기능』 제11권 3호, 4쪽.

정되었다. 금메달 입상자가 맨 앞에 타고 미입상자들은 가장 뒤의 차량에 탑승하는 식이었다. 이들에게 고위급 정치인들이나 방문하던 현충원을 국기를 들고 참배한다는 것은 작은 의미가 아니었다. 환호하는 국민들의 관심과 현충원 방문은 17~21세 사이의 기능직 노동자들에게 처음 겪는 경험이었다. 환영 리셉션은 당대 최고의 호텔이었던 타워호텔에서 진행했다.

〈그림 3-6〉 선수단 귀국 환영식
제23회 국제기능올림픽대회 선수단 귀국 환영식, 국가기록원 소장.

현충원 참배와 호텔 리셉션, 카퍼레이드보다 자신이 기능이 '대단한' 대우를 받고 있다는 인식은 역시 청와대 방문과 대통령 접견에서 보다 강력하게 느낄 수 있었다. 대통령 접견 자체도 감격일 텐데 이 자리에서 대통령 박정희는 개인적 질문을 하기도 했고 특정 훈련기관 소속자를 찾기도 했다. 어린 시절 가정형편이 어려운 가운데 성공한 입상자는 특별히 대통령의 위로와 격려를 받을 수도 있었다. 제24회 국제기능올림픽대회는 부산기계공고에서 개최되었는데, 이 자리에서 한 선수가 국내 대회라 해외 방문을 못 했다는 아쉬움을 드러내자 박정희는 그 자리에서 해외여행을 추진하라고 명령을 내리기도 했다.[40]

---

40 공부건, 앞의 구술.

〈그림 3-7〉 공고 후배들의 귀국 환영(1981. 6. 29)
대한뉴스 1339호(제작 1981년 7월 4일), 〈기능올림픽 4연패〉 영상 캡처.

환영대회는 서울에서 끝나지 않았다. 소속된 지역에 내려가면 다시 지방위원회 주최로 지역 환영대회가 별도로 열렸다. 1967년 한국 최초로 국제기능올림픽에 참가해 제화 부문 금메달을 획득한 배진학은 각종 환영 만찬에 참가하는 데만 두 달이 지나갔다고 회상했다.[41] 1970년대 후반 공고 육성정책 이후 학교에서도 후배들의 기능경기대회 나아가 국제기능올림픽 입상을 독려하기 위해 별도의 환영대회를 개최했다. 국가, 지역사회, 학교 및 기업 단위로 전개된 상징적 우대를 통해 기능을 우대하는 사회로 변화가 일어나고 있었던 것이다.

이러한 상징적 우대는 국제기능올림픽 참가 선수들의 국가와 사회에 대한 인식을 변화시켰다. 개인의 성취 욕구를 실현하기 위해 국제기능올림픽을 준비할 때는 희박했던 국가관이 오히려 입상 후 귀국해서 더 강화되었다. 국제기능올림픽 한국위원회는 입상 선수 증가에 따라 이 선수들을 당시 진행 중이던

---

41 2014년 4월 12일 구술, 배진효 제16회 국제기능올림픽 제화 분야 금메달 수상자(사단법인 국제기능올림픽 선수협회 사무실).

새마을운동에 동원하려는 의도에서 '새마을농촌기능봉사단'을 조직했다. 조직은 한국위원회가 제안했지만 실제 움직인 이들은 국제기능올림픽 선수동우회 회원들이었다. '새마을농촌기능봉사단'에 국제기능올림픽대회에 출전해 입상한 선수들이 가입하도록 독려했다. 이들은 군대와 같은 조직 구성 아래 주로 주말을 이용해 소대 단위로 농촌을 방문해 농기구 보관, 관리, 조작법 지도와 가전제품 수리 봉사를 실시했다.[42]

상경한 젊은 청년들이 고향과 같은 농촌에 내려와 벌인 이 같은 활동은 새마을운동을 진행 중이었던 농촌에 국가가 발전하고 있다는 확신을 주었을 것이다. 그런 점에서 새마을운동과 박정희 정부의 지지율 상승에도 효과가 있었다. 그러나 더 중요한 점은 이 같은 활동을 통해 생산현장에 있는 우수 기능직 노동자들의 국가관이 강화되었다는 점이다. 생계와 성취 욕구라는 개인적 동기로 시작한 기능 훈련이었지만, 이를 통해 국가와 농촌에 봉사할 수 있었다는 경험은 이들로 하여금 국가를 깊이 신뢰하도록 만들었다.[43] 국가로부터 선택받아 혜택을 입었다는 '수혜자' 의식과 박정희 정부가 이들을 동원하기 위해 설파한 기술보국(技術報國) 의식을 가지게 되었다.

그러나 국제기능올림픽에 대한 국가와 사회의 열광은 오래가지 않았다. 전두환 정권 이래 기능경기대회도 청소년 기능직 노동자들 사이의 경쟁을 조장한다는 이유로 메달 수여보다는 기능직 노동자 '축제의 장'으로 성격을 바꾸어

---

42 「새마을농촌기능봉사단 출범」, 『기능』 제9권 제1호, 1975, 35쪽; 「기능봉사 실적표」, 『기능』 제10권 제2호, 1976, 88쪽; 「기능봉사단의 활약」, 『기능』 제11권 제4호, 1977, 72쪽.

43 1972년 이미 기능경기대회 양재 분야 입상자들이 중심이 되어 '양재기능회'가 결성되어 있었는데 이 단체는 양재업 종사자의 친목과 권익을 실현하기 위한 이익단체의 성격이 컸다. 단체의 목적은 다르지만 입상자 단체를 만들고 이러한 단체가 봉사에 나서도록 만든 한국위원회의 제안은 이미 결성되어 있던 단체들로부터 영감을 받은 것일 수 있다. 양재기능회에 대한 소개는 「양재기능회 알찬 활약」, 『기능』 제8권 제1호, 1972, 46쪽.

갔다. 무엇보다 학력중심 노동시장 재편과 노동운동의 급진화가 진행되면서 1980년대 국가와 사회에서 우수 기능직 노동자에 대한 상징적 우대는 중단되었다.

3. 기술보국 인식의 균열

1980년대 경제적 상황이 좋아지자 대부분의 가정에서 남학생들은 진학을 선택하게 되었다. '졸업정원제'와 '고교입시 철폐'도 학력 상승 욕구를 부추겼다.[44] 이렇게 변화된 사회적 분위기는 특히 최고의 기능 소지자로서 공고 실기교사로 부임한 국제기능올림픽 입상자 출신들의 국가의식과 사회의식에 균열을 일으켰다.

국제기능올림픽 입상자들 중 일부는 모교나 다른 공고에 실기교사로 취직할 기회가 많았다. 박정희 정부는 공고에 우수 교사를 파견하기 위해 공고·훈련소 교사들을 우대하는 정책을 실시했다. 그러나 중화학공업화 이후 산업 고도화와 확장에 따라 우수한 기술계 인력의 첫 번째 흡수처는 대기업이 되었다. 일시적으로 실기교사가 부족해지자 박정희 정부는 공백을 채우기 위해 국제기능올림픽 입상자들을 공고의 실기 2급 교사로 임용하는 방안을 도입했다. 구술자들 중 성동공고 출신 양판석과 금오공고 출신 공부건, 인천기계공고에 부임한 권현점이 모두 이 시기 이 제도로 인해 공고 교사로 취직할 수 있었다.[45]

---

44 홍용선, 앞의 구술; 김록헌, 앞의 구술; 권현점, 앞의 구술.

45 양판석은 성동공고로 부임했고, 권현점은 모교인 부산기계공고에 부임을 약속 받았다가 경쟁에 밀려 학교의 알선으로 인천기계공고로 부임했다. 금오공고 출신인 공부건도 모교에 부임할 것을 약속받고 금오공고에 있는 학과에 배치되기 위해 전공을 선택하라는 압력(?)까지

입상자인 만큼 학교는 이들에게 기능경기대회 지도를 맡겼다. 이들은 입상자 출신 지도교사라는 명성에 걸맞게 지도 학생들을 기능경기대회에 입상시키기 위해 노력했지만, 해가 갈수록 지도 학생들의 실력은 떨어졌다고 기억한다.

어, 그 다음 년(1980년—인용자)까지도 괜찮았어요, 그 다음부터는 이제 좀, 하향세를 많이 걸었어요, 그게 이제, 내가 이제, 우리가 한, 그 후배들이지, 그러니까, 이제 한 1982년, 1983년에 들어온 친구들부터는 조금씩, 조금씩 하향세를 걸었어요, 그러면서 이제, 막, 그, 이제 진학의 열풍 불다 보니까, 인문 계열로 막 가고, 또 이제 특성화고가, 막 공업고등학교가 미달되고, 어, 막 그랬죠.[46]

졸업하자마자 모교인 성동기계공고 실기교사로 부임한 양판석은 1980년대 초반부터 시작된 진학 열풍 때문에 중학 시절 성적이 낮은 학생들이 공고로 진학해 왔다고 기억했다. 양판석과 마찬가지로 실기교사로 부임한 공부건과 권현점도 비슷한 인식을 보인다.

제가 학교로 말씀드리는 것보다, 88년 3월 10일날 제가 부천공고를 발령 받았던 그 시기의 인천기계공고를 말씀드리면 될 것 같애요. 그때 박 대통령이 각 지역별로 가장 좋은 공고를 세운 거 중에 하나가 인천에 인천기계공고, 충남에 충남기

받으면서 공업교육과를 졸업했지만 결국 금오공고의 '하사관 부임 5년 옵션' 제도로 인해 제대 후 돌아왔을 때는 금오공고에 부임할 수 없어 부천공고로 부임했다. 양판석, 앞의 구술; 권현점, 앞의 구술; 공부건, 앞의 구술 참조. 그러나 이 제도는 1980년대 접어들어 금오공과대학교 설립, 직업훈련 교사를 양성하기 위한 한국기술교육대학교 설립과 무엇보다도 학력 상승으로 인해 사라졌다.

46 양판석, 앞의 구술.

계공고, 뭐 경북에서는 금오공고, 부산에서는 부산기계공고, 그렇잖아요? 그 인천 기계공고는 당시에 교류가 많아가지고, 이렇게 자주 왕래가 있었는데, 그 학생들 수준을 보면 상당히 질문하신 내용을 보면 그때 당시 학생들과 과연 학교가 퇴보했느냐 발전했느냐 질문하시는 것 같은데, 학생들의 수준이, 현저하게 떨어졌던 거는 맞습니다. 학생들의 수준이. 저희가 다녔을 때 인천기계공고 학생들의 수준보다는, 아무래도 뭔가 정부 지원이 좀 적었다든지 관심이 좀 부족했다든지….[47]

금오공고 출신이라 대학 졸업 후 하사관 복무까지 마쳐야 했던 공부건은 1988년에야 부천공고에 부임했다. 그는 부천공고 실기지도교사여서 인근의 인천기계공고와 교류가 잦았는데 자신이 고등학교 시절 만났던 인천기계공고 출신들에 비해 기능 수준이 현저히 떨어졌다고 느꼈다. 1979년부터 인천기계공고 실기교사로 부임한 권현점도 1980년대 접어들어 공업계 고등학교의 수준이 하락했다고 보았다.[48]

국가가 부여한 혜택과 사회적 인정, 계층상승을 경험한 국제기능올림픽 입상 선수들은 1980년대 들어서 자신들에 대한 국가의 대우와 사회의 시선이 달라지고 있다는 점을 감지했다. 달라진 상황은 그들을 혼란스럽게 했다. 더 이상 국가와 사회가 자신들을 비롯한 공고와 훈련소 출신들을 대우해주지 않자 이전까지 형성해온 국가관에 균열이 일어나고 불만이 생길 수밖에 없었다.

변화된 상황을 합리화하기 위해 이들이 택한 방법은 전두환 정권이 기능직 노동자 우대정책을 축소시킨 것이라며 박정희 정부 시기 국가와 전두환 정권기 국가를 분리해 사고하는 것이었다.

---

47 공부건, 앞의 구술.

48 권현점, 앞의 구술.

근데 전두환 대통령이 딱 바뀌고 난 다음부터, 본인이 공고 나왔음에도 불구하고, 공고 나온 사람들은 진짜, 거의 취급을 안 해줬구요. 거의, 이제 공고 나오면 거의 이제, 거의 이제 그 거의 밑의 층에? 그 하층민의 어떻게 할 수밖에 없는 그런 취급을 해준 거, 그러는 거 자체도 저는 불만이었어요. 그게 우리 나이 대에 있는 사람들은 그 당시에 다 그렇게 느꼈거든요.[49]

전두환 정권기 갑자기 기간산업의 병역특례 혜택이 폐지되어 군 입대를 하게 된 김록헌은 기능직 노동자의 사회적 지위가 낮아진 이유를 전두환 정권의 기능직 노동자 우대정책 폐지에서 찾았다. 공부건과 권현점도 비슷한 시각을 보였다.

뭐 정부 정책 때문에 변화가 있었던 것도 있구요. 예를 들어서 박정희 대통령께서 우수고등학교, 특성화대학, 이런 거를 만들었잖아요. 그런데 전국적으로 지원을 했거든요. 그래서 우수한 아이들이 많이 진학을 했어요. 그런데 뭐 정책을 바꾸니까 그런 뭐 결과를 낳았던 것 같고.[50]

공부건은 전두환 정권이 우수 공고에 대한 지원을 축소해서 사회적 인식이 나빠졌다고 보았다. 공고를 졸업해도 진학 기회를 보장해줘야 했는데 실업계 고교마저 진학 열풍이 불자 진학 기회를 축소시킨 전두환 정권의 정책 변화가 원인이라고 꼽았다. 이러한 시각을 가장 강하게 드러낸 이는 노동청에서 초기 직업훈련사업 체계를 구축한 서상선이었다.

---

49 김록헌, 앞의 구술.

50 공부건, 앞의 구술.

아니, 얘기를 들어보세요. 그렇게 산업기술대학교 이름을 갖다 붙였는데, 하루는 전두환 대통령이 오라고 해서 청와대 가보니까, 청와대서 하는 얘기가, 노동부가 지끔(지금) 대학이 대덕에 요번 사(4)월에 오픈한다고 그러는데, 그 대학을 과기처(과학기술처)에다 넘기라. 그게 더, 지금 과학기술처에서 과학기술고등학교 아이들이, 진학할 길이 없다고 한다. 그러니까 여기서, 우선 지금 직업훈련 교사 양성도 중요하지만은, 우선 그것도 해달라. 우리는 뭐 그 양반 말에 할 수 없이, 그래서 그 '산업'이라는 말 대신 '과학'자가 들어가서 한국과학기술대학교가 된 거예요. 그 카이스트(KAIST)가 설계하고 완전히 오픈할 때까지 한 것이 바로 저예요. 그래 가지고 그거 그렇게 되는 거 보고선, 저는 아유, 뭐 이것도 저것도 내가 다 한 거다 해 가지고 떠났지요.[51]

요컨대 이들의 인식 속에서, 기능우대 정책의 추진으로 '국가수혜자'라는 인식을 가지게 했던 '기술보국'의 대상은 박정희 정부였던 것이다. 전두환 정권 이후의 국가는 이들에게 적절한 대우를 보장해주고 기능에 대한 자부심을 갖게 해주었던 그 '국가'가 아니었다. 그렇다고 이들이 국가의 정책 변화와 사회 인식을 바꾸기 위한 행위에 나선 것도 아니었다. 오히려 정책 변화에 불만이 있더라도 묵묵히 자기 기능을 연마해야 한다는 식으로 시대 변화에 순응하는 모습이 지속됐다. 국제기능올림픽 참가자들 중 대학에 입학한 이들은 모두 치열한 '반 전두환 정권' 학생운동이 벌어지는 시기에 대학 시절을 보냈다. 그러나 이들 대다수는 대학 내의 학생운동에 무관심했다. 야간대학 진학으로 일과 학업을 병행하면서, 시위 때문에 휴강이 될 때마다 학업을 보충하거나 휴식을 취하는 식이었다.

---

51 2013년 8월 21일 구술, 서상선 노동청 직업훈련국장(군포 서상선 자택).

아주, 대학 생활은 아주 행복했던 거 같아요. 휴교령이 막, 한, 6개월 정도 이렇게 되고 하니까, 영어를 잘 못해도, 그때 공부를 엄청 이제, 그 친구들하고 이제 해서, 뭐, 저기 교재는 그때 이제, [수업]하고 나서, [학교] 휴교가 내려졌으니까, 이제, 그, 노는 동안에도, 이제 그 휴교령 내려지는, 그중에도 보면, 이제, 이 공부하고 싶은 친구들이 여러 명 있었어요. 그러니까 그, 운동권하고 관심이 없는, 이제 저는 그런 부류 쪽에 있으니까, 학교 안 가더라도, 뭐, 저기, 어디서, 시내 어디 가든지, 뭐 하여튼 해 가지고, 그, 저기, 제 기억에 그룹 스터디 식으로도, 이제 우리 전공에 대해서 이제 했던 기억들이 있어요.[52]

금성사에 입사하자마자 고졸 기능직의 한계를 실감한 허경남은 바로 퇴사해 부산대학교 전기공학과에 입학했다. 그가 입학했던 1980년부터 1983년까지는 학생운동이 가장 치열했고 탄압도 심했던 시기였다. 많은 대학생들이 데모에 동참했고, 동참하지 않은 대학생들도 학교만 다니기에는 '불행했던' 시기로 생각하고 있었지만, 학생운동에 관심이 없었던 그는 휴교령 기간 동안 부족한 학과 공부를 보충할 수 있었기 때문에 이때를 '행복한' 시기로 기억하고 있다.

기능직 노동자-노동자 집단의 사회적 지위를 높이기 위한 노동운동이나 노동조합 활동에 대해서도 마찬가지였다. 생산기술연구원에 근무했던 박동명은 1980년대 후반 고졸 연구원들이 중심이 되어 노조 결성을 시도했지만, 자신과는 상관없는 일이라 생각해 무관심했다. 실업계 고교에서 오랜 기간 교직 생활을 한 권현점은 "그런 쪽(노조 활동—인용자)으로는 안 가고, 어떻게든지 내 앞에 목표를 정해놓고, 내가 이 목표를, 나는 도달해야 되겠다, 그런 생각을 하지, 이

52 2014년 8월 28일 구술, 허경남 부산기계공고 전기과 졸업, 국제기능올림픽 동력배선 금메달 수상자, 부산대 전기공학과 졸업((주)테크빌 사무실).

걸 가지고 세상을 바꾸겠다 하는 그런 쪽으로는 생각을 안 해봤다." 노조 활동을 통한 기능직 노동자-노동자 집단의 변화보다 여전히 실력 향상을 통한 성취 실현이 더 중요하다는 인식을 드러낸 것이다.[53] 교육·훈련을 받았던 초기와 마찬가지로 여전히 기능과 기술 연마를 통해 이룩할 성취 욕구에만 몰입했다.

사회와 국가 정책의 변화에도 불구하고 그들이 이런 인식에 머물렀던 이유는, 그들이 받았던 혜택과 인정이 오랜 기간 사회의 합의를 통해 형성되었다기보다 국가 주도로 단기간에 주어진 것이었기 때문이다. 즉 서구와 같이 숙련노동자들의 구성원 재생산, 자체 조직 결성, 자치와 같은 자발적 움직임에 의해 이루어진 기능 우대가 아니라 철저하게 국가로부터 부여 받은 혜택이었다. 따라서 이들의 자부심과 사회적 지위를 높일 주체는 그들 자신이 아닌 국가였다.[54] 그런 점에서 이들이야말로 철저하게 박정희 정부가 바란 탈정치·경제적 동원 이데올로기를 내면화한 존재였지만, 바로 그렇기 때문에 박정희 정부가 그토록 주창했던 "기능인에 대한 그릇된 인식을 바로잡는"[55] 역할을 하는 기능 지도자는 되지 못했다. 기능·기술 연마에 몰입한다고 공고 출신을 비롯한 기능직 노동자-노동자 집단의 사회적 지위가 상승하지는 않는다는 '진실'에 무감각했던 것이다.

사실 대다수가 기능교육·훈련자로 역할하고 있었던 만큼 이들 스스로 미래의 기능인으로 성장할 학생과 훈련생들이 사회의 인정을 받을 수 있도록 나섰다면 박정희 정부가 무너졌어도 서서히 기능직 노동자에 대한 사회적 시선

---

53 권현점, 앞의 구술.

54 인터뷰가 이루어진 2014~2015년은 정부 주도로 특성화 고교 강화, 뿌리산업 육성과 같은 박정희 정부 시기 정책을 되살리던 시기로, 이들 모두 박근혜 정부의 이 같은 정책에 기대를 가지고 있었다.

55 「양재기능회 알찬 활약」, 『기능』 제8권 제1호, 1972, 46쪽.

이 달라졌을 수도 있었다. 그러나 실업계 고교에서 청소년 기능직 노동자들을 지도하는 지도교사들조차 그런 인식은 부족했다. 그 결과 ILO가 국가 정책으로 직업교육·훈련 실시를 통해 회원국들에게 제안한 "청소년에 대한 직업훈련 과정 중 육체노동자에 대한 사회적 차별 철폐와 같은 사회적 의의를 실현시켜 나간다"[56]라는 직업교육·훈련의 가장 중요한 목표는 여전히 수립되지 못한 상태에 머물러 있었다.

56 ILO의 직업교육·훈련 권고를 통해 추구한 목표에 대해서는 1부 2장 2절 참조.

2장

금성통신 GTS맨들의 경험

1. 금성통신 GTS맨들의 훈련 경험

1969년 금성사 통신사업부에서 분리 창립한 금성통신은 EMD 교환기 조립, 수출용 EMD식 자동교환기, 키폰, 적산전력기, 전화기를 주로 생산하는 통신기기 제조업체였다. 1970년대의 첨단제품인 자동식 교환기를 생산했을 만큼 사내 구성원들의 기술력 향상이 중요한 기업 가운데 하나였다. 금성통신은 금성사와 함께 1970년대 내내 모범 직업훈련소 운영 기업이자 전국·국제기능경기대회에서 우수한 성적을 낸 기업으로도 유명했다.[57]

1970년대 중화학공업화는 인적자원의 수급 계획(안) 수립과 함께 추진되었다. 계획의 수립과 안정적 공급을 주도한 것은 박정희 정부였지만, 정부 못지않게 기업과 사회 구성원들도 자신의 교육과 기술력 향상에 적극적이었다.[58]

---

57 「모범 사업 내 직업훈련소 소개: 금성사 사업 내 직업훈련소」, 『산업과 노동』 8-6, 1974, 56~57쪽.

58 박영구, 「20장 중화학공업화선언과 기술인력 공급 정책의 형성」, 앞의 책, 2012, 167쪽.

노동청은 사업 내 직업훈련을 실시하는 모범 기업체를 소개하면서 이러한 사례의 확산을 시도하였다. 노동청은 기업이 장기적 안목에서 성장 목표를 세운 후 그에 맞춰 재직 '근로자'의 직업훈련을 지속적으로 실시해야 한다고 주장했다.[59]

1967년에 재계 인사들이 모여 한국직업훈련협의회를 발족했다. 이 협의회는 한국산업훈련협의회로 개칭된 후 1970년부터 한국산업훈련협회로 바뀌어 현재까지 이어지고 있다. 직업/산업훈련협의회는 업종과 기업의 상황에 맞게 운영되고 있던 기업 내 직업훈련 운영 실태를 소개하고 사내직업훈련 확장의 필요성을 강조했다.[60]

사실 기업의 직업훈련 제도 운영과 그 특징은 산업 분야와 해당 기업의 훈련 목적에 따라 다를 수밖에 없다. 본 장에서 살펴볼 금성통신 직업훈련의 특징은 특정 인원을 선별하여 향상훈련과 훈련(trainning) 수준을 넘은 기술교육(education) 과정을 개설했다는 점이다. 기존 연구들은 기업 내 직업훈련이 주로 낮은 수준의 기능사보 훈련에 머물렀다고 보았지만, 업종과 기업에 따라 개설한 훈련과정의 수준은 서로 달랐다. 1971년 설립 초기부터 금성통신은 숙련 기능공 양성을 위해 재직자들을 대상으로 2년과정의 금형기능공 양성반을 운영

59 「모범 사업 내 직업훈련소 소개: 금성사, 기아산업, 동일방직」, 『산업과노동』 8-6, 1974, 직업훈련 특집, 56~61쪽; 1976년 12월 17일 방송된 MBC 송년 특집 프로그램 〈76년을 빛낸 사람들〉에서 〈쇠를 깎는 청년〉이라는 제목으로 금성통신 안양공장 금형공양성실의 이광연 군이 소개되었다. 이광연 군은 1976년 전국기능경기대회 금메달을 획득하였는데, 이는 금성통신에서 수년간 기능공 양성에 힘을 기울여온 결과라고 소신을 밝혔다. 금성통신주식회사, 『금성통신』 19, 1976, 16쪽; 노동청, 『기능공 훈련의 실태와 개선방안 조사연구보고서』, 1970, 10~25쪽.

60 윤능선(전국경제인연합회 조사부장), 「우리는 직업훈련을 이렇게 본다—사용자 측을 대표하여」, 『산업과 노동』 2-6, 1968, 22~23쪽; 「부산상의서 창총, 직업훈련협의회 설립키로」, 『매일경제』 1968. 5. 1; 김제원, 「권두언」, 『산업훈련』 1-1, 1970. 6, 6~7쪽.

하고 있었다. 1975년 이후에는 기업 내 직업훈련이 의무화되는 상황에 대비해 직업훈련소 개소를 준비했다. 금성통신 직업훈련소는 개소하자마자 기술·사무인력 양성을 위한 양성과정을 개설하였다.[61] 금성통신의 이 같은 결정은 기업의 특수사정과 시대적 배경에서 영향을 받은 결과였다.

중화학공업화 선포 이후 과학기술처는 1973년 8월 새롭게 중화학공업 공장 건설에 따른 기술 및 인력수급 계획안을 작성했는데, 중화학공업 부문 과학기술자는 8,000명 부족할 것이고 기능공은 64만 8,000명이 부족할 것이라고 추정했다. 이러한 수치는 과학기술계 인력의 절대적 부족을 의미하는 것이었고, 향후 인력개발이 중화학공업 분야 중심으로 이루어져야 한다는 결론으로 귀결되었다.

1973년 경제기획원과 과학기술처는 양자 모두 실업교육은 경직성과 장기성으로 인해 급증하는 인력수요에 신축적으로 대처할 수 없다고 보고, 기업이 직업훈련의 주축이 되어야 한다고 보았다.[62] 기능직 노동자 공급 주무부처였던 노동청도 동의하는 바였다. 기술인력 중 가장 많은 수치를 차지하는 기능직 노동자의 경우 사내직업훈련 위주로 이루어져야 산업 수요에 맞는 인력이 양성될 수 있고 동시에 고용률 향상과 실업률 격감 효과를 낼 수 있다고 본 것이다. 과학기술처의 제안에 맞춰 노동청은 경제기획원과 함께 사내직업훈련을 의무화하는 법 제정을 준비했다.

---

61 김용선, 「초급 기간사원 양성과정 개설에 즈음하여」, 『금성통신』 11, 1976, 4~5쪽.

62 과학기술처는 1973년(안)을 통해 ① 모든 기업체가 직업훈련을 의무적으로 실시하도록 하는 제도의 확립, ② 기업의 사내훈련 의무화는 직업훈련 분담금 제도를 확립함으로써 간접 강제할 것을 제안했다. 과학기술처, 앞의 책, 1973, 229쪽. 경제기획원도 기술공 및 기능공 부족 인원의 약 87%에 해당하는 130만 명 이상을 직업훈련 방식을 통해 양성해야 한다고 제안했다. 경제기획원, 『우리경제의 장기전망 1972~1981』, 1973, 60쪽.

'직업훈련에 관한 특별조치법'은 1974년 12월 1일 본회의를 통과한 후 1975년 4월 30일 통과된 시행령과 시행규칙을 통해 상용 근로자 200명 이상 또는 연 근로 동원 인원 15만 명 이상 기업부터 실시되었다.[63] 특별조치법은 기업의 직업훈련 의무화가 핵심이었던 만큼 직업훈련법과는 다르게 "사업주로 하여금 직업훈련을 실시하게 하여 기능자를 양성하게 함으로써"라는 부분을 목표에 명시했다. 사업주가 직업훈련의 주요 주체임을 분명히 해둔 것이다. 특별법 제정 전까지 정부는 기업의 직업훈련을 자율에 맡긴 채 권장만 하고 있었다. 기업들은 비용 부담과 효율성을 이유로 직업훈련을 정부와 공공기관에 의존했다. 하지만 1976년부터는 기업도 직업훈련 계획을 수립하고 훈련을 실시해야 했다.

기업의 직업훈련이 의무화된 만큼 기업 측도 사측에 유리한 직업훈련 제도를 요구하고 나섰다. 1978년 6월, 직업훈련소 개소와 함께 다수 인원을 훈련시켜야 했던 대기업들이 중심이 되어 ① 사내직업훈련 비용 전액의 손비처리, ② 훈련용 실습 기자재 관세 및 훈련 시설의 특별상각 제도 도입을 요구했다.[64] 정부는 기업의 요구를 어느 정도 수용하면서도 ① 조선소 건설 시 기능공 양성소 설치 의무화, ② 중동 진출 기능공 재훈련 비용 분담, ③ 자체 훈련 대상 기업 중 훈련 미실시 기업에는 기업분담금액 100% 증액 등의 방식을 통해 기업의 직업훈련을 확대하려 했다.[65]

또한 이 시기 대기업들은 외국계 기업과 합작·투자기업 설립을 통해 자본

---

63 1976년 8월 말, 전국의 기업 직업훈련소는 396개였다. 박영구, 「21장 중화학공업화의 진행과 기술인력 공급정책의 변화」, 앞의 책, 2012, 249쪽.

64 위의 글, 252쪽.

65 위의 글, 250~252쪽.

과 기술을 확보하려 했다.[66] 1970년대 전자산업은 대기업들의 경쟁이 치열한 산업 중 하나였고, 특히 통신기기 기술은 해가 다르게 발전하는 중이었다. 신흥 공업 국가였던 한국의 공식 통신기 생산업체로 선정되기 위해 선진국 기업들도 한국 기업에게 기술을 제공하는 데 적극적이었다. 이러한 기술 수혜자였던 국내 기업은 신기술을 도입해 제품을 생산하기 위해 훈련을 강화할 필요가 있었다.

이승만 정부 시기 국설 자동통신기로 독일 지멘스사의 EMD(Edelmetalle Motor Drehwaehler, 독일 지멘스사가 개발한 기계식 교환기) 방식이 선정된 후, 금성사는 지멘스로부터 기술도입과 차관을 제공받아 EMD 교환기 국내 생산을 시작했고 대량생산에도 성공했다.[67] 1968~69년에 걸쳐 금성사 통신사업부는 EMD를 생산해 전국 각지에 개설되고 있던 지역 전화국에 납품하며 성장가도를 달렸다.[68] 그러나 이는 불안정한 성장이었다. 통신기 시장의 70%를 EMD 통신기가 장악하고 있었지만, 과학기술처가 EMD보다 정확성과 안전성이 높은 크로스바식(X bar) 통신기의 보급률을 높여야 한다고 주장한 것이다. 여기에 통신 케이블을 생산해 납품하고 있던 대한전선이 EMD 교환기보다 성능이 좋고 값싼 크로스

---

66 정부는 전자산업의 노동집약성과 수출상품성으로 인해 이 분야를 외자비율 제한에서 예외로 둘 정도로 합작투자회사 설립을 허용하는 편이었다. 박영구, 『한국의 중화학공업화 공업별 연구: 전자공업』, 해남, 2021, 282~284쪽.

67 금성통신이십년사편찬위원회, 『金星通信二十年史』, 1992, 204~216쪽; 「두 재벌의 경쟁」, 『매일경제』 1968. 3. 1.

68 금성사는 통신기 제조 선두업체도 주요 업체도 아니었다. 1950년대 말까지 통신기 분야는 일본전기(NEC) 와 같은 일본 기업들이 생산·공급하던 스토로저식이 대부분이었다. EMD식은 스트로저식의 단점을 보완해 접점 스위치에 귀금속을 사용한 것으로 독일 지멘스사가 특허권을 가지고 있었다. 서현진, 『끝없는 혁명—한국 전자산업 40년의 발자취』, 이비커뮤니케이션, 2001, 89~95쪽.

바 통신기를 개발하겠다고 나서자, 금성사로서도 EMD 교환기의 성능 개발에 나서지 않을 수 없었다. 대한전선이나 금성사 모두 당시 대기업에 해당했는데, 이 기업들이 통신기 생산에 사활을 건 이유는 통신산업이 기간산업이었을 뿐만 아니라 이미 전화기의 보급이 폭발적으로 증가하고 있어서였다. 누가 우위를 점하느냐에 따라 향후 성장 가능한 사업을 독점할 수 있었다.[69]

1969년부터는 통신시설이 EMD 교환기 방식에만 머물러 있다는 여론의 비판이 거세졌다.[70] 금성사로부터 통신사업 영업권과 업무, 인원을 일괄 양도받은 금성통신은 1970년 독일의 지멘스사와 일본의 후지전기, 서독 해외개발공사와 합작회사로 전환했다. 이러한 합작 추진의 가장 중요한 조건이 지멘스사와 후지전기로부터 기술을 도입 받는 것이었다. 지멘스와 후지전기 또한 급속한 산업화가 이루어지고 있던 한국이 자사의 통신기기를 선택하길 바랐다. 특히 EMD 원천기술을 보유한 지멘스는 금성통신을 통해 자사의 전자식 통신기가 한국의 공식 통신기로 선정되기를 원했다. 이런 배경 아래 금성통신은 1970년대 EMD 교환기와 같은 통신시설과 키폰을 비롯한 전화기, 적산전력계(積算電力計) 등의 생산을 통해 급격히 성장해 나갔다. 1970년대의 첨단제품을 생산하는 기업 중 하나가 금성통신이었다.[71] 연구와 개발, 생산에 고도의 기술이 필요했고 지속적인 훈련을 통한 기술 향상은 금성통신에게 중요한 문제였다.

---

69 「두 재벌 공방으로 큰 파문」, 『매일경제』 1968. 2. 27; 「두 재벌의 경쟁」, 『매일경제』 1968. 3. 1; 「파문 일으킨 엇갈린 주장」, 『매일경제』 1968. 2. 26; 「감질 나는 전화 6대 1의 행운 떨어져야 통화」, 『매일경제』 1968. 10. 22.

70 「통신 시설 비싸고 기술 낙후」, 『동아일보』 1969. 9. 23; 「아쉬운 성능 재점검」, 『매일경제』 1969. 5. 31; 「불량기계 납품 탓」, 『동아일보』 1969. 1. 24; 「전화교환 시설 구식 벨지움 조사단 보고」, 『동아일보』 1969. 12. 13; 「짜증나는 시민의 귀」, 『동아일보』 1969. 3. 13.

71 금성통신의 창사 과정과 제품 생산에 대해서는 금성통신이십년사편찬위원회, 『金星通信二十年史』, 1992, 258~268쪽, 279~292쪽 참조.

금성통신의 전신인 금성사는 직업훈련법이 도입되기 전부터 '금성사 기술원 양성소'를 운영할 정도로 일찍부터 직업훈련에 적극적이었다. 1967년 직업훈련법이 제정된 후에는 금성사 금형공 양성소로 개편한 후 2년제 양성과정을 운영했다. 금성사 금형공 양성소에서는 금형제작만 훈련시킨 것이 아니라 금형제작 이론교육도 병행했는데, 상당히 높은 수준의 훈련이 이루어진 것으로 보인다.[72] 이 과정을 거친 금형공 양성소 출신들이 설립 초기에 금성통신으로 이직해 기능 전수를 담당했다. 금성사 금형공 양성소는 훈련 프로그램이 좋고 이 양성소 출신은 '솜씨'가 좋다고 주변 기업들에도 정평이 나 있어 타 회사로 이직률도 높았다.

금성사뿐만 아니라 금성통신도 금형공 양성실 산하에 금형공 양성반을 두고 훈련을 실시했다. 금형공 양성반의 훈련 기간은 1년이었고 조립공과, 프레스공구공과, 정밀기구제작공과, 기계공과 등으로 나뉘어 훈련이 이루어졌다. 금형공 양성반은 금형과에서 OJT 방식으로 훈련을 이어 나가다가 1974년부터 금형공 양성소로 확대 개편하여 운영되었다. 1974년부터는 금성통신 안양 공장의 생산 라인이 대폭 증가하면서 전기전자제품과 통신기기 구조물을 생산·판매했던 금성통신에는 정밀도가 높은 금형제작공과 설계공이 대거 필요해졌다. 다시 1976년에는 양성과정도 2년으로 늘렸다. 금성통신 금형공 양성반에도 고졸 이상의 학력을 가졌거나 공고를 졸업한 후에 입소한 경우가 많았다.[73]

---

72 금성사는 1967년 직업훈련법 도입 이후 바로 노동청 인정 사내직업훈련소를 개설해 9개 직종에 걸쳐 연평균 450명 정도를 훈련시켰던 것으로 보인다. 금성사 인정 사내직업훈련소는 6개월~3년에 이르는 비교적 장기 훈련과정을 제공했다. 노동청, 「표본회사 예시: 금성사」, 『제1회 최고경영자세미나: 인력개발과 경영발전 보고서』, 1968, 131쪽. 이와 별도로 노동청의 별도 승인이나 관리를 받지 않는 금형공 양성소도 운영했다.

73 「배우는 보람과 일하는 보람」, 『금성통신』 8, 1976. 1, 59쪽; 「사내·소식 동향: 금형공 양성소에 24명 입소」, 『금성통신』 14, 1976, 7, 10쪽; 금성통신이십년사편찬위원회, 앞의 책, 290쪽.

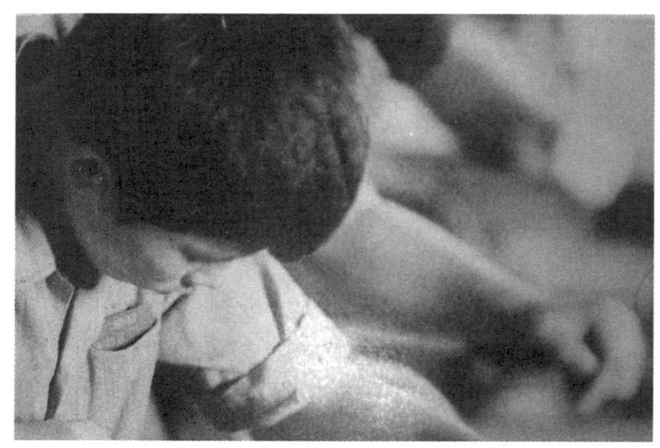

〈그림 3-8〉 금형공 양성실 현장 실습생
출전: 금성통신이십년사편찬위원회, 『金星通信二十年史』, 1992, 366쪽.

1970년대 내내 금성통신 금형과나 금형공 양성소 소속 금형공들의 기능경기대회 입상 성적이 뛰어났던 만큼 금형제작, 설계를 전공한 공고생들과 기능경기대회 출전을 희망했던 청소년 기능공들에게 금성통신 금형공 양성소는 선망의 대상이었다.[74] 1976년까지 운영되었던 기능직 훈련과 교육과정은 1976년 금성통신 안양공장 직업훈련소 설립 이후 통합 운영되었다.[75] 기능직 훈련뿐만 아니라 생산관리직을 위한 재교육·훈련도 진행되었다. 금성통신의 금형과 관계 과장들 6명이 1970년 6월 합작 이전에 먼저 1년 과정으로 지멘스사에 금형기술 연수를 떠난 것이다. 이 과정을 이수한 이들이 복귀 후 실제 금형을

74 금성통신이십년사편찬위원회, 앞의 책, 367쪽, 409~410쪽. 제23회 국제기능올림픽에 한국 대표선수로 선발된 이들 중 기계조립 분야, 기계제도 분야, 정밀기구제작 분야, 프레스 분야 등 금형제조 관련 분야 선수가 모두 금성통신 소속 사원이었을 정도로 금성통신 금형공들의 기술력은 높은 편이었다. 「제23회 한국 대표선수 프로필」, 『기능』 11-2, 97~99쪽.

75 그러나 금형공 양성소나 기능공 양성소 모두 평균 25~30명만 선발했으며, 1975년부터 실시된 '직업훈련특별법' 적용에 따른 '훈련 의무화'는 실질적으로 1976년 이후 현실화되었으므로 그 전에는 비교적 적은 인원만 훈련했던 것으로 보인다. 금성통신이십년사편찬위원회, 앞의 책, 367쪽.

〈그림 3-9〉 금형공 양성소 수련생
출전: 금성통신이십년사편찬위원회,『金星通信二十年史』, 1992, 409쪽.

제작하는 금형공에게 기술을 전수했다.

사내훈련에 적극적이었던 금성통신은 기능훈련과 기술교육을 연계하는 훈련과정을 개설하였다. 이미 기술관리 직책을 맡은 이들이 선임으로서 현장 기능직들을 훈련시킨 사례를 살펴봤듯이, 금성통신은 사내 인원을 통한 훈련 방식(OJT)을 적극 활용했다. 같은 방식으로 일종의 초급대학 수준 과정을 개설하였는데, 그것이 곧 금성통신 기간사원 양성과정이었다.

금성통신은 1년제 '초급 기간사원 양성과정'을 개설하여 "기능인력 양성에서 한발 더 나아가 기술·관리 양면의 자체 인력 양성에 착수"할 것을 결정했다. 이 같은 결정은 당시 상무이사였던 김용선이 주축이 되어 이루어졌다.[76] 김

76 김용선,「초급 기간사원 양성과정 개설에 즈음하여」,『금성통신』 11, 1976, 4~5쪽. 김용선은 1976년 4월 13일 개소한 사내직업훈련소 관장도 겸했는데 개인적으로 사내직업훈련에 관심이 많았던 것으로 보인다. 상무이사에게 직업훈련소 최종 책임자를 맡긴 것은 다른 대기업에 비교해볼 때 상당히 높은 직급의 인사를 배치한 것이었다. 훈련소 소장은 금성통신 부장이었던 명중진이 맡았고, 부소장은 금형설계과 과장이던 이원복이 맡았다. 명중진과 이원복

용선 상무와 1975년 금성통신에 처음으로 도입된 인사과가 주축이 되어 전국의 고등학교 3학년들을 대상으로 금성통신 기간사원 양성과정을 선발하기로 결정되었다.

1976년 4월 15일, 사내 추천과 학교 추천을 통해 제1회 기간사원 양성과정생 33인이 입소식을 거쳐 훈련에 돌입했다. 교육 목표는 "① 젊고 숨은 인재를 발굴해 국가 인력개발 정책에 적극 호응한다. ② 산학교육을 통한 인간개조로 직업관, 윤리관, 국가관이 투철한 젊은 일군을 양성한다. ③ 조직의 굳건한 기초 부문을 확고히 한다"였다.[77]

교육 목표에서 확인 가능하듯이, 금성통신이 기간사원 양성과정을 개설한 배경에는 직업훈련 의무화와 산업정책과 연계된 정부의 정책적 유도가 있었지만, ① 신규 기술관리직 인력을 확보하여 ② 금성통신 사원으로 안착시킨다는 자체 인사관리 차원의 목표도 있었다. 기간사원 양성과정의 특징은 학력에 따라 나뉘어 있던 기능직과 사무기술직의 구분을 넘어 기능직으로만 입사 가능했던 고졸 학력자들에게 사내훈련을 거친 후 금성통신 사무기술직 입사를 추진했다는 점이다.

1976년부터 실시된 기간사원 양성과정의 선발 경쟁은 꽤 치열했다. 구술자 이선재는 안양공고를 졸업한 후 현장 실습생 선발을 거쳐 1975년부터 금성통신 기능직으로 근무했는데, 1975년 하반기 기간사원 양성과정 훈련생을 선발한다는 소식을 듣고 응시했다. 당시 최종적으로 소속반 반장이 차출을 반대해

은 각종 기능경기대회 지도자나 출제자로 활약할 정도로 금형설계 전문가였다. 명중진은 노동청의 『노동』에 사내훈련과 기업 경영의 영향에 관한 글을 발표하기도 했는데 금성통신 사내직업훈련소 소장으로서 경험한 바를 통해 여타 기업들에 사내훈련의 필요성을 주장하였다. 명중진, 「사업 내 훈련이 기업 경영에 미치는 영향」, 『노동』 13-4, 1979.

77 「텔스타」, 『금성통신』 10, 1976. 3, 75쪽.

결국 기간사원 양성과정 입소를 하지는 못했다.[78] 1기생을 뽑을 때 사내와 외부에서 나누어 선발했던 방식에서 벗어나 2기와 3기는 전국의 고등학교에 원서를 2부씩 보내 학교 추천을 받은 자들을 대상으로 선발하였다. 상고와 공고, 인문계고에 원서가 배포되었다.[79] 1977년 선발된 2기부터는 입소자 수준이 더 높아졌다. '훈련생 출신'들의 구술에서도 훈련소 합격자들의 수준이 높았다는 구술이 자주 발견된다.

> 내가 그때 대구공고 전기과 2등 했었잖아요.[80]

> 다 1등짜리만 왔어요. 포항제철공고 1등하던 애가, 내가 포항에서 왔으니까, 걔도 포항에서 왔고, 웬만하면 다 1등짜리가 왔어요.[81]

> 아, 시험 어려웠어요. 생각을 해보세요. 전교에서 잘하는 놈만 골라다가 시험을 쳐서 떨어뜨리는데 시험이 어렵게 나올 수밖에 없지요.[82]

학교별로 1~2장 정도 배포된 응시원서는 성적 우수자들에게 돌아갔다. 선발시험은 필기고사와 면접으로 진행되었다. 같은 학교에서도 합격자와 불합격자가 나뉘었고, 아예 합격자가 나오지 않은 학교도 있었다. 학교와 응시자

---

78 이선재 구술, 2015. 4. 23.

79 "공고, 상고, 인문고, 또 전국에 다 있어요, 그래서 방방곡곡에 다 친구가 있죠." 유종하 구술, 2015. 3. 30.

80 김하영 구술, 2015. 4. 3.

81 유종하 구술, 2015. 3. 30.

82 장은찬 구술, 2015. 7. 23.

모두에게 당락이 중요했던 것으로 볼 때, 기간사원 양성과정 선발은 꽤 권위가 있었던 것 같다.

합격자 발표, 아 멋있었죠. 오십 세 명 이름이 신문 1면에 한자로 이름이 딱! 그거 내 딱 잘라 가지고 앨범에 있어요. (…) 오래됐지만 학적부 보면 내 마지막 고등학교에 금성통신 입사 이렇게 돼 있단 말이예요. 이미 졸업하기 전에 그게 확정됐었으니깐.[83]

합격자 명단은 『동아일보』에 게재되었다. 채용 절차가 진행되는 동안 금성통신은 합격자들의 상경 비용을 모두 지원했다. 기숙사가 별도로 완공되기 전까지 회사는 안양관광호텔을 숙소로 제공했다. 주로 대학 강의식으로 진행된 수업도 금성통신 직업훈련소가 완공되기 전까지 안양 상공회의소 회의실을 대여하여 진행했다.

기간사원 양성과정은 〈그림 3-10〉에서 볼 수 있듯이 대학 교육과 비슷했다. 다른 공장의 경우 실기 위주의 훈련을 위해 직업훈련소 단독건물을 지었던 반면, 초기 금성통신 안양 공장의 직업훈련소는 기간사원 양성과정 훈련에 직업훈련소 건물을 이용하였다. 수업은 전공, 교양, 기초과정으로 나누어 하루 8시간씩 진행했다. 전공 과목은 사무계와 기술계로 나누어 부서 근무에 필요한 과목을 가르쳤는데 상업, 전자, 화학, 기계, 부기, 인사관리 같은 과목들이었다. 교양과정 과목으로는 영어, 수학, 물리, 작문, 체육 등을 가르쳤다.

공업수학은 어려워서 대학교수가 와서 가르쳐줬고, 국어도 대학교수가 왔고,

83 장은찬 구술, 2015. 7. 23.

〈그림 3-10〉 금성통신 기간사원 양성과정
왼쪽은 기간사원 훈련생들의 현장 견학 장면, 오른쪽은 충무반 수업 풍경이다. 출전: 『금성통신 기간사원 2기 졸업앨범』, 9~10쪽. 김하영 제공.

> 강사들이겠지. 영어도 그렇고. 그랬는데 전기자기학이나 회로 이론 등은 우리 연구소가 있었어요. 그 사람들이 나중에 연구소장 이렇게 하고 나가신 분들인데 그 사람들이 직접 강의를 하셨어요.[84]

전공과목 강사는 대다수가 금성통신 직원들이었다.[85] 금형, 가공, 설계와 같이 금성통신이 생산하고 있는 제품 관련 공업기술은 사무기술직 과장들이 와서 강의했고, 회계 과목은 회계과 사원이, 영어는 인사과 대졸사원이 와서 가르쳤다.[86]

구술을 통해 확인할 수 있듯이 교양수업에는 '정신교육'도 포함되었다. 훈련소 출신 구술자들은 훈련소 정신교육의 모토가 PMA(Positive Mental Attitude)였으며 긍정적 사고, 진인사대천명 등의 정신교육을 강조했다고 구술했다. 스스로

84 김록헌 구술, 2015. 6. 22.

85 장은찬 구술, 2015. 7. 23.

86 「심사과 유창섭 임: 훈련소 교사, 회계과 이정주 면: 훈련소 교사」, 『금성통신』 14호, 1976. 7, 13쪽.

도 “그때 배운 마인드로 사회생활을 훌륭하게 잘할 수 있었다”거나 “정신교육, 체력훈련 등 많이 배웠습니다”라며 긍정적 평가를 내렸다.[87] 기간사원 양성과정은 같은 시기 진행되었던 공장새마을운동처럼 분임조 토론이나 조별 토론 후 발표수업 및 강의로 진행되었다.[88] 훈련생들은 매일 아침 〈금성통신 사가(社歌)〉를 부르며 10킬로미터 정도를 구보하면서 회사가 정한 8대 신조를 제창했다.[89] 중간고사와 기말고사도 실시됐는데 그때마다 33~52명 훈련생들의 성적을 매겨 공개했다. 최종 성적에 따라 희망부서에 입사할 기회를 제공했으며 수석과 차석 같은 우수 훈련생에게는 입사할 때 호봉을 높여줬다. 기준에 미치지 못하면 과락을 당해 입사가 연기되거나 입대해야 했다.[90] 1년간의 훈련소 생활을 통해 대부분의 훈련생들은 경쟁과 도전, 진취적 정신, 성장 추구와 같은 가치관을 형성해갔을 것이다. 당연하게도 이것은 기업 조직이 원하는 ‘회사형’ 인간의 속성이기도 했다.

훈련생들은 전원 기숙사에서 생활해야 했다. 모두 같은 나이의 남성들이었기 때문에 기숙사와 훈련소 문화는 군대 문화와 유사했다. 사감은 사원 중에 해병대 출신이나 공수 출신으로 선임했다고 한다. 기숙사 점호와 단체 기합도 수시로 받았고, 한 달에 회사 밖으로 나갈 수 있는 기회는 단 두 번뿐이었다. 금성통신 사내체육대회 때 사측은 ‘막내 기수’인 기간사원 훈련생들을 기수단으로 입장시켜 소속감을 고취시켰다. 해당 기수 졸업식에는 사원으로 근무 중인

87 유종하 구술, 2015. 3. 30; 장은찬 구술, 2015. 7. 23.

88 장은찬 구술, 2015. 7. 23.

89 8대 신조는 “① 나는 적극적이다. ② 나는 합리적이다. ③ 나는 부지런하다. ④ 나는 끈기가 있다. ⑤ 나는 목표가 있다. ⑥ 나는 나의 능력을 믿는다. ⑦ 나는 나의 일이 자랑스럽다. ⑧ 나는 나의 일로 나라에 공헌한다”였다. 훈련소 출신 구술자들 모두 이 8대 신조를 외우고 있었다.

90 장은찬 구술, 2015. 6. 4.

선배 훈련생들과 막 입소한 후배 훈련생들을 모두 참여시켜 기간사원 양성과정 훈련생으로 입소한 '훈련소 출신들' 사이에 유대감이 형성되었다.

하지만 아직 어린 나이였던 19살 청소년들에게 이 과정은 즐겁지만은 않았다. 2기생 김하영은 동기생들의 위로와 격려로 함께 어려움을 이겨냈다고 기억했다. "숙소 생활을 같이 하면 가정 얘기 하잖아요. 같이 우는 친구도 있어요"라면서, 실제 훈련소를 이탈했다가 돌아오는 친구도 있었다고 기억했다. 특히 공업 위주로 진행된 훈련과정이나 단체훈련 등에 적응하지 못해 힘들어하는 친구들이 있었지만 할 수 없어 다녔다고 구술했다.[91]

2. 금성통신 GTS맨들의 기대와 어긋남

총 5년간 운영된 금성통신 기간사원 양성과정은 고졸 훈련생을 선발하여 전문대학 수준의 사내교육을 시킨 후 사무기술직으로 입사시키는 과정이었다. 기업 입장에서는 1년간의 훈련 비용과 생활 비용까지 부담하는 것이었으니, 당시 기업들이 훈련에 소극적인 무임승차자라는 비판을 받고 있던 점과는 다소 차이가 있었다고 여겨진다.[92] 금성통신 기간사원 양성과정은 박정희 정부가 강조한 대로 고졸사원 또는 기능직으로 입직한 청소년들에게 교육·훈련

91 김하영 구술, 2015. 4. 3.

92 박영구는 기업의 직업훈련을 전문적인 기술교육과 기능공 교육으로 나누고 기업이 전자보다 후자에 주력했다고 비판한 바 있다. 하지만 박영구가 발견했듯이 1977년 대우중공업도 인천 본사공장에 공학원을 만들어 대학교수를 초빙해 전기, 금속, 화학공학 전반에 걸친 이론과 대학 수준의 교육을 6개월과정으로 운영했다. 박영구, 「21장 중화학공업화의 진행과 기술인력 공급정책의 변화」, 앞의 책, 2012, 248~9쪽.

기회를 제공해 기술인력의 자질과 처우개선을 지향한다는 목표에 부합한 과정이었다. 통신기기 제조업체로서 금성통신은 기간산업체로서 박정희 정부의 기술인력 공급정책에 적극적으로 부합하고 있었다고 할 수 있다. 물론 금성통신이 정부의 정책 유도에 호응해서 기간사원 양성과정을 개설한 것은 아니다. 초대졸 수준의 사원 훈련과정을 개설한 배경에는 현장관리직과 대졸 사무직의 수요 불균형과 대졸 초임의 임금 상승률 급등이라는 현실이 있었다.

> 이제 그때 취지가 뭐냐면, 그 이제 고졸 아니면 대졸이잖아요. 신입사원이. 그런데 그때 당시에 금성통신의 위상이 럭키금성그룹에서 이제 금성통신이 한 서열 3위 정도 됐어요. 아주 탑클래스 회사였어요. 그러니까 돈도 많고, 뭔가 이제 실험적인 거를 할 만한 그런 위상을 갖고 있었는데, 그분이(김용선 상무—인용자) 이제 그래서 이제 대졸사원을 뽑으면 비용이 많이 들잖아요. 그리고 이제 고졸이라 하더라도 그때 당시의 고졸은, 대졸 아니면 고졸이니까, 그때는 대학교 갈 수 있는 비율이 10% 안 됐으니까. 그 못 가는 인재들이 시골에서 이제 썩는다는 게 말도 안 된다, 그래서 아주 좋은 취지로 전국의 수재들을 찾아다녔어요. 그래서 그 수재들을 찾아서 1년간 정확하게 얘기하면 13개월 보름간 이제 그 교육을, 예, 합숙을 시키면서 교육을 시켰어요.[93]

기간사원 양성과정 수료 후 인사과에 근무한 유종하가 구술했듯이, 기업은 임금 절약 효과를 기대했다. 대졸 초임금은 1977년 5월 말 현재 인문 상경계 졸업자가 평균 123,529원, 이공계 졸업자가 127,290원으로 집계되었는데 이러한 금액은 초대졸 노동자와 비교해도 1.5배 높은 수준이었다(표 3-1 참조). 고졸 신입

---

93 유종하 구술, 2015. 3. 30.

〈표 3-1〉 학력별 임금격차 동향

(국졸 실질 임금 기준, 원)

	1974	1975	1976	1977
국졸	100 (23,931원)	100(29,324원)	100(39,492원)	100(50,638원)
중졸	118.2	118.2	118.2	111.6
고졸	190.9	190.9	185.2	175.6
초대졸	240.5	240.5	260.0	258.9
대졸 이상	409.3	329.3	335.6	404.7

* 출전: 노동청, 『직종별 임금실태조사보고서』(한국경영자협회, 『77 민간노동경제백서: 100억 불 후의 노동정책 과제—임금격차와 인력난 심화』, 1978. 4, 42쪽 〈도표 II-21〉에서 재인용).

사원에게 훈련을 시켜 초대졸 수준을 만들어 입사시키면 총급여액을 절약하는 효과가 발생했다.

다른 한편 1970년대 후반에 전자·전기 기술공의 공급이 수요에 미치지 못할 것이라는 예측도 금성통신의 기간사원 양성과정 개설의 배경이 되었다. 1973년 당시 대학의 입학정원은 기계, 기술, 전기 분야를 통틀어 2,000여 명에 불과했지만 1981년까지 전기·전자 분야 대졸 기술자는 1만 9,200명이 필요하다는 계획(안)이 나와있었다.[94] 한국경영자협회는 1977년 노동경제를 전망하면서 대졸자를 비롯한 고학력 소지자부터 저학력에 이르기까지 전반적인 노동력 부족 시대에 돌입했다고 진단했다. 통신기기 생산업체였던 금성통신의 경쟁업체인 대한전선과 공기업인 한국통신은 물론, 1970년부터는 삼성그룹의 삼성전자와 삼성전기까지 전기·전자산업에 뛰어든 상황이라 초대졸·대졸사원의 이직율을 낮춰야 했다. 금성통신은 우수 기능직 인력을 선별하여 사내에 '금형

94 박영구, 앞의 책, 2012, 170쪽; 한국경영자협회, 『100억 불 후의 노동정책 과제—임금격차와 인력난 심화』, 1977, 9~10쪽, 49쪽.

공 양성반'을 운영했던 것과 마찬가지로 훈련투자를 통해 우수인력을 사내에 안착시킬 필요가 있었던 것이다. 이를 위해 회사는 애사심을 향상시킬 수 있는 행사와 의례를 일상화했다. 훈련소 수료식은 대학 졸업식과 비슷하게 진행되었고, 금성통신 사장과 부사장이 모두 참가해 최우수 훈련생과 우수 훈련생들에게 상장과 부상을 수여했다. 제도적으로도 제한된 일정 기간이 끝나야 이직할 수 있었다.

이러한 기업 측의 의도는 기간사원 양성과정에 입소한 훈련생들에게도 영향을 주었다. 훈련소 입소 전 훈련생들이 기간사원 양성을 통해 기대한 바는 대졸사원 대우였다. 당시 인사과에서 학교를 방문했을 때도 기간사원으로 선발되면 기능직 '공원'이 아닌 사원으로 근무할 수 있다는 점을 강조했다고 한다.[95] 금성통신 사보 '훈련소 코너'는 훈련생들의 수기를 싣고 있었는데 여기에는 가정형편상 대학 진학에 좌절했던 자기 경험을 발표한 글들이 많았다.

> '대학 합격'이라는 매직 글씨가 커다랗게 보이는 책상 앞에 앉아 보내던 고3 시절, 현 사회의 실정 속에 내 꼭 대학 가서 바람직한 사회의 구성원이 되고 또한 집안의 기둥이 되어 자랑스러운 장남의 몫을 해내겠다던 결심은 아버님의 야속한 말로 무너져버렸다.[96]

3기 훈련생으로 입소한 조광수는 집안형편으로 인해 대학 입학이 좌절되었던 심경을 훈련생 수기에 담았다. 2기와 3기생들은 회사가 대학 진학을 지원할 거란 기대로 입소한 훈련생들이 많았다. 장은찬도 그 말을 믿고 입사했다.

---

95 김하영 구술, 2015. 4. 3; 김록헌 구술, 2015. 6. 22.

96 훈련생 조광수, 「금빛 명찰」, 『금성통신』 35호, 1978. 4, 54~55쪽.

그 우리가 궁극적으로 고등학교에서 여기를 선택해 올 때 가장 큰 목적은 학교를 보내준다 그러고 학교를 갈 수 있게, 진학을 할 수 있도록 담임 선생님이 왔는데. 학교 가서 공부 좀, 공부한다고 대학교 가서 시간 뺏는 애를 그게, 이게 부서에서 좋을 리가 없잖아요 아무래도. 그러니까 뭐 불이익을 당할 수밖에 없는 거죠.[97]

2기와 3기생들 중에는 인문계고와 상고 졸업자들도 있었다. 그들도 집안형편이 어려워 대학 진학을 포기했지만 입사 후 진학할 수 있다고 믿고 입소했던 것이다. 하지만 이러한 기대는 오히려 입사 후 실망으로 바뀌기도 했다. 인문계 고교 출신들 중 일부는 입사 후 대학 진학을 배려하지 않는 팀에 소속된 경우 불만을 드러내기도 했다.

기간사원 양성과정 수료생들은 전문대학 수준의 5급 사원으로 입사했다. 일반 대졸사원은 4급 사원으로 입사했는데 연차가 쌓일수록 5급 이상 승급과 승진이 어렵다는 걸 체감하게 되었다. 그들 스스로는 "거의 그 대학에서 배우는 교육과정을 전부 이수했다"고 인정하더라도 회사 내에서 그들은 여전히 훈련소 출신이었다.

그래도 대외적으로 인정된 전문기관이 아니라고 사내에서만 인정되는 전문대라고. 그렇기 때문에 그런 갭이 있는 거죠.[98]

훈련 비용을 투자한 만큼 금성통신은 이들이 고졸사원으로 사내에 안착하

97 장은찬 구술, 2015. 7. 23.

98 김하영 구술, 2015. 4. 3.

길 바랐다. 하지만 고졸과 대졸의 학력에 따라 구분된 노동시장 내에서 훈련소 출신들은 고졸을 뺀 '대졸 대우' 사원이길 희망했다. 실제로 이들이 회사생활을 시작한 1980년대는 대학 진학자들, 특히 남성 대학 진학자들이 급속히 증가했던 시기였기 때문에, 고교시절부터 우수한 성적을 유지했던 기간사원 출신들은 대다수가 야간대학에 진학해 학업과 직장생활을 병행했다. 훈련소 교육과정이 대학과정으로 이루어진 것도 대학 입학에 대한 동기부여와 자신감 고취 효과를 냈다. 장은찬이 구술했듯이 공학수학이나 전기, 전자공학 수업을 이수한 훈련생들은 이 정도라면 대학에 가서도 잘할 수 있겠다고 생각했고, 훈련생들 중 일부는 대학 등록금을 마련하자마자 조기에 퇴사해 대학에 진학했다고 한다.[99]

사내 안착을 바라며 도입한 수준 높은 훈련과 진취성, 도전 정신을 강조한 정신교육은 입사 후 배치된 부서에서 효과를 발휘했다. 인문계 고교 졸업자였던 유종하는 총무과에 배치되었는데, 입사 6개월차에 문서 자동화 방안을 구상해 사보(社報)에 투고했고, 이 방안이 채택되어 문서를 MF(Microfilm)로 바꾸는 작업의 실무자가 되었다. 이후 성과를 인정받아 총무과에서 인사과로 '스카우트' 되었다.

2기 훈련생 출신인 김창근은 미국에 키폰을 수출하기 위해 자동삽입기를 도입할 때 이 기계 작동기술을 전수 받기 위해 미국에 파견 나갈 엔지니어를 뽑는 자리에서 대졸 엔지니어와 겨뤄 선발되기도 했다. 부천공고 전자과를 졸업한 후 입소한 홍용선은 훈련소를 졸업하고 전자교환기와 사설교환기 개발부서에 들어갔다. 그는 주로 개발된 사설교환기의 작동을 시험해보거나 제작된 사설교환기를 검수하는 업무를 맡았다. 홍용선은 전자를 전공해 전기 쪽 이

---

99 장은찬 구술, 2015. 7. 23.

론이 약했는데, 훈련소에서 배운 이론교육 때문에 기간산업체 재직자 병역특례를 위해 필요한 '전기전자 2급 자격증'을 쉽게 획득할 수 있었다. 사설교환기는 막 개발되던 때라 시개발된 제품을 시험해보는 업무도 새로 익혀야 했다. 홍용선은 사설교환기에 들어가는 기판의 불량 유무를 체크하는 업무를 맡았는데, 하나의 기판에 들어가는 몇백 개의 회로도를 외우기 위해 회로도를 집에 붙여놓고 암기하기도 했다.

> 그때까지만 해도 PBX 사설교환기가 우리 회사뿐만 아니라 국가적인 사업이었기 때문에 죽기살기로 했던 거 같아요. 선배들도 그런 것에 자부심을 갖고 자랑도 하고 했기 때문에 저도 그렇게 생각했구요. 훈련소가 숙직시설로 이용되었는데 집에 안 가고 일을 열심히 했어요.[100]

기간사원 양성과정이 제공한 훈련은 그들이 조기에 신기술 개발에 참여할 수 있는 토대로 작용했다. 이 과정을 통해 그들은 자부심과 성취감을 느꼈다. 5기 기간사원 훈련생으로 입소한 김록헌은 전기과 출신이었다. 전기과는 전자과보다 이론과 실기가 모두 어려워 공고시절 전기 관련 공부를 하고 들어와 훈련소 동기생들보다 훈련 성적이 좋았다. 다른 훈련생들은 모두 한 번도 해본 적이 없던 프로그래밍도 훈련소에 처음 와서 배웠는데, 당시 프로그래밍 수업 강사가 연구소에 근무하던 연구원이었다. 이 수업에서 성적이 좋았던 김록헌은 퇴소 시 1지망으로 연구소를 지망했고 금성통신 연구소에 입사할 수 있었다. 당시만 해도 프로그램 개발과 관련한 대학의 학과도 거의 없던 시절이라 소프트웨어 개발실에 근무하는 대졸 3급 사원들도 대다수가 처음 하는 일이었

---

100 홍용선 구술, 2015. 6. 4.

다. 훈련소 출신은 5급 사원이었는데 소프트웨어 개발 초기여서 직무 분리가 엄격하지 않았고 공동으로 작업했다. 김록헌은 프로그램 하나를 만들어오자 놀란 상급자들이 프로그래밍을 어떻게 알고 있냐고 물어서 훈련소에서 배웠다고 답하자 다들 놀랐다고 기억하고 있다.[101] 훈련소 출신들은 대학에서 4년간 배운 것보다 기간사원 양성과정 1년간 배운 내용이 더 도움이 되었다고 여러 번 구술하였다.[102]

기간사원 양성과정 수료생들의 우수성은 사내에서도 인정받는 분위기였다. 장은찬은 상급자가 자신을 소개할 때, "그 유명한 훈련소 2기 출신입니다"라고 얘기해줬을 정도로 훈련소 출신들에 대한 사내 평판이 좋았다고 회고한 바 있다.[103] 금성통신은 생산제품이 다양화되자 금성반도체, 금성전기, 금성정보통신, 금성계정 등 여러 회사로 분사되었는데, 이 과정에서 다른 회사 소속으로 옮긴 훈련소 출신들도 많았다. 분사된 곳에서도 실력을 인정받았다. 고졸자와 대졸자의 경계인으로 사내 집중훈련과정을 거친 기간사원 양성과정 출신들은 이 훈련의 효과로 입사 초기 사내에서 실력을 인정받는 편이었다. 기간사원 양성과정 폐지 전까지 금성통신은 전문대졸 신입사원들보다 기간사원 양성과정 출신들에게 우대 혜택을 부여하는 편이었다. 성적에 따라서였지만 희망부서에 배치해주었고 호봉 산정 시에도 전문대졸 입사자의 5급 일반직보다 기간사원 양성과정 출신들에겐 2호봉의 경력을 더 인정해 주었다.[104] 하지만 훈련을 통해 획득한 실력과 학력 간 괴리는 연차가 쌓일수록 훈련생 출신들의

---

101 김록헌 구술, 2015. 6. 22.

102 김하영 구술, 2015. 4. 23; 장은찬 구술, 2015. 7. 23; 유종하 구술, 2015. 3. 30; 김록헌 구술, 2015. 6. 22.

103 장은찬 구술, 2015. 7. 23.

104 홍용선 구술, 2015. 6. 4.

내면과 기업 조직 사이에 갈등을 일으키는 주요인이 되었다. 입사 후 3~4년이 지나면 승진시험을 봐야 하는데 부서 내에서 실력을 인정받아도 대졸 4급 사원들의 대리 승진이 빨랐다. 김하영은 비교적 일찍 이러한 차이를 발견해 야간대학에 진학했다.

진짜 심했어요. 사실 그랬었고. 사실 제가 그때 왜 힘들었냐 하면 84년도에 결혼했어요. 3년 군 생활 제대해 와서 다시 복직하고 말단사원으로 근무하다 보니까 대학교 졸업한 친구하고 나같이 교육받고 들어왔지만 말단사원으로 시작한 [사람하고는] 그 갭이 크더라고요. 크고. 주어지는 업무도 달라요. 우리는 그냥 잡다한 일만 시키는 거야. 그 갭이 우리가 전문대 대우받고 한다 하지만, 4년제 하고의 갭이에요.[105]

같은 사원으로 시작했지만 전문대졸급과 4년제급의 차이를 절감한 김하영은 1984년 3~4개월 수험준비를 한 후 야간대학에 진학했다.

군대 갔다 왔는데 이제 저보다 나이가 어리고 대학 나온 여자 사원이 있었어요. 4급인데 저보다 직급이 높죠. 저보다 나이가 어린데도 저한테 회사에서 커피 심부름, 복사 심부름 시키는데, 제가 관심 있는 여자가 연구소에 교육 받으러 왔는데 그 여자 사원이 저보고 커피 가져오라고 한 거예요. 아, 이거 이제 대학 가야겠다고 그때 결심했어요.[106]

---

105 김하영 구술, 2015. 4. 23.

106 김록헌, 앞의 구술.

연구소에서 대졸 연구원들과 같이 연구 개발작업을 했던 김록헌은 제대 후 승급이 낮다는 이유로 여성 대졸자가 커피 심부름을 시키자 학력 차별을 느끼고 진학을 결정하였다.[107]

생산현장에 근무했던 정기란도 같은 경험을 하고 불만을 느꼈다. 연구소에서 내려온 도면 그대로 제작하고 시험해보는 작업은 생산현장에서 이루어졌는데, 이 과정에서 회로제품 설계도면을 자주 접한 정기란은 직접 회로제품 설계도면을 그려 연구소에 제안한 적이 있었다. 그러나 고졸 기능직이 그린 도면이라는 이유로 인정받지 못하자 대학 진학을 결정했다. 생산현장에서도 고졸 기능직 노동자가 설계도면 이해나 기계 그 자체에 대한 이해가 높아 기사들을 가르치는 경우가 자주 있었다.[108] 김록헌은 연구소 내에서도 기술개발 능력이 뛰어나 대졸사원들을 지도하는 입장이었지만, 이러한 능력도 대학 졸업장이 없다면 발휘를 제약당했기 때문에 진학을 결정한 것이었다. 비교적 순탄하게 승진한 홍용선도 연구소 설계실에 근무하게 되어 기뻤던 것도 잠시, 고졸이라는 이유로 공장 근무로 전배되었다. 그 후 그는 방송통신대학에 진학했다. 그에게는 대학에 가서 무언가 배운다기보다 졸업장 자체가 필요했다.[109] 정기

---

107 김록헌이 느낀 차별은 사실 학력차별이라기보다는 여성이 남성인 자신에게 커피 심부름을 시켰다는 데서 느낀 좌절감이었겠지만, 회사 내부에서 성별 차이보다 직급 차이를 더 중시한 것은 분명해 보인다. 김록헌, 앞의 구술.

108 금성통신은 최첨단기술력을 갖춘 기업이었기 때문에 근무하고 있던 고졸 기능직 노동자들의 진학열이 생산현장 내부에도 조성되어 있었다. 금형조립실에 근무했던 조병식은 "연구하는 기술인, 젊은 기능인들의 야간학교 진학을 지원해달라"라며 사보에 글을 투고했다. 조병식, 「야간학교 진학에도 지원을」, 『금성통신』 제32호, 1978. 1, 32쪽. 1978년 3월호 사보에는 기능직 노동자 10명을 선발해 산업체 특별학급에 입학시켰다는 기사가 보이지만, 현장 근무자의 대학 진학까지 지원하는 수준은 아니었다.

109 홍용선, 앞의 구술; 정기란, 앞의 구술; 김록헌, 앞의 구술.

란은 대학 졸업 후 다시 금성반도체(LG정보통신) 연구원에 입사했는데 여기 입사한 후에도 연구소 내부의 '학벌 위계'에 따라 신기술 개발에 참여할 기회에서 배제되자 퇴사해 처남과 같이 벤처회사를 차렸다. 일과 학습을 병행하며 대졸 졸업장을 획득했지만, 또 하나의 장벽인 '학벌'에 가로막힌 것이다. 이런 양상은 생산현장보다 더욱 능력 그 자체를 중시해야 하는 연구현장에서 오히려 극심했다. 유종하도 차별은 있었다고 기억한다.

> 사실은 고졸사원 대우 이상은 아닌 거지, 사실은 나와서 해봐야, 어차피 진급을 하거나 뭐 이렇게 한다 하더라도, 우리 친구들이 졸업을 하고 승진이나 페이나 이런 거에, 대졸에 근접하게 이렇게 했으면 불만 없이 뭐 이렇게 했을지 모르는데, 이게 고졸에 비슷하게 이렇게 하니까 만족할 친구가 없지.[110]

대부분의 훈련소 출신들은 '결국 고졸' 대우에 불만을 느꼈고 당시 확산되고 있었던 야간대학에 진학했다. 연구소로 발령받아 프로그램 개발에 참여할 기회를 부여받은 김록헌도 업무에서 배제되는 차별까지는 아니었지만 연차가 쌓일수록 연구소에 대졸 이상의 부서원들이 다수를 이루자, 문화적 차이를 느껴 진학을 결심했다.[111] 일부지만 아예 퇴사를 하고 학력고사를 준비하여 주간대학에 진학한 훈련소 출신들도 있었다.

그러나 대학 진학도 쉽게 선택할 수 있는 건 아니었다. 구술자들 중 김하영과 김록헌이 비교적 빨리 대학에 진학할 수 있었던 것은 이들이 실질적 가장이 아니어서였다. 김하영과 김록헌은 집안에 월급을 전부 보내지 않아도 돼서 자

---

110 유종하 구술, 2015. 3. 30.

111 김록헌 구술, 2015. 6. 22.

신의 월급으로 학비를 충당할 수 있었던 것이다. 반면 홍용선과 장은찬은 실질적 가장이었다. 홍용선은 장남이었고 아버지가 병으로 오래 고생해 동생들을 공부시키기 위해서는 월급을 집에 보내야 했다. 장은찬도 마찬가지였다. 마산 집에는 변변한 수입원이 없었기 때문에 그는 훈련소 시절부터 회사에서 받은 돈을 모두 집에 송금하였다. 이런 경제적 기반의 차이가 대학 진학 시기를 결정하는 데 큰 영향을 미쳤다.

집안에 다른 수입원이 있다면 송금하지 않았던 것은 여성노동자들의 모습과는 사뭇 다르다. 여성노동자들은 월급의 전부 또는 거의 대부분을 집에 송금했고, 이는 집안의 다른 수입원 유무와는 상관없었다. 구술자들 중 가정형편이 가장 좋지 않았던 정기란조차 5년간 병역특례로 금성통신에 근무할 때 월급 중 일부만 집에 보냈고, 대학생활을 즐기기 위해 4학년 때 금성통신 퇴사를 결정했을 때조차 집에서 큰 반대는 나오지 않았다.[112] 당시에는 아들만은 대학에 보내야 한다는 생각이 만연했고 이런 역할을 못 하는 부모들은 죄책감을 가지고 있었다. 따라서 아들이 스스로 비용을 부담하며 진학을 결정하면 지지하는 편이었고, 이는 여성노동자들이 겪은 바와는 전혀 달랐다.

회사 생활과 공부를 병행하는 과정은 쉽지 않았다. 김하영은 상사를 잘 만나 비교적 쉽게 야간 수업에 참가할 수 있었지만, 대부분의 직장 상사들은 부하 직원들의 대학 진학을 지지하지 않았다. 야간대학 수업에 참여하기 위해서는 5시에 퇴근해야 하는데, 그러면 다른 사람들이 업무를 대신 부담할 수밖에 없다는 이유에서였다. 김록헌은 직속 상사가 대학에 다니는 걸 마음에 들어 하지 않아 수업이 있을 때는 본사 외출을 보내거나 시험 일정에 맞춰 외국 출장

112 정기란, 앞의 구술.

을 보내 난감했다고 기억하고 있다.[113] 이 때문에 김록헌은 대학 1~2학년 때는 장학생이었다가 3~4학년 때 성적이 오히려 떨어졌다. 김하영은 인문계 고교에서 훈련소로 온 친구들은 회사가 대학 진학을 방해하는 분위기 때문에 배신감을 느끼고 조기 퇴사를 많이 했다고 구술했다.[114]

이처럼 재직하며 아무리 성과를 증명해도 학력에 의해 위계화된 벽을 넘기는 쉽지 않았다. 기간사원 양성과정이 고졸 출신들에게 사원 입사의 길을 열어주긴 했지만, 대졸자들로만 구성된 사무실 안에서 그 벽을 뛰어넘을 기회를 제공하지는 않았던 것이다.

3. 사내훈련소 출신, GTS맨들의 역동적 대응

이 같은 구조적 제한 속에서도 기간사원 양성과정 수료생들은 대졸사원들과 다른 방식으로 사내 영향력을 확보해 나갔다. 앞서 살펴봤듯이 기간사원 양성과정 출신들은 기수에 따라 선후배 관계가 돈독했다. 3월 2일 입소하면 전년도 입소자들과 당해 입소자들이 40여 일간 함께 기숙사에서 생활하는 시스템이었다. 훈련소 출신들끼리 사내체육대회를 개최할 때도 있었는데, 회사 인사과장이 대표로 인사를 했고 각종 물품을 지원했다.[115] 1970년대 후반 기간사원 양성과정 출신들은 금성통신 사내에서 가장 큰 그룹이었다. 아직 연차가 짧고 어려 회사에 발언하거나 단체행동을 하지는 않았지만, 대기업 특성상 장기근

113 김록헌, 앞의 구술.

114 김하영, 앞의 구술.

115 「제2회 기간사원 훈련생 체육대회」, 『금성통신』 43호, 1978. 12, 60쪽.

속자가 많았던 금성통신 내에서 기간사원 양성과정 출신들은 점차 사내 네트워크 연계 효과를 발휘하기 시작했다.

> 우리는 53명이 와 가꼬 본사부터 공장, 연구소 전-부 다 들어갔어요. 각 부서로. 서로. 해결이 안 되는 게 없어요. 내가 모르잖아요, 그럼 전화해가꼬 "야 뭐시기야 이것 좀 해줘." 그게 얼-마나 잘되겠어요. 동급에서, 같은 레벨. 입사 우리 벌써 2~3년 선배고, 그 다음에 뭐 업무 벌써 파악 다 돼 있고 조직이 쫙-깔렸어요. 안 되는 거 없고.[116]

사내 정보를 주고받을 때뿐만 아니라 1995년 금성통신이 금성사에 흡수합병될 때나 금성반도체, 금성정보통신으로 분사되어 회사 내부에 큰 변화가 생길 때도 훈련소 출신들끼리 정보를 주고받으며 대비할 수 있었다.[117] 대학 출신자들끼리 주로 구성하는 '학연'에 대응해 기간사원 양성과정 훈련생들은 자신들의 모임을 적극 활용했다. 이직한 이들이 존재했지만 대다수가 금성통신의 여러 부처에서 근무했으므로 200여 명에 이르는 네트워크는 이들에게 중요한 정보처였다. 금성통신 재직 기간뿐만 아니라 퇴직 후에도 서로 정보를 나누고 선·후배 기수들에게 일자리 정보를 제공하였다. 사업으로 크게 성공한 훈련소 출신생이 실직자인 훈련생을 취직시킨다거나 함께 창업하는 경우, 새로운 업종(자영업 등)에 진출할 때도 필요한 정보를 제공하는 등 다양한 방법으로 '훈련소 인맥'이 활용되었다.

문제는 이 같은 훈련생 네트워크가 회사의 인사관리에는 그다지 도움이

---

116 장은찬 구술, 2015. 7. 23.

117 김록헌 구술, 2015. 6. 22; 홍용선 구술, 2015. 6. 4.

안 되었다는 점이다. 임금 절약 효과와 사내 안착을 목표로 기간사원 양성과정을 시작했지만, 대부분의 훈련생들은 대학 진학을 선택했다. 사실 기업 입장에서는 학업 병행이 탐탁지 않았을 것이다. 야간대학이라도 강의에 출석하기 위해서는 상급자의 배려와 업무 협조가 필요했다. 김록헌은 1986년 야간대학에 진학하였는데 상급자의 반대가 심해 비밀리에 학교를 다녔다. 장은찬은 동생들 학비 송금 때문에 본인은 진학하지 못했지만 동기들이 야간대학에 진학한 뒤 겪는 어려움을 옆에서 지켜보고 '회사가 굉장히 핍박했고 학교 보내준다고 그래놓고 거짓말한 거'라고 강하게 비판했다. 수업에 참여하기 위해서는 1시간 외출하거나 상급자와 부서 동료들의 배려를 받아야 했지만, 노골적으로 방해하는 부서장도 많았고 평가점수를 낮게 부여해 감봉 받는 동기생도 있었다고 기억했다.[118] 금성통신 인사과에서도 이러한 문제를 인식하고 있었던 것 같다. 인사과에 오래 근무한 유종하는 다음과 같이 구술하였다.

> 이제 처음에는 기획을 할 때는 그렇게 하면 오랫동안 근무할 것이라고 이제 했는데, 전혀 예측이 이제 벗어나버린 거죠. 무슨 당장의 처우라기보다는, 이제 그 갭이죠. 이제, 대졸사원과 고졸사원의 갭을 극복해야 된다는 생각을 다들 이제 한 거죠. 그걸 처음에 기획해서 문제점이, 뭐 세상만사가 다 그렇지만, 뭐 문제점이 없을 수는 없으니까, 그거를 이제 바로바로 업데이트를 해 나가야 되는데, 그 부분이 미흡했죠.[119]

회사로서도 기간사원 양성과정을 계속 운영할 경우 이들의 처우를 개선하

---

118 장은찬 구술, 2015. 7. 23.

119 유종하 구술, 2015. 3. 30.

는 등 방법을 찾아야 한다는 건 알고 있었지만, 기간사원 양성과정을 도입한 김용선 상무는 이미 이직한 후였다. 김록헌이 구술했듯이 고졸사원으로 먼저 입사한 그들과 대학 졸업 후 입사한 4급 신입사원의 미묘한 신경전도 회사로서는 골칫거리였다.

> 4급 사원인데 저보다 직급이 한 단계 높죠, 그리고, 그리고 이제 그리고 난 뒤에도 저보다 나이가 어린데도 불구하고, 저한테 회사에서 커피 심부름, 카피 심부름 그걸 저한테 다 한(시킨) 거예요.[120]

> 김용선 상무님이 다른 데로 이렇게 가셨고, 아까도 말씀드렸지마는 불협화음이라는 게 자꾸 생기잖아요.[121]

> 그래서 아마 이게 아마 그 중간에 5기로 끝난 것도 아마 그런 갭 때문에 하지 않았을까 하는 생각도 들어요. 우리는 이제 훈련소 출신이라고 딱 찍히잖아요.[122]

기간사원 양성과정 출신자들 내부에서 불만의 목소리가 나오고 이·퇴직이 늘어가는 것도 문제였다. 훈련투자 비용의 효과를 내기 위해서는 이들이 장기근속자로 남아야 하는데, 더 우수한 인력일수록 대학 진학을 선택해 퇴사하는 역설이 발생했던 것이다.

물론 불협화음만 있지는 않았다. 제조업체였던 금성통신의 다수 구성원들

---

120 김록헌 구술, 2015. 6. 22.

121 유종하 구술, 2015. 3. 30.

122 김하영 구술, 2015. 4. 3.

은 기능직 사원들이었다. 생산기술과 생산관리과에 배치되었던 만큼 현장에서 기간사원 출신 고졸사원들은 자신들도 공고 출신이 대다수였기 때문에 고졸 기능공들과 사이가 좋았다. 훈련소 출신들은 고졸 후 바로 입사했기 때문에 나이가 어렸다. 이들과 협의하는 현장 하급 관리직들은 반장, 직장들로, 이들보다 10~20세 많은 경우가 많았다. 이 같은 연령 구조하에서 훈련소 출신들은 직급은 높아도 현장의 자율성을 인정하며 직·반장들의 협조를 얻을 수밖에 없었다. 금성통신 생산현장에서 키폰과 교환기 부품 조립 생산은 주로 여성노동자들이 맡았고 제품의 검수, 수리, 제작 지시는 같은 직급이어도 남성 기능공들과 남성 하급 현장관리직들이 맡았다. 사무실에 근무하는 고졸사원들은 아무리 직급이 높다 해도 사회 초년생들이었고 자신과 성별도 다른 여성노동자들을 직접 관리하기는 어려웠다. 고졸사원들은 남성 기능공·하급 생산직들의 도움을 받아야 여성 생산직들을 관리할 수 있었다. 생산관리부에 배치되어 공장생활을 했던 김하영과 장은찬은 모두 현장관리는 남성 하급 관리직들이 맡았고 자신들은 이들에게 협조를 얻어야 했다고 구술했다.[123]

이런 가운데 사무기술직 3,000여 명 중에 200여 명의 네트워크는 회사로서도 부담스러운 규모였다. 기간사원 양성과정을 중단하지 않는 한 이 숫자는 계속 증가할 수밖에 없었다. 1979년 금성통신은 미국 웨스턴 일렉트릭사와 함께 1A 전자교환기를 개발 생산해 내·외수용으로 판매하려 했다. 금성통신은 전자교환기 개발에 필요한 연구 인력을 공고 출신이 아닌 대졸 기술자 중심으로 충원하고자 했다. 이후 연구소 중심 개발이 정착해 공고 출신 기간사원을 양성하는 데 비용을 투자하는 것보다 공대 출신 신입 연구원을 선발하는 인력 활용방식이 강화됐다. 더구나 1980년대 초반, 미국 웨스턴 일렉트릭사가 금성통신에

123 장은찬 구술, 2015. 7. 23; 김하영 구술, 2015. 4. 23.

게 국제적 경쟁사인 지멘스와의 합작을 끊으라고 요구해 왔고, 지멘스의 거절로 결국 금성통신은 1A 전자교환기를 개발 생산할 수 없는 지경에 이르렀다. 금성통신은 전자교환기 개발, 생산 분야의 자체 생산을 포기하고 이를 금성반도체에 넘겼다. 이로 인해 금성통신은 주력 생산품을 잃었고, 채산 사정이 악화되었다.[124] 경영 실적이 나빠진 것도 기간사원 양성과정에 대한 투자 중단 요인이었다. 결국 금성통신 사내훈련소는 대졸 신입사원에게 단기훈련을 시키는 '연수원'으로 개편됐다. "기능인력 양성에서 한 발 더 나아가 기술·관리 양면의 자체 인력 양성에 착수"하겠다던 금성통신의 시도는 5년이라는 기간을 끝으로 종결되었다.

기간사원 양성과정을 통해 금성통신이 기대한 효과는 두 가지였다. 첫째, 고졸사원을 입사시켜 총급여액을 절약하는 것이었고, 둘째, 훈련소 기숙사 입소와 단체생활을 통해 애사심을 향상시켜 이직율을 낮추는 것이었다. 구술을 통해 확인했듯이 기간사원 양성과정 훈련생들 대다수가 훈련과정에 만족하는 편이었다. 1년의 훈련과정은 입사 후 이들의 회사 생활에 큰 도움이 되었다. 훈련생들은 대졸사원 대우를 넘어 대학 진학까지 회사가 지원할 것으로 기대했다. 기업과 훈련생들의 기대 효과가 달랐던 것이다. 단체생활을 통해 기업은 애사심 향상을 기대했지만, 훈련생들은 자신들만의 유대감을 형성했다. 이들

---

124 전자식 교환기 생산공장 선정에는 반드시 선도 외국 기업 한 곳과 협력한 형태로만 입찰할 수 있었기 때문에, 금성통신은 미국 교환기 선도 업체였던 웨스턴 일렉트릭사(Western Electric)와 협력해 전자식 교환기 생산공장으로 선정되었다. 그런데 웨스턴 일렉트릭사가 세계시장에서 경쟁 관계인 지멘스에 자사 기술이 넘어갈 수 있다는 우려 때문에 금성통신에 지멘스와의 합작을 종료하라고 요구한 것이다. 금성통신은 1980년에 지멘스와 합작을 종료하려 했지만 당시 영업이익이 높았던 금성통신에서 철수할 생각이 없었던 지멘스는 합작을 종료하자는 금성통신의 요구를 거절했다. 금성통신이십년사편찬위원회, 앞의 책, 440~447쪽.

은 자신들의 네트워크를 형성해 사내·외에서 협력하였다. 이러한 네트워크가 훈련생들에겐 유리했지만 기업 입장에서는 인사관리 차원에서 잠재적 위험 요소가 될 수 있었다.

금성통신 사례에서 확인할 수 있었듯이, 직업훈련은 해당 기업과 산업의 인력수급을 넘어 채용, 인사, 노동과정, 복무, 사내 인간관계 등 복잡한 관계 속에서 전개되었다. 이미 직업훈련법 제정 때부터 정부도 여러 번 언급했지만, 훈련은 기술을 천시해온 사회적 분위기를 바꾼다는 목표 아래 수행되었다. 구술자들의 생애사적 차원에서 보자면 기간사원 양성과정은 이들에게 교육과 취업 기회를 제공했다. 하지만 결국 대졸사원 '대우'였지 대졸과 동등한 사회적 존재로 인정한 것은 아니었다는 시대적 한계를 확인할 수 있다. 입사 후 훈련생들 대다수는 대졸사원 '대우'와 대졸은 다르다는 점을 체감했고 대다수가 야간대학 진학을 선택했다.

야간대학에 재학했던 이들은 공통적으로 학생운동을 실리적으로 활용하는 면이 있었다. 금성통신 훈련소 출신들은 회사를 다니면서 오후에 등교해야 했기 때문에 체력적으로 일과 수업을 병행하기가 쉽지 않았다. 이런 부담 속에서 시위로 인한 휴강은 일종의 '휴식'으로 느껴졌다. 대부분의 구술자들이 잦은 휴강 때문에 졸업할 수 있었다는 식으로 '1980년대 대학'을 기억하고 있었다. 이것은 역설적으로 이들이 대학 강의와 같은 정규 고등교육 과정에서 무언가를 배웠다거나 배울 수 있지는 않았다는 것을 방증한다.

금성통신 훈련소 출신들 중 일부는 학생운동에서 주장하는 내용에 관심을 가지고 알아보거나 참여하지 못하는 자신에 대해 죄책감을 느끼는 등 인식의 차이를 보였다. 숭실대 전자공학과 야간과정에 다녔던 김하영은 데모하는 학생들을 이해 못한다기보다는 자신과 다른 세계관을 가진 이들로 생각했고, 학생은 공부해야 한다고 생각해 방관하는 편이었다.[125] 회사생활과 병행하는 대학생활이 힘들어 병역특례 혜택으로 금성통신에 재직하면서 대학을 다닌 정기란은 가장 적극적인 편이었는데, 취직 준비 때문에 도서관에만 있는 자신에게 자괴감을 느껴 한두 번은 동기들과 함께 시위에 참가하기도 했다. 그는 적극적으로 참여하지 못하는 자신에게 죄책감을 느꼈고 시위를 주도하는 선후배나 친구들에게 존경심을 느꼈다.[126] 동국대학교 전산학과 야간과정에 입학한 김록헌은 대학 친구의 권유로 지하철에 유인물을 붙여보기도 했다. 4학년 때인 1987년에는 학내 예비군 동원령에 반대하는 시위에 동참했다. 당시 전두환 정부는 예비군 동원에 응하지 않으면 구속시킨다고 겁을 주었지만, 학내 구성원 대다수가 참여하지 않자 그도 예비군 훈련에 나가지 않았다.[127] 학생운동에 대한 다양한 인식은 이들이 회사생활을 십여 년 거친 후 겪게 된 1987년 노동자 대투쟁 경험과 인식에도 영향을 미쳤다.

---

125 김하영, 앞의 구술.

126 정기란, 앞의 구술.

127 김록헌은 파주 출신이었는데, 이전에 파주 산림 녹화를 위해 심은 나무들을 전두환 정권기 들어 모두 불태운 사건을 얘기하면서 전두환은 사익을 추구하는 정치인이었다고 불만을 드러냈다. 그는 다른 공고 출신들과 마찬가지로 박정희 정부 때 공고 우대정책이 실시되었지만 전두환 정부가 이런 우대정책을 모두 폐지해 공고 출신들이 차별받게 되었다고 구술했다. 김록헌은 공고 출신으로서 각종 공고 우대정책 폐지 때문에 애초부터 전두환 정권에 비판적이었고, 이런 이유로 대학시절 회사원이었음에도 불구하고 시위에도 한두 번 동참했다. 김록헌, 앞의 구술.

4. 1980년대 GTS맨들의 노조 인식

1987년 노동자 대투쟁 이전에도 금성통신은 사내 대우가 좋은 편이었다. 창업 이래 1995년 금성사에 통폐합될 때까지 한 번도 임금을 체불한 적이 없었다. 사내 소모임 활동도 활발했고 지원도 많았다. 금성통신에 근무했던 대다수 구술자들이 사내 '인포멀 활동'을 즐거운 기억으로 회상했다. 생산현장에 근무하는 노동자들 대다수가 여성이었지만 여성과 남성노동자들, 때로는 반장들까지 함께 인포멀 팀을 구성해 활동하기도 했다.[128] 남성 반장의 폭력행위는 엄격히 금지되어 있었다. 작업장 폭력보다는 사내연애가 활발해 이로 인한 갈등에 하급 관리직들이 신경 쓸 정도였다. 당시 대졸 남성과 고졸 여성의 결혼이 일반적이었는데 금성통신 안양 공장의 경우 대기업이면서 전자통신회사였기 때문에 생산직 노동자들 대다수가 고졸 여성노동자였던 만큼 연애가 이루어지기 쉬운 구조였다.

인포멀 팀에 대한 회사 측의 물적 지원도 큰 편이었다. 금성통신은 공장새마을운동 시범업체이기도 했는데, 생산량 자체를 증가시키는 방식의 공장새마을운동보다는 당시 중화학공업 기업체들이 주력하고 있었던 '무결점 운동' 방식을 도입했다.[129] 이를 실현하기 위해 'QC분임조 활동'이 강화되었는

128 금성통신 재직자들은 현재까지도 많은 친목 모임을 구성해 만나고 있다. 회사 내부의 생산직과 관리직 갈등이 극대화된 적이 없었기 때문에 지금도 '금성통신 생산관리부 모임'에 현장직과 과장, 부장(당시)들이 같이 모여 친목을 다지고 있다. 현장 여성노동자들의 친목모임도 있는데, 본 연구의 구술자였던 정기란은 '사내결혼'을 한 케이스였다. '사내결혼'이나 '사내연애'가 비일비재했다. 구술자들 중 대다수가 '사내연애' 경험이 있었고 홍용선, 정기란이 '사내결혼'한 경우였다. 정기란은 아내가 현재도 당시 같이 근무했던 여성노동자들끼리 친목모임을 운영하고 있다고 알려줬다.

129 무결점 운동의 핵심은 검사를 통해 결함을 수정하기보다 결함 자체를 사전에 방지하는 것

데, 분임조 활동의 전제인 노사협조가 전제되어 있는 사업장이라 'QC분임조'에서 품질개선방안이 자주 제안되는 편이었다. 남성 기능직 노동자나 관리자들은 자기 조에서 나온 품질개선방안을 정리해 사보인 『금성통신』에 투고하기도 했고, 이 중 일부는 이사회에서 받아들여져 전사적 차원에서 시행되기도 했다.[130] 금성통신의 '분임조 활동'은 강제적 방식으로 이루어지기보다는 포상과 성과급 제공을 통해 장려되었다. 공장새마을운동 자체가 노사협조를 강화하는 운동이었고, 노사협조가 이루어져야 공장새마을운동이 활성화될 수 있다는 점을 금성통신 경영진은 잘 알고 있었다. 1978년 10월에는 '새통신 전진대회'를 개최했는데, 단순한 결의대회 차원이 아니라 체육대회와 축제 양식으로 진행했다. 럭키금성그룹이 전자제품 생산기업인 만큼 텔레비전을 비롯한 전기제품을 쌓아놓고 경품 뽑기를 했고, 레크레이션 프로그램도 있었다. 분임토론 우수조에는 부상을 수여했고, 소속 분임원들에게 고과를 수여해 승진, 승급에 사정 자료로 활용되었다.[131]

기간사원이라는 고졸사원들의 존재도 이러한 사내 분위기 조성에 기여했다. 고졸사원들은 사원 신분이었지만 공고 출신이 대다수였기 때문에 고졸 기능직 노동자들과 사이가 좋았다. 다른 한편, 금성통신 생산현장의 사무직과 현

이었다. 이 운동은 제2차 세계대전 중 미국 로켓 개발 과정에서 신속만 중요한 것이 아니라 설계와 제작, 양 과정 모두에서 사소한 결함을 제거하자는 제안으로 시작되었다. 사소한 결함이 치명적 결과를 초래하는 고기술 상품 생산 시대로 인한 변화였다. 이 과정은 관리자의 통제만으로도 불가능하고, 현장 작업자가 노력해도 다 알 수 없는 결함이 있다는 사실에 착안해 관리(구상)와 제작의 결합을 강조했고, 이를 실현하기 위해 팀별 토론과 개선, 노사협조를 강조했다.

130 정영신(자재부장), 「새 통신 운동과 TQC(Total Quality Control)」, 『금성통신』 제34호, 1978. 3, 21쪽; 안영욱(변전실), 「절전운동」, 『금성통신』 제35호, 1978. 4, 16~17쪽.

131 금성통신이십년사편찬위원회, 앞의 책, 403~405쪽.

장 기능직 노동자들이 사이가 좋았던 것은 이 사업장의 업무가 성별 구분되어 있어서이기도 했다. 키폰과 교환기 부품 조립의 생산은 여성노동자들이 맡았고 제품의 검수, 수리, 제작 지시는 같은 직급이어도 남성 기능직 노동자들과 남성 하급 현장관리직들이 맡았다.

안양에서 제일 좋은 직장일 뿐만 아니라 럭키금성이라는 재벌기업의 일원이라는 '종업원' 인식이 노사협조에 중요하게 작용했다. 안양 근처에서 여성노동자들이 가장 근무하고 싶어 하는 기업 중 하나가 금성통신이었다.[132] 안양공고의 학업 우수자들과 국제기능올림픽 입상자들이 모두 입사하는 기업체가 금성통신이었기 때문에, 금성통신에 입사한다는 것 자체가 이들에게 '자긍심'을 부여했다. 대체로 근무를 지속하고 싶어 했고 근무조건이 좋았기 때문에 현장에 불만이 있어도 드러내지 않았다.[133]

물론 1980년대 들어서는 금성통신에도 학출 노동자들의 진입 시도가 있었다.

> 예, 근데 1980년대 그 당시만 하더라도 안양 쪽은 그렇게 강성 노조가 그렇게 많지는 않았었고, 이제 그런 부분들을 이제 노조를 좀 이제 그런 식으로 키우기 위해서, 그 당시에 이제 (한동안 기억을 더듬다가) 그 당시에 이제 그, 그러니까 그걸 뭐라고 얘기하더라면, 좀 그런 강성을 가지고 있는 사람이 회사에 위장취업을 하는 거예요. 예, 예. 위장취업을 해 가지고 이제 종업원들 선동하는 거죠. 그런 것도 좀 있

---

132 "집에 라디오나 티비 있는데 모두 금성 마크 있잖아요. 금성사 좋은 건 다 알고 있었죠. 예전에는 삼성이 명함도 못 내밀었어요." 홍용선, 앞의 구술.

133 금성통신의 근무조건이 양호할 수 있었던 것은 첫째, 이 공장이 지멘스라는 독일 기업과의 합작회사여서 노무관리, 인사관리에 모두 독일식 방식을 적용하고 있었기 때문이고, 둘째, 상대적으로 산업재해에서 자유로운 전자제품 생산공장이었기 때문이다.

었어요.[134]

1980년대 생산직 기능직 노동자로 입사해 반장과 직장까지 맡았던 이선재는 금성통신 노조 대의원으로 활동하기도 했다. 금성통신은 생산현장의 하급 관리직인 반장들이 노동조합 대의원을 맡는 식이었다. 이런 구조상 노조와 회사의 관계도 원만했고 쟁의를 일으키기 어려웠다. 이선재는 금성통신 안양 공장의 이 같은 구조를 바꾸기 위해 연세대 출신 학출 노동자가 '위장취업자'로 입사했던 사건을 기억하고 있었다.

> 제 기억으로도 저희 회사에도 그런 사람들이 와 가지고 그걸 찾아냈는데, 예, 결국은 연세대학교에 근무하는 사람인데, '검은 손'이라 해 가지고, 위장취업을 했더라구요. 별명이 '검은 손'이에요. 그래, 위장취업을 했더라구요. 결국은 찾아내서 해고시키고 그랬는데, 어, 그분이 그러면 뭔가 활동을 벌이기도 전에 발견이 됐어요? 아니면 이제, 약간 좀, 이제, 현장에서 좀 쑤시고 다니다가 [회사 측에서] 뭔가 의심쩍다 싶어 가지고 보니까, 그리 되더라구요.[135]

표면적으로는 수출증대와 '사세확대'를 위해 노사협조가 이루어지고 있던 평온한 사업장이었지만, 작업장 질서를 전복하려는 움직임과 시도가 있었고 이러한 시도에 사측도 위기를 느끼고 있었던 것이다.

학출 노동자 진입은 차단했지만 1980년대 금성통신에 쟁의가 아예 없었던

---

134 2015년 4월 25일 구술, 이선재 안양공고 졸업, 금성통신 생산직 기능직 노동자 입사, LG전자 서광주센터 소장(금정역 커피숍).

135 이선재, 앞의 구술.

것은 아니다. 1984년 불황으로 인해 장기근속한 직·반장들을 해고하려 한 적이 있었다. 이때 금성통신 노동조합이 전면에 나서서 해고를 거부하고 회사 앞마당에서 연좌시위를 진행했다.[136] 이 쟁의 결과 회사와 타협해 일정한 포상금을 받고 퇴사할 이들이 추려졌다.[137] 이 쟁의는 회사 창업 후 처음 있었던 쟁의로 보인다.[138]

1987년 노동자 대투쟁 국면에서도 쟁의가 발생했다. 금성통신 현장 노동자 800여 명이 8월 26일 오후 B동 현관 앞 잔디밭에 모여 임금인상, 강제잔업 및 특근 거부, 직·반장 노조가입 금지 등을 내걸고 네 시간 동안 농성했다. 이 쟁의는 금성통신 노조에서 주도한 것이 아니라 현장 노동자들의 자발적 의지로 추진된 것으로 보이는데, 당시 금성통신 노동조합 대의원은 모두 반장이나 직장이었고 그런 만큼 '친기업적' 성격이 강했다. 때문에 직·반장 노조 가입 금지가 요구 조건에 들어갔던 것이다. 이 쟁의 주도자들은 쟁의에 사원들도 참여시키려 했지만 결과적으로 노조 지도부와 회사 측의 회유로 일단락되었다.[139]

가장 큰 쟁의는 1989년 4월에 있었다. 안양에는 금성통신 외에도 다른 금성통신 계열사들이 설립되어 공장이 산재해 있었다. 그중 하나가 금성전선이었는데, 1989년 금성전선 노동조합이 '투쟁 없는 단체협약'을 거부하며 전면파업에 나섰다. 금성전선의 파업은 인근 지역 사업장에도 영향을 미쳤다. 금성전선 노동자들은 이 파업을 럭키금성 전 노동자들의 임금인상 투쟁으로 확대하기

---

136 정기란은 당시 병역특례 조건과 함께 근무 중이어서 해고되면 곤란한 상황이었지만 같이 근무했던 기능직 노동자 '아저씨'들과 함께 연좌시위에 참가했다. 정기란, 앞의 구술.

137 금성통신이십년사편찬위원회, 앞의 책, 627쪽.

138 이선재, 앞의 구술.

139 1988년 임금협상 후 금성통신노동조합 간부도 직선제 선출로 바뀌었다. 금성통신이십년사편찬위원회, 앞의 책, 629쪽.

위해 평택의 금성사와 금성통신 안양 공장 앞에서도 농성과 유인물 배포, 선전전을 진행하며 쟁의 확산을 시도했다. 1989년 4월 4일 금성통신 노동조합도 임금협상 결렬을 선포하고 쟁의 신고를 거쳐 파업에 들어갔다. 금성통신이 파업에 돌입하자 럭키금성 산하 16개 사업장 노조에서는 럭키금성그룹노동조합협의회를 결성하고 공동성명서를 작성했다. 이들은 럭키금성 노동자 연대로 임금인상을 쟁취하자는 요구를 내걸고 있었다.[140] 전면파업을 시작한 금성전선 노조는 쉽게 협상안을 내지 못했지만[141] 금성통신 노조는 협상을 계속해 4월 22일 회사 측과 협상을 타결하고 파업을 종료했다.[142]

이선재는 1980년대 후반에 발생한 쟁의를 기억하고 있었다. 이선재가 볼 때 금성통신 노동조합이 협상 타결을 할 수 있었던 것은 금성사 창원 공장이 워낙 강경하게 싸웠고 금성사의 처우조건 정도만 되면 금성통신 노조도 타협했기 때문이라 기억하고 있다.[143] 실제 금성통신 노조의 파업 때문이 아니라 럭키금성그룹 내부 처우조건 평준화라는 조건 때문에 협상이 원만하게 이루어졌다고 본 것이다. 사실 1980년대 내내 쟁의 경험이 없는 금성통신 노동자들이 전면적인 파업을 시도하기는 어려웠을 것이다. 금성통신 사측도 노동조합에 강경하게 대응하는 것을 부담스러워 하는 편이었던 것으로 보인다. 80년대 후반 사원으로 '구사대' 활동에 나섰던 경험이 있는 장은찬은, 자신들은 파업 끝나면 생산직 사람들과 같이 작업해야 했기 때문에 '적대감'을 가지고 했다기보다 형

140 이시정, 『안양 지역 노동운동사』, 민주화운동기념사업회(6월 민주항쟁 안양·군포·의왕 기념사업추진위원회), 2007, 296~300쪽.

141 금성전선에는 해고된 학출 노동자들이 있었고 87 대투쟁 이전에도 선진 노동자들의 투쟁이 끊임없이 시도되고 있었다. 위의 책, 296쪽.

142 금성통신이십년사편찬위원회, 앞의 책, 629쪽.

143 2015년 4월 25일 구술, 이선재 안양공고 출신, 금성통신 반장, 직장 출신(금정역 커피숍).

식적으로 임했다고 기억했다.

> 우리는 이제 그 분규가 있었어요. 우리는 그 구사대 그래 가지고 하는데 그 일반 사무직 사원이 구사대가 되고 생산직이 노조잖아요. 근데 그것도 지금 생각하면 예비군 훈련 받는 정도의 느낌이었어요. 왜냐하면 구사대에 제1사대는 그 인사부서나 이쪽이고 그 다음에 이제 임원들하고 부서장이고, 우리는 부서장도 아니고 나가라고 그래서 뭐 정문쯤에 가 서 있으라 그러면 뭐 예비군 훈련 받듯이 가서 우물우물 서 있는 거 뭐 이런 것이고. 그 사람들하고 돌 던지고 할 이유가 없어요. 내일 가면 저쪽 직장하고, 반장하고 또 일해야 되는데 그 사람하고 트러블 생길 수가 없잖아요. 가장 힘든 거는 인사부서나 임원들이나 아니면 저 고위 부서장들이었지 우리랑 상관없어요.[144]

생산현장에 함께 근무하는 생산직 사원들과 생산관리 사원들의 협력적 관계가 구사대 활동마저 형식적으로 만들었던 것이다. 장은찬이 생산직 노동자들에게 가지고 있었던 '방임적 협력' 자세는 그 자신도 생산현장에 근무하는 고졸 사무직이라는 '동질감'에서 비롯된 것이었을 가능성이 높다. 국제기능올림픽 입상자로 대학 졸업 후 금성계전에 입사한 허경남도 1990년대 사내에서 발생한 쟁의 도중 노조 지도부를 만나 자신이 현장 출신임을 강조하며 협상을 도출한 적이 있었다.[145]허경남은 부산기계공고 출신이라 친구들 대다수가 창원기계공단에 취직했고 금성사 창원 공장에 근무하는 선후배들도 많았던 만

---

144 장은찬, 앞의 구술.

145 2014년 8월 28일 구술, 허경남 제24회 국제기능올림픽 동력배선 부문 금메달, 럭키금성중앙연구소 퇴사 후 금성계전 입사(안양 (주)테크빌 사무실).

큼, 그 자신이 노조 지도부나 노동운동에 반감이 크지 않았다. 장은찬과 허경남 둘 다 생산현장에서 '상승'한 만큼 계층 갈등 의식이 강하지도 않았고 계층 갈등을 완화하는 역할을 수행하기도 했던 것이다.

금성통신 사내 '훈련소 출신'들은 오히려 1980년대 후반 노조 결성 국면에서 사무직에게 허용되지 않았던 노조 결성 시도에 동참하기도 했다. 금성반도체연구소에 다닌 김록헌과 정기란은 연구소 내 연구원들도 노조를 만들어 단체협상을 체결하자는 움직임에 가담했다. 1987년 이전까지 노동조합은 생산직 노동자들만 결성할 수 있었다. 생산직 노동자들은 노동조합법을 이용해 단체협약을 체결했고 자신의 근로조건을 개선해 나갔다. 1987년 7~9월 사이에 일어난 노동조합 결성과 근로조건 개선은 당연히 사무직 노동자들에게도 큰 영향을 미쳤다. 당시 사무직 노동자들은 노동조합을 결성해 생산직 노동자들처럼 잔업·특근 수당, 가족 수당 지급을 요구했다.[146]

사내 연구소는 생산기관이 아니기 때문에 노조를 결성하기가 더 어려웠지만, 1980년대 개방적 분위기와 대학에서 학생운동을 경험한 대졸사원들의 대거 입사를 거치면서 연구·사무직들의 노동조합 결성도 활성화되었다.[147] 노조 결성까지 이어지지는 못했지만 금성반도체연구소에서는 연구원 대의원을 선발해 노사협의체를 만드는 데 성공하였다. 대의원협의회 의장은 노조위원장은 아니었지만 노조위원장과 같이 전임으로 활동을 보장받았다고 한다. 정기

146 민주화운동직장청년회, 『사무직, 전문, 기술직 노동운동』, 백산선서, 1989, 21~25쪽; 조우현·윤진호, 『한국의 화이트칼라 노동조합 연구』, 한국노동연구원, 1994, 6~22쪽.

147 금성반도체 노동조합은 서울대 수학과를 졸업한 운동권 출신 여학생과 김록헌이 야간대학 재학 시절 인연으로 입사시킨 역시 운동권 출신 남성이 주도했다. 김록헌은 그 친구에게 입사해서는 절대 운동에 가담해서는 안 된다고 신신당부를 했지만 결국 그 친구가 노조 결성에 나서서 본인의 입지가 좀 곤란했다고 구술했다. 김록헌, 앞의 구술.

란은 초대 금성반도체 '연구원 대의원'으로 선출되어 활동했다.[148]

기간사원 양성과정과 대기업 입사라는 조건 아래 금성통신 남성 숙련노동자들이 형성한 '회사몰입'은 퇴직할 때까지 그대로 이어지지 않았다. 오히려 '회사몰입형' 노동자들도 자기 이해와 국면에 따라서 노조에 가입한다든지 노조 활동을 '묵인'하는 입장을 취하기도 했다. 국가와 기업은 자신에게 수혜를 받은 노동자들이 경쟁과 '조직몰입'을 내면화하기를 바랐지만 이런 모습은 초기에 제한됐다. 실제 노동자들의 모습은 자기 이해에 따라 국가와 회사에 몰입하는 '타산적 몰입'에 가까웠다. 이들 남성 숙련노동자들도 국가가 바라는 산업전사나 기업이 바라던 'GTS 맨'이 아니었다. 자신에게 유리한 상황을 만들어주면 국가와 기업에 순응했지만, 국가와 기업이 자신의 이해를 배신하면 속았다고 생각하거나 자신이 할 수 있는 '작은 실천'을 통해 되갚았다.[149] 금성통신이 금성사에 합병되면서 자신들이 맡고 있던 사업이 정리될 때는 '회사몰입'을 후회하기도 했다.[150] 집단행동이 유리하다 판단하면 그들 자신도 노조 결성에 나서거나 최소한 노조 활동을 소극적으로 막는 방식을 취했다. 1987년 이후 쟁의 참여를 통해 알 수 있듯이, 노동자들은 자신의 불만이 제도적으로 수렴될 통로가 없다고 판단하면 어떤 계기와 조그마한 자원만 있어도 쟁의에 나섰다.

---

148 정기란, 앞의 구술.

149 금성반도체는 LG정보통신으로 사명을 바꾼 후 사설 교환기사업을 정리해버렸다. 이로 인해 20년 이상을 교환기 개발에 매진한 김록헌은 회사에 큰 배신감을 느꼈다. 이전까지 LG 제품만 사서 사용한 김록헌은 그 후 다시는 LG 제품을 사지 않는다고 했다. 김록헌, 앞의 구술. 장은찬은 사설 교환기 영업관리를 맡고 있던 중에 회사 측의 사설 교환기 정리 방침을 듣고 회사의 사업 정리 지침을 의도적으로 늦게 실행해 대리점주들의 편의를 봐주다가 결국 사표를 내고 퇴직했다. 장은찬에게 중요한 것은 대리점 사업주들과의 관계였지 회사의 '결정'이 아니었다. 장은찬, 앞의 구술.

150 김록헌, 앞의 구술.

이들에게 오래 남은 것은 초기에 형성되었던 금성통신에 대한 '타산적 몰입'이 아닌 실질적 도움을 준 '훈련소 출신들'에 대한 '감정적 몰입'이었던 것이다.[151]

151 '타산적 몰입'은 계산상 개인의 재직이 자신에게도 이익이기 때문에 재직을 유지하는 경우를 뜻한다. 반면 '감정적 몰입'은 이익과 상관없이 조직 멤버십을 유지하고 싶다거나 조직에 대한 애착이 커서 소속을 유지하는 형태를 의미한다. 이에 대해서는 조지원, 「구성원의 조직동일시와 조직몰입이 행동 의도에 미치는 영향에 관한 연구」, 서울대학교 석사학위논문, 1997, 23~33쪽.

4부

금지된 성취, 전복된 질서

한진중공업에 입사하고 얼마 안 됐을 때였다. 유예된 꿈을 위해 서서히 비상을 준비해야 할 때라고 생각했다. 하늘 같은 과장님한테 갔다. "저~~ 공부 땜에 잔업을 못할 것 같은데요." "공부? 뭔 공부?" "방송통신과정으로 검정고시 쳐보려구요." (…) 제발 입시철엔 어디론가 사라졌다가 입시가 끝나면 다시 나타나게 해달라고…. 예비고사가 학력고사로 바뀌어도 그 기도는 바뀌질 않았었다.

—김진숙, 『소금꽃나무』, 후마니타스, 2007, 115쪽.

아무것도 모르는 상태에서 일을 시작했는데 배우는 모든 과정이 재밌었어요. (…) 언니들이 자기 일 배울 때 얘기하면서 축하해줬어요. (…) 도장은 블록과 블록을 잘 이어주는, 딱 부착시켜주는 일이에요. 그러니 우리가 얼마나 대단한 사람들이에요.

—도장노동자 정인숙 구술, 이호연 기록, 『조선소, 이 사나운 곳에서도』, 코난북스, 2024, 26~27쪽.

4부에서는 직업훈련 제도가 여성을 상대로 어떻게 이루어졌는지를 남성과 비교하며 밝힌다. 훈련 받을 기회조차 주어지지 않은 여성들이 스스로 기술을 성취하고 발전시켜 나간 과정과 그 안에서 어떤 인식을 가졌는지를 살펴본다. 기술을 성취해도 그에 따른 분배는 달랐다. 이러한 '부정의 경험'이 여성들의 노동운동 참여 동기로 작동하였음을 밝힌다. 1980년대는 남성직종의 여성 참여를 넘어 성별 직종분리와 성별분업 자체가 고용차별이라는 담론이 확산되어간 시대였다. 이러한 변화를 만든 여성들의 문제제기와 실천을 살펴본다.

1장

배제와 성취
—여성이 성취한 기술

한국 산업화 시기 여성노동은 수출주도형 경제성장의 주요인으로, 동시에 1970년대 민주노조 운동을 주도한 주역으로 주목받아왔다. 그 주된 이유가 이들이 받고 있었던 노동현장의 차별과 저임금이었다는 사실은 누구도 부인하기 어려울 것이다. 여성이 차별과 저임금 구조에 놓일 수밖에 없었던 이유는 그간 여러 연구에서 분석의 대상이었다. 먼저 김현미는 한국의 대다수 작업장이 성별 직무분리를 적용하고 있고, 대표적인 여성 사업장인 의류업종의 경우 여성은 미싱사나 미싱사 보조로서 남성 재단사의 지시와 관리 아래 놓여 있었으며, 이 같은 성을 매개로 한 통제가 노동운동 분야에서도 똑같이 나타나고 있다는 점을 밝혔다.[01] 국가 주도의 근대화 프로젝트는 여성의 노동을 보상해주지 않아도 되는 '헌신'으로 이데올로기화했고, 이러한 의도에 따라 국가의 수출과 생계보조를 위해 여성은 낮은 보상도 참아내야 하는 주체로 규정되었다. 김귀옥은 반도상사 부평공장 작업장 내 여성 기능직 노동자들의 기술 습

01 김현미, 「노동통제의 기제로서의 성」, 『한국문화인류학』 제29권 2호, 1996, 167~194쪽; 「한국의 근대성과 여성의 노동권」, 『한국여성학』 제16권 1호, 2000, 37~64쪽.

득 과정을 분석하면서, 더 나은 기술을 습득했다면 성장이 가능했을 그녀들이 "구상작업에 해당하는 재단기술"까지 습득할 생각은 전혀 하지 못했다는 것을 밝히고, 이를 통해 여성 사업장에서도 남성중심적 지배전략이 작동하고 있음을 보였다. 이 사례 연구에서 김귀옥은 의류공장 사업장은 여성 사업장이었지만 남성 기술이 지배하는 공간이었으며, 성 분절된 노동시장은 여성 기능직 노동자들에게 한계로 작용했다는 점을 보여준 것이다.[02] 김원은 남성노동뿐만 아니라 여성노동 내부에도 숙련의 차이가 존재했지만, 당시 사회 내에서 여성은 '미숙련자'라는 담론이 강력하게 작동하고 있었고, 이러한 담론의 영향으로 여성 기능직 노동자들마저 작업장 내 성별분업을 타협적으로 받아들였다고 보았다.[03]

이러한 연구들은 성별분업이 작업장 내에서 구체적으로 어떻게 작동되고 있었는지 밝히고, 노동현장의 성별분업과 성별 위계화가 남성이 여성을 지배하는 가부장적 사회와 서로 영향을 주고받으며 이러한 구조를 강화해가는 과정을 분석했다는 점에서 의미가 있다. 그러나 이러한 연구들은 사회가 여성을 미숙련공으로 규정함으로써 여성 기능직 노동자들이 처하게 된 구조적 조건에는 주목했지만, 이 상황을 타개하기 위한 여성 기능직 노동자들의 실천과 구조적 모순에 대한 여성 기능직 노동자들의 인식은 면밀히 다루지 못했다.

또한 국가와 사회가 담론적 차원에서 여성노동을 주변화하고 여성 기능직 노동자들을 미숙련자들로 규정한 측면은 밝혔지만, 실제 제도적 차원에서 여성 기능직 노동자들이 기능·기술을 습득하는 과정에서 받은 차별과 배제에는

---

02 김귀옥, 「1960~70년대 의류봉제업 작업장의 성격과 여성 기능직 노동자의 실천」, 이종구 외 지음, 『1960~70년대 노동자의 작업장 경험과 생활세계』, 한울, 2005, 23~57쪽.

03 김원, 『여공 1970, 그녀들의 반(反) 역사』, 이매진, 2006, 264쪽.

주목하지 못했다. 1960~70년대는 경제성장으로 인해 신규 사업이 확장되던 시기로, 이 시기 대다수 남자 청소년들은 직업훈련과 교육을 통해 노동자로 변모하고 있었다. 따라서 이 시기 오히려 규명되어야 할 것은 교육과 훈련이 여성들에게 어떻게 주어졌는지, 지속적인 훈련과 교육이 이루어졌는지, 숙련 형성과정을 통해 여성은 어떤 기대를 하고 있었는지에 대한 구체적 사실들이다.

1967년부터 본격적으로 도입된 직업훈련 제도는 국내적으로는 물론 국제적으로도 중요 사업으로 부상해 있었던 만큼, 비교적 초기에 국가적 사업으로 자리 잡았다. 사내직업훈련소와 공공직업훈련소는 1960년대 후반 설립되기 시작하여 1970년대에는 양적·질적으로 확대되었다. 공고와 더불어 사내직업훈련소나 공공직업훈련소를 통해 많은 기능직 노동자들이 양성되었고, 이들은 1970년대 이후 산업화 주체로 성장해 경제성장을 추동해 나갔다. 그러나 이 같은 기관을 거쳐 양성훈련이나 교육을 받을 수 있는 자들은 대체로 남자 청소년 또는 남성 청년들이었고, 정책이 확산 일로에 있던 1970년대에도 여성 청소년이나 여성 청년들이 받을 수 있는 교육·훈련의 기회는 이들에 비해 제한적이었다.[04]

이 장에서는 직업훈련 제도가 여성을 상대로 어떻게 이루어졌는지를 남성과 비교하며 밝힌다. 다음으로 이러한 훈련을 받는 과정과 기회가 주어지지 않을 때 여성이 스스로 기술을 성취하고 발전시켜 나가며 그 안에서 어떤 인식을

---

04 이지연, 「산업화 시기 한국 국가의 인력양성 정책과 젠더 불평등」, 『현상과 인식』 2015년 봄호, 139~173쪽. 중화학공업화 시기 공고 특성화 정책과 공공직업훈련의 대상에서 여성을 배제한 결과 국가의 인력양성 정책이 불평등한 젠더 효과를 낳았다고 본다. 사회학계의 연구 성과인 이 연구는 국가의 기술노동정책이 기술 습득의 기회 구조를 제도화한 역사적 과정을 살펴봤다는 점에서 본 연구와 문제의식을 같이한다. 다만 본 연구는 국가 정책의 효과뿐만 아니라 여성이 숙련을 형성하는 과정, 숙련에 대한 인식, 숙련을 통한 기대와 좌절을 다루고 있다는 점에서 차이가 있다.

가졌는지를 살펴볼 것이다. 마지막으로 남성 기능경기대회 참가자와 수상자들에 비해 조명받지 못한 기능경기대회 속 숨겨진 여성들의 역사적 사례를 찾아 보여주려 한다.

1. 직업훈련 정책의 여성 배제와 훈련 실태

1972년부터 추진할 제3차 경제개발계획에 따라 수립된 제3차 인력개발 5개년계획에는 여성인력개발이 주요 정책 중 하나로 포함되었다. 제3차 인력개발 5개년계획에서는 여성인력개발의 목표를 "여성 교육을 직업사회에 적응토록 개편하는 한편 여성 직업사회 참여를 저해하는 요인을 제거함으로써 여성인력 활용의 극대화를 기한다"고 규정했다.[05] 그에 따라 제3차 인력개발 5개년계획에는 여성인력의 대략적인 취업자 현황 파악과 문제점, 대책이 포함되었다. 3차 계획 수립 당시 정부가 여성인력의 가장 큰 문제라고 생각했던 점은 교육받은 여성인력이 제대로 활용되지 못하고 있다는 것이었다. 초대졸 이상의 여성인력이 결혼하면 직장을 그만둬 국가적 낭비가 이루어지고 있다고 보았다. 특히 1970년대 후반 이후 인력부족이 예상된다는 점을 고려할 때, 이들 고등 여성인력이 경제에 투입되어야 한다는 것이 제3차 계획 당시의 여성인력에 대한

---

05 1967년 인력수급과 인력의 과학적 관리방안을 연구하기 위해 설립된 인력개발연구소가 1970년에 『한국의 여성인력—그 효율적 개발과 활용을 위한 조사연구』라는 조사결과보고서를 발간한 것도 여성인력 양성과 활용에 정부의 관심이 고조되기 시작한 것과 관련이 깊다. 인력개발연구소는 과학기술처가 인력연구소 설치를 추진한 결과 재단법인의 형태로 1967년 8월 25일 설립되었다. 「훈련 기능직 노동자 장기취업 인력연구소 설치안 마련」, 『매일경제』 1967. 5. 29; 「25일 설립 인가 인력개발연구소」, 『매일경제』 1967. 8. 26.

결론이었다. 이렇게 문제의식이 고등 여성인력 활용에 머물러 있었기 때문에, 계획에 포함된 여성인력 수치도 전문직 취업자 중 여성 구성원을 파악하고자 하는 것이었다.[06]

당위적으로나마 여성인력의 직업사회 참여를 독려하고 있었지만, 이에 대한 구체적 방안은 빈약했다. 인력개발계획의 가장 중요한 목표 중 하나인 인력수급계획에서도, 과학기술계 인력의 수요와 공급을 조사하면서 별도로 여성 과학기술계 인력의 수급계획이 수립되지는 않았다. 구체적 방안으로 제시된 것도 고작 세 가지였다. 첫째, 초등교육기관 교사나 회계원 등 여성의 적성에 맞거나 여성의 능력으로 수행 가능한 직종에는 가능한 한 여성을 활용하도록 한다, 둘째, 여성의 적성에 맞는 직종을 개발하고 이러한 직무 내용을 토대로 여성의 직업교육·훈련을 발전시킨다, 셋째, 교육받은 여성이 직업의식을 갖추도록 계몽 활동을 강화한다는 정도였다. 원칙적 입장만 제시한 셈이었다. 그럼에도 여성교육과 직업훈련을 강화할 필요가 있다는 점이 3차 인력개발계획 수립 시 정부 차원에서 최초로 명시되었다는 점은 주목할 만하다.

제3차 인력개발계획 수립 시기에 와서야 여성의 직업교육·훈련을 추진해야 한다는 원칙을 수립했지만, 이미 많은 여성인력이 생산현장에 진출해 있었다. 이 같은 노동현장의 변화와 제3차 인력개발계획 수립에 따라 노동청도 여성 직업훈련 계획을 수립해야 했다. 먼저 노동청은 '근로여성'의 현황 파악에 나섰다.

---

06 계획서의 〈표 42〉는 관리직 중 여성 비율이 한국은 1.0%인 데 반해 미국은 15.7%, 일본은 3.9%이며 사무종사자의 경우도 전체 인원 중 한국 여성 비율은 15.2%인 데 반해 미국은 17.6%, 일본은 46.9%인 결과를 보여줬다. 사무전문직은 고등교육 졸업자만이 진출할 수 있는 직종임을 감안한다면 제3차 계획의 여성인력개발은 고등 여성인력 활용방안 마련에 주력했음을 알 수 있다. 과학기술처, 『제3차 인력개발 5개년계획』, 1971, 68쪽.

〈표 4-1〉 산업별 여성 취업자 수 및 업종별 비율(10인 이상 사업체 대상, 1970년)

단위	총수(명)	비율(%)
전산업	357,896	33.1
농수산업	929	12.7
광업채석업	2,325	4.3
제조업	293,112	45.8
전기 가스 수도업	936	6.1
건설업	5,039	6.4
도소매업 및 음식숙박업	11,356	36.7
운수창고 및 통신업	20,090	13.9
금융보험 부동산 및 용역업	13,850	23.4
사회 및 개인 서비스업	12,258	21.7

* 출전: 「산업별 취업자 총수에서 차지하는 여자의 비율(10인 이상)(1970년)」, 『근로여성의 현황』, 1972, 9쪽.

산업별 취업자 중 여성의 비율은 해마다 증가했다.[07] 〈표 4-1〉을 보면 10인 이상 사업체에 근무하는 여성 취업자 중 가장 많은 수가 제조업에 종사하고 있었고, 다음으로 상업에 해당하는 도소매업 및 음식, 숙박업에 종사했다. 금융보험업이나 개인 서비스업에 종사하는 이들도 전체 여성 종사자 중 45% 정도에 이르렀다. 1970년의 여성 취업자 전수조사에서는 보다 구체적으로 이들 여성 취업자들의 업무 성격이 드러나는데, 농림·광업·어업에 종사하는 여성이 여성

07 1966년 이래로 총 여성 취업자의 수는 3,025,000명에서 3,522,000명으로 증가했고, 직업별로 보면 농림·수산업 종사자의 여성 비율이 64.3%에서 58%로 감소한 만큼 전문직·관리직·기술직 종사자 수는 44,000명(1.5%)에서 83,000명(2.4%)으로 두 배 늘었다. 사무종사직은 41,000명(1.3%)에서 83,000명(2.2%)으로, 기능직 노동자 및 생산공 단순 노무자도 311,000명(10.3%)에서 418,000명(11.9%)으로 증가했다. 『근로여성의 현황』, 1972, 11쪽, 〈표 7〉 직업별 연도별 여자 취업자와 구성비(전수).

총 취업자 중 58.4%이고 판매업 종사자가 14.3%, 서비스업 종사자가 10.2%, 기능직 노동자 및 단순 노무 종사자가 11.9%였다. 95% 이상의 여성 취업자가 특별한 기술이 필요치 않은 업무에 종사하고 있었다.[08]

여성 취업자의 업무가 단순직종인 것도 문제였지만 고등학교와 대학교의 여학생 진학률이 빠르게 증가했던 것과는 달리 여성 취업률은 그 속도를 못 따라가는 것이 더 큰 문제였다. 1971년 중학교를 졸업하고 진학하지 못했던 42,637명 중 취업한 이는 6,595명에 불과했고, 인문계 고등학교 졸업자 42,110명 중 진학한 16,851명을 제외한 25,259명 가운데서도 취업자는 4,959명에 불과했다. 학교 졸업자 중 여성의 취업률이 20~25% 수준에 지나지 않았던 것이다.[09] 실업계 고등학교 졸업자는 전체 졸업자 중 진학자를 제외하고 55% 정도가 취직해 비교적 취업률이 높은 편이었지만, 남학생들만 입학 가능했던 실업계 고교, 즉 공고 졸업자의 취업률에 비하면 지극히 낮은 수준에 지나지 않았다.

진학률과 취업률에서 열세인 여성의 취업률을 높이기 위해서는 여성을 대상으로 한 직업훈련 정책이 수립되어야 했다. 정부에 의해 본격적으로 기능직 노동자 양성정책이 추진된 이후, 직업훈련소나 공고 졸업 후 일정 정도의 기능을 습득해서 기업에 입사하는 남성노동자의 수는 서서히 증가해갔다. 이들은 확장일로였던 중화학공업 계열의 업종에 입직해 상대적으로 많은 취직 기회를 누릴 수 있었다. 반면 여성 기능직 노동자들이 취직할 수 있는 업종은 매우 제한적이었다. 1984년에도 제조생산직 종사 여성의 61.8%가 섬유·의류·전기기구업에 집중되어 있었고, 사무직이라도 평균임금이 가장 낮은 속기사, 타자원,

---

08 15세 이상 여성 경제 활동 인구 중 취업자 비율은 38% 정도였다. 전체 여성 취업자 중 나머지 5%의 여성들이 사무, 전문, 교통 및 체신업종에 종사했다. 『근로여성의 현황』, 1972, 9쪽, 〈圖 4〉 산업별 여자 취업자의 구성(전수).

09 위의 책, 27쪽, 〈표 18〉 학교별 여자 졸업자의 진학 및 취업 상황(1971년).

경리출납원, 교통안내원, 전화전신조작원 등에 집중되어 있었다. 전문직으로 눈을 돌려도 약사, 영양사, 간호원, 교사에 여성 전문직 전체 종사자 중 74%가 종사하고 있을 정도로 입직 가능 직종이 제한적이었다.[10] 1960년대 여성 기능직 노동자들이 대거 노동시장에 진출한 이래 1980년대 초반까지도 취직 가능한 업종에는 전혀 변화가 없었던 것이다.

정부가 독려하고 있던 직업훈련 제도는 여성이 신규 직종에 진출하는 데 충분히 교두보 역할을 할 수 있었다. 그러나 중공업 분야 중심으로 이루어진 남성 대상의 직업훈련과 달리, 여성을 대상으로 한 직업훈련은 제3차 인력개발계획에서 여성인력개발이 정책 목표로 표방된 1972년에 와서야 처음 공공직업훈련계획이 수립되면서 시작되었다.[11] 남성 대상의 직업훈련과 달리 추진이 더뎠던 것이다. 1971년까지 자체적으로 추진되고 있던 사내직업훈련 실적만 보더라도 1971년 남녀 총 35,041명의 훈련생 중 여성 직업훈련생은 5,065명에 지나지 않았다.[12]

이 같은 훈련도 조화, 목조, 인형을 생산하는 가내수공예 업종, 자수미싱, 가발제작 같은 전통적인 여성 산업에 한정되었고, 기계를 다루는 경우도 방적기

10 노동부, 『직종별 임금실태 조사보고서(1984)』(유영생, 「한국 여성노동참여에 대한 국가의 역할과 성격에 관한 일 연구—1960·70년대를 중심으로」, 이화여자대학교 석사학위논문, 1986, 34쪽에서 재인용).

11 1970년 12월에 노동청에서 발행한 『기능직 노동자 훈련의 실태와 개선방안 조사연구보고서』는 오히려 더 분명하게 길어야 3년 정도 근무하는 여성노동자들을 훈련시키기 위한 방적공, 방직공 훈련보다는 신규 성장 산업, 즉 중화학공업 분야에서 필요한 기능을 숙련시키는 훈련이 필요하다고 제안했을 정도였다. 노동청, 『기능직 노동자 훈련의 실태와 개선방안 조사연구보고서』, 1970, 26쪽.

12 1971년 총 직업훈련생 수는 노동청, 「제4절 직업훈련사업」, 『노동행정십년사』, 1973, 207쪽에서 인용; 1971년 사내직업훈련생 중 여성의 수는 『근로여성의 현황』, 1972, 69쪽, 〈표 57〉 여자의 사업 내 직업훈련(1971)의 총수를 더한 수치이다.

〈표 4-2〉 여성의 사업체 내 직업훈련(1971년)

지역	훈련소명	훈련직종	인원	훈련기간
서울	한국공예공동훈련소	조화공	90	6개월
		목조공	90	1년
		인형공	90	1년
		공예염색공	90	1년
	수림원	수자수공	60	6개월
		인형공	60	6개월
	서울 YMCA	서양요리조리공	60	3개월
		한식조리공	60	3개월
영등포	서울통상(주)	기계가발공	300	5개월
		수제가발공	300	5개월
		가발미용공	25	5개월
경기	삼풍섬유(주)	미싱봉재공	200	6개월
		재단공	60	6개월
	금성방직(주)	방적기 운전공	360	6개월
		직기운전공	360	6개월
	대한방직 수원 공장	방적기 운전공	360	6개월
	동일방직(주)	방적기 운전공	200	6개월
		직기운전공	200	6개월
	반도상사	수제가발공	120	3개월
		기계가발공	60	5개월
		가발미용공	90	2개월
강원	풍전산업(주)	염색공	30	1개월
		전기운직공	90	1개월
충남	유성물산	미싱봉재공	60	6개월
		횡편공	90	4개월
		수편공	90	4개월

충남	유성물산	수제가발공	60	3개월
		재단공	90	6개월
	한일공예	목편공	350	1년
	미왕산업 강경 공장	수지제품제조공	180	6개월
	충남방적 천안 공장	방적기 보전공	40	6개월
		방적기 운전공	300	6개월
	남양물산	가눈썹공	150	3개월
	뉴스타일 피복사	재단공	60	6개월
		미싱봉재공	20	6개월
		수편공	60	4개월
	삼정물산	수제가발공	450	3개월
경남	마산방직(주)	방적기운전공	60	6개월
		직기운전공	60	6개월
		방적기 보전공	30	1년
		직기 보전공	30	1년
		염색공	30	1년
		총 훈련생 수	5,065	

* 출전: 노동청, 「〈표 57〉 여자의 사업내 직업훈련」, 『근로여성의 현황』, 1972, 69쪽.

운전공, 직기 운전공, 방적기 보전공, 직기 보전공 등 방직공장에서 실시하는 직업훈련 외에는 없었다. 1970년대 초반 여성 대상 사내직업훈련의 상황은 그 이후에도 크게 변하지 않은 것으로 보인다. 1973년 다시 노동청이 파악한 여성 '근로자' 실태조사보고서에 따르면, 여전히 친인척과 공장에 다니는 지인의 소개로 입사하는 여성노동자들이 대다수였고, 이들은 대부분 무기능 상태로 입사해 단순 반복작업에 종사했다.[13] '직업훈련에 관한 특별조치법'과 '직업훈련

13 노동청, 『여성 근로자 실태조사보고서』, 1973(한현영, 「여성기술인력개발에 관한 연구」, 이화

기본법'이 발효된 뒤 사내직업훈련소의 수와 양성자 수는 증가했지만 이 법조항들은 상시근로자 수 기준으로 일정 비율 이상을 양성할 것을 의무 규정했을 뿐, 그 안에 남성과 여성의 할당 비율을 규정하고 있지는 않았다. 기업의 수준에 따라 훈련 수준은 각각 달랐지만, 대부분의 기업들은 비록 근무인원의 대다수가 여성 기능직 노동자들인 여성사업장이라 할지라도 남성 훈련생만을 모집했다.

물론 1970년대 중반 이후에는 여성이 생산의 주요 부분을 담당하던 섬유업종에서 여성만을 대상으로 훈련생을 모집해 기능사보 수준의 여성 기능직 노동자를 양성하고 있었다. 1975년부터 16~23세 미혼 여성만을 대상으로 '기능사원 훈련생'을 모집하고 있던 한국피혁제품 기능사원 훈련원에서는 재봉반과 재단반, 제품검사반 등 세 분야에 걸쳐 수백 명의 훈련생을 선발해 양성했다. 한국피혁제품 기능사원 훈련원은 수출진흥 확대회의에서 섬유산업과 같은 장기 수출산업의 경우 자체적으로 기능인력을 양성하라고 했던 박정희의 지시에 따라 한국무역협회가 지원해 설립한 곳이었다. 이 훈련원은 노동청 승인 기관이었기 때문에 교육비와 숙식비가 무료였고, 훈련 종료 후 피혁업체를 비롯한 수출업체에 전원 취업을 보장하고 있었다.[14] 훈련원이 있던 가리봉동은 한국수출산업공단 제3단지로 인근에 여러 섬유 수출 업체들이 입주해 있었다. 따라서 훈련을 완료하면 취직은 어렵지 않았다. 그러나 훈련 기간이 2개월에 그쳤다는 것은 1971년 삼풍섬유나 유성물산에서 미싱공과 재단공을 6개월 훈련과정으로 양성했던 것에 비하면 기간이 지나치게 짧은 것이었다. 즉 훈련은

여자대학교 석사학위논문, 1976, 27쪽 〈표 13〉에서 재인용).

14 교과과정은 피혁제품(의류, 장갑류, 가방류, 운동용구류, 기타 제품)의 재단(디자인, 마카법)과 봉재(모터 봉재) 및 제품검사 과정에 대해 실기 70%, 이론 30%로 이루어졌다. 교육 기간은 8주(2개월)였다. 「업계 발전 밑바탕 조성」, 『피혁계』 제3호, 한국피혁공론사, 1977, 55쪽.

간단한 기능만 속성으로 가르치는 데 그쳤던 것이다.[15]

사내직업훈련소의 여성 기능훈련의 양적·질적 저수준은 공공직업훈련에서도 마찬가지였다. 공공직업훈련사업을 총괄하고 있던 노동청은 1972년 처음으로 여성 직업훈련사업 현황을 파악하였는데, 전술한 사내직업훈련 과정을 제외하고는 지방자치단체에서 주로 부녀를 대상으로 하는 직업훈련이 다였다. 이 같은 훈련은 노동청이 직접 관리하는 사업도 아니었고 지방행정기관 내지는 보건사회부 부녀국이 사업 관리부서였다. 즉 노동청이 추진하는 여성 직업훈련은 당시만 해도 거의 없었던 것이다.

〈표 4-3〉을 통해 알 수 있듯이 지역 여성회관에서 실시하는 직업훈련은 사내직업훈련과 마찬가지로 섬유산업과 공예 분야에 제한되었다. 예외적으로 1971년에 인천시 여성회관에서 남성 훈련 직종인 다듬질, 선반, 용접과 같은 기계 기능직 노동자 양성반을 각각 30명씩 선발해 운영하겠다고 계획 중이었지만, 실제 모집이 되었을지는 의문이다. 서울시도 부녀사업을 통해 다른 여성회관들과 달리 여성 훈련 직종 중 인기가 높았던 미용과 타자 직종의 훈련을 계획하였다. 서울과 인천에는 워낙 많은 여성 기능직 노동자들이 재직 중이었고, 구직을 희망하는 지방의 여성 청소년들이 상경하는 장소였기 때문에, 다른 지역들과 다른 '선진' 직종 훈련 계획이 수립된 것으로 보인다. 이를 제외하고 대다수 지방 여성회관들은 미싱, 봉재와 재단 말고는 구직과 그다지 상관없는 나전칠기, 인형, 조화, 자수 등의 훈련을 실시하는 수준이었다. 목표로 한 연 훈련 인원 또한 2,310명에 불과했다.

부녀회관의 여성 훈련 직종이 이렇게 구성된 것은 그간 여성을 대상으로 한 직업훈련이 '직업보도'의 구호 수준에 머물러 있어서였다. 경제개발계획

---

15 「78년도 여자 기능사원 훈련생 모집안내」, 『피혁계』 제3호, 1977, 106쪽.

〈표 4-3〉 기관별 여성직업훈련 현황 (사내직업훈련 제외)

<table>
<tr><th rowspan="2">기관별</th><th rowspan="2">상공부</th><th rowspan="2">비영리단체</th><th rowspan="2">여성회관*</th><th>사설
강습소</th><th colspan="3">여자실업교육계</th></tr>
<tr><th>총수</th><th>총수</th><th>총취업
자수</th><th>취업율</th></tr>
<tr><td rowspan="3">단체명</td><td rowspan="3">마산도자기</td><td rowspan="3">돈보스코,
한국편물수출조합,
경북애활원,
대구YMCA
외 35개소</td><td rowspan="3">서울시 부녀사업,
인천시 여성회관
외 11개소</td><td rowspan="3">1,982개</td><td>320개교</td><td rowspan="3">11,10[illegible]</td><td rowspan="3">50.2%</td></tr>
<tr><td>졸업자
수</td></tr>
<tr><td>22,106</td></tr>
<tr><td rowspan="8">훈련 업종</td><td rowspan="8">소성공, 물레성공,
도자기 도안,
석고제형</td><td rowspan="8">미싱봉재, 재단,
목조, 수자수,
기계자수,
나전칠기, 조화,
초경가공, 도자기</td><td rowspan="8">(인천시여성회관)
다듬질, 선반, 용접

(서울시부녀사업)
미용, 타자 조작

(그 외 지방자치기관
여성회관)
미싱봉재, 재단,
횡편 기계자수,
인형 주화</td><td rowspan="8">기술계
(351개)

사무계
(330개)</td><td colspan="3">공업계</td></tr>
<tr><td>281</td><td>165</td><td>58.7 %</td></tr>
<tr><td colspan="3">인문계</td></tr>
<tr><td>2,041</td><td>353</td><td>17.2%</td></tr>
<tr><td colspan="3">상업계</td></tr>
<tr><td>16,877</td><td>9,910</td><td>56.4%</td></tr>
<tr><td colspan="3">가정계</td></tr>
<tr><td>1,169</td><td>317</td><td>27.1%</td></tr>
<tr><td>훈련
연인원수</td><td>100명</td><td>6,574명</td><td>2,310명</td><td>147,112명</td><td colspan="3">농림계, 수산 및 해양계 포함
총 실업학교 취업자 22,106명</td></tr>
</table>

* 출전: 상공부, 비영리단체, 지방자치단체 훈련 현황은 노동청 훈련지도과, 「1972년 여성 직업훈련 계획」, 『근로여성의 현황』, 1972, 66~67쪽; 계열별 사설강습소 현황과 여자 실업학교 수, 졸업자·취업자 수는 「문교통계연감」(1971년), 『근로여성의 현황』, 1972, 72쪽.
* 여성회관의 직업훈련은 1972년도에 실시할 계획으로 실제 진행된 수치는 아니다.

초기부터 (미)성년 남성들은 산업화에 활용 가능한 '인적자원'으로 양성되도록 정책과 제도가 수립되었지만, 중화학공업화가 본격 실시된 1970년대에 들어서도 여전히 여성을 대상으로 한 훈련은 훈련이 아닌 '보도', 즉 '도와서 바르게 이끈다'라는 목적 아래 이루어졌다. 1950년대 직업훈련 실태에서 살펴봤듯이, 당시 여성들 중 직업훈련을 받았던 첫 번째 대상은 전쟁 미망인들이었다.[16]

---

16 전쟁 미망인의 직업훈련에 대한 분석은 이임하, 『여성, 전쟁을 넘어 일어서다』, 서해문집,

당시에도 시설에 수용하는 수준을 넘어 자립을 위한 훈련을 시켜야 한다는 명분으로 양재, 이발, 편물과 같은 간단한 훈련이 실시되었다. 이후 남성을 상대로 한 훈련은 성장과 발전지향적으로 그 성격이 변했지만, 여성을 대상으로 한 훈련은 여전히 구호와 자립 수준에 머물러 있었다. 여성들 가운데 훈련을 받을 수 있는 대상자는 주로 영세민이거나 후생시설에 수용되어 있는 소녀, 군경 유자녀, 무의탁 소녀로 제한되었다.[17] 같은 맥락에서 여성을 대상으로 한 부녀직업보도소와 소녀직업보도소는 1980년까지 존재했지만 1960~70년대 남성을 상대로 한 기관에서 '보도'라는 용어는 전혀 쓰이지 않았다.

물론 남성을 상대로 한 공공직업훈련소에도 생활형편이 어려운 자를 모집·선발하는 과정이 존재했다. 무료로 운영되는 공공직업훈련소들은 대체로 생활형편이 어려워 진학이 좌절된 남학생들이 기술을 익히기 위해 입소했다. 1967년 직업훈련법 제정 이후 1979년까지 총 15개가 건립되었고 1976년까지 7,080명 정도의 훈련생을 배출했다.[18] 이 중 여성을 위한 공공직업훈련은 정수직업훈련원에서 모집한 공예 부문 110명이 전부였다.[19] 정수직업훈련원은 미국 정부의 후원금과 박정희 대통령 부부가 출자한 자금을 바탕으로 설립된 훈련원으로, 중학교를 졸업했으나 상급학교에 진학하지 못한 청소년을 선발해

2004, 45~64쪽, 2장 2절 (5) 참조.

17 「토막소식: 시립소녀직업보도소 모집」, 『동아일보』 1970. 9. 30; 「부녀직업보도소 국비 직업훈련생 모집」, 『동아일보』 1974. 8. 3; 「영세 부녀자 대상 국비훈련생 모집 부녀직업보도소」, 『경향신문』 1980. 12. 30.

18 공공직업훈련원의 훈련생 수는 1976년의 총 훈련 정원을 기준으로 나온 결과이다. 「제4장 기술인력 양성기관 일람」, 『고도성장을 향한 기술인력 양성—현황과 전망』, 1977, 138~139쪽.

19 1976년에는 비교적 많이 선발했던 것으로 보이고 대체로 50~60명 정도의 정원을 모집했다. 「정수직업훈련원 중졸자 이상 입교 가능」, 『경향신문』 1977. 10. 6; 「정수직업훈련원은 어떤 곳인지」, 『경향신문』 1979. 2. 17; 「정수직업훈련원에 관해 알고 싶어」, 『경향신문』 1979. 5. 10.

상급 기능직 노동자로 양성하는 기관이었다. 대통령 부부가 출자한 기관인 만큼 전국의 여타 직업훈련원보다 지원이 많았고 교육·훈련의 수준 또한 높았다. 1973년 개원한 이래 중학 성적이 우수하지만 집안사정으로 진학하지 못한 청소년 노동자들(남자는 15~18세, 여자는 15~20세) 중 일부가 이 훈련원에 입소했고, 여기서 배운 기능을 바탕으로 사회적 지위를 높일 수 있었다. 그러나 여성이 입소할 수 있는 분야는 수자수와 기계자수 직종뿐이었다.[20]

정부와 노동청은 많은 예산을 투입해 사내직업훈련소보다 높은 수준의 상급 기능직 노동자 양성과정을 공공직업훈련소 내에 개설했지만, 입소할 기회는 남성들에게만 있었다. 이미 1970년에 노동청은 '근로여성'의 직종별 근무 현황과 임금 실태조사를 통해 금속펄프연마공(811명), 기타 금속가공(1,084명), 제재공(6,352명), 기계설치공(446명), 정밀기계조립공(560명), 용접공 및 절단공(42명), 전기설비공(24명), 전자설비공(890명), 전기 및 전자장비조립공(5,950명) 등으로 여성 기능직 노동자들이 재직 중임을 파악했음에도 이러한 업종의 직업훈련은 남성에게만 제한되었다.[21] 공예와 섬유를 제외한 분야에서 공공직업훈련은 1981년에 가서야 여성들에게 개방되었다. 구미공단 내에 설립된 구미직업훈련원이 섬유 분야와 전자 분야에 180명 정원의 훈련을 개설한 것이다.[22] 그러나 1980

---

20 「정수직업훈련원을 찾아서」, 한국기계산업진흥협회, 『기계산업』 34호, 1978, 68~71쪽.

21 『근로여성의 현황』, 1972, 49쪽, 〈표 38〉 주요 여자직종별 월평균 임금(조사기간: 1970. 7. 20~12. 20).

22 「여성 기능직 노동자 모집 구미직업훈련원」, 『매일경제』 1981. 12. 14. 구미직업훈련원 출신 1기생은 1983년 퇴소하자마자 구미공단 각 업체에서 스카우트하기 위해 경쟁이 치열할 정도로 인기가 높았다. 취업률이 높다는 소문이 퍼지자 훈련원 입소 경쟁률도 덩달아 올라갔다. 「구미공단의 "인기주" 여성 기능사 훈련원 첫 수료생에 초빙 전쟁 치열」, 『경향신문』 1983. 3. 1. 전자 분야 직업훈련이 실시된 후 1988년에는 이 훈련소 출신 여성 기능직 노동자가 금성사 구미공장 소속으로서 제29회 시드니 기능올림픽 RTV 수리 분야에서 금메달을 획득해 '여

년대에도 여성을 대상으로 하는 직업훈련 분야는 대부분 여성 산업인 섬유, 전자, 미용, 기계(수)자수에 머물렀다.

직업훈련을 선도했던 공공직업훈련은 기능사보 수준의 미숙련공보다는 2급 기능사 수준의 훈련을 제공하고 있었다. 또 공공직업훈련 강화의 목적에도 명시되었듯이, 공공직업훈련원에서는 주로 중화학공업 분야 직종을 중심으로 한 신규 인력을 양성하였다. 이렇게 공공직업훈련이 남성에게만 제공되면서 기능인력=남성, 무기능인력=여성이라는 인식이 강화되었고, 대다수 여성노동자들은 섬유, 전자, 고무, 식품과 같은 한정된 업종에만 취직할 수 있었다. 취직 이후에도 단순 기능 직무에만 배치되어 구조적으로 저임금과 장시간 노동에 놓일 수밖에 없었다.

공공직업훈련이 여성 배제의 상태로 이루어졌기 때문에 기능을 배우고 싶었던 대다수 여성들은 사설강습소를 통해 기능을 습득해야 했다. 〈표 4-3〉에서 알 수 있듯이, 1971년 문교부가 낸 통계에 따르면 학습강습소까지 포함한 사설강습소 수강자 총수가 147,112명에 달할 정도였다. 여성 직업훈련기관으로는 가장 많은 인원을 담당하고 있었던 셈이다. 기술계 사설강습소는 평균 수강 기간이 5.3개월이고 사무계 강습소의 수강 기간은 4달 정도였는데 이들 사설강습소에 다니기 위해서는 매달 1,500~3,000원에 달하는 수강료를 내야 했다. 기술계 사설강습소는 모든 계열의 수강소들 가운데서도 가장 비싸서, 수강료가 평균 2,852원에 이르렀다. 이 과정을 이수한 여성들은 중공업 사업장으로 이직할 수 있었다. 버스 차장이던 김진숙은 장시간·저임금 여성 차별적 노동조건에서 벗어나기 위해 기술을 선택했고, 직업훈련을 이수한 후 대한조선공사

성 승리'로 기사화되기도 했다. 「기능올림픽 홍일점 금, 라디오 TV 수리 채은화 양」, 『동아일보』 1988. 3. 1.

의 기능직 노동자로 취직할 수 있었다. 보다 높은 임금을 받고 기능직 노동자로 대우 받고 싶다는 동기에서 행한 선택이었다.[23] 1972년 4월 기준으로 국졸 여성노동자의 평균임금이 9,391원이고 중졸 여성노동자의 임금이 10,922원이었다는 점을 감안한다면, 사설강습소의 수강료는 적은 금액이 아니었다. 때문에 국비로 훈련이 진행되었던 간호고등학교는 진학이 좌절된 여성 청소년들에게 선망의 대상이었고 경쟁률이 치열했다. 간호는 몇 안 되는 여성 직업이었기 때문에 국비 교육과정이 개설되어 그나마 여성 중 일부가 교육·훈련의 혜택을 받을 수 있었다.[24]

당시 여공은 결혼하면 회사를 그만두어야 했고 공장은 '여성스러운' 일이 아니라는 선입견 때문에 여성 기능직 노동자들 중 일부는 양재와 같은 '고급' 기술을 배우고 싶어 했다. 그러나 공공직업훈련기관이 부족했기 때문에 사설학원을 다니지 않고는 기술을 습득할 수 없었고 생계를 책임지고 있던 여성 기능직 노동자들에게 학원비를 지출할 여유는 없었다.[25] 1960년대 후반부터 각종 직업훈련소와 공고를 통해 남성들에게 무료로 이루어지던 기술훈련이지만, 여성들은 직접 비용을 내지 않으면 습득하기 어려웠다. 대다수 여성들은 기술

---

23 남자들 하는 일이니 돈은 더 많이 받을 거란 기대에 대한조선공사 직업훈련소를 거쳐 용접공이 된 김진숙은 초기의 기대와 달리 지옥 같은 작업현장을 견디기 어려웠다고 자신의 자서전에 썼다. 그러나 동시에 자신의 작업에 대한 자부심, 회사와 동료들에게 받았던 기술력에 대한 인정도 곳곳에 표현했다. 중공업 사업장의 여성노동자였던 김진숙의 작업과 기술력에 관한 인식은 김진숙, 『소금꽃나무』, 후마니타스, 2007; 김진숙 인터뷰, 임흥순 감독, 다큐멘터리 〈위로공단〉, 2015 참조.

24 유옥순 글, 유경순 엮음, 『나, 여성노동자』 1, 그린비, 2011, 391쪽.

25 1971년부터 여덟 식구의 생계를 책임지는 실질적 가장이었던 유옥순은 공장에 다니던 중에도 양재를 배워 자기가 속한 직업 분야의 전문가가 되고 싶었지만 돈이 없어 배우지 못했다. 유옥순, 「민주노조 간부에서 여성 활동가로 거듭나다」, 『나, 여성노동자』 1, 그린비, 2011, 248쪽.

을 가르쳐준다거나 취직을 시켜준다는 명목으로 양장점 주인이나 회사 과장 집 식모 노릇까지 감수했다.[26] 학력뿐만 아니라 산업화와 계층 성장을 위한 기반이 될 수 있었던 기술교육·훈련에서도 남녀에게 주어진 국가의 지원은 같지 않았던 것이다.

2. 여성노동자들의 자발적 기술 성취

학교와 훈련소를 통해 제도적 직업교육·훈련을 받을 수는 없었지만, 1960년대부터 여성들은 비제도적 방식을 통해 기술을 습득하고 전수하며 노동하고 있었다. 전술했던 것처럼 이미 1960년대를 거치면서 섬유, 고무, 식품, 전자, 서비스 산업 생산의 대다수를 여성 기능직 노동자들이 담당하고 있었다. 이들 여성 기능직 노동자들은 대체로 훈련과 교육 경험이 적은 가운데 노동현장에 진입했고 입사와 함께 기술을 습득해야 했다. 미숙련공으로 입사한 여성노동자들의 공장생활은 그 순간부터 기술을 습득하기 위한 고군분투의 과정이었다. 미숙련 노동의 대명사로 일컬어지는 시다조차 '그냥' 할 수 있는 작업이 아니었다. 평화시장 시다들이 도맡아 한 업무였던 다림질도 숙련되어야 잘할 수 있었다. 겨울 점퍼나 돕바 같은 인조털 재료들은 재료가 두꺼워 다리기가 여간 어렵지 않았다.[27] 17세의 유정숙이 '6번 시다'로 처음 맡은 일은 바닥에 앉아 미싱에서 내려오는 옷감을 따고 가위질해 뒤집어 다시 올려놓는 일이었지만, 이

---

26 "미싱 기술을 배우려고 양장점에서 일을 하다가 그 집 어린애 보고 청소만 하다가 안 되겠다 싶어서 그만두었지요(사례 5)." 김경희, 「여성노동자의 작업장 생활과 성별분업」, 이종구 외 지음, 『1960~70년대 노동자의 작업장 문화와 정체성』, 한울, 2006, 29쪽.

27 김원, 앞의 책, 2006, 265쪽.

것도 능숙해지기 전에는 가위에 손을 베기도 하고 다리미에 손을 데기 다반사였다. 평화시장 '7번 시다' 신순애도 마찬가지였다.

가내공장이든 대공장이든, 양성공들은 정식 공원이 아니라는 이유로 노동 외에 작업 준비, 작업 정리, 미싱사·지도공들의 심부름까지 도맡아야 했다. 김원은 원풍모방 양성공이었던 이옥순과 동일방직 훈련생 출신 석정남의 수기 분석을 통해, 당시 양성공들이 여성 기능직 노동자들 내부의 최저 지위에 해당했고 현장 청소, 허드렛일을 도맡아 진행했다고 서술했다. 훈련생이 작업현장에서 허드렛일을 맡았던 것은, 이들이 훈련생이었기 때문이 아니라 가사노동도 전담해야 하는 여성이어서였다. 많은 여자 훈련생들은 어서 훈련 기간이 끝나 "어엿한 기능직 노동자"가 되기를 바랐다. 여성 기능직 노동자들이 훈련생인 것이 부끄러워서 기능직 노동자가 되고자 했던 건 아니다. 숙련과 기술 연마에 대한 열망은 여성 기능직 노동자들도 남성노동자들과 다르지 않았다.

> 나는 남보다 1시간 정도 출근을 일찍 해서 미싱사 오기 전에 미싱 해보고. 처음에는 미싱사 언니한테 미싱을 건드렸다고 혼났는데, 나중에 미싱을 배우고 나니깐 미싱사 언니가 좋아하더라고.[28]

12살 나이로 취직이 가능한 몇 안 되는 장소였던 평화시장에 시다로 입직한 신순애는 3,000원 받는 시다에서 15,000원 받는 미싱사가 되기 위해서는 기술이 중요하다는 사실을 누가 가르쳐주기도 전에 홀로 간파했다.

---

28 신순애 구술, 유경순 면담, 「평화시장 '7번 시다', 노동조합에 뛰어들다」, 『나, 여성노동자』 1, 그린비, 2011, 73쪽.

졸병들의 군복은 라인 생산 시스템을 통해 만들었지만 사관생도의 옷은 양복을 전문으로 하는 사람들이 팀을 짜서 맞춤식으로 만들고 있었다. (…) 나는 얼마간 생산 라인에서 일하다가 다시 맞춤팀으로 보내져 손바느질을 비롯해 여러 가지 기술을 배우면서 일했는데, 이때는 일이 재미있었다. 그때 복식의 기본이 되는 내용들을 다 익혔던 것 같다.[29]

13살에 마포 동화실업주식회사에 들어간 김한영은 평화시장과 달리 라인 생산 시스템을 갖춘 사업장에서 처음 기술을 습득했다. 시다였을 때는 "욕 먹지 않기 위해" 열심히 기술을 습득했지만, 그 과정에서 익힌 기술로 김한영은 봉제공장을 운영하고 있다.

나는 하얀 도자기 인형에 색칠하는 일을 했다. (…) 실수해도 뒷사람이 수습할 수 있는 가벼운 일인 작은 꽃이나 새 같은 것의 색칠부터 배웠다. 시간이 지나면서 나는 숙련된 노동자로 성장했고 인형의 가장 중요한 부분인 눈을 그리는 작업을 시작했다.[30]

1980년 중학교 졸업 후 언니들을 따라 상경한 성훈화는 구로3공단에 있는 요업개발에서—도자기 인형을 만드는 제법 큰 공장이었다—기술을 습득하기 시작했다. 신순애와 김한영이 집안사정상 실질적 가장의 역할을 위해 입직한 것과 달리, 성훈화는 학교를 가기 위해 이 회사를 선택했다. 요업개발이 산업

---

29 김한영, 「우리가 싸웠던 그 자리에서 후퇴하지 않기 위하여」, 위의 책, 131쪽.

30 성훈화, 「더불어 따뜻하게 살아갈 수 있는 삶을 위하여」, 위의 책, 391쪽.

체 특별학급을 운영하고 있었기 때문이다.[31] 기술 습득에 나선 동기가 진학이라는 목표였던 것이다. 김원이 지적했듯이 단순히 가족을 위해 희생해야 하기 때문이 아니라, 생활 수준의 향상과 자아실현을 위해 노동했다. 다른 여성 기능직 노동자들도 숙련화와 기술의 중요성을 알고 있었다. 기술을 습득한 후에는 이것을 바탕으로 더 나은 노동조건과 처우를 제공하는 곳으로 이직했다. 여성 기능직 노동자였던 성훈화는 5시에 퇴근해 구로공단에서 가까운 영등포여고에 등교했다. 성훈화가 등교하던 시간은 주간 학생들이 하교하는 시간이었다. 이들을 보며 성훈화는 "지금은 비록 작고 초라한 모습이지만 나중에는 저 아이들보다 더 잘 될 수 있다"고 주문처럼 다짐하며 등교했다.

별도로 가르쳐주는 과정 없이 혼자 기술을 터득해야 했던 영세 보세공장과 달리 대공장은 입사 전 훈련과정을 운영하고 있었다. 1970년대의 대공장은 직업훈련 관계법령에 의해 훈련소를 운영해야 했는데, 이러한 훈련과정을 거쳐 입사하는 여공들도 있었다.

> 기계에 쫓겨 일하다 보면 일이 얼마나 힘든지 훈련받는 6개월 동안 노다지 코피를 쏟아 못 견딜 정도였습니다. 내가 여기를 꼭 오고자 했고 뭔가를 찾기 위해서 왔다는 정신력으로 이를 악물고 죽기 살기로 견뎠지. 그렇지 않으면 일찌감치 포기하고 그만뒀을 것입니다.[32]

---

31 성훈화의 언니들은 이미 요업개발에서 일하며 산업체 특별학급을 운영했던 영등포여상에 다니고 있었다. 성훈화의 입사 이후에는 산업체 특별학급 설치 학교가 영등포여고로 바뀌어 "학교에 다닐 수 있는 게 고마워서 정말 열심히 일하며" 요업개발에 근무했다. 위의 글, 391~340쪽.

32 박승옥, 「새로운 삶이 거기 있었지요—동일방직 추송례 씨를 찾아서」, 『기억과 전망』 창간호, 2002, 115쪽.

1973년 대성목재에 입사한 후 옆 공장인 동일방직의 겉모습에 반해 이직을 준비했던 추송례는 양성공 신분으로 입사하게 된다. 남성을 대상으로 한 사내 직업훈련소는 훈련소 시설을 별도로 마련하고 숙식을 제공하며 학교와 유사하게 훈련생을 교육시키는 곳도 있었지만, 대다수 여성 사업장 훈련소들은 그렇지 않았다. 동일방직은 1967년 직업훈련법이 제정되자마자 훈련소를 운영한 훈련소 운영 '모범업체'였지만 훈련생의 기능을 질적으로 성장시켜주는 과정을 운영하고 있지는 않았다.

> 1분에 15개가 정상이에요. 15개를 할 수 있도록 출퇴근 시간 틈틈이 연습을 해 봐요, 하면서 부드럽게 등을 두드려주는 것이었다. (…) 양성공들은 실 잇기 이외에도 걸음 걷는 연습도 하였다. 나이 스무 살 이상씩 먹어 가지고 걸음마 연습을 한다니 좀 우스울지 모르지만 양성공들에게 있어서는 아주 중요한 일이었다. 그래서 회사에서는 1분에 140보를 기준으로 정해놓고 있었다. 끊어진 실을 빠른 속도로 이어줄 것과 빨리 걸을 것, 이 두 가지가 가장 중요한 문제였으므로 양성공들은 꽤 오랫동안 이 연습을 되풀이하여야만 했다.[33]

1974년 입사했던 석정남도 동일방직 사내직업훈련소를 거쳐 입사했다. 작업현장 내에서 정식 입사 전 기계에 대한 기초지식 습득과 작업 그 자체의 원리에 대한 교육·훈련보다는 생산성을 향상시키기 위한 동작 훈련 위주의 훈련이 이루어졌다.

대공장에 입사하는 대다수 여성 기능직 노동자들이 그러했듯이, 이들은 대공장에 입사하기 전 자신들이 맡을 노동에 대한 지식과 경험을 쌓기 어려웠다.

---

33 석정남, 『공장의 불빛』, 1984, 16~17쪽(김원, 앞의 책, 2006, 270쪽 재인용).

대공장 작업은 가내수공업과 달리 탈숙련화된 분업공정이기 때문이다. 사실 대공장이 바라는 업무 자체가 기술의 고도화보다는 단일 공정의 신속화였기에 양성공을 상대로 한 훈련도 그와 같이 진행되었다.

> 우리 양성공들도 어느새 조장의 눈을 피하여 짬짬이 잡담도 나누고 장난을 칠 만큼 여유도 생겼다.[34]

> 그때에도 난 양성공 동료들하고 이현의 〈잊지마〉라는 노래의 가사를 바꿔 가지고 깔깔대며 부르곤 했다.[35]

십대에 겪은 이 과정은 힘들었지만 같은 훈련생 동기들끼리는 남다른 동기애를 가진 사이가 되기도 했다. 제도와 정식 교육과정이 아닌 스스로 터득한 숙련과 기술을 통해 여성 기능직 노동자들도 자기 노동에 대한 애착과 자부심을 형성할 수 있었다.

> 아침에 출근해 현장에 들어서면 유화물감을 녹이는 '테라핀 기름' 냄새가 나를 맞이했다. 난 그 냄새가 싫지 않았고 지금도 그 냄새가 그립다. (…) 나는 인형에 그림 그리며 색칠하는 일이 재미있었다.[36]

성훈화가 다녔던 요업개발은 구로공단 내에서도 근무조건이 좋은 편은 아

---

34 석정남, 앞의 책, 17쪽(김원, 앞의 책, 2006, 270쪽 재인용).

35 이옥순, 『나 이제 주인 되어』, 도서출판 녹두, 1990, 44쪽.

36 성훈화, 앞의 글, 391쪽.

니었고, 도자기 페인팅이라는 기술은 다른 공장에서 활용되는 것이 아니어서 이직도 힘들었다. 하지만 "실수해도 뒷사람이 수습할 수 있는 가벼운 일인 작은 꽃"부터 시작해 "인형의 가장 중요한 부분인 눈을 그리는 작업"을 할 수 있게 될 때까지 인형에 그림 그리며 색칠하는 일이 재미있었다.[37]

평화시장에서 시다로 노동 인생을 시작한 신순애와 김한영은 일류 미싱사의 기술을 습득하기 위해 미싱사들이 가르쳐주지 않아도 스스로 기술을 터득해 나갔다. 미싱사가 된 후에는 자신이 그러했던 것과 마찬가지로 시다를 가르칠 수 있었다. 때때로 기술이 나아지는 과정 자체에 기쁨과 즐거움을 느끼기도 했다.[38]

대공장 여성 기능직 노동자들도 점차 숙련공이 되었다. 위계가 철저한 대공장 안에서 최말단인 훈련생을 벗어나 이들도 기능직 노동자라는 자부심을 형성했다. 국가와 사회는 이들을 숙련노동자로 인정하지 않았지만, 적어도 스스로는 숙련노동자로 인식하고 있었다. 동일방직 근무 초기 직포과에서 근무했던 석정남은 "미싱 일을 하니까 시다 일보다 훨씬 재미있다. 드르륵 드르륵 미싱 소리가 신나게 들린다. 이 공장 안의 여러 시다 애들이 모두 나를 부러워하는 것 같아 나도 모르게 어깨가 으쓱해진다"라며 기능직 노동자가 된 기쁨을 표현했다. 양성공에서 벗어나 원공(기능직 노동자)이 되었을 때의 기쁨은 여성 기능직 노동자들의 수기집이나 구술 자료집 곳곳에 표현되어 있다.[39] 여성노동

---

37 위의 글, 392쪽.

38 김한영의 미싱사 친구는 지금의 미싱사들 처지와 비교하며 "그래도 그때는 돈도 많이 벌었고 기술자가 귀해서 대우가 더 좋았다"라고 회상했다. 김한영, 앞의 글, 132쪽.

39 색연필공장에 다니다 근무조건이 좋고 임금이 높은 한국모방(이후 원풍모방으로 업체명 변경)에 입사하게 된 이옥순은 "드디어 나도 기계 앞에 서게 되었다. 그 자랑스러움이라니!"라며 직접 기계를 다루게 된 순간을 표현했다. 이옥순, 『나 이제 주인 되어』, 도서출판 녹두, 1990, 40

자들은 노동과 기술을 통해 생계를 해결하고 가족을 부양하며 미뤄둔 자기 공부를 계속할 수 있을 거라는 기대를 가지고 입사했다. 실제로 1970년대 후반 이후로는 남성 기능직 노동자들뿐만 아니라 여성들 중에서도 야간고등학교에 진학하거나 전문대학, 또는 대학의 야간 교육과정에 진학하는 이들이 늘어났다.[40]

3. 기능경기대회 속 여성들

그렇다면 우수 기능직들이 참여하고 있었던 기능경기대회에 여성 청소년 기능직 노동자들은 어떻게 참가하고 있었을까. 1965년 여성 경제활동인구가 305만 1천 명이던 것이 1975년 445만 6천 명으로 140만 5천 명이 늘어났지만, 여성 취업인구 대다수가 학력상 중졸 이하였다.[41] 중졸 여성노동자 비율이 압도적이었던 만큼 청소년 여성노동자에게도 직업훈련과 기능 습득이 절실했지

쪽. 롯데제과에서 껌 포장작업을 했던 장현자는 당시 5대 그룹에 속하던 럭키그룹 계열사인 반도상사에 입사한 후 가발제작 미싱기술을 익히게 되어 공장장실 바로 옆의 개발실에서 근무하였는데, 이것을 자기 노동에 대한 동료와 상사들의 인정으로 기억하고 있다. 장현자, 『그때 우리들은』, 한울사, 2002, 29쪽.

40 고졸 이상의 여성이 많았던 콘트롤데이터 사내에는 산업체 특별학급에 진학한 이들이 다수 존재했고 그중 일부는 직장생활을 하면서 대학에 진학하기도 했다고 한다. 유옥순, 앞의 글, 248쪽.

41 1975년 2차와 3차 산업에 취업한 여성노동자 중 46.2%가 국민학교 졸업자였고 36.2%가 중졸, 고등학교를 졸업한 인원은 15%로 초급대학과 대학을 졸업한 여성 취업자는 각각 0.7%와 1.8%에 지나지 않았다. 노동청, 「취업인구의 성별 교육 정도별 분포(1975)」, 『근로자센서스보고서: 노동실태 조사부문(1975)』(盧致淑, 「女性勤勞者를 위한 職業訓鍊制度의 現況과 그 改善方案」, 『聖心女子大學 論文集』 8輯, 1977, 244쪽에서 재인용).

〈표 4-4〉 남녀별 기능 정도별 구성비 (10인 이상 사업체, 1975년 4월)

구분	실수(명)		구성비(%)			
성별	남	녀	남	녀	제조업	
					남	녀
계	855,392	549,007	100.0	100.0	100.0	100.0
기술자	17,894	245	2.1	0.04	2.3	0.04
노동청 시행 기능검정 합격자	7,300	2,413	0.9	0.1	1.1	0.1
기타 공인자격면허 소지자	128,758	2,413	15.1	0.4	6.0	0.3
면허 자격 없는 기능직 노동자	296,166	274,088	34.6	49.9	47.6	58.1
수습 근로자	96,279	274,088	11.2	23.2	14.7	27.2
관리직 및 사무직	190,233	58,110	22.2	10.9	19.3	5.8
전문직 및 연구직	32,119	11,599	3.8	2.1	0.6	0.2
기타	86,653	74,285	10.1	13.6	8.4	8.2

* 출전: 노동청, 『사업체노동실태 조사보고서』, 1976.

만, 이는 제대로 이루어지지 않았다. 1975년 4월 현재 제조업 분야에서 남녀의 기능 정도별 구성비는 〈표 4-4〉와 같았다.

〈표 4-4〉를 통해 알 수 있듯이 직업훈련을 비롯한 기능직 노동자 양성정책은 여성 청소년 기능직 노동자에게 전혀 미치지 못하고 있었다. 1967년 이후 노동청이 실시해온 기능검정시험의 응시율이나 합격률도 여성노동자들이 확연히 낮았다. 노동청 스스로도 1971년 "근로여성의 현황"을 조사 보고하는 와중에 직업훈련 우선직종 42개 가운데 "여자를 위한 직종은 20여 개도 되지 않는다"라며 문제를 지적할 정도였다. 실제로 공공직업훈련과 사내직업훈련, 지역 여성회관을 통해 직업훈련이 이루어지고 있었지만, 여성이 받을 수 있는 직업훈련은 전화교환, 미싱자수, 미싱봉재, 재단, 직기운전, 도자기 도안 등 가내 수공업 기능을 훈련시키는 수준에 지나지 않았다. 사업체에서 이루어지는 직업

훈련도 대표적인 여성 사업장이었던 섬유, 의류, 가발 공장의 미싱봉재공, 수제·기계 가발공, 방적기·방직기 운전공에 제한되었다. 훈련 기간도 대체로 6개월 이내였고 1년 이상 훈련하는 사업체는 전무했다.

1970년대 대표적 직업훈련장이었던 실업계 고교의 1971년 졸업생 통계를 살펴보면, 한 해에 22,106명의 여자 고교 졸업생이 배출되었지만 16,877명이 상업계 고교 출신이었고, 그 다음으로 인문계와 가정계 졸업자가 3,200명이었다. 고등학교 진학을 통해 기능을 습득했던 당대의 남학생들과 달리 여학생들은 고교 재학 중 기능을 습득할 기회를 제공 받지 못했다. 무기능 상태로 입직한 여성노동자들은 같은 시대의 공고 출신 남성노동자들과 출발부터 다를 수밖에 없었다.

훈련의 제한으로 인해 여성노동자들이 담당하는 업무는 제한적이었고, 이로 인해 취득 가능한 자격증도 한정되었다. 1967년부터 1971년까지 5년간 노동청이 실시한 기능사 실기시험 응시 현황을 살펴보면, 남성 수검자가 1,407명에서 48,123명으로 늘어나는 동안 여성 수검자도 16,232명으로 늘어나기는 했다. 하지만 여성의 직업훈련 분야가 제한되어 있었던 만큼 기능사 응시 분야도 재단공, 봉재공, 가발공, 미용공 등으로 제한되었다. 가장 많은 수가 응시하던 분야는 타자 조작공 분야였다. 실업계 여고의 대다수가 상업계 고교였고 이들이 주로 기능사 자격증 취득에 나섰기 때문이다.[42] 또한 대다수의 여성노동자들이 종사하고 있었던 섬유, 의류업종의 경우 재단공, 양재공, 가발공의 자격증을 취득하여도 구직과 승진에 별로 효과가 없어 그나마 제한된 분야 내에서도 여성노동자들의 자격증 취득 시도가 적었던 것으로 보인다. 이는 특히 중공업 분야 기능직 노동자 양성을 위해 공고와 직업훈련원생들에게 반드시 자격증을 획

42 노동청, 『勤勞女性의 現況』, 1972, 96쪽, 〈附表 25〉 年度別 實技檢定 現況.

〈그림 4-1〉 양장 분야에서 경기 중인 남·여 재단사
1971년 강원 기능경기대회. 「71년도 지방기능경기대회」, 『기능』 제5권 2호, 1971, 4쪽.

득하도록 의무화하고 병역특례까지 주며 기능사 자격증을 획득하도록 남성노동자들을 독려한 면과 대조를 이룬다.

이러한 구조적 제약하에서 여성 청소년 기능직 노동자 중 소수만이 기능경기대회에 참가할 수 있었다. 직업훈련과 취업 상황에 걸맞게 기능경기대회도 여성의 참가 분야가 정해져 있었다. 지방기능경기대회와 전국기능경기대회를 통틀어 미용, 양장, 기계편물, 손자수, 손뜨개질, 조화, 인형, '구슬백', 가발, 미싱자수, 초경가공 등 11개 분야에 지나지 않았고, 이 중 국제기능올림픽대회까지 진출할 수 있는 것은 미용과 양장 분야뿐이었다.

더욱이 여성 직종으로 알려진 양장 분야에서도 출전자의 30% 정도는 남성 재단공들이었다. 이 시기 양장점에서는 가장 중요한 역할인 재단과 수석 재봉사로 주로 남자를 고용하고 있었기 때문에, 양장 분야에서도 금메달 수상자는 남성 기능직 노동자인 경우가 많았다. 때문에 현실적으로 여성 청소년 기능직 노동자가 국제대회에 참가할 수 있는 분야는 미용 분야뿐이었다.[43] 현직 미용

43 여성 기능직 노동자들이 참여할 분야가 너무 적다는 지적을 받은 후 미용 분야도 뒤늦게 경

〈그림 4-2〉 제24회 국제기능올림픽 여성 메달리스트 (1978)
출전: 「외롭게 갈고 닦은 솜씨 세계의 으뜸 됐다」, 『동아일보』 1978. 9. 16.

사들이 미용 분야에 참가했기 때문에 수공예 분야 참가자들 대다수가 그러했듯이 일과 대회 훈련을 병행해야 했다. 1976년부터 1978년까지는 국제기능올림픽에 미용 분야 대표를 파견했다.

1976년 동메달을 획득한 장문순을 시작으로 1978년 부산 국제기능올림픽에서도 이문순이 동메달을 획득해 유일한 여성 입상자가 되었다. 이문순은 중

쟁 부문에 포함되었다. 당시 여성 기능직 노동자의 참여를 높이는 방법으로 그들이 많이 종사하고 있던 인형, 미용, 목공예, 조화 분야를 전국기능경기대회 종목으로 포함시키라는 주장이 제기되어 미용 종목도 실시된 것이다. 金后蘭, 「女性技能工의 現況과 問題點」, 『기능』 제2권 제2호, 1968, 48~49쪽. 국제기능올림픽대회 참가를 통해 중공업 분야 기능 숙련도 향상을 목표로 삼고 있었지만 여성 청소년 기능직 노동자들은 이 양성훈련 과정에서 배제되어 있었다. 사실 미용 분야도 매년 국가대표를 선발했던 것은 아니었고 1968년 최초 파견 후 간헐적으로만 파견이 이루어졌다. 양장 분야는 1971년 국제대회부터 파견하기 시작했는데 마찬가지로 매번 선수를 파견했던 것은 아니다.

학교 졸업 후 가정형편상 상급학교에 진학할 수 없었고, 어머니의 권유로 사설 미용실 보조로 들어갔다.

> 남들처럼 학원이나 학교에서 배움의 터전을 마련할 수는 없었지만 나는 이를 악물고 남의 어깨 너머로 그 기술을 익혀왔던 것이다.[44]

견습을 통해 기능을 익힐 수밖에 없었지만 이문순의 성취동기는 남성 숙련노동자들과 다르지 않았다. 여성에게도 훈련과 교육이 적절히 주어지고 여성이 참여할 수 있는 기능경기대회 직종이 더 많았다면 더 많은 '이문순들'이 배출되었을 것이다. 그러나 미용 분야 입상자가 진출할 수 있는 길은 많지 않았다. '미용공'에게 최대 목표인 미용실 개소 외에, 남성 숙련노동자들이 자기 분야에 따라 목표로 할 수 있었던 공과대학 입학이나 기업 입사는 불가능했다.

매우 드문 예지만, 1967년 경인지방경기대회 기계조립 부문에 여성노동자가 참가한 적이 있었다.[45] 사실 기계조립 분야에서 두각을 드러냈던 금성사나 금성통신의 경우 전자제품 제조회사였고 공장에 여성노동자들이 대다수인 사업장이었다. 제품 조립을 여성노동자들이 담당하고 있었던 만큼, 훈련을 시켰다면 여성노동자들도 충분히 입상 가능한 분야였지만 해당 기업의 직업훈련소는 남자들만 모집했다. 1977년 제12회 지방기능경기대회에 새로 생긴 분야 중 공업전자기기 분야에도 여성이 한 명 참가했다. 기계 분야 유일한 여성 참가자로서 VIP가 관심을 보일 정도로 여자 기능직 노동자들의 참여는 이례적인

44 이문순(1977년 전국기능경기대회 미용 분야 금메달 수상자), 「하얀 가운 호감, 노력 결실 맺어」, 『기능』 제11권 3호, 117쪽.

45 노동청, 『勤労 女性의 現況』, 97쪽, 〈附表 26〉 職種別 年度別 技能競技大會 現況.

〈그림 4-3〉 전자기구 조립 분야에 출전한 여성 기능직 노동자 ('77지방경기대회)
「공업전자기구경기 중 참가한 여자 선수에게 관심을 가지는 VIP」, 『기능』 제11권 제2호, 1977, 7쪽.

일이었다.

당연한 이야기지만, 기능경기대회 입상을 통한 승진의 기회, 무상진학, 장학금 획득이나 기능 숙련을 통한 사회적 지위 상승이란 이 시기 여성노동자에게 주어지지 않았다. 특히 청소년기부터 국가의 '공고 육성정책'으로 다양한 혜택을 받았던 남성 숙련노동자들에 비교해본다면, 여성 기능직 노동자들이 국가로부터 받은 '혜택'은 전무했다고 보아도 무방할 것이다. 가난한 집안형편으로 인해 진학을 못한 것은 남성 숙련노동자든 여성 기능직 노동자이든 마찬가지였지만, 남성 숙련노동자는 거기서 벗어날 기회를 국가로부터 훨씬 더 많이 제공받았다. 국가가 제공하는 계층상승과 기능 숙련 기회의 제약을 통해 받은 차별은 여성 기능직 노동자들로 하여금 노동조건 변화에 나서게 만들었다. 이러한 상황은 1970년대 18~25세 사이의 섬유·의류 제조업 생산 주체였던 많은 여성 청소년 기능직 노동자들이 왜 남성 숙련노동자들과는 달리 노동조합 결성 및 활동에 적극 나섰는지를 해명해준다.

2장

변화와 전복적 실천들

정부가 직업훈련 정책 대상에서 여성들을 배제했음에도 여성들은 스스로 기술을 성취하고, 제한된 종목에서나마 기능경기대회에 참여하여 활약했다. 2장에서는 1970년대 대표적 여성단체였던 한국 YWCA가 남성 직종에 여성, 특히 기혼여성의 취업을 지원하기 위해 추진한 직업훈련사업에 대해 살펴본다. 이는 성별분리 직종을 변화시킨 실천이었다. 한편, 여성들은 기술력을 취득해도 동등하게 계층상승을 성취할 수 없었다. 이러한 부정의 경험이 그것을 공유한 여성들의 집단적 노동운동 참여에 동기로 작동한 과정을 살펴볼 것이다.

1. 여성단체의 여성 직업훈련 : YWCA의 새로운 여성 직업개발사업

1) 1970년대 여성인력개발과 여성 직종

산업화의 진전에 따라 대공장이 증가하자 공장에서 제조업에 종사하는 여성노동자들의 수가 증가했지만 그것은 섬유, 의복, 고무, 제과와 같은 특정 산업에 한정되어 있었다. 하지만 성별분업화되어 있는 노동시장에서도 여성노동자들이 진출한 직종은 꾸준히 증가했고, 적어도 원칙적으로는 여성도 직업을 가져야 한다는 주장이 점차 강화되었다.

문제는 여성의 직업사회 진출을 어떻게 늘리고 어떤 업종을 여성에게 개방할 것인가라는 점이었다. '여성 직종'의 확대는 항상 "남성의 직업에 대한 여성의 침입"이라는 완강한 저항을 받았다. '여성 직종'을 둘러싼 사회적 논의와 정책의 추진 과정을 통해 여성노동에 대한 사회의 인식을 확인할 수 있다. 동시에 '여성 직종'을 둘러싼 사회적 논의와 운동은 사회의 인식을 바꾸고 정부 정책에 영향을 끼친다. 1970년대 이후 정부는 정책적으로 '여성 직종'을 선정하고 이 분야의 여성 고용을 증대시키기 위한 교육·훈련정책을 본격적으로 실시하기 시작했다. 마침 이 시기는 노동자 전태일의 희생으로 인해 '근로여성'에 대한 사회적 관심이 고조된 시기였다. 1975년 세계 여성의 해 준비와 '여성의 인간화 선언' 등이 계기가 되어 여성단체들도 '근로여성' 문제에 관심을 갖기 시작했다. 요컨대 1970년대는 산업화와 '여성 문제'의 해결이라는 당대의 시대적 요구에 따라 '여성 직종'과 여성노동을 둘러싼 논의가 이루어진 시기였다.

한국의 여성정책은 오랜 기간 인적자원 개발과 권익보장이라는 여성정책 초기의 WID(Women in Development)를 기조로 삼았다. 그나마 1970년대 이전까지는 '개발'의 성격보다는 구호를 위한 여성 직업훈련이 진행되는 정도였다.[46] 여성의 사회참여 확대를 위해 여성노동력을 개발해야 한다는 논의는 1970년대에 본격적으로 시작됐다. 여성의 경제적 동원을 중시한 한국 정부가 산업화 시기 여성에게 기대한 역할은 미혼 노동자의 역할과 가정을 꾸리는 어머니에 국한되지 않았다. 산업화 시기 한국 정부는 산업정책과 여성정책 수립을 요구하는

---

46 이임하, 『여성, 전쟁을 넘어 일어나다—한국전쟁과 젠더』, 서해문집, 2004, 45~64쪽.

사회적 압력 아래 여성/노동정책을 변화시켰다.

직업훈련에 참여한 여성들의 경험과 인식도 단일하지 않았다. 어떤 직업훈련에 참가하느냐에 따라 여성 각자의 동기와 기대, 훈련 후 결과는 다르기 마련이다. 한국의 여성정책과 여성노동정책, 그 가운데 여성 직업훈련의 확대가 정부 주도에 의해서가 아니라 여성(노동)운동 단체들의 요구로 성취된 결과였음을 상기한다면, 정부 주도의 직업훈련사업에서 시야를 확장해 여성운동 단체들이 의도한 여성 직업훈련은 무엇이었는지, 여기에 참여한 여성들의 경험은 어떤 것이었는지를 분석할 필요가 있다.[47]

여성 인력양성을 둘러싼 정부의 인식 변화는 1970년대 들어서였다. 제2차 인력개발 5개년계획(1967~1971)에는 포함되어 있지 않았던 여성의 "직업사회 적응과 여성인력 활용의 극대화"가 제3차 인력개발 5개년계획(1972~1976)의 주요 정책에 포함되었다. 제3차 인력개발 5개년계획 수립 시기에 여성인력 활용이 부각된 이유는, 이 시기 인력개발계획의 목표가 경제 구조를 중공업 위주로 바꾸고 이를 위해 필요한 인력을 양성·배치하는 것이었기 때문이다. 이를 위해 제3차 인력개발 5개년계획에서는 과학기술인력의 수를 증가시킬 것을 목표로 삼았다. 여성도 1차산업보다는 광공업에 종사할 수 있도록 여성교육을 재편하고 여성의 직업사회 진출을 저해하는 요인을 제거할 것이 주요 정책으로 설정됐다.[48]

제3차 인력개발 5개년계획에 여성인력 활용 목표가 포함되기 전, 인력개발

---

47 기독교 계열 여성운동 단체 연구 중 크리스찬아카데미의 활동에 관해서는 박인혜, 『여성 인권운동의 프레임과 주체 변화에 대한 연구—〈여성의 전화〉를 중심으로』, 성공회대학교 박사학위논문, 2011 참조. YWCA의 활동에 대해서는 유성희, 『한국 YWCA 운동의 실천적 기독교 여성주의에 관한 연구』, 서울대학교 박사학위논문, 2013 참조.

48 과학기술처, 『제3차 인력개발 5개년계획(1972~1976)』, 1971, 10~11쪽.

연구소는 여성인력 현황을 파악해 보고서를 작성했다. 보고서에는 "80년대 광범한 직종에 걸친 다량의 인력 수요와 완전고용 상태에 대비하여 여성인력을 이제까지 예비 인력이나 대체 인력으로 삼았던 데서 탈피하여 여성인력의 개발과 활용을 중요한 정책과제로 제기하게 되었다"라는 작성 취지가 서술되어 있다.[49] 즉 정부는 가까운 시일 내에 장기적으로 노동력이 부족해질 것이며 새로운 산업 도입에 따라 노동력 이동이 있을 것임을 예측하고, 이에 여성인력을 대비시키려 한 것이다. 당시 정부는 남성과 마찬가지로 여성의 경제 활동 참가 비율을 높이려 했고, 대다수 여성들이 종사하고 있었던 1차산업 중심에서 탈피해 다양한 직종에 여성들을 진출시키기 위한 여성인력개발과 활용방안을 모색 중이었다.

인력개발연구소의 조사 내용에는 기능 수준에 따른 여성인력개발 계획도 포함되었다. 제3차 인력개발계획이 과학기술인력의 개발과 배치를 목표로 한 만큼, 여성인력을 기술, 기술공, 공인 가능 숙련공, 반숙련공, 견습공, 사무 기타, 일용노동자, 무급 가족종사자로 구분해 파악하였다. 여성인력이 진출한 업종의 경우 견습공은 항상 여성이 다수인 점을 비판하며 여성인력을 2차, 3차산업에 투입하고 여성의 기술을 고도화해야 한다는 인식을 보이기도 했다.[50]

그렇다면 여성인력의 개발과 활용에 대한 당위적인 주장 외에, 구체적으로

---

49 인력개발연구소, 『한국의 여성인력』, 1970, 2, 8~12쪽. 이 보고서는 과학기술처의 의뢰로 1970년 1월~12월 사이에 여성인력 현황, 여성의 경제 활동 조사(여성 경제 활동에 영향을 주는 요인, 남녀 종업원의 취업동기 및 취직 경유, 남녀 종업원의 직업관, 남녀 종업원의 직무 만족도), 여성 전략직종 조사를 실시하였다. 조사는 472개 사업체 중 3,072명의 남녀 종업원을 대상으로 이루어졌다.

50 이 조사는 노동청에서 서울대학교 행정대학원 부설 행정조사연구소에 의뢰해 진행되었다. 서울대학교 행정대학원 부설 행정조사연구소, 『여성노동자를 위한 전략직종 개발과 이에 따르는 기능훈련 및 활용』, 1974, 노동청, 29~49쪽.

어떤 구상과 방안이 모색되었던 걸까? 제3차 인력개발 5개년계획에서는 "초등학교 교사 일선 사무 공무원 및 회계원 등 여성 직종에 맞거나 여성의 능력으로 수행 가능한 직종에 먼저 여성을 활용하고 여성 적성에 맞는 직종을 새로 개발한 후 그에 맞춰 훈련과 교육을 개편"한다는 방안이 수립되었다. 이 서술을 통해 확인할 수 있는 것은, 우선 기존의 '여성 직종'에 여성들을 활용하고, 다음으로 새로운 '여성 직종'을 선정한 후 이 직종에 여성을 진출시키기 위해 교육과 훈련계획을 수립한다는 것이었다.[51]

그 구체적인 내용은 1년 앞서 제출된 인력개발연구소의 보고서에서 확인할 수 있다. 인력개발연구소가 제안한 '여성 직종'은 ① 수출산업에 수요가 많은 직종, ② 서비스산업 또는 문화발전 직종, ③ 고등교육을 요구하는 직종, ④ 선진국 여성이 많이 취업 중인 직종, ⑤ 여자 소비 제품 제조업의 관리직, ⑥ 여자 특수 교육을 활용할 수 있는 직종, ⑦ 기타 인력수요가 많은 직종이었다. 구체적으로는 속기사, 타자원, 비서, 교원, 간호사, 사서, 공무원, 사회사업가, 경영관리자(인사, 판매, 생산, 재무, 회계), 경리원, 약사, 의사, 프로그래머, 시편쳐, 조리사, 양장공, 디자이너, 정밀기계조립공, 전자장비조립공, 식료품제조공, 방직공, 재봉공, 자수공, 미용사, 영양사, 교환원이 여성에게 적합한 직종으로 선정됐다.

인력개발연구소의 보고서는 체형과 체력, 생리현상을 제외하고는 남녀의 차이가 없으므로 이러한 신체 차이가 크게 문제가 되지 않는 전문직, 관리직, 실내 작업의 경우 남성과 여성이 큰 차이 없이 종사할 수 있다고 봤다. 때문에 전문직에 해당하는 과학자, 기술자, 경제학자, 의사, 각종 학교 교원, 공무원, 관리자는 남성과 여성이 동등하게 종사할 수 있는 여성 직종으로 보았다. 사무직의 경우 50%, 관리직은 5%, 전문 기술직은 35%까지 여성으로 구성될 수 있도록

51 과학기술처, 앞의 글, 1971, 69쪽.

〈표 4-5〉 생산계 여성 전략직종과 해당 직종의 여성 취업자 비율

직종	여자 취업자 수 (명)	전체 취업자 중 여자 구성비 (%)
속기사 및 타자원	16,524	95.8
전자계산기조작원	621	92.1
방적공, 직조공, 편물공, 염색공 및 관련 직종	63,695	81.7
재봉공 및 자수공	3,583	70.0
전화교환원	9,333	65.7

* 출전: 인력개발연구소, 『한국의 여성인력』, 1970, 149~153쪽.

정부와 기업이 여성에게 취업 기회를 제공해야 한다고 제안했다. 그 외의 생산계통에 속하는 직종들은 이미 '여성 직종'으로 전체 취업자 중 여성 구성비가 높은 업종이 대다수였다.[52]

〈표 4-5〉를 통해 확인할 수 있듯이 인력개발연구소가 제안한 '여성 직종'은 이미 여성들이 많이 진출한 업종이 대다수였다. 상대적으로 여성 진출 비율이 낮은 생산계 업종은 전기 및 전자장비조립공(23.7%), 정밀기계공(17.5%), 식품 및 음료제조공(5.5%), 프로그래머(4.2%) 정도였다. 수출산업에 수요가 많은 직종이 '여성 직종'으로 포함된 이유는 실태조사 중 경영자들의 '여성 직종' 인식을 반영해서였다. 조사에 참여한 경영자들은 여성 직종에 적합한 작업인 경우에만 여성 직원을 채용하고 있다고 응답했다. 이들이 생각한 '여성 직종'은 이미 많은 여성노동자들이 진입해 있는 경공업 수출업종이었고, 저임금에 고용이 가능한 직종을 의미했다. 경영자들은 조사 중 여성의 경제 활동을 저해하는 요인으로 결혼과 출산을 1순위로 들었고, 채용하지 않는 이유 1순위로는 남자보다 능력이 부족하다는 것, 짧은 근속기간을 비등하게 들었다. 이 외에도 생리, 출

52 인력개발연구소, 앞의 글, 1970, 140~141쪽.

산휴가를 줘야 한다, 여자에게 필요한 후생시설 설치비가 부담된다는 이유를 들며 여성 고용을 꺼리고 있었다. 이에 인력개발연구소는 여성에게 정신력과 의지로 일과 가정의 이중역할과 부담을 극복할 것을 요구하는 한편, 경영자들에게는 같은 직무라도 남자보다 낮은 임금으로 맡길 수 있다는 유리한 조건을 활용해 인건비 절감을 위해 여성을 채용할 것을 권고하였다.[53]

비슷한 분석과 결론은 노동청이 실시한 조사에서도 발견된다. 노동청 또한 ① 향후 노동력이 부족해질 것이고, ② 중화학공업 업종에는 남성만 필요할 것이기 때문에, ③ 경공업 부문의 남성 인력은 중화학공업 분야로 전출되고, 이 분야 남성인력의 여성 대체, 서비스업 부문의 여성인력 진출이 크게 늘어날 것으로 예측했다. 이러한 예측 아래 '여성 직종' 선정의 제1기준으로 '여성인력이 필요하고 여성이 많이 종사하고 있는 업종'을 제시했다. 다만 노동청 조사는 인력수요뿐만 아니라 공급의 차원, 즉 여성의 선호도를 고려할 것을 제안하면서, 여성이 선호하는 직종과 선호하지 않는 직종에 대한 질문을 포함하였다. 조사 결과 여성 취업자들은 이미 여성이 많이 진출한 업종인 고무, 도자기, 가죽, 플라스틱제조업, 전기기계기구, 정밀기계제조업, 의약품·화학품제조업을 기피하고 있었다. 보고서는 여성들이 해당 업종을 기피하는 이유가 근무조건이 나빠서라고 보고, 이미 여성이 많이 종사하고 있더라도 '여성 직종'에 이 업종을 포함시키지 않았다.[54] 그러나 이 보고서도 인력개발연구소가 제안한 직종과 비슷한 '여성 직종'을 제안했다. 노동청 의뢰 조사는 '여성 직종'에 종사하는

53 인력개발연구소, 앞의 글, 1970, 91~93쪽.

54 조사 대상자는 여성 취업자 294명, 여성 미취업자 300명을 포함한 594명이었고 1974년 9월부터 약 한 달간 이루어졌다. 이 조사에서 가장 높게 나온 분야는 도매, 소매, 판매를 비롯한 서비스업종(52.9%)이었고 이는 제조업 종사 욕구보다 높았다. 서울대학교 행정대학원 부설 행정조사연구소, 앞의 글, 1974, 187~188쪽.

여성의 기술과 능력을 향상하기 위해 여자 공고의 개설과 여성을 상대로 한 직업훈련 다양화가 필요하다고 제안하였다.[55]

1970년대 전반기에 걸쳐 '여성 직종' 개발과 여성인력 활용방안이 이렇게 나오다 보니 여성을 상대로 한 직업교육과 훈련도 이 범위를 넘기 어려웠다. 먼저 생산계 '여성 직종'의 경우 사내직업훈련을 통해 양성되었는데, 1979년에 실시된 여성 직업훈련의 68.4%가 섬유업종의 사내직업훈련을 통한 양성이었고 전기업종의 사내직업훈련소에서 354명이, 전자업종은 2,134명이 훈련을 받았다.[56] 새로운 '여성 직종'에 여성들을 진출시키기 위해서는 최소한 선정된 '여성 직종' 에 여성이 진출한 비율이 낮아도 유망한 직종에 훈련과정을 전략 배치해야 했지만, 이 같은 훈련사업은 추진되지 않았다.[57]

물론 제3차 인력개발계획에서 중점을 둔 여성인력개발의 핵심은 생산계 여성들보다 전문직, 관리직, 사무직 여성의 비율을 높이는 것이었다.[58] 그러나 중요하다고 생각한 만큼 정부의 적극적인 정책 도입이나 사업이 추진된 것은 아니었다. 여성이 스스로 자신의 교육 수준을 향상하고 있는 만큼 여성이 스스

---

55 위의 글, 214쪽. 공업계 실업학교에 진학한 여학생 수는 1972년 1,493명(전체 실업계 여학생 중 1.3%)에서 1977년 7,628명(3.8%)으로 총인원은 다소 증가했다. 경제과학심의회의, 『여성 기능인력 확보와 취업안정을 위한 실태분석』, 1978, 33쪽. 여자 공고는 1994년 인천여자공고의 개교까지 20여 년이 걸렸다.

56 노동청, 『여성과 취업』, 1979, 35쪽.

57 서울대학교 행정대학원 부설 행정조사연구소, 앞의 글, 1974는 여성 전문직업교육의 강조, 여성 기술훈련, 여성 적성 직종 취업 기회 제공과 같은 원론을 제시하고 있다. 이러한 분야의 직업훈련을 실시하기 위해서는 정부 예산이 투입되는 공공직업훈련소에서 여성 훈련을 증가시키거나 해당 업종의 기업에 여성 사내직업훈련을 의무로 부여해야 했다. 1970년대 정부의 직업훈련사업 중 전자는 실시되지 않았고, 후자의 경우 사내직업훈련은 의무화되어 있었지만 훈련생 수에만 강제조항이 있었을 뿐 성별 의무 조항은 없었다.

58 과학기술처, 앞의 글, 1971, 68~69쪽.

로 가정생활과 직장생활의 병행 문제를 극복해야 이 분야에 진출하는 여성 비율이 증가할 것이라고 보아서였다. 보고서에서도 결혼과 출산을 이유로 여성을 채용하지 않는 경영자에 대한 실질적 유인방안의 필요성이나 정부기관에서라도 전문직, 관리직, 사무직 여성 비율을 높일 만한 방안은 제안되지 않았다. 인력개발연구소는 여성이 직장생활과 가정생활이라는 "이중의 역할을 요구하는 현실에 도전한다면" 정부도 여성인력 활용을 위한 연구기관을 설치하고 여성에게 직업정보를 제공하는 정책을 수행해야 한다고 건의했지만, 이러한 정책제안이 제3차와 제4차 인력개발계획에 포함되지는 못했다. 기혼 여성노동자들을 위한 탁아소 설치의 필요성도 제기되었다. 하지만 정부가 생각한 가장 중요한 사업이자 효과적인 방안은 가족계획을 철저히 실시해 가족 규모를 줄여 가정생활에서 여성의 부담을 줄이는 것이었다.[59] 특히 "고등교육을 받은 여성은 보다 적극적으로 직장 진출에 나서야 한다"라고 주장했다. 가족계획사업 추진을 통해 여성의 가사와 육아가 축소되었으니, 여성들이 의지만 있다면 전문직, 관리직, 사무직 진출이 가능하다는 입장이었다. 여성 고용정책은 도입하지 않은 채, 정책의 대상인 여성에게 '이중도전'을 요구하며 책임을 전가했던 것이다.

정부의 여성인력개발 정책은 제4차 인력개발계획(1977~1981)에서도 큰 변화와 진전이 없었다. 보건사회부 사회보장심의위원회에서 발간한 인력개발조사보고서에서는 여전히 여성의 저임금은 여성의 미숙련과 단기근속 때문이라는 인식만 보였다.[60] 1978년 경제·과학심의회의에서 제출한 여성 기능인력 확보와 취업안정을 위한 실태분석 보고서는 부족한 노동력을 충원하기 위해 여성인

59 인력개발연구소, 앞의 글, 1970, 168쪽.

60 허창재, 『인력개발과 임금정책에 관한 연구』, 사회보장심의위원회, 1976, 31쪽.

력개발과 유입이 중요하다는 점을 강조했지만, 정작 교양교실 중심의 직장교실만이 여성인력개발사업의 일환으로 운영되고 있었다.[61]

1970년대 여성인력개발의 필요성이 대두하면서 '여성 직종' 개발과 여성인력의 활용정책이 논의되었지만, 이 시기 '여성 직종' 개발정책은 새로운 '여성 직종' 개발정책이 아니었다. 이미 1960년대 후반부터 고등교육을 받은 여성들의 대다수가 취업을 원했지만 취업할 곳은 제한적이고 취업률도 낮았다. 이런 상황에서 고등교육 여성을 진출시키기 위해서는 별도의 고용정책이 필요했지만, 전문직, 관리직, 사무직의 경우도 여성의 진출을 증대시켜야 한다는 원칙만 있었을 뿐 정책적 차원의 논의는 진전되지 않았다.[62] 남성을 중화학공업 분야에 고용시키기 위해 여성을 경공업 수출 업종 종사에 한정시키려는 의도에서, 생산계 직종의 경우 기존의 '여성 직종'에 여성들을 꾸준히 진출시킨다는 정도였다. 1970년대 중화학공업화를 위해 신규 남성인력을 양성하고 다양한 고용촉진 정책을 썼던 것에 비한다면 '여성 직종' 개발을 위한 정부 정책은 원칙만 수립되었을 뿐 실제 정책을 실현할 사업은 계획조차 수립되지 못한 상태였다. '여성 직종'의 다양화와 직종의 성 평등화는 그만큼 지연되었다고 할 수 있다.

선행연구들이 지적했듯이 공공직업훈련사업에서라도 남녀에게 동등한 직업훈련 참여를 제공했더라면 '여성 직종'의 다양화가 보다 진전될 수 있었을 것이다. 그러나 공공직업훈련에서 여성은 배제되어 있었고, 직업을 찾기 위한

---

61 노동청이 여성인력개발을 위한 방안으로 운영 권고한 직장교실은 사업체 내에 설치되어 강연식 교육을 진행하였다. 기능 향상을 위한 교육도 이루어졌지만, 교육 대상의 65%가 여성들이었고 교육 내용은 뜨개질, 자수, 수예, 요리, 꽃꽂이 등 취미 교양수업으로 구성되어 있었다. 경제·과학심의회의에서는 이 교육이 교양교육에 중점을 두고 있어 기능 향상에는 직접 기여하지 못하고 있는 실정이라고 비판했다. 경제·과학심의회의, 앞의 책, 1978, 39쪽.

62 신경아, 「산업화 이후 일-가족 문제의 담론적 지형과 변화」, 『일·가족·젠더—한국의 산업화와 일-가족 딜레마』, 한울, 2009, 94쪽.

여성들의 고투는 기존 '여성 직종' 내에서만 가능했다. 다만 1970년대를 통해 확인할 수 있는 바는, 당대 사회가 더 이상 여성의 직업생활을 제한할 수 없고 제한하지 않는다는 점이었다. 보고서 작성을 위해 설문조사에 응했던 기업의 경영자나 남녀 피고용자 모두 85% 비율로 여성의 직장생활에 찬성한다는 입장이었다. 남녀 피고용자에게 아내의 직장생활에 대한 태도를 물었을 때도 남자 중 55.5%가 이해하고 있다고 응답했으며, 아주 반대한다는 의견은 그 절반 수준인 21.3%였다. 흥미로운 점은 딸의 취직에 대한 응답이었다. 경영자와 남녀 피고용자 모두 딸의 취직에 대해 45~46%는 결혼 전까지만 하라고 권한다고 답했는데, 34~35%는 딸의 뜻에 따르겠다고 응답한 것이다. 특히 남자 피고용인 중 아내의 직장생활을 적극 반대한 응답율은 17.1%였는데 딸의 직장생활을 적극 반대한다고 응답한 비율은 7.7%에 불과했다.[63] 향후 여성의 직장생활이 점차 확대될 것이라는 점에는 대체로 공감했고 대세로 받아들이고 있었다. 여성의 직장생활 기간에 대해서도 결혼 전까지라고 응답한 여성들보다 자녀를 낳기 전, 또는 마지막 자녀 취학 후 다시 시작해 평생 직장생활을 해야 한다고 생각하는 여성이 과반 이상이었다. 이미 1970년에도 여성들은 결혼과 함께 직장을 그만둔다는 생각을 바꾸고 있었던 것이다.

남녀 피고용자들에게 질문한 내용 중 남녀의 차이가 가장 크게 드러난 것

63 1973년 8월부터 1974년까지 실시한 설문조사를 토대로 전문직 여성의 직업 실태와 의식 등을 조사한 연구에서는 응답자의 81% 이상이 경제적·사회적 이유와 능력 발휘 기회를 갖기 위해 직업을 가져야 한다고 답했다. 이 조사에서도 딸의 직업에 대한 의식조사가 이루어졌는데 인력개발연구소의 응답보다 많은 93%가 딸의 직업을 적극 권장하거나 딸의 의사를 따르겠다고 답했다. 물론 이 조사는 전문직 여성(의사, 약사, 간호원, 교사, 사회사업가, 언론인, 공무원, 사서, 교수 등)을 상대로 이루어졌기 때문에 딸의 직업 활동에 적극성을 보였다고 할 수도 있다. 김옥렬·한완상·김태희, 「전문직 여성의 직업 및 사회참여에 관한 연구—여성의 지위 향상을 위하여」, 『아세아여성연구』 12, 1973, 29~30쪽.

은 남녀의 능력 평가에 대한 질문이었다. 남자 피고용자의 65%가 남자가 여자보다 우수하다고 본 반면, 여자 피고용자들의 55% 이상은 여자가 남자보다 우수하거나 남녀 동등하다고 생각하고 있었다. 정부와 인력개발연구소는 조사에서 남자가 우수하다고 생각하는 남·녀의 비율을 합쳐 남성이 우수하다고 생각하는 사고의 비율이 높게 나온 결과를 들며, 여성이 오히려 여성보다 남성을 우수하다고 생각하는 게 문제라고 지적했다. 이러한 해석에 근거해 정부는 여성 근로자들이 열등의식을 극복하고 직업의식을 강화해야 한다고 보았다. 하지만 여성 응답자의 비율로만 판단하자면, 여성들은 이미 이 시기에도 과반 이상이 남녀의 능력 차이는 없다고 인식했다.[64] 1970년 3월, 직업여성과 경영자, 대학생을 상대로 여성인력자원개발 설문조사를 벌인 YWCA 조사에서도 "조건만 같으면 어느 면으로나 능력이 비슷할 것이다"라는 조항에 직업여성들은 약 60%로 그렇다는 응답률을 보였다.[65] 이처럼 정부와 남성들의 '여성 직종' 개발과 활용에 대한 인식은 원론적 차원에 머물렀지만, 이미 여성들의 인식은 변했고 앞으로 변화할 시대를 보여주는 징후였다. 이 같은 시대적 분위기 아래 정부와 노동청보다 먼저 새로운 '여성 직종'을 개발하고 '남성 직종'에 진입을 추진한 이들은 여성운동 단체와 여성들 자신이었다.

2) YWCA의 '여성 직업개발사업'

여성인력을 개발하겠다는 정부의 입장에 보다 적극적으로 대응하고 나선 것은 여성운동 단체들이었다. 1970년대 여성단체들은 1959년 설립한 한국여성단체협의회라는 상급 단체에 속해 있었는데, 출범 초기 장면 정권과의 불화로

---

64 인력개발연구소, 앞의 글, 1970, 87쪽.

65 대한YWCA연합회, 「여성자원개발을 위한 조사결과보고」, 『산업훈련』 1970. 10, 74쪽.

인해 오히려 5·16 군사정부에 협조적이었고 박정희 정권 출범 이후에는 친정부적 성격이 강했다. 한국여성단체협의회의 주요 인사들은 대체로 여자 교수나 여자대학 총장인 엘리트 여성들이었다. 따라서 '근로여성'의 기능개발과 직업여성의 차별 개선을 위한 시도에는 다소 소극적인 편이었다.[66] 물론 여성단체들의 대표체로서 한국여성단체협의회도 〈저소득 근로여성 문제〉 심포지엄을 개최했고, 이 자리에서 인력개발연구소 소속으로 '여성 직종' 개발과 여성인력 활용에 관한 보고서 작성을 주도했던 김윤태[67]가 '여성의 능력개발'을 주제로 발표하기도 했다.[68] 그러나 한국여성단체협의회는 1970년대 내내 활성화된 여성 노동운동에 대한 대응에는 소극적이었고 정부가 추진하고 있었던 가족계획사업과 총력안보 지지사업에 더 적극적이었다.

여성단체 중 '여성 직종' 개발의 필요를 제기하고 나선 단체는 YWCA였다. 사실 한국 YWCA를 결성한 김활란, 유각경, 다음 세대인 손인실 등이 모두 YWCA 회장직을 거쳐 한국여성단체협의회 회장까지 역임한 만큼, 양 단체의 최상층 활동가들은 중첩된 측면이 크다. 하지만 1970년대 양 단체의 활동방식에는 확연한 차이가 있었다. 1970년대에 한국여성단체협의회는 회장이었던 이숙종이 유정회 의원으로 영입될 정도로 정부 여당에 협조적인 단체였다. 이러한 성격으로 인해 정부가 추진 중이던 가족계획사업에 적극적이었고 반정부

66 서명선, 「유신체제하의 국가와 여성단체—한국여성단체협의회의 활동을 중심으로」, 『여성학논집』 6, 1989, 89~92쪽.

67 교육학박사였던 김윤태는 인력개발연구소 개발지도과장으로 부임하여 『한국의 여성인력』 보고서 작성을 주도했던 것으로 보인다. 1970년대 내내 여성인력개발 전문가로서 기고와 발표 활동을 벌여 나갔다.

68 김윤태, 「한국 여성의 능력 변화」, 『여성』 1971. 5, 42~43쪽; 김윤태, 「여성노동력 개발의 과제」, 『노동공론』 5월호, 1972, 74~81쪽.

적 성격이 강한 노동 문제에는 소극적이었다. 반면 YWCA는 1960년대부터 본격적으로 산업화가 추진된 이후 발생한 이농, 인구의 도시집중, 빈민 문제, 농민과 노동자 문제에 일찍부터 관심을 가지고 있었다. 1966년부터 여성의 경제적 자립을 위한 방편의 하나로 시간제 가정부 훈련과 알선사업을 통해 '직업여성' 확대를 시도했고, 1960년대 내내 증가 일로였던 '근로여성'의 노동실태 조사와 간담회 조직, 공민학교 운영을 통해 여성노동자들의 노동조건 개선을 위한 활동을 전개하고 있었다.[69]

1970년대 YWCA의 '근로여성' 사업은 좀 더 확대되는데, 그 배경에는 크게 세 가지 요인이 작동했다. 첫째, 1970년대 세계 YWCA는 전 세계적으로 선진국과 개발도상국 간의 격차, 국가 내의 빈부격차를 줄이기 위한 소외계층사업을 강조했다. 1971년 가나 세계 YWCA대회에서 김현자를 세계 YWCA 실행위원으로 선출시킬 정도로 한국 YWCA는 세계대회의 논의와 수준을 한국 YWCA에서 실현시키는 데 적극적이었다.[70] 1970년대 한국의 민주화와 노동운동에는 세계의 기독교 단체들의 연대와 지지가 큰 힘이 되었다. 세계 YWCA가 가진 위상은 한국 YWCA의 활동에 제도적 안정을 부여했고 한국 YWCA가 유신정부에 대한 비판적 입장에서 '근로여성' 문제에 관심을 가지도록 견인했다. 그 직접적인 영향은 유엔이 1975년을 '세계 여성의 해'로 선포하는 것을 전후하여 '여성의 해'를 준비하는 활동에서 나타났다. '세계 여성의 해' 프로그램 준비를 위해 모인 여성단체 관계자들은 지금까지의 여성운동이 여성의 지위 향상이라는 문제에 한정되었다는 점을 반성하고, 몇몇 분야에서 남성의 양보로 여성

---

69 최찬희, 「남녀 차별대우 없는 근로조건 시급」, 『한국YWCA』 1971. 10, 1쪽; 서울 YWCA, 『서울 YWCA 80년』, 2002, 46~47쪽.

70 김현자, 『자전적 에세이: 아름다운 만남』, 푸른솔, 1998, 192~196쪽.

의 지위가 향상되었다 해도 남성의 지위가 더 올라가면 남녀 간 격차는 벌어질 뿐이며, 따라서 여성운동은 '여성의 인간화'를 지향해야 한다고 보았다.[71] 이러한 인식은 여성이 남성과 동등한 인간으로 인정되지 않는다면 "아무리 노예의 지위가 향상한다고 해도 노예는 노예일 뿐"이라는 자조 속에서도 확인됐다.[72] 1972년 이후 한국 YWCA는 여성이 남성의 정치적 배려 아래 약간의 개선을 시도하는 지위 향상 운동에서 벗어나, 여성도 인간이라는 보편주의에 근거해 여성억압을 철폐하고 여성운동을 인간해방운동의 일환으로 자리매김해야 한다는 입장을 견지했다.[73] 이러한 문제의식에 따라 한국 YWCA의 운동은 중류층 여성들의 여가선용 중심에서 저소득층 '근로여성'의 "착취적 이중노동에 대항하는 방안을 모색"하는 방향으로 변화해갔다.[74]

둘째로 이미 저소득층 '근로여성' 사업을 추진 중이었던 서울, 마산의 지방 YWCA가 한국 YWCA연합회에 영향을 미쳤다. 수도권과 경남 지역에는 수출공단이 조성되어 있어 '근로여성'의 문제에 관심을 가질 수밖에 없었다. 서울 YWCA는 이미 공단 주변에서 활동하고 있었던 조지송, 조승혁 목사를 초빙해

---

71 박인혜, 『'여성 인권운동'의 프레임과 주체 변화에 대한 연구—〈여성의 전화〉를 중심으로』, 성공회대학교 박사학위논문, 2011, 149~155쪽.

72 이 문제의식은 당시 '여성의 인간화'를 주창한 대표 인사였던 강원룡 목사가 여성운동의 방향을 "상전과 머슴의 관계인 머슴 제도의 철폐"로 삼아야 한다고 했던 데서 나온 것으로 보인다. 애초 '여성의 인간화'를 담은 '여성 인간 선언'의 초안 마련과 주관은 한국 크리스챤아카데미가 맡았는데, 한국 여성운동의 방향과 관련된 것인 만큼 한국여성단체협의회 주도로 선포가 이루어져야 한다는 주장이 제기되어 주관이 바뀌었다. 한국여성단체협의회로 이관된 후에도 선포할 움직임이 없자, 한국 YWCA는 한국여성단체협의회의 소극성에 실망을 표현하기도 했다. 한국 YWCA, 「요란한 구호 '여성의 해' 프로그램」, 『한국 YWCA』 1975. 11, 2~9쪽.

73 이효재, 「세계 여성의 해 막 오르다」, 『한국 YWCA』 1975. 1, 2~6쪽.

74 한국 YWCA. 「세계Y대회 토론자료」, 『한국 YWCA』 1975. 10, 22~23쪽.

강연을 듣고 '근로여성'들과의 좌담회를 개최하고 있었다.[75]

마산에 수출자유지역이 조성된 이후 마산 YWCA는 '근로여성' 사업을 중점 실시했다. 마산 수출자유지역 내 젊은 여성노동자들의 임금체불, 저임금, 임금의 남녀차별, 성희롱 등이 사회문제로 비화되자 마산 YWCA는 독일(서독) 개신교개발사업지원본부의 지원을 받아 마산 지역 '근로여성'을 대상으로 상담실 운영, 야간 중등교육반 운영, 근로여성 교양강좌, '근로여성' 클럽 운영을 실시했다. 한국 YWCA중앙회도 마산 YWCA '근로여성' 사업을 지원하기 위해 '마산 Y 근로여성 특별위원회'를 조직했다. 이 특위에 당시 YWCA 회장이었던 손인실, 고문인 박에스더가 위원으로 참여하였고, 마산 YWCA의 사업 지원을 위해 정진자(전 서울 YWCA 사회문제위원회 간사)를 파견하기도 했다.[76]

마지막으로, 1970년대 한국 YWCA에는 '근로여성' 문제에 관심을 지닌 'Y 활동가들'이 많이 포진해 있었는데 이들의 주도로 한국 YWCA를 바꿔냈다고 할 수 있다. 부회장이었던 김현자는 대학 YWCA 활동 당시부터 강원룡 목사의 영향을 받았고, 후배 활동가들의 '근로여성' 사업을 독려했다. 김현자는 고문인 박에스더의 후원 아래 YWCA연합회 활동을 시작해 세계 YWCA의 실행위원이 될 수 있었고, 부회장 재직 당시 회장이던 이애마, 이후 회장이 된 손인실, 김갑순과 모두 이화여대 영문과 사제·선후배 사이였다. 손인실, 김갑순은 기독교적 세계관에 따라 소외계층에게 봉사해야 한다는 인식이 강한 편이었고, 가능한 한 정부와 대척하지 않으려는 온건한 입장이었다. '근로여성' 사업에 관심이 높았던 김종희, 권영자, 이창숙, 이애신 등의 신진 활동가들은 당시 박정희 정권의 개발정책 아래 여성노동자 '착취'와 노동운동 탄압에 대한 비판

---

75 서울 YWCA, 앞의 글, 2002, 143쪽.

76 이창숙, 「르뽀: 마산Y 근로여성 활동 현지를 가다」, 『한국 YWCA』 1976. 4, 4~9쪽.

적 시각에서 '근로여성' 사업을 YWCA의 주요 사업으로 사고하고 있었다. 양자 사이를 조율하면서 세계 YWCA의 결정사항을 한국 YWCA에서 실행하는 매개 역할을 했던 이가 김현자였다. 김현자는 이대 영문과 재학 당시 과에 사회주의 사상에 경도된 학생들이 많았고, 그 자신도 공산주의 서적과 기독교 서적을 비교하며 기독교 신앙을 받아들였다고 회고하였다. 이 시기 대학 YWCA 활동을 한 김현자는 강원룡 목사로부터 사회문제 의식형성에 영향을 받았다.[77] 비슷한 연배의 여성 사회학자이자 1세대 여성운동가인 이효재도 YWCA 사회문제연구위 위원으로 활동했다. 이효재는 '근로여성'에 관심을 가지게 된 것은 조화순 목사의 영향이었다고 회고한 바 있다.[78] YWCA는 교파를 초월한 교회를 지향하는 에큐메니컬 운동의 영향을 받고 있었고, 같은 기독교 사회운동 단체였기 때문에 한국크리스찬아카데미와 인천·영등포 도시산업선교회의 목사 활동가들과의 교류에도 적극적이었다.[79] 이런 점들이 1970년대 중후반 YWCA 내부에서 '근로여성'에 대한 관심과 개입을 고조시켰다. 1976년 당시 YWCA 실행위원이었던 김종희는 "근로여성을 억울하게 하는 기업가, 자본가가 존재해서는 안 된다"며 "노동의 대가를 제대로 주지 않고 노동력을 착취해서 독재자의 야심을 채우는 것이 독재국가"라고 당시 체제의 부조리를 비판했다.[80] 지방의 '근로여성' 사업을 취재해 게재하는 공보위원이었던 이창숙은 "얼마나

---

77 김현자, 앞의 글, 1998, 362~363쪽.

78 이효재의 생애와 YWCA를 비롯한 여성단체 활동에 대해서는, 이승희, 「나의 학문 나의 인생 이효재—한국 여성학 여성운동의 선구」, 『역사비평』 26, 1994, 249~251쪽; 이효재·강인순·젠더교육플랫폼효재 편, 『평등·평화공동체로의 여정—인터뷰로 쓴 이이효재 자서전』, 한울엠플러스, 2023 참조.

79 유성희, 『한국 YWCA 운동의 실천적 기독교 여성주의에 관한 연구』, 서울대학교 박사학위논문, 2013, 64~68쪽, 226~229쪽.

80 김종희, 「억울한 품삯이 소리 지른다」, 『한국 YWCA』 1976. 4, 2쪽.

많은 여성들이 Y의 혜택을 받았는가가 문제가 아니라 (…) 진정으로 근로자의 복지를 원한다면 그들이 노동조합을 갖도록 도와야 한다. 노동조합이 없는 근로자는 무력할 수밖에 없고 아무리 사회단체가 도와도 그 시달림의 끝은 없다"라는 입장을 피력하기도 했다. YWCA의 활동가들은 '근로여성'에게 필요한 것은 YWCA의 봉사가 아니라 그들이 스스로 만드는 노동조합이라는 인식을 가지고 있었다.[81] 이 외에도 1970년대 후반 활발히 활동한 공보출판위원회가 1975년 주로 전문직 직종 내의 남녀차별 실태를 파악해 보도했고, '사회문제 및 조사연구위원회'는 여성 은행원의 차별 문제와 남영나이론 해고자 복직 문제, 동일방직 노동자들에 대한 생계비 지원 활동을 주도했다. 이러한 '위원회'에서 활동하던 'Y 활동가들'은 1978년 9월 YWCA의 운동 방향을 논의하는 자리에서 YWCA의 운동이 여성의 지위 향상 운동에서 여성의 인간화 운동으로, 사회사업 활동에서 사회운동으로 바뀌어야 한다는 입장을 개진했다.[82]

1971년 이후 '근로여성' 문제를 중시하는 YWCA 내부의 분위기는 이러한 요인들에 힘입어 가능했다. 1975년 캐나다 세계YWCA대회에서는 인간 발달

---

81 물론 YWCA가 노동조합 결성 운동에 동참했다고 보기는 어렵다. 마산 YWCA의 '근로여성' 교실에는 노동조합과 근로기준법 수업도 포함되어 있었지만, 이것은 계몽교육 성격이었다. YWCA연합회 차원에서는 노조 결성이나 노조운동에 동참하기보다 여은행원 30세 퇴직 폐지를 요구하거나, 해태제과 8시간 노동시간 쟁취 싸움에서는 사측과 노조의 입장을 중재하는 역할과 노동조합의 사업을 지원하는 역할을 주로 했고, 스스로 이 정도 역할에 만족하는 편이었다. 박순양, 「심각한 역사적 도전과 질문에 응답할 수 있어야—80년 제1차 연합위원회 총무보고」, 『한국 YWCA』 1980. 3, 21쪽.

82 이 좌담회 내용은 1978년 9월호 『한국 YWCA』에 실렸다. 참석자는 김숙희(연합회 실행위원, 동부지역위원장), 김영정(연합회 실행위원, 사회문제위원장), 박영숙(연합회 실행위원, 공보출판위원장), 이애신(광주 YWCA 총무), 이재우(서울 YWCA 이사), 이종경(연합회 지역위원회 간사), 이창숙(연합회 공보출판위원), 최만자(연합회 실행위원, 서부지역위원) 등이었다. 김숙희 외, 「운동체로서의 Y 변화돼야」, 『한국 YWCA』 1978. 9, 10~11쪽.

을 위해 자원을 활용할 것과 "단순 직업훈련을 통해 여성에게 아무튼지 취업의 기회만 제공하는 수준에서 벗어나 남자들이 점유하고 있는 직업에 여성을 참여시켜야 한다"는 점이 중요 과제로 부상했다. 김현자의 주도로 이 과제를 받은 한국 YWCA는 프로그램계획위원회 주도로 여성의 직업개발사업을 추진하기로 결정했다.[83] 이를 위해 프로그램계획위원이었던 서채완은 여성 직업개발사업 실무자로 여성의 직업훈련 실태조사를 실시했다.

3) 여성 직종 확대의 의미, "조수가 아니에요"

앞서 살펴봤듯이 정부와 노동청도 '여성 직종'의 개발이 필요하다는 인식은 가지고 있었지만, 경제정책을 추진하기 위한 인력수급 차원에서 필요의 원칙을 정립한 것이었다. 박정희 정부와 산하의 노동청은 남성 위주의 노동현장을 바꾸려 하기보다 남성인력을 빼야 할 경공업 분야나 수출을 위해 저임금 체제를 유지해야 할 분야 위주로 '여성 직종'을 선정했다. 반면 YWCA는 여성의 인간화라는 운동방향의 수립 이후 '근로여성'을 위한 사업 추진 차원에서 여성 직업개발사업을 추진하게 된 것이었다. 정부와 노동청은 남성 직종까지 여성의 취업을 확대할 필요를 고려하지 않았으며, 동일 노동 내에서 남녀의 임금차별 문제를 시정해야 한다는 문제의식이 희박했다. 따라서 '근로여성' 저임금의 원인을 여성의 무기능, 일용노동, 저학력에서 찾았고, 여성의 직업훈련을 확대하고 여성의 낮은 직업의식을 계몽 교육한다면 여성 취업율도 증가하고 여성의 취업 구조도 자연스럽게 '선진화' 된다는 입장이었다.

반면 YWCA는 구조적으로 여성이 처해 있는 고용기회의 제약, 근로조건의

---

83 한국 YWCA 프로그램계획위원회, 「1976년 프로그램 제안」, 『한국 YWCA』 1975년 11월호, 18쪽.

차별 문제를 제기했다. 여성의 저학력 문제를 해소하기 위해서도 실질적으로 공민학교 운영, 야간교실 운영을 시작했다. 이 과정에서 YWCA는 교육·훈련사업의 한계를 체감하게 되었다. 1976년 공민학교 졸업자들의 의식조사에서 초등교육 수준이 아닌 중학교 졸업 정도의 기술교육을 원하고 있다는 점을 파악한 것이다.[84] 중등교육과정을 교육하고 있었던 마산 YWCA 야간교실 '근로여성'들도 50% 이상이 고등학교까지 진학하고 싶다고 답해 여성교육을 발전시켜야 한다는 YWCA 내부의 문제의식 형성에 영향을 미쳤다.[85] 교육과 훈련에 참여한 여성들의 요구와 '근로여성' 사업에 대한 YWCA의 관심이 고조된 가운데, 세계 YWCA의 요구를 수용한 한국 YWCA는 1976년부터 여성 직업개발 사업(이하 '사업')을 추진하기 위한 준비에 착수했다.

'사업' 추진을 위해 프로그램계획위원회 산하 여성직업개발사업부(이하 '사업부')를 설치한 YWCA는 '여성 직종' 발굴을 위해 1976년 1월, 우선 여성을 상대로 한 직업훈련 실태조사에 착수했다. 사실 YWCA의 '여성 직종' 조사는 이번이 처음이 아니었다. 이미 1970년 3월 YWCA는 "여성자원 개발을 위해" 직업여성의 의식, 취업 전 훈련, 구직과 승진 시 남녀 차별에 대한 조사를 실시한 적이 있었다. 이 조사에서 이미 YWCA는 국가의 기획과 계획에 따라 '여성 직종'을 확장할 수 있고 이를 위해 국가 정책으로서 여성 직업훈련이 필요하다는 점

---

84 유성렬, 「서울Y공민학교」, 『한국 YWCA』 1976. 10, 11~16쪽. 1970년대 여성들의 기술교육에 대한 요구는 다른 조사에서도 확인된다. 제조업 여성인력 개발방안을 연구한 최희옥은 B 방적회사의 '근로여성'들을 상대로 설문조사를 실시했는데, 현장에 투입되기 전 한 달 동안 받는 양성훈련으로는 부족하며 자기 업무의 기술과 지식을 늘릴 교육·훈련을 원한다고 응답한 '근로여성'이 73.8%에 달했다. 여성들도 남성과 마찬가지로 '기술'과 숙련, 기능·기술자격증에 대한 요구가 높았던 것이다. 최희옥, 「한국 여자 종업원의 인력개발에 관한 연구」, 고려대학교 석사학위논문, 1972, 46~47쪽.

85 최태순, 「마산Y야간학교」, 『한국YWCA』 1976년 10월호, 11~16쪽.

을 제안하였다.[86] 5년 후 다시 이 조사를 통해 '사업부'는 직업훈련에 대해 ① 공공직업훈련소의 경우 남성만 응시할 수 있게 되어 있고, 사립직업훈련소가 명목상 여성에게 개방되어 있지만 1~2명만 훈련에 참여하다 자연스럽게 남성 위주 운영 속에서 탈락한다는 점, ② 여성에게 개방된 훈련소는 전통적인 '여성 직종' 훈련만 실시하고 있다는 점을 문제로 지적했다. 결과적으로 직업훈련에 대한 여성의 관심이 낮은 것이 아니라 직업훈련의 구조 자체가 여성을 차별하고 배제하고 있다고 보고, 이러한 구조를 바꾸기 위해 직접 '남성 직종' 진입을 위한 여성 직업훈련을 실시하기로 결정했다. 박정희 정부와 노동청은 기존의 '여성 직종'에 여성의 수요를 증가시켜야 한다고 보았지만, YWCA는 여성이 진출 가능한 직종이 확대되어야 여성의 사회적·경제적 지위를 상승시킬 수 있다고 본 것이다.

YWCA는 정부가 '남성 직종'에 여성을 진출시키기 위해 '여성 직종' 확대 정책을 실시해야 함에도, 이러한 조치에 소극적이라는 점을 함께 비판했다.[87] 이러한 문제의식으로 '사업부'는 전국의 직업훈련소로부터 여성 전략직종으로 개발 가능한 새로운 직종을 추천받았다. '사업부'는 정부나 노동청과 달리 전통적 '여성 직종'에 속하는 훈련 업종을 제외하고 총 33개 업종을 선정했다. 그중 도배, 타일, 페인트 직업훈련을 새로운 여성 직업개발사업 직종으로 선정하고 우선 1차로 1978년부터 1980년까지 3개년에 걸쳐 훈련을 실시하기로 결정했다.[88] '사업' 추진을 위해 YWCA 연합회 내에 '새로운 직업개발사업을 위

86 대한YWCA연합회, 「여성자원 개발을 위한 조사결과보고」, 『산업훈련』 1970. 10, 76~77쪽.

87 서채완, 「저소득층 여성의 직업개발에 관한 사례연구—한국 YWCA의 시범사업을 중심으로」, 숭전대학교 석사학위논문, 1983, 22쪽.

88 33개 직종은 원예, 제대공, 전기용접, 자동차 고장 진단, 냉동수리, 냉동식품사, 건축제도, 도배공, 페인트공, 타일공, 시계수리, 컴퓨터, 서비스공, 치과기공, 보석감정, 금은세공, 문선공,

한 특별위원회'가 설치됐다.

33개 직종 중 도배와 타일, 페인트 직종이 선정된 이유는 첫째, 33개 직종의 이론 수업과 훈련 과정을 검토한 결과 장비와 작업장 마련 차원에서 YWCA가 감당할 수 있는 것들이어서였다. 둘째, YWCA가 추진 중이거나 추진했던 '근로여성' 사업이 대체로 중졸 이하 여성을 대상으로 한 전통적 '여성 직종' 훈련이었기 때문에, 공고 졸업 이상의 교육 수준을 요구하는 직종의 훈련은 곤란해서였다. 셋째, 3개 직종의 경우 작업현장에 이미 여성들이 보조 인력으로 진출했던 만큼 여성을 수용하거나 여성이 진출하는 데 거부감이 적은 편이었다. 넷째, '사업부'는 직업훈련과 함께 직업 알선이 중요하다는 점을 인지하고 있었는데, 이미 시간제 파출부사업 알선 경험을 가지고 있는 지역위원회의 취업위원회가 도배, 타일, 페인트 업종의 취업 알선을 할 수 있다고 판단해서였다.[89] '사업부'는 훈련 기간 훈련생 모두에게 기숙사생활을 의무화했는데 이는 '남성 직종' 훈련을 받는 도중 여성들이 이탈할 확률을 낮추기 위해서였다. 이를 위해 '사업부'는 서울 훈련생들의 숙식시설인 독산동 근로여성회관과 광주 계명학사의 책임자가 각 지역 '사업' 간사(각 지방 YWCA 총무)와 긴밀한 유대 아래 훈련생들의 상태를 조율하도록 했다.

훈련생 모집은 대성황을 이뤘다. 1978년 1기 모집 시부터 도배 직종 모집인원은 50명에 불과했지만 260명이 응모해 면접을 기다리느라 장사진을 이룰 정

사진기술, 인쇄, 화학분석, 기계제도, 도자기, 사도, 자개 조립, 이발사, 토스토 기능사, 제도사, 측량사, 통신사, 농약기능사, 라디오/TV 수리, 전자, 장신구 등이었다. 대한YWCA연합회, 『여성의 새로운 직업—직업훈련소 순회를 중심으로』, 대한YWCA연합회, 1976, 11쪽.

89 이미 '사업부'는 훈련생 홍보 및 모집 단계부터 보건사회부, 서울시, 노동청, 건설협회, 페인트, 타일, 미장회사와 협조하고 있었고 이러한 협조 관계가 훈련 후 취업에도 효과가 있었던 것으로 보인다.

도였다. 서울 인근 수도권 출신 응모자들이 많아, 일부는 광주 계명학사에서 훈련을 받겠다고 할 경우 광주로 보내지기도 했다. '사업부'는 중도 탈락자가 발생하면 후보들에게 훈련 받을 기회를 넘긴다는 계획도 세웠지만, 막상 훈련 기간 중 중도 탈락자는 많지 않았다. 당시 '사업' 담당자였던 서채완이 "YWCA에서 계획할 때 예상했던 것보다 여성들의 태도가 도전적이었다"라고 회상할 정도였다.[90]

훈련은 실습 위주로 이루어졌는데, 사실 실습 위주의 사업은 비용 부담이 컸다. YWCA 사업은 AID의 원조를 받아 이 부담을 경감시킬 수 있었고, 전액 무상으로 훈련이 이루어졌기 때문에 직업훈련이 필요한 여성들의 참여 열기가 더 높았다.[91] 훈련생 선발은 가정형편이 어려운 자를 우선으로 했지만, 새로운 직종에 진출하고 싶은 여성도 선발되도록 기준을 수립했다. 총 훈련인원 중 고졸자가 50% 이상이었고 중졸자가 23%여서 대다수가 중등교육을 거친 이들이었다. 총 훈련인원의 13%가 '여성 직종'에 해당하는 주산, 타자, 간호보조원, 미용사, 자동차 운전 등의 자격증을 갖고 있었다. 자격증과 상관없이, 기혼의 경우 결혼과 동시에 퇴직했다가 재취업을 위해 훈련에 참가한 경우가 다수였다. 미혼은 총 262명 중 92명이 사무원, 공원, 공무원, 판매원의 전직 경험을 갖고 있었다. 전체 훈련 참가자로 보자면 약 75%가 취업 경험이나 직업훈련의 경험이 없었다.[92]

1978년부터 1980년까지 모집된 '사업'의 훈련생들은 동시대 제조업 종사 여

---

90 서채완, 앞의 글, 1983, 38~39쪽.

91 1970년대 여성 직업훈련은 사설학원 또는 인정직업훈련소에서 주로 이루어지고 있어서 이 훈련에 참가해 기능사가 되려면 훈련비를 자체 부담해야 했다. 같은 시기 남성들이 직업훈련과 교육에서 다양한 지원과 혜택을 받았던 것과는 다른 조건이었다.

92 서채완, 앞의 글, 1983, 47~52쪽.

성들보다 학력 수준이 높은 편이었지만, 학력과 상관없이 여성들은 취업과 직업훈련의 기회를 제공받지 못하고 있었다. 이들은 '사업'에 참여하는 내내 대단한 열의를 보였다. YWCA는 '3개 직종 훈련사업'을 노동청의 인정직업훈련으로 승인받고자 했는데, 이를 위해 실태조사를 나온 노동청 담당자조차 전원이 열성적으로 훈련에 참여하고 있는 모습에 놀랐다고 평가할 정도였다.

'사업'에 참여한 여성들의 의식 변화도 컸다. 훈련 전 대다수가 도배, 타일, 페인트 등을 남성의 직업이라 인식했고(232명), 육체적으로 힘든 일이라고 생각했다. 하지만 훈련 후에는 도배, 페인트, 타일 분야에서 여성도 기술자가 될 수 있고(263명), 남녀 다 같이 할 수 있는 직업이라고(181명) 인식하거나 오히려 여성이 더 잘할 수 있는 직업이라고 대답하는 이들(103명)도 있었다. 여전히 남성만 할 수 있는 직업이라고 생각하는 이는 7명에 불과했다.[93]

'사업' 담당자였던 서채완은 이 사업을 결산하면서 "정부의 여성 고용 및 직업훈련 정책이 여성 직종에 대한 제한과 여성의 직업 및 체력이 부족하다는 사회적·전통적인 관념을 강화하고 있다"라면서, 이보다는 "남녀를 구분해 각 성별의 전략직종을 내놓기 이전에 전통적인 남성 직종을 여성에게 개방해 여성의 소득을 높여 나가는 것이 바람직"하다는 의견을 제시했다. 정부의 '여성 직종' 개발은 여성을 남성에 비해 특수한 존재로 규정하고 '여성 직종' 내에 고정시키고 있음을 정확히 파악하고 있었던 것이다.

YWCA의 '사업'은 '여성 직종'의 확대에만 그치지 않았다. 사실 '여성 직종'의 개발은 훈련 기회의 평등, 고용기회의 평등, 근로조건의 평등이 모두 실현되어야 완성되는 것이었다.[94] '사업부'는 '여성 직종'의 범주 확대뿐만 아니

---

93 서채완, 「새로운 여성 직업개발사업을 결산한다」, 『한국 YWCA』 1980. 12, 8~12쪽.

94 '사업'의 훈련 업종이었던 도배는 남성이 5천 원, 여성이 2천 원, 타일은 남성이 8천 원, 여성이

라 훈련받은 여성들이 취업한 후 남녀 임금격차가 발생하지 않도록 직접 개입했다. YWCA에는 지역위원회와 회원이 있었기 때문에 직접 일감을 받아 훈련생 출신들에게 알선해줄 수 있었다. 알선 과정에서 YWCA는 남성과 동일한 수준의 일당을 보장했고, 초기에는 회원 가정 위주로 알선이 이루어졌기 때문에 바로 남녀의 임금 수준이 동일해질 수 있었다. 출판공보위원이었던 권영자는 "YWCA가 힘들게 양성한 기능공들이 흩어지지 않고 취업 후 여성 기능공도 기능공으로 응분의 대가를 받을 수 있도록 조력해야 하며 일단 훈련을 마친 기능공들에게도 끊임없이 재교육을 통해 이들의 수준을 향상시켜야 한다"고 제안했다.[95] '근로여성' 사업을 추진해왔던 YWCA로서는 훈련 기회의 차별을 시정할 뿐만 아니라 고용과 근로조건의 남녀차별을 없애야 진정한 '여성 직종' 개발이라는 점을 인지하고 있었다. 그러나 YWCA 훈련생이 아닌 동일 분야 여성 기능공들은 남성과 비교하면 일정 정도 임금차별을 감수하고 있었던 것으로 보인다. 아래는 1차 3개년 사업의 종료 후 1기 훈련생들이 모여 '사업'에 대한 좌담을 나눈 내용이다.

> 이호분(도배 1기): 저는 세 아이의 엄마예요. 막내가 10살이 되고 보니 애들도 다 키운 것 같고 가정에서 시간도 많아져서 그 전부터 뭔가 하고 싶다. (…) 도배를 시작할 때만 해도 이건 남자가 하는 일이고 무척 힘이 들 거라고 생각했는데 그렇지도 않고 수입 면에서도 애들을 가르치며 키울 수 있어 아주 보람을 느낍니다.
>
> 김영유(페인트 1기): 일당 7천 원 정도 받으니깐 전에 제가 회사 경리로 있을 때

2천 원, 페인트는 남성이 5천 원, 여성이 2천 5백 원을 받아 2~4배의 임금 격차가 존재했다. 훈련 후 남녀 모두 동일한 일당 1만 원으로 바뀌었다. 서채완, 앞의 글, 1980, 12쪽.

95 권영자, 「실기 실습에 열 올리는 훈련생들」, 『한국 YWCA』 1978. 6, 5~9쪽.

보다 낫지요. 저는 직접 회사에 찾아가서 YWCA에서 훈련 받았으니 회사 일을 소개해달라고 요청해서 계속 일을 맡고 있어요.

하금자(도배 1기, 독산동 근로여성회관 간사): 한 번은 남자들이랑 같이 일을 맡아서 했는데 주인집에서 우리 전화번호를 알아서 다음 공사 때 우리만 불렀어요. 그랬다가 남자들이 자기들 일을 뺏어갔다고 소란을 피웠지요.

박명순(도배 1기): 한 번은 조수로 남자를 데리고 나갔는데 주인집에서는 그 남자를 기술자로, 저를 조수로 알더라구요. (…) 아직도 사회에는 여자들은 조수로나 따라다니는 것으로 생각하고 있어요. 그래서 일을 나가면 걱정이 되는 얼굴로 "잘 할 수 있어요?"라고 몇 번이나 물어요. 그러나 일을 다 해주고 나면 놀라지요.[96]

이호분과 김영유는 자신의 기술로 경제적 자립을 실현했다는 점에서 만족을 느꼈다. 그러나 이러한 만족은 개인의 수입 증대에서 느끼는 만족에 국한되지 않았다. 하금자와 박명순은 남성보다 나은 기술을 가지고 있다고 인정받았던 경험에 자부심을 느꼈다. '사업'이 일으킨 또 다른 변화는 여성의 진출이 업계의 관행을 바꾸었다는 것이다. '사업'을 통해 대량의 인원이 공급되었기 때문에 점차 업계의 근로조건을 바꿀 수 있었다. 박명순의 발언에서 확인되듯이, 3개 직종의 여성 진출이 이 분야의 성별 위계를 바꾸고 있었다. 그 과정에서 이들이 느낀 만족은 남성의 직종에 대한 도전, 남성과 경쟁해도 실력에서는 뒤지지 않는다는 '사회적 인정'에서 연유한 것이었다. YWCA의 '사업'을 통해 여성 기능공들이 배출된 후 3개 직종의 임금이 남녀 동등하게 바뀌었고, 1980년부터는 3개 직종이 서울시립부녀복지관의 직업훈련 직종에도 포함되었다. 대양

96 여성 직업개발사업 훈련생 좌담회, 「비수기에도 계속 일하게 다른 훈련 주어졌으면」, 『한국 YWCA』 1980년 12월호, 13~16쪽에서 발췌.

직업훈련소에는 기존에 페인트과가 개설되어 있었는데, YWCA의 훈련 수료자를 훈련교사로 임명하기도 했다. 처음에는 여성의 진출을 꺼렸던 지물포나 페인트, 타일 업계도 여성의 진출을 "거친 작업 태도를 제지할 교양 있는 여성 기능사들의 진출을 환영한다"라며 입장을 바꾸었다.[97] 훈련 수료자들 중 일부는 노동청이 실시한 기능검정시험에 응시했고, 총 85명의 여성들이 기능사 자격증을 획득했다.[98] 자격증을 획득하면 25% 정도 높은 일당을 받을 수 있었다. YWCA 실행위원인 이태영도 "이 사업은 여성의 능력이 남자에게 뒤떨어지지 않는다는 점을 과시한 사례가 됐다. 여성들에게 훈련만 주어진다면 무엇이든 가능하다는 것을 보여준" 사업이라며 의미를 부여했다.[99]

4) 무엇이든 가능했던 여성들

1970년대 인력개발계획에 여성인력개발의 필요성이 언급될 정도로, 적어도 공식적으로 정부는 여성의 직업생활을 장려하고 있었다. 그 이유는 경제발전계획의 추진에 따라 남성 노동력을 전통적 '여성 직종'에서 중공업 분야로 이동시키고 그 부족 인원을 좀 더 많은 여성노동력으로 충원하기 위해서였다. '여성 직종'을 선정한 정부의 목표가 이러했기 때문에, 정부는 여성이 다수 종사하고 있던 직종 위주로 '여성 직종'을 구성했다. 그 결과 생산계 '여성 직종'에는 '근로여성'을 고용하고 있던 기업가의 요구를 수용해 기존의 저임금 수출산업에 해당하는 업종만이 포함됐다.

---

97 서채완, 「새로운 여성 직업개발사업을 결산한다」, 『한국 YWCA』 1980. 12, 8~12쪽.

98 박순양, 「심각한 역사적 도전과 질문에 응답할 수 있어야—80년 제1차 연합위원회 총무보고」, 『한국 YWCA』 1980. 3, 19~26쪽.

99 이태영 발언, 김영정·김형·이태영·임국이·전숙희·전혜경, 「회원을 통한 민주시민 교육을—79년 회고와 80년대 Y 방향에 대한 제언」, 『한국 YWCA』 1980. 1, 9~10쪽.

동시에 인력개발연구소는 정부와 기업에게 관리직, 사무직, 전문직종의 여성 비율을 높일 필요가 있다는 제안을 했다. 하지만 고학력 여성들이 직업을 갖지 않는 원인을 여성의 직업의식 부족에서 찾아 여성에게 책임을 전가했다. 그 때문에 1970년대 정부가 구성한 '여성 직종'은 여성을 전통적 '여성 직종'에만 잔존시켰고 '여성 직종'을 확장시키기는커녕 여성노동을 주변화시키는 것이었다. 그러나 '여성 직종' 개발정책이 미미하게나마 도입될 수 있었던 것은 '여성 직종'의 개발이 필요하다는 여성들과 여성단체가 만든 사회적 분위기 때문이었다. 또한 1970년대 여성들은 직업생활을 필수로 인식하고 있었고 여성들 대다수는 남녀의 능력 차이가 없다는 의식을 가지고 있었다.

이러한 사회적 분위기 속에서 '여성 직종' 개발에 나선 것은 YWCA와 같은 여성단체들이었다. YWCA는 1970년대 여성운동의 방향을 '여성의 인간화'로 정한 후 '근로여성' 사업 추진에 적극 나섰다. '여성의 인간화'란 여성을 억압하고 차별하는 구조를 바꾸는 것이었다. 기존의 '근로여성' 사업 추진 중 여성 기술교육을 확대할 필요를 감지한 YWCA는 '새로운 여성 직업개발사업'을 추진했다. 정부의 여성인력개발 목표가 인력수급의 불균형 해소, 즉 남성인력을 중화학공업으로 유도하기 위해 여성을 경공업 수출산업에 종사시킨다는 것이었다면, YWCA '사업'은 성별 직종분리 구조를 바꾸는 것이었다. 이러한 목표 아래 '사업'은 정부와 노동청의 '여성 직종'과 달리 기존의 '여성 직종'은 제외하고 '남성 직종' 중 여성의 진출이 가능한 직종을 '여성 직종'으로 선정했다. 그리하여 도배, 타일, 페인트 훈련을 실시해 각 분야 여성 기능사들을 배출했다. 그 결과 도배, 타일, 페인트 업종에서 남녀 근로조건의 평등화와 작업장의 젠더 위계질서 변화가 일어났다.

1980년대 YWCA의 '사업'을 담당한 서채완은 이 사업이 "저소득층 여성의 직업개발사업이자 사회사업"이라고 의미를 부여했다. 1983년 한국여성개발원 발족 후 YWCA의 '여성 직업개발'사업의 전문성이 인정받아 한국여성개발원 원장을 YWCA 회장이 연이어 역임하기도 했다.[100] 그러나 이 '사업'의 의미는 저소득층 여성을 상대로 한 복지사업과 그로 인해 YWCA가 받은 '인정'에 있지 않다. 오히려 이 '사업'의 의미는 여성 참가자들이 보인 '남성 직종'에 대한 태도 변화와 작업장 변화에 있었다. '사업'에 참가하기 전 여성들이 가졌던 "여성이 할 만한 일이 아니다"라거나 "처음에는 부끄럽게 생각되었다"라는 인식은, 작업 책임자로서 때로는 남성을 보조로 데리고 작업하는 과정에서 "더 어려운 남성 직종이라도 체력만 받쳐주면 [훈련을 받고 싶다]"거나 "처음에는 부끄럽게 생각되었으나 부끄러움이 없어졌다"라는 식으로 바뀌었다.[101] 이러한 여성의 인식 변화는 훈련을 통해 획득한 '남성 직종'의 기능을 인정받았다는 데서 기인한 것이었지만, 더 크게는 가부장적 국가, 사회, 가정과 다른 노동현장의 젠더 위계 '전환' 경험에서 비롯된 것이었다. 여성이 남성에게 작업 지시를 할 수 있고 남성과 동등한 임금을 받을 수 있다는 노동현장의 변화가 수반되었기 때문에 가능한 자부심이었던 것이다. 그리고 이러한 여성들의 경험과 인식 변화야말로 이후 1980년대 '여성 직종'의 확대를 만들어낸 동력이었다.

---

100 '사업' 추진 당시 부회장이었던 김현자, 김영정이 모두 민주정의당 전국구 국회의원으로 추천받았고 한국여성개발원의 초대 원장은 김영정이, 4대 원장은 권영자가 맡았다.

101 대한YWCA연합회, 『저소득층 여성의 직업개발에 관한 사례연구—한국YWCA의 시범사업을 중심으로』, 1983, 67~68쪽.

2. 기술성취와 부정의한 분배: 여성 노동운동의 동기

1) 여성노동자들의 인정 추구

남성 숙련노동자들과 마찬가지로 여성 기능직 노동자들도 기술의 습득과 기술력 향상을 추구하며 이를 통해 작업장에서 인정받기를 열망했다. 악셀 호네트는 근대사회에는 세 가지 인정 영역들이 존재하는데, 그것은 사랑과 권리, 사회적 가치의 영역이라고 규정했다. 호네트는 인정을 자기실현의 문제로 보았다. 인정은 자신의 주체성을 획득하기 위한 필수조건이며, 무시는 주체성의 손상이자 자기 정체성의 훼손이다.[102] 이 중 공적인 영역에서 이루어지는 권리와 사회적 가치 인정 추구가 사회관계 형성의 동기가 되고, 동시에 권리의 박탈과 사회적 가치의 불인정으로부터 인정받고자 하는 욕망이 생겨나 사회적 투쟁으로 진전되기도 한다고 보았다. 호네트의 이론은 노동운동의 동기를 설명하기에 유효해 보인다. 그러나 동시에 호네트도 인정 추구와 인정 성취에는 자본주의체제의 불평등을 정당화하는 이데올로기적 성격이 있다는 점을 인정한다.[103]

김원은 여성노동자들 사이에 숙련을 둘러싼 근본적인 차이가 존재하지 않았기 때문에 반장의 주관적이고 자의적인 판단이 직급과 승급에 많이 작용했다고 보고 있다. 조장과 반장의 결정은 주관적이고 자의적인 경우가 많아 이들에 대한 여성노동자들의 충성경쟁이 작업장 질서를 강화하고 노동자들을 통

102 악셀 호네트 지음, 문성훈·이현재 옮김, 『인정투쟁—사회적 갈등의 도덕적 형식론』, 사월의 책, 2011; 주정립, 「호네트의 인정투쟁 모델의 비판적 고찰을 통한 저항 이론의 새로운 모색」, 『민주주의와 인권』 11-2, 2011, 511~533쪽; 낸시 프레이저·악셀 호네트 저, 김원식·문성훈 역, 『분배냐, 인정이냐?—정치철학적 논쟁』, 사월의 책, 2014, 16~19쪽, 56~60쪽.

103 주정립, 앞의 논문, 519쪽.

제하는 효과를 내며 경쟁 유도가 노동자 내부의 균열을 가져왔다는 것이다. 인정을 둘러싼 여성 반장에 의한 여성 기능직 노동자 통제는 궁극적으로 여성 기능직 노동자들 사이의 경쟁을 격화시켰고, 이것이 여성노동자들의 정체성을 취약하게 만드는 효과를 냈다고 보고 있다.

선행연구들이 잘 밝혀왔듯이 여성 기능직 노동자들은 여성이자 노동자로서 권리로부터 배제되어 있거나 사회적 가치가 있는 존재로 인정받기 어려운 조건에 놓여 있었다. 여성 기능직 노동자들이 도시·공장으로 이주한 동기에는 가부장제로부터의 탈출과 학업 지속을 통해 가족·사회로부터 인정받고자 하는 인정 추구가 있었다.[104] 그러나 여성노동자들이 인정 성취를 얻더라도 그것이 곧 정의로운 분배로 이어지지는 않았다. 호네트에 대해 지속적으로 비판해온 낸시 프레이저는 호네트가 인정 문제에 과도하게 집중하며 경제적 자원의 착취와 약탈을 포함한 경제적 불평등 문제를 간과하게 만들었다고 지적한다.

여성 기능직 노동자가 승진할 수 있는 최대치는 현장 반장이었다. 반장도 남성 기능직 노동자에게 맡기고 여자들에게는 조장까지만 맡기는 사업장도 많았다. 작업현장에서 여공들에게 영향력을 행사하고 그녀들이 인정할 수밖에 없는 기능을 가진 이들이 반장들이었다. 반장의 완장은 그 자체로 권위를 가졌고, '반장 언니'는 모든 여공들에게 두려움과 선망의 대상이었다.

별도의 직업훈련 교사를 두었던 대공장의 남성 대상 직업훈련소와 달리, 여성 사업장의 직업훈련은 현장에서 직접 이루어지는 양성공 시스템이었다. 양성공들에게 반장은 작업장의 '스승'이었고 귀감이었다. 반장은 고과평가, 작업배치, 철야 배치, 승진 결정권한을 가지고 있었다.

그러나 여성 사업장의 반장 되기와 반장이라는 제도가 여성노동자들을 통

---

104 김원, 「2장 여공 되기—희생양 담론과 공장 동경」, 앞의 책, 2006 참조.

제하고 경쟁시키는 효과만 발휘하지는 않았다. 앞서 살펴봤듯이 여성노동자들도 숙련과 기술 습득에 대한 열의를 가지고 있었다. 이 과정에서 여성노동자들은 관리자에게 잘 보이려는 자발적 충성에만 몰두하지 않았다. 작업에 대한 인정을 받는 것이 우선이었다. 대일화학 노동조합원이었던 송효순은 언니와 같은 직장에 다니고 있었다. 송효순은 언니가 작업 능력을 인정받아 입사 6개월 만에 반장으로 진급할 수 있었다고 말한다. 송효순 자신도 작업 능력을 인정받아 노동현장 청소에서 제외되는 A조원으로 선발될 수 있었다고 했다.

원풍모방 양성공으로 입사했던 이옥순에게 지도공·반장 언니들은 "일 잘하고 현장 분위기도 잘 휘어잡는 억순이들"이었다.[105] 근본적으로 반장의 권위는 야간작업 배치, 부서 배치, 승급자 선정 등과 같은 권한으로부터 나왔지만, 반장의 업무 능력, 즉 숙련도 또한 중요한 권위의 근거였다. 노동현장인 만큼 기술력 좋은 사람에 대한 인정과 인정받고 싶은 욕망이 이 같은 권위를 작동시켰던 것이다. 대공장뿐만 아니라 평화시장의 작은 사업장들도 마찬가지였다. 시다의 임금 지급자였던 미싱사가 시다에 대해 가지는 영향력은 막강했다. 이런 사업장은 대체로 도급제였기 때문에, 실력 있는 미싱사의 영향력은 그렇지 못한 미싱사보다 더 클 수밖에 없었다. 미싱사가 직장을 옮기면 시다도 따라 옮기는 경우가 일반적이었다.

기술은 여성 기능직 노동자들에게도 노동자로서 가질 수 있는 인정의 근원이었다. 평화시장 와이셔츠 제작공장 미싱사인 신순애는 남들보다 작업 속도가 더 빨라서 동료에게 화장실 좀 다녀오라는 핀잔을 듣기도 했다. 당시 공장장도 "신순애 때문에 돈 벌었다"라고 얘기할 정도여서 기술에 대한 자부심

---

105 원풍모방 작업현장의 여공들 내에는 크게 5개의 직급이 있었는데 양성공, 원공, 지도공, 부반장, 반장 등이었다. 이옥순, 앞의 책, 41쪽.

이 높았다. 원풍모방의 전신인 한국모방이 초기 민주노조를 결성하던 시절, 회사는 노조를 탄압하기 위해 고참 숙련공들을 식당으로 전보 배치했는데, 이때 고참 숙련공 언니들은 스스로를 기술자로 표현하면서 자신의 기술에 대한 자부심을 표출하고 회사의 대우를 정의롭지 못한 것으로 비판했다.[106] 금성통신은 남성이 반장을 맡고 반장 아래 3개 조 정도가 편성되어 작업을 진행했는데, 실제 작업현장의 관리는 여자 조장들에 의해 이루어졌다. 조장은 주로 숙련공이자 각 라인의 서로 다른 작업 내용을 모두 소화할 수 있는 이들이 맡았다.[107] 여성 기능직 노동자들 사이에도 숙련과 기술의 차이가 존재했다.[108]

김원이 지적했듯이 '숙련 담론'이 의도한 바는 여성 기능직 노동자들은 미숙련공들이기 때문에 저임금과 낮은 지위가 당연하다는 것이었다.[109] 그는 여

---

106 양성공이었던 이옥순은 입사 몇 년 전 민주노조 결성을 위해 나섰던 언니들에 대한 소문을 들었다. 당시 회사 측의 탄압으로 식당 배식 업무로 쫓겨난 언니들이 "누가 이기나 해보라지. 나 같은 기술자가 식당에서 밥주걱만 돌려서야 쓰겠어?"라며 기술자로서 당당했던 모습이 존경스러웠다고 기록하고 있다. 이옥순, 앞의 책, 47쪽.

107 2015년 5월 23일 구술, 이선재 금성통신 반장·직장 출신(안양 커피숍). 금성통신은 반장이 조장을 임명하는 체계였고 반장의 관리 권한을 조장이 일부 위임받아 행사했다. 반장이었던 이선재의 기억에 의한 증언이므로 다소 한계가 있지만, 반장은 작업이 능수능란하고 대인관계가 원만한 자를 조장으로 선정했고 이 과정은 나름의 합리성을 갖추고 있었다. 그렇지 않은 이에게 조장을 시키면 작업현장의 반발로 생산에 차질이 빚어지기 때문에 되도록 '명망' 있는 이로 선정했다고 기억하고 있다. 금성통신에서는 결혼을 하지 않은 여성 기능직 노동자가 장기근속하는 경우도 종종 있었는데 매우 드물지만 반장까지 승진한 사람도 있었다고 구술했다.

108 반도상사 봉제라인에 근무하는 미싱사들은 A급, B급, C급으로 나뉘어 있었다. 공정을 바로 이해해 작업할 수 있는 정도가 A급이었고 감을 잡을 수 있는 정도가 B급, B급이 일일이 가르쳐야 하는 경우가 C급에 해당했다. 김귀옥, 「1960, 70년대 의류봉제업 노동자 형성 과정」, 이종구 외 지음, 『1960~70년대 한국의 산업화와 노동자 정체성』, 한울, 2004, 245쪽.

109 김원, 앞의 책, 2006, 264쪽.

성 기능직 노동자들이 이 같은 '숙련 담론'을 타협적으로 수용했다고 보고 있지만, 이와 달리 여성 기능직 노동자 스스로는 자신을 숙련공으로 생각하고 그에 대해 정당한 대우를 요구했다. 입사한 후에도 업무 능력 향상을 위한 여성 기능직 노동자들의 교육·훈련 열망은 지속되었다. 1972년 B 방적회사의 여성 노동자를 대상으로 한 설문조사에 따르면, 전체 응답자의 73.8%가 업무와 관련한 교육과 훈련이 필요하다고 응답했다.[110] 특히 여성 하급 관리직에 허당했던 조장은 전원이 교육·훈련이 필요하다고 응답했다. 여성노동자들도 작업 능력, 관리 능력을 향상시키고 싶은 욕구가 강했다. 조장 이상의 응답자들은 관리 능력에 관한 교육·훈련을 원한다고 답했는데, 정당한 평가를 원했던 일반 여성 노동자들의 요구 못지않게 여성 하급 관리직들도 '합리적' 관리 기술을 습득하고 싶어 했다.

송효순의 수기 내용을 사례로 들면서, 김원은 반장에 의한 작업평가는 상급자를 향한 '충성도'에 근거하여 주관적·편파적으로 이루어졌으며 여성노동 내부의 숙련 차이와 이에 대한 정당한 평가는 이루어지지 않았다고만 보았다. 하지만 이 사례에서 주목해야 할 지점은, 여성 기능직 노동자들이야말로 숙련과 기술력에 따른 정당한 평가와 대우를 바라고 있었다는 점이다.[111] 따라서 숙

110 최희옥, 「한국 여자 종업원의 인력개발에 관한 연구—B 방적회사의 여직공을 중심으로」, 고려대학교 석사학위논문, 1972, 47쪽.

111 "어떤 사람들은 모범상을 탄 사람들이 누구에게 잘 보인 결과라고 수군거렸다. 나는 일을 열심히 하면 상을 타는 것으로 알고 있었는데 그런 소리를 듣고 속으로 무척 놀랐다." 1974년 1월 1일 시무식에서 모범상 시상을 본 송효순은 이에 대한 주변 여성 기능직 노동자들의 인식과 자신의 감상을 수기에 적었다. 여기서 확인할 수 있는 것은 ① 외고나 아부에 의존한 불공정 경쟁에 대한 여성 기능직 노동자들의 불편함, ② 정당한 평가에 대한 여성 기능직 노동자들의 기대와 노력이다. 송효순, 『서울로 가는 길』, 형성사, 1982, 44쪽; 김원, 앞의 책, 2006, 112~113쪽.

련과 기술력에 대한 인정 추구는 경쟁을 강화해 노동자 내부의 연대를 방해하고, 여성 기능직 노동자들을 작업장 질서에 '공모' 또는 '연루'시키는 효과만 발휘했다고 보기는 어렵다. 오히려 숙련과 기술은 가난과 저학력으로 인해 여성 노동자들이 느껴보지 못했던 자부심을 느낄 수 있도록 만들었고, 직장에서 인정받고 타인에게 영향력을 행사할 수 있도록 만드는 매개였다.[112] 이것은 도자기공장의 여성노동자들이 민주노조를 만들어가는 과정을 그린 방현석의 소설 「새벽출정」 속 주인공 미정의 이야기를 통해 확인할 수 있다.

> 미정의 자유와 위치를 보장하는 것은 무엇보다도 그녀의 페인트 기술이었다. 공장 창립과 더불어 온갖 시행착오를 겪으며 단련되어온 그녀의 페인트 기술은 그 누구도 넘볼 수 없는 것이었다. (…) "페인터실이 각본대로 움직이는 미정 언니가 있으니깐 되지." 미정의 무시할 수 없는 힘이 경쟁을 막아내고 있었다.

미정은 도자기를 만들어 수출하는 세광물산 페인터실의 조장이었다. 회사 창립 멤버이기도 한 미정은 페인팅 기술에 관한 한 사내에서 '도사'로 통했고, 이러한 기술력을 바탕으로 물량 경쟁을 시키려는 사측의 시도를 직접 페인트실 내의 생산물량 조절방식을 통해 무마하여 노동자 내부의 경쟁을 완화시킨

---

112 호네트는 인정을 인간의 삶을 성공적으로 실현할 수 있는 사회적 조건이자 개인들이 자신에 대한 긍정적인 관계, 곧 긍정적 자기 인식을 찾아낼 수 있는 심리적 조건으로 규정한다. 불인정을 경험한 사람은 특히 사회적으로 모욕과 무시를 당했다고 느낄 경우 분노를 일으키고, 이 분노는 사회적 투쟁에 나서는 심리적 동기가 된다. 모욕이나 무시가 불의한 것이라면 인정투쟁은 도덕적인 일이 된다. 그러나 모욕과 무시가 반드시 사회운동과 변화 추구로 이어지기보다는 그렇지 않을 때가 더 많다는 비판도 유효하다. 악셀 호네트 지음, 문성훈·이현재 옮김, 『인정투쟁—사회적 갈등의 도덕적 형식론』, 사월의 책, 2011; 김원식, 「인정(Recognition)과 재분배(Redistribution)」, 『사회와 철학』 17, 2009, 119쪽.

다. 기술력을 바탕으로 현장 노동자들에 대한 영향력을 가지고 있던 미정은 화공 1부와 화공 2부의 조장이었던 동료 철순, 민영과 함께 세광노조를 결성하는 데 앞장선다.[113] 이처럼 여성 기능직 노동자들에게 반장은 무섭고 자기 이익만 추구하는 '가혹한 지배자'라기보다는 일 잘하고 싸움 잘하는 여장부들이였다.

문제는 공장 안의 작업방식과 위계가 같은 기능직 내에서도 남성과 여성에게 다르게 적용된다는 점이었다. 남성 숙련노동자들은 숙련과 연차에 따라 승진과 임금인상이 이루어졌지만, 여성은 승급만 가능했다. 같은 반장을 맡았다고 해도 남녀 간 임금이 달랐다. 추송례와 석정남의 직장이었던 동일방직에서 여성은 조장과 반장까지만 승진할 수 있었다. 비교적 입사 학력 수준이 높았던 전자회사도 사정은 마찬가지였다. 콘트롤데이타에서 여자는 반장까지 진급할 수 있었지만 같은 고졸의 남자는 감독이나 나중에는 과장까지 진급하기도 했다. 안양에서 가장 좋은 직장으로 평판이 높았던 금성통신에서도 조장은 여자들이 맡았지만, 반장·직장은 공고 출신 남성 기능직 노동자들이 전담해 여공들을 관리했다.

승진의 차이뿐만 아니라 대우의 차이를 부정의로 판단한 여성노동자들은 노조 활동에 적극 나섰다. 노동자들에게 임금은 생계수단이자 긍지이며 의미의 원천이다. 그러나 임금인상율보다 더 가파른 물가상승률로 인해 열심히 노동해도 경제상황은 나아지지 않았고, 여성 기능직 노동자들은 인정의 성취가 정당한 자원의 배분으로 이어지지 않는다는 사실을 깨달았다.[114]

---

113 방현석, 「새벽출정」, 『방현석 소설집: 내일을 여는 집』, 창작과 비평사, 1991, 52쪽.

114 인정 성취와 좌절이 반드시 정당한 자원배분의 결과로 이어지지도 않을뿐더러 인정과는 상관없이 대부분 우연적인 수요-공급 관계와 같은 시장상황이나 가족의 상속과 같은 우연적 요인에 의해 이뤄진다는 눌마이어의 주장도 고려해볼 필요가 있다. Frank Nullmeier, "Soziale Gerechtigkeit-ein politischer 'Kampfbegriff'?", *Aus Politik und Zeitgeschichte* 47/2009, pp.

콘트롤데이타 노동자였던 유옥순은 1973년 남성 반장이 자신의 임금인상 사실을 자랑하는 이야기를 우연히 듣고 남성과 여성의 인상률이 다르다는 것을 알았다. 1970년대 대다수 노동조합들이 그러했듯이, 유옥순도 임금인상 차별의 건을 들고 도시산업선교회를 찾아갔다가 그곳에서 "노동조합만이 해결할 수 있다"라는 조언을 듣고 노조 활동에 나서게 되었다.[115]

현장관리를 맡은 직장이나 과장들이 숙련과 기술력, 근무연한에서 밀리지 않는 여성노동자들에게 가하는 무리한 생산통제나 폭언, 폭행, 성폭행 등도 여성노동자들의 자부심에 상처를 입혔다. 국내의 대표적 재벌기업 중 하나였던 반도상사에 다니는 여공들은 회사에 대해 대단한 자부심을 가지고 입사했다. 허성례는 입사 동기로 "옛날엔 프라스틱 그릇도 귀할 때니까 (…) [명절 때 노동자들한테] 프라스틱 그릇, 비누를 별거 다 줬지"라며 재벌기업에 입사하던 당시의 애사심을 회상했다. 반도상사 부평공장 부위원장이었던 장현자도 "우리나라 5대 그룹에 속하는 럭키그룹 안에 속하였고 럭키그룹에서 수출하는 모든 제품들은 '반도상사 종합무역상사'라는 이름으로 수출되었다"라며 회사에 대한 자부심을 드러냈다. 그러나 모든 여성 기능직 노동자들에게 선망의 대상이었던 럭키그룹 계열사, 반도상사 내에서도 관리자의 폭행과 폭언은 상시적으로 일어났다. 1974년 2월 26일 반도상사 부평공장 최초의 시위가 벌어졌을 때 첫 번째 요구도 "폭행 사원 처벌하라"라는 것이었다.

9~14(주정립, 앞의 글, 520쪽에서 재인용).

115 프레이저는 어떤 문화적 가치 유형이 사회구성원들로 하여금 평등하게 사회생활에 참여하고 서로를 동료로 여기도록 만든다면 이러한 인정의 요구는 정의로운 인정 추구라고 보는 반면, 어떤 특정한 문화적 가치 유형이 특정한 사회구성원들을 배제하고 참여하지 못하게 막으며 무시하고 사회적 신분으로 낙인 찍고자 한다면 이를 부정의한 인정 추구로 보아야 한다고 제안했다. 낸시 프레이저·악셀 호네트 저, 앞의 책, 58~59쪽(김은경, 「재미 국제결혼 여성의 다방향적 인정투쟁」, 『사림』 84, 2023, 265쪽에서 재인용).

이처럼 숙련과 기술력에 따라 정당한 대우를 요구한 여성 기능직 노동자들의 인식과 행위는 저임금이나 임금체불 개선과 같은 경제적 투쟁에 머무르지 않았다. 오히려 자기 숙련과 기술력에 맞는 정당한 대우를 요구하거나 남녀에게 자원이 불평등하게 분배되고 있다는 현실을 "부정의(不正義) 경험"으로 인식했다는 것이 핵심이었다.

기술력과 영향력을 갖춘 여성 기능직 노동자들은 노동운동 참여를 통해 숙련을 통해 얻지 못했던 사회적 인정을 추구해 나갔다. 잘 알려져 있듯이 1970년대 민주노조가 결성된 사업장들의 대다수가 여성 사업장들이었다. 이 여성 사업장들은 ① 저임금, ② 남성 위주의 노조, ③ 작업장 내 남성 관리직·생산직들의 폭력이라는 공통의 구조 아래 놓여 있었다. 이들 여성 사업장의 여성 기능직 노동자들은 도시산업선교회, 크리스찬아카데미, 노동야학 등의 공간에서 교류하면서 자신들의 처지가 같다는 것을 의식하게 되고 서로 같은 종류의 재생산 과제에 당면해 있다고 인식했다.

더 중요한 것은 일류 기술자였지만 가치를 인정받지 못할 때, 인정에 대한 기대로 인해 입은 상처와 이것이 부당하다는 인식의 공유가 계기가 되어 집단행동에 나서게 되었다는 점이다. 이 과정을 통해 여성 기능직 노동자들은 작업장 내부 경쟁을 통해 개인적 성취를 추구하는 것이 아니라 노조 활동을 통해 노동자·숙련노동자·여성의 정의로운 분배를 추구하는 방향으로 자기 생애를 바꿔 나갔다.

2) 기술력을 매개로 한 여성노동자들의 조합 활동

숙련을 통한 계층상승에 대한 기대는 여성 기능직 노동자들이라고 다르지 않았다. 따라서 숙련과 기술력에 걸맞지 않는 부당한 대우는 노조 참여의 동기가 되었다. 그러나 이것이 노동운동 참여의 동기로만 작용한 것은 아니다. 숙련과 기술력은 노조 활동을 정당화하고 영향력을 행사하는 데도 강력한 무기로 작동했다. 청계피복노조 부녀부장을 역임했던 신순애는 "열심히 일해야 현장에서 인정받는다는" 주의로 당당하게 노조 활동을 하기 위해 30분 먼저 출근했다. 숙련도도 높아 하루 700장씩 뽑아내던 와이셔츠 옷깃과 스티치 공정도 남들보다 빨리 끝냈다.

> 내가 싸움을 하는데 31명(다림사 미싱사 전원)을 다 끌고 댕겼잖아요? 시위할 때 정말 우리 다림사는 아주 모델이었어요. (…) 그만큼 사람들이 나를 지지했어요. 여기서 내가 제일 오야 자리를 한 거예요.[116]

신순애의 기술력은 공장 내에서 그의 영향력을 높이는 데 효과가 컸다. 이 영향력을 바탕으로 신순애는 다른 와이셔츠공장 조합원들보다 자신이 근무했던 다림사 조합원들을 효과적으로 노조 활동에 참여시킬 수 있었다. 청계피복노조의 소모임 중 하나로 시작해 노조의 실질적인 중간 활동가로 성장해갔던 아카시아회 회원들 대다수가 사업장의 일류 기술자들이었다.[117] 한 가정의 가장이자 회사의 일류 기술자였던 미싱사들의 기술력은 시다들의 노조 참여에도 영향을 미쳤다. 청계피복노조 조합원이자 일류 미싱사였던 김한영도 1981년 '아프리 투쟁' 때 자신의 주위 시다들을 데리고 참여했다.[118]

> "잔업 거부하자"고 앞장선 미싱사들이 미싱 커버를 먼지 탈탈~털어 가지고

---

116 신순애 구술, 「평화시장 '7번 시다', 노동조합에 뛰어들다」, 유경순 엮음, 『나, 여성노동자』 1, 그린비, 2011, 85쪽.

117 유정숙, 「어둠 속에서 빛으로」, 위의 책, 45쪽.

118 김한영, 「우리가 싸웠던 그 자리에서 후퇴하지 않기 위하여」, 위의 책, 141쪽.

탁 씌워요. 작업 끝났다는 신호예요. 그리고 그냥 일어나서 퇴근한 후 다음 교회에 가서 거기서 모임하고. (…) 우리가 태업을 해서 생산량을 줄여요. 우리가 상대적으로 숫자가 많으니깐, 현장에서는 이미 다 작업은 못하죠.[119]

1975년부터 대협이라는 봉제공장에서 시다로 기술을 익히기 시작한 조분순은 미싱사 언니들을 따라 경수산업선교회에 다니면서 노동조합 활동에 참여하게 된다. 당시 대협은 노사협의회만 결성되어 있었지만, 이 협상 테이블을 통해 노동조건 개선을 관철한 힘은 작업현장의 미싱사들의 작업공정과 영향력에서 나왔다. 봉제공장 노동과정 특성상 미싱사들이 작업을 거부하면 시다나 재단사들도 어쩔 수 없다는 점을 이용해 태업을 시도한 것이다.

여성 사업장이었던 반도상사 노동조합의 초기 멤버들은 가발부의 일류 기술자들이었다. 반도상사 부평공장 민주노조의 첫 지부장이었던 한순임은 가발부 중에서도 고급기술을 갖추고 고급제품을 생산했던 수제부의 일급 기술자였다. 부위원장이었던 장현자도 미싱기술이 뛰어나야 근무할 수 있는 개발부에 근무하였다. 반도상사 노조를 만들기 위해 모인 초기 멤버들은 장현자가 보기에 "현장에서 반장 일을 보는 친구들과 조장들 등 현장 내에서 눈여겨본 괜찮은 친구들"이었다.[120] 원풍모방 노동조합의 소모임(그룹) 활동을 통해 노조 활동가로 변모한 이옥순은 초기에 자신이 참여한 소모임의 이름으로 '맥박'을 제안했다. 그녀는 '맥박' 멤버가 "기숙사에서 화목하며 열심히 사는 모습, 동료들 속에서 사랑받는 모습으로 동료들의 모범이 되어 살아 숨 쉬는 맥박"이기

119 조분순, 「주어진 상황에 성실하게 적극적으로 살다.」, 위의 책, 346~347쪽.

120 장현자, 앞의 책, 46쪽.

를 희망했는데, 실제 이 모습이 원풍모방 노조 간부들의 모습이었다.[121] 현장의 하급 관리직이자 근무평가가 좋았던 여성노동자들이 민주노조의 활동가로 나서는 사례는 여러 현장에서 발견된다.[122]

기업주는 같은 여성 하급 관리직을 통해 작업현장의 여성 기능직 노동자들을 통제하려 했고, 이를 위해 여성 하급 관리직들에게 권한과 영향력을 부여했다. 여기에 숙련과 기술력이 뛰어난 여성노동자들이 선발되면서 이들은 회사에 대해서뿐만 아니라 동료들에게도 영향을 미칠 수 있었다. 이러한 권한과 영향력은 이들이 회사의 통제에 포섭되어 순순히 따르면 회사 측에 유리하지만, 이들이 노동조합 활동에 가담할 경우 회사를 위협하는 요소로 작동했다.

회사에 대한 가장 쉬운 위협은 집단 이직이었다. 집단 이직은 그렇지 않아도 이직이 잦은 가내 의복제작공장이나 섬유회사에서 주로 이루어졌다. 미싱사나 재단사가 그 밑의 시다들을 데리고 경쟁사나 더 나은 곳으로 이직함으로써 기업주에게 타격을 가했다. 회사 내에 노조를 결성하고 노조가 개최하는 시위에 밑의 시다를 참여시킬 때도 미싱사의 영향력이 발휘되었다.

> 미싱사 밑에 시다들 있잖아요? 장선애니 조선희, 이런 애들은 어린애들이잖아요? 두들겨 맞으면서도 참석을 했어요.[123]

미싱사로 재직한 다림사(社)에서 신순애는 자신의 영향력을 바탕으로 시다

---

121 이옥순, 앞의 책, 58쪽.

122 방현석이 쓴 소설 속 주인공들은 모두 숙련과 기술력에서 뛰어나다는 인정을 받았고 이는 여성 사업장의 경우도 마찬가지였다.

123 신순애 구술, 앞의 책, 83쪽.

들까지 임금인상 투쟁에 동참시켰다. 대공장 조장·반장들은 자신이 가진 영향력을 바탕으로 양성공·시다들을 소모임과 노조에 가입시켰다. 원풍모방 양성공을 대상으로 실시된 노조교육은 원공이 맡아서 진행했고, 이는 반도상사도 마찬가지였다. YH무역 노조를 모티브로 삼은 소설 『십년간』에서 국제모방 노조 결성을 주도한 것은 회사 측에서도 인정받고 있던 JOC 회원들이었다. 기숙사와 부서에서 상당한 영향력을 가지고 있던 회원들이 나서자 어렵지 않게 소모임이 조직되었고, 이 소모임을 통해 노조 결성을 추진해 나갔다. 전면파업이 제한되어 있었던 1970년대 사업장에서는 주로 태업을 통해 사측에 압박을 가했는데, 이 과정에서도 조장과 반장의 영향력이 발휘되었다. 작업현장의 속도와 생산량을 조절하며 사측에 압박을 가하는 태업은 현장에 영향력을 행사하는 조장과 반장 대의원들의 역할 없이는 불가능했다.[124] 작업장 위계질서를 전유하는 과정이 벌어졌던 것이다.[125]

---

124 지부장 한순임이 중앙정보부에 끌려가자 반도상사는 항의 표시로 태업을 실시했다. 관리자들이 가까이 오면 작업하는 척하다가 관리자가 자리를 떠나면 작업을 중단하는 방식이었다. 이 방법을 통해 회사의 작업량을 절반 가까이 줄였다. 장현자, 앞의 책, 91쪽. 원풍모방의 태업은 생산과장도 통제할 수 없는 수준이었다고 한다. 태업은 작업 이상으로 신경써야 할 게 많았다. 실 감는 기계의 드럼통에 실이 걸리게 만들거나, 기계를 끄는 시간, 실을 제거하는 시간, 기계를 닦고 주위를 정리하는 시간을 늘림으로써 작업량을 줄였다. 현장의 권력이 셌던 원풍모방은 과장이 통제를 시도해도 개의치 않고 태업을 실천했고, 오히려 과장이 태업으로 인한 회사의 손해를 사측에 전달하도록 일부러 과장이 올 때 태업의 '수준'을 높이기도 했다. 이 또한 작업장 명령 계통을 여성 기능직 노동자들이 '전유'하는 과정의 일환이었다. 이옥순, 앞의 책, 49쪽.

125 물론 모든 반장과 조장들이 숙련과 기술력을 갖추고 합리적인 선발방식에 따라 선정된 것은 아니다. 또한 자신이 처한 노동조건을 바꾸려고 하기보다 자신이 가진 권한을 이용해 개인의 이익을 취하려 한 여성 하급 관리직들이 더 많았다. 그러나 중요한 점은 노동현장에서 이 같은 행위는 인정받지 못했다는 것, 오히려 자신이 가진 영향력에 맞게 책임을 다하는 '도덕적 노동자 행위'가 현장에서 정당성을 인정받고 영향력을 행사했다는 점이다.

회사는 이들이 가진 두 가지 영향력을 차단하기 위해 노력했다. 첫째, 이들이 가진 숙련과 기술력을 빼앗기 위해 부서이동과 타 공장 배치, 나아가 해고와 같은 수법을 동원했다. 둘째, 이들의 실질 권한을 빼앗는 방식이었는데 조장과 반장을 맡고 있었던 민주노조 활동가들에게서 하급 관리직을 박탈했다. 산업선교회 회원이었던 황영애는 반창고 포장반 조장이었는데, 조장으로 임명된 뒤에도 산업선교회 활동을 그만두지 않자 그의 영향을 받아 산업선교회 회원이 늘어날까 우려한 회사는 황영애의 조장 직위를 해제했다.[126] 황영애와 함께 산업선교회 활동에 열성적이었던 송효순까지 산업선교회 활동을 지속하자 대일화학은 송효순을 영등포공장에서 오산공장으로 내쫓았다. 전술한 원풍모방의 전신인 한국모방에서 고참 숙련공들을 식당 업무에 배치한 것도 같은 맥락이었다. 송효순이 재직했던 반창고 포장반 조장으로는 들어온 지 얼마 안 되는 신참이 선임되었다. 송효순은 결국 대일화학 지방 공장으로 강제 전출되지만, 사직 요구를 받아들이지 않고 근무를 이어 나갔다.

이처럼 여성 기능직 노동자들이 자신의 노동을 폄하하고 노동에서 벗어나려고만 한 것은 아니었다. 오히려 그 반대였다. 여성 기능직 노동자들도 시다, 양성공부터 시작해 자신이 체화한 숙련과 기술력을 통해 인정받기를 원했고, 자기 기술력에 대한 자부심을 가지고 있었다. 여성 기능직 노동자들에게도 노동은 단지 가족을 부양할 수단만은 아니었다. 훈련과 교육의 제도적 절차가 부재했어도 여성노동자들은 스스로 노력해 기술을 체득했다. 이 과정 자체가 여성 기능직 노동자 스스로에게 긍지를 주었다. 숙련과 기술력으로 얻어낸 타인의 인정은 학교와 가정에서 받지 못했던 '사회적' 인정이었다. 더 나은 기술력을 바탕으로 작업장의 최하급 관리직이었던 조장·반장직을 맡았던 여성 기능

---

126 송효순, 앞의 책, 81쪽.

직 노동자들은 스스로를 일류 기술자로 자임했고, 남성 관리직의 작업장 통제도 이들의 협조가 없다면 불가능했다.

문제는 숙련을 통해 기술력을 갖춘 여성 기능직 노동자들의 긍지가 지속될 수 없다는 점이었다. 기능직 남성은 기능 숙련과 연차에 따라 승진과 임금 인상이 가능했지만, 여성의 경우 승급만 가능했고 설사 같은 반장을 맡았다고 해도 남녀 간 임금이 달랐다. 현장관리를 맡은 직장, 과장들이 숙련과 기술력, 근무연한에서 밀리지 않는 여성노동자들에게 가하는 무리한 생산통제나 폭언, 폭행, 성폭행 등도 여성 기능직 노동자들의 자부심에 상처를 입혔다. 숙련과 기술력을 갖춘 여성노동자들이야말로 이런 상황을 받아들이기 어려웠다.

그들은 일류 기술자로 자임했지만 인정받지 못하는 현실을 노동운동 참여를 통해 바꾸려 했다. 노동운동에 참여한 여성 기능직 노동자들은 숙련과 기술력을 갖고 작업장에서 영향력을 행사하고 있던 여성 조장·반장들, 미싱사들이었다. 기술력은 이들이 작업장 내부의 하위 관리직으로서 통제의 영향력을 행사하도록 만들었지만, 여성 조장·반장, 미싱사들은 이 영향력을 전유해 활용하였다. 기업주가 부여한 노동통제의 영향력을 역설적으로 민주노조를 결성하고 노조 활동에 조원들을 참여시키는 데 활용했다. 그 과정에서 이들은 초기 노동이 이들에게 부여했으나 지속될 수는 없었던 노동의 긍지와 타인의 인정, 사회적 영향력을 되찾을 수 있었다. 그녀들의 이러한 영향력은 지금까지 작업장 내에서 알려지지 않았던 영향력이자 작업장 권력 관계의 전복이었다. 여성 기능직 노동자들의 인식과 활동은 개인적 인정 추구를 넘어 노동자들의 권리를 요구하는 정의로운 인정 투쟁을 실천했다고 할 수 있다. 노동자라는 국가와 사회의 인정으로부터도 소외되어 있었던 공순이들, 여성 기능직 노동자들이 남성 숙련노동자들보다 먼저 노동의 사회적 가치 인정을 요구하는 인정 투쟁에 나섰다는 점이야말로 숙련의 젠더화가 빚어낸 사회적·역사적 효과였다.

3. 고용차별 폐지를 주장한 여성들

1) 여성 직종 개발요구에서 직종차별 폐지로

1970년대 주요 여성 고용 담론은 인력개발연구소, 노동청, 여성단체인 한국 YWCA에 이르기까지 대체로 여성 직종을 개발해 여성의 경제참가율을 높여야 한다는 것이었다. 그러나 실제로 직종개발을 위한 교육과 훈련 기회의 제공은 구상만 존재했을 뿐 실현되지 못했다. 1970년대 내내 당위적으로 여성노동자들의 저임금 해소가 필요하다는 논의가 이어졌지만 저임금의 원인을 여성들의 저학력과 잦은 이직 때문으로만 보았기 때문에, 해결방안으로도 여성 직종개발과 관련이 적고 실효성 또한 제한적인 대책들만 제시되었다. 예컨대 산업체 특별학급 및 산업체 부설학교의 설립, 교양수업 위주의 직장교실, 직장생활의 고민을 상담해주는 근로여성교실 운영 등이었다.[127] 반면 한국 YWCA는 직종의 성별분리 실태를 조사한 후 직업훈련을 통해 전통적인 남성 직종에 여성들을 진출시켰다. YWCA의 서채완은 "정부의 여성 고용 및 직업훈련 정책이 [여성을] 여성 직종에 제한시키고" 있다고 비판하면서 "전통적인 남성 직종을 여성에게 개방해 여성의 소득을 높여 나가야 한다"며 여성 직종의 개발 방향을 제시했다.[128]

1981년 근로복지공사 직업훈련연구소는 여성직업훈련소 설립을 위해 『여성직업훈련조사연구』 보고서를 작성했는데, 이 보고서는 여전히 1970년대와 마찬가지로 여성의 적성을 고려해 여성 직종을 선정할 것을 제안했다.[129] 〈표

---

127 경제과학심의회의, 『여성 기능인력 확보와 취업안정을 위한 실태분석』, 1978, 39쪽.

128 서채완, 「새로운 여성 직업개발사업을 결산한다」, 『한국 YWCA』 162, 1980, 11쪽.

129 1981년 12월 당시 직업훈련연구소는 근로복지공사 산하기관이었으나 1981년 12월 31일 공

〈표 4-6〉 직업훈련소에서 고려한 여성의 장점

여성에게 유리한 점	여성에게 불리 또는 남성에게 유리한 점	정하기 어렵거나 연구자에 따라 불일치한 것
1. 촉각적 지각 2. 기계적 기억 3. 한정된 단일연합작용 4. 문자 말소 등의 연속적 주의 작업 5. 부분적, 구체적, 주관적 작업	1. 중량의 판별 2. 단일반응시간의 속도 3. 운동속도 4. 동시에 다른 작업에 대한 주의 분배 5. 단시일 내의 일시적 주의집중 6. 수학, 이론적 사고 구조적 고찰 추리 등 7. 일반적, 추상적, 객관적	1. 각종의 지각적 지각 및 감각적 지각 2. 반복반응 시간 3. 상상 문학적 고찰 4. 자유(제한을 두지 않음 연합작용)

* 출전: 직업훈련연구소 편(연구책임자: 趙誠秀), 『여성 직업훈련 실시에 관한 연구』, 1981, 66쪽.

4-6〉에서 확인할 수 있듯이, 여전히 이론적, 일반적, 추상적, 객관적, 통합적 특성은 남성이 가진 특성이고, 주관적, 부분적 구체성, 기계적 기억의 우수 등이 여성의 '적성'으로 기술되었다. 여성은 남성에 비해 감각이 섬세하고 기억과 연합 작용에 민감하며, 단순하고 동일한 동작이 반복되는 가벼운 작업, 특히 손을 이용한 작업에 남성보다 앞선다고 보았다. 남성 기술인력 양성계획에서는 산업구조와 인력수급계획이 고려되었지만, 여성 직종 선정에서는 여전히 남성과 여성의 신체적, 정신적 차이를 직종개발의 과학적 근거로 삼고 있었다.

이어서 보고서는 여성의 '적성'과 각 훈련 기관 전문가들의 자문을 거쳐 여성 직업훈련 직종 6개를 우선 선정했다. 〈표 4-7〉에서 보듯이 1981년 단계의 여성 직종은 1970년대 전통적 여성 직종 내에서 선정된 것들에 비하자면 진전된 면이 없지 않았다. 1970년대 전반기부터 사무직 여성 직종으로 선정되었던 키펀치 훈련 직종을 제외하고는 전통적 남성 직종이자 여성이 진출하지 않았던 새로운 직종이 선정된 것이다. 하지만 분야별 훈련 직종을 보자면 〈표 4-6〉에

포된 한국직업훈련관리공단법에 따라 한국직업훈련관리공단에 흡수되었다. 법률 제3506호 "한국직업훈련관리공단법", 국가법령정보센터 홈페이지(2020. 4. 22. 검색).

〈표 4-7〉 직업훈련 실시 우선 여성직종

분야	훈련직종명	직종의 정의
금속가공 분야	기계제도	여러 가지 금속제품이나 기계요소 등을 KS 규격에 맞게 정확하게 제도할 수 있는 기능
건설 및 목재가공	건축제도	건축구조물의 제도 및 간단한 구조물설계에 관한 기능
전자통신 분야	키펀치(KEY PUNCH)	카드 천공기, 종이테이프, 천공기 등에 의한 천공과 이와 관련된 간단한 업무를 수행할 수 있는 실기에 관한 기능
화학 분야	화학분석공	일반적인 유기화학 및 무기화학약품의 정성(定性) 및 정량 분석을 할 수 있는 기능
기타	산업디자인	각종 생산품을 아름답게 디자인 하는 기능
	실내장식	각종 색깔 및 장비기구를 사용하여 건축물 내부를 아름답게 조화시키는 기능

* 출전: 직업훈련연구소 편(연구책임자: 趙誠秀), 앞의 글, 1981, 79쪽.

서 확인할 수 있듯이 여전히 여성의 '적성'이 고려된 결과였다. 6개의 훈련 직종 모두 실내 작업에 해당했고, 중화학공업 분야 중 기계와 건축 분야는 제도 직종만 선정되었으며, 여성의 섬세한 감각을 반영한 디자인 분야가 주요 훈련 업종으로 선정되었다. 1970년대보다는 진전되었으나 정책 연구자의 성 고정관념이 반영된 직종 선정이었다고 할 수 있다.

직업훈련관리공단은 직업훈련연구소에서 선정한 '여성 우선훈련 직종'을 바탕으로 1985년에 여성전용 직업훈련원을 설립한 후 여성을 훈련시킨다는 계획을 수립했다.[130] 하지만 상급 기관인 노동부는 1986년까지 매년 여성 직업훈련원을 설립하겠다고 계획만 세우다가 1987년에 가서야 예산을 확보해 착공했다.[131] 1986년까지 '여성 우선훈련 직종'으로 선정된 6개 직종 직업훈련은 공공직업훈련과 사내직업훈련 어디에서도 실시되지 않았다.[132] 이 중 키펀치

130 「1급 기능사 양성 주력 직훈공단, 장기발전계획 확정」, 『매일경제』 1982. 5. 4.

131 「노동부 내년 예산 반영 '여성 직업훈련원' 세운다」, 『매일경제』 1986. 9. 9.

132 노동부에서 발행한 『여성과 취업』 1984년 자료에 따르면 공공직업훈련과 사내직업훈련 양

훈련이 인정직업훈련을 통해 진행되었는데, 1984년 키펀치 훈련을 실시한 기관은 서울전자공업 외 9개 사설기관(주로 전자컴퓨터학원)뿐이었고, 975명을 상대로 훈련이 진행되었다.[133] 게다가 키펀치 업무 자체가 전산·컴퓨터 관련 업무 중 가장 단순 업무에 속했고 전산요원 직종 중에서도 이미 100% 여성들로만 구성된 여성 직종이었다. 1984년 한국여성개발원은 21개 사업체를 대상으로 향후 3년간 전산요원 확충계획을 조사한 적이 있었는데, 이 조사에서 프로그래머는 233명 채용하겠다고 밝힌 반면, 키펀처는 25명에 지나지 않았다. 키펀처는 이미 사양직종이었던 것이다.[134] 건축설계제도 직업훈련의 경우 소수였지만 1978년 서울 YWCA가 운영하는 근로여성회관에서 2급 기능사 수준의 훈련을 제공하고 있었고, 1985년 같은 기관에서 기계제도사 훈련과정을 실시한 것이 유일했다.[135]

1980년대 노동부는 중화학공업 분야에서 1년 과정의 2급 기능사 수준으로 실시하던 공공직업훈련 체계를 2년 과정의 1급 기능사 수준으로 개편해갔다.[136] 공공직업훈련의 대상자 대다수가 남성이었던 만큼, 남성을 상대로는 산업의 고도화와 다능공, 고급 숙련기능인력의 수요에 맞춰 훈련 체계가 개선되

자 모두 여성을 상대로는 전자기기 조립, 섬유 분야(봉제, 방적기 보전, 방사 등), 고무제품 제조 등 전통적 '여성 직종' 훈련만 제공했다. 1984년 예외적으로 동양기계 사내직업훈련에서 여성 2명이 프로그래밍 훈련을 받았고, 우성건설 프로그래밍 훈련에서 8명의 여성이 직업훈련을 받았다. 노동부, 『여성과 취업』, 1984, 124~126쪽.

133 위의 책, 127~128쪽.

134 김순실 외 2인, 『'80년대 여성 유망직종 개발에 관한 연구—컴퓨터 프로그래머와 통역안내원을 중심으로』, 1984, 110쪽.

135 서울 YWCA, 『서울 YWCA 50년 그리고 20년』, 112~113쪽; 변도윤, 「여성 파이오니어: 기계제도사」, 한국여성단체협의회, 『여성』 219, 1985, 18쪽.

136 노동부, 『노동백서 1985판』, 1985, 189~190쪽.

어갔다고 할 수 있다. 하지만 같은 시기, 간신히 노동부의 사업계획에 포함된 여성 직업훈련은 여전히 우선훈련 직종을 선정하고 훈련계획만 수립한 상태로 1980년대를 보낸 셈이었다. 물론 노동부 내에서도 문제제기가 없었던 것은 아니다. 1983년 노동부 부녀소년과장이었던 김재신은 오랜 기간의 훈련을 거쳐 다능공을 양성하고 있는 공공직업훈련 기관 내의 여성 직업훈련 실적이 미진하고 여성 직업훈련의 83.1%가 작업 단위별 단능공 양성을 주목표로 한 사내 훈련기관에서 주로 이루어지고 있어 여성의 기능 정도가 남성에 비해 뒤떨어진다는 문제를 제기한 바 있다. 노동부가 승인한 직업훈련 직종 156개 중 여성이 훈련받도록 승인한 직종은 29개에 지나지 않아, 여성 직업훈련 직종을 다양화할 필요가 있다는 제안을 했다.[137] 노동부와 산하 직업훈련관리공단에서 전통적 남성 직종 중 일부를 여성 직종으로 선정하고 여성 직업훈련의 확대를 시도한 측면이 있었지만, 1970년대에 이어 1980년대에도 이 사업은 여전히 주변에 머물러 있었던 것이다.

오히려 1980년대의 진전은 여성단체와 여성정책기관 내부에서 정부의 여성 직종 개발에 대한 비판이 제기되었다는 점이다. 먼저 직종개발이 내부 승진과 이어져야 한다는 의견이 제시되었다. 정부기관, 연구소, 화장품회사, 제약회사, 가족협회, 국립보건연구소 등은 여성 직종 관련 직장이지만, 이 직장 내에서 여성이 관리직 이상으로 진출할 수 있도록 여성할당제를 도입하자는 의견이 나왔다.[138]

둘째, 여성 직종개발이 여성의 고용을 제한하고 기업의 여성 고용기피를

---

137 김재희, 「특집 여성 기능인력의 개발: 여성 기능인력의 양성」, 한국직업훈련관리공단, 『기술시대』 7, 1983, 16~17쪽. 김재희는 1983년 노동부의 부녀소년과 과장이었다.

138 어윤배 발언, 「근로여성 좌담회 "차별 정년 무효소송을 계기로 본 여성차별 문제"」, 『여성』, 203, 1983, 9쪽.

정당화한다는 비판이 본격적으로 제기되기 시작했다. 여성 직종개발이 최우선으로 고려할 점은 적성이 아닌 향후 인력수급 구조 및 산업의 성장률이며, 향후 유망직종에 여성들을 진출시키는 방향으로 직종이 개발되어야 한다는 의견도 제시되었다.

1983년 설립된 한국여성개발원은 설립 초기부터 당장은 여성노동자에 대한 수요가 없더라도 향후 여성인력의 수요가 창출될 유망 분야를 여성 직종으로 선정하고 이 분야로 여성이 진출할 수 있도록 교육과 훈련 체계를 갖춰야 한다고 제안했다. 1983년 새로운 여성 직종개발을 위한 기초조사에 착수한 한국여성개발원은 총 95개의 직업훈련기관을 상대로 조사를 진행한 후 첫째, 한국직업훈련관리공단 산하 훈련기관의 여성 훈련생 비율이 15% 수준으로 여성의 훈련 기회가 제한되어 있다는 점, 둘째, 입학자격 제한을 통해 여성의 참여를 막고 있다는 점을 여성 직업훈련 과정의 문제로 지적했다.[139] 어떤 직종이 여성 직종으로 적합한가라는 측면보다, 직종개발의 여성 차별적 구조와 그것이 양산한 차별적 결과를 비판한 것이다. 이어 여성 유망직종의 개발도 필요하지만 우선 남녀 모두에게 같은 능력을 요구하면서 유망직종인 기술·기능 집약 및 지식집약 분야의 직종을 선정할 것을 제안했다.[140] 또한 직업훈련사업부터 ① 직종에 따른 성별제한, ② 기혼여성 제한, ③ 연령제한, ④ 여성 직업훈련이 전통적 여성 직종 또는 단순기능 직종에 한정되어 실시되는 여성 차별 요소들을 조속히 철폐할 것을 함께 제안했다.[141] 직종차별 구조를 넘어서는 여성 직종

139 김순실 외 2인, 『직업훈련 현황: 새로운 여성 직종 개발 및 직업훈련을 위한 기초조사 연구』, 1983, 106쪽.

140 위의 책, 112쪽.

141 위의 책, 113쪽.

개발을 주장한 것이다.

직업훈련사업을 포함한 직종개발이 여성에게 차별적으로 실시되고 있다는 지적에서 나아가, 여성 직종이라는 개념 자체가 여성의 고용을 기피하는 고용차별의 결과라는 주장이 이미 여성계에서 제기되었다. 어떤 직종을 여성 직종으로 개발할 것이냐가 아니라, 여성의 고용이 여성 직종에만 제한되어 있으며 이외의 직종에서는 여성의 고용을 기피하는 고용차별 구조 자체에 대한 관심이 높아지고 있었던 것이다.

1982년 한국여성단체협의회가 개최한 근로여성 세미나에서 박세일은 노동시장 외부와 내부의 여성차별이 한국 사회의 여성인력 활용을 막는다는 분석을 제시하였다. 그는 노동시장 내부의 차별을 고용차별과 임금차별로 구분하고, 이 중 고용차별은 남녀의 교육·경력이 동일한 조건이어도 직종 제약에 따라 여성들이 임금이 낮은 하위 직종에 주로 몰리는 직종차별과, 동일 직종에 고용되어 있으면서도 고용 관행상 채용, 승진, 퇴직 등에서 받는 기업 내부 차별로 구성되어 있다고 정의했다.[142] 여성 직종이 하급 사무직 또는 생산직 중에서도 임금이 상대적으로 낮은 직종으로 구성된 원인은 여성의 교육과 직업훈련이 부족해서라기보다, 이 분야를 제외하고는 여성의 채용을 기피하는 직종차별이 원인이라고 분석했다. 여성의 저임금도 직종차별이 특정 하위 직종에 여성을 집중시켜 여성 사이의 취업경쟁을 격화시킨 결과라고 보았다. 여성이 남성과 같은 학력과 자격을 가졌다 하더라도 여성에게는 하위 직종밖에 선택할 여지가 없어 자기 능력 이하의 직업을 선택하게 되며, 나아가 여성의 교육투자에 대한 노동시장 내의 수익률을 낮춰 결국 여성에 대한 교육차별을 강화하고 다시 여성들이 취업할 수 있는 직종을 제한해 여성의 경제 활동 참가 의

---

142 박세일, 「여성 인력 활용상의 문제점과 정책방향」, 『여성』 193, 1982, 19쪽.

욕을 낮출 뿐만 아니라 여성을 가사노동에 종사하게 만드는 악순환을 반복시킨다고 비판했다.[143]

다음 해에 개최된 "근로여성 문제 좌담회"에서 한국외대 법학과 교수였던 이은영은 박세일의 지적과 마찬가지로 첫째, 사회가 여성이 취업할 수 있는 직종에만 여성을 묶어두려 해 여성들의 고용 기회가 제한적이라는 점, 둘째, 여성은 여성 직종에만 취업 가능한 처지라 남성 직종에 도전하려면 벽에 부딪힐 수밖에 없다는 점을 지적하고, 고용기회를 평등하게 보장받으려면 여성이 받고 있는 직종차별을 폐지해야 한다고 주장했다.[144] 이은영은 전통적 여성 직종인 간호원, 교환원 등은 남성 직종보다 고용조건이 열악하다면서 이를 개선하기 위해 오히려 남성을 여성 직종에 종사시킬 필요가 있다고 제안하기도 했다.[145] 오선주는 1983년 전화교환원 직종에 종사하는 김영희의 차별정년이 문제가 되었을 당시, 여성 직종인 전화교환원직에 남성을 많이 받아들여야 남자들 사이에서도 이 문제가 거론될 수 있고 차별정년이 시정될 수 있다는 의견을 제시하기도 했다.[146] 또 다른 여성 법학자 김소영도 여성 고용차별의 핵심이 직종차별이며 이는 저임금노동의 직접적 원인일 뿐만 아니라 모든 차별적 대우의 근원이 된다고 진단했다. 직종차별은 여성 채용을 기피하거나 특정 직종에만 채용하는 것이며, 이 같은 고용차별이 개선되지 않는 한 취업 후의 차별

143 위의 글, 21쪽.

144 「"여성 취업 '직종차별'이 큰 문제", 대졸 여성 취업전략 토론서 이은영 교수 지적」, 『동아일보』 1983. 10. 27.

145 이은영 발언, 「근로여성 문제를 위한 좌담회: 여성의 일할 권리」, 『여성』 198, 1983, 한국여성단체협의회, 9쪽.

146 오선주 발언, 「근로여성 좌담회: 차별 정년 무효소송을 계기로 본 여성 차별 문제」, 『여성』 203, 1983, 10쪽.

등은 논의조차 될 수 없다고 지적했다.[147] 따라서 여성 고용 촉진정책에서 가장 중요한 것은 직종차별을 행정적 규제나 법적 제재로 금지시켜 고용 기회의 평등권을 확보하는 것이라고 주장했다.[148]

이처럼 1980년대 직종개발 논의는 경제발전상 유망 직종을 여성 직종으로 선정해야 한다는 주장에서부터, 직종개발이 아닌 직종차별을 문제 삼고 나아가 고용차별 폐지를 주장하는 담론으로 바뀌어 갔다. 직업교육·훈련 기회의 제공과 같은 직종개발보다는 직종차별, 나아가 여성이 처한 고용차별 구조를 문제 삼는 논의로 나아간 것이다. 고용차별 구조에 대한 관심은 직종차별에서 시작해 다른 고용차별 담론의 제기로 이어졌다.

1980년대 고용차별 구조에 대한 관심은 남성과는 달리 여성이 이중부담에 처해 있다는 인식으로 이어졌다. 이러한 인식은 1970년대에는 찾아보기 힘들었다. 1970년대 도시에서는 미혼 여성노동력 위주로 활용되었고, 결혼 후에는 가정으로 복귀하는 것이 당연시되었다. 여성이 담당하고 있었던 직장과 가정 속 이중역할은 비가시화되었다. 정부 산하기관 보고서에서 확인된 남성들의 여성인력개발론 속에서 여성은 이중'부담'자가 아닌 이중'역할'자로 전제되었다. 따라서 여성에게 "가정주부와 직장인, 이중의 역할을 요구하는 현실에 대한 도전"정신을 요구했고, 이를 위해 사회가 제공할 것은 여성의 의식 함양을 위한 상담과 계몽이었다. 이미 기혼여성을 대상으로 전통적 남성 직종인 도배와 페인트 직업훈련을 실시했던 한국 YWCA도 "여성이 가정과 직장에서의

---

147 김소영, 「여성 고용정책의 동향과 대책」, 『여성연구』 2-2, 한국여성개발원, 1984, 102~103쪽.

148 이은영(한국외대 법학과 교수)과 오선주(청주대학 법학과 교수), 김소영(숙명여대 정법대 강사)은 모두 여성 법학자들이었는데 이 시기 여성운동과 여성 노동운동의 핵심 과제로 떠오른 결혼퇴직제, 조기정년제, 차별정년을 규정한 취업규칙 등의 폐지를 헌법과 근로기준법, 해외의 고용차별 사례 등을 조사해 지원했다.

책임을 잘해 나가면서도 어떻게 이들을 조화시킬 것인지는 [여성에게] 과제로 남아 있다"면서 "직업여성은 투철한 직업의식을 갖고 가정과 직업의 양일을 가능케 하라"며 이중역할을 여성이 감당해야 할 몫으로 규정하였다.

그러나 1980년대에는 여성의 이중부담 구조 자체가 여성이 처한 차별적 구조라는 인식이 확산되었다. 차별에 대한 문제제기와 함께 1980년대 이후 급증하기 시작한 기혼 여성노동자들의 존재가 이중부담론 환기의 또 다른 배경이 되었다. 1960~70년대 가족계획사업에 따른 출산율 저하, 그에 따른 연소연령층 인구 증가율의 둔화와 여학생들의 취학률 증가로 미혼 여성노동자의 공급은 지속적으로 감소하고 있었다. 그에 따라 전체 여성 취업자 중 기혼여성의 구성비가 1977년 8%에서 1987년 25%까지 증가해갔다. 세부 업종별로 보면, 1987년 담배 제조업의 경우 기혼 여성노동자의 비율이 전체 재직 여성노동자 중 97%, 가구 제조업은 66%, 식료품의 경우는 40%를 차지할 정도였다.[149] 여성들은 육체노동에 종사하든 정신노동에 종사하든, 직장에서 귀가하면 다른 여성이 가사를 대신해주는 경우를 제외하고는 하루 7~8시간의 가사노동을 더 할 수밖에 없었다. 특히 농촌 여성은 이중노동 부담이 더욱 과중하기에 이를 사회적으로 해결해야 한다는 점도 제기되었다.[150]

사실 1970년대부터 여성들은 가사노동의 부담 때문에 직장생활을 할 수 없고 이중역할에 과중한 부담을 느낀다는 의견을 꾸준히 표출하고 있었다.[151] 다

---

149 조순경, 앞의 글, 1989, 100쪽.

150 윤후정, 앞의 글, 1983.

151 『한국의 여성인력』, 인력개발연구소, 92쪽, 〈표 III-19〉 여성 경제 활동의 저해요인(요약); 1982년 즈음 한국갤럽연구소에서 취업주부 문제를 조사한 바에 따르면, 보육기관이 적고 자녀양육, 가사노동, 심신피로의 과중 등으로 한국의 취업주부들이 조사 대상국 중 가장 열악한 여건 속에서 일하고 있다는 결과가 나왔다. 이종경 발언, 「저소득층과 함께 전문직 여

만 이전 시기에는 이를 여성 스스로 극복해야 할 문제로 보아 사회적 해결방안에 대한 논의가 진전되지 못한 것이었다. 그에 비해 1980년대에는 두 가지 차원에서 이중부담을 문제적 요인으로 인식했다. 첫째, 이중부담은 가부장제에 근거한 성별분업이며 이러한 가부장적 이중부담이 여성에게 다중역할 부담을 주고 있다는 점에서 문제로 지적됐다. 둘째, 보다 현실적인 차원에서 이중부담론이 고용차별 구조를 형성하고 있다는 문제가 제기되었다. 조은은 산업화로 인해 여성노동력에 대한 수요가 증가하였으나 여성은 사회·문화적으로 여전히 가정으로 복귀해야 하는 존재로 인식되고, 이로 인해 여성은 직업이 아닌 가사노동을 우선시해야 한다는 인식이 사라지지 않아 결국 생계 보조자로 전락하게 된다고 비판했다. 또한 여성이 집 밖의 일을 하더라도 가사노동은 여전히 여성이 책임지고 있어 이중부담을 지고 있는데, 이 구조는 당연히 여성노동자에게 불리하게 작용하는 구조라 결국 여성의 고용차별로 이어진다고 비판했다. 이중부담이 고용차별 구조를 형성하고 있다고 지적한 것이다.[152]

조혜정은 현실에서 여성은 가정과 직장에서 이중역할만 지고 있는 게 아니라 다중부담을 지고 있다는 점을 일찍부터 지적했다.[153] 직업을 가질 권리뿐만 아니라 직장 활동이 가정경제에 미치는 영향, 사회적 기여도에 남녀의 차이가 있을 수 없음에도, 여성의 다중역할 부담이 여성을 부업하는 주부 또는 생활에 불만족스러운 주부로 살아가게 만든다고 보았다. 1980년대를 여성의 직업관과 결혼관이 변하고 이로 인해 "주부의 취업"이라는 새로운 사건이 발생

성 키워야」, 『한국 YWCA』 182, 1982, 7쪽.

152 조은, 「한국의 산업화와 여성인력의 활용—모순된 기대와 요구」, 『여성연구』 2-1, 1984, 17쪽.

153 사실 전업주부라 해도 가사, 양육, 시부모 및 가족 돌봄, 남편 외조와 같은 다중역할을 맡고 있다. 이러한 인식하에 조혜정은 향후 가사노동자인 여성의 경제적 가치를 높게 평가해야 한다고 주장하기도 했다.

한 시대이자 남녀평등의 이념을 지향하는 시대로 정의한 그는, 여성의 이중부담이 여성차별, 고용차별을 넘어 여성의 불행을 양산하는 주요 원인이라고까지 규정했다.[154]

나아가 이 시기에는 기업이 여성의 이중부담을 근거로 고용차별적 관행을 유지하고 있다는 점이 비판되었다. 앞서 여성의 이중부담이 여성노동력의 연속성을 저해한다고 분석한 조은은 한국이 산업화 초기 단계에 단순노동 분야의 인력만을 필요로 했기 때문에 이러한 하위직을 저임금 수준으로 여성노동자들에게 전가하기 위해 여성의 이중부담 구조를 유지한 측면이 있다고 비판했다. 현재도 단순 사무직에만 여성노동력을 활용하려는 시나리오에 맞춰 여성의 이중부담을 적당히 감소시키는 형태로 여성노동력을 활용하려 한다면 여성인력의 비활용과 같은 악순환이 거듭될 수밖에 없다고 주장했다.[155]

실제로 기업은 여성의 이중부담을 차별을 합리화하는 요인으로 삼아 고용차별을 정당화하고 있었다. 한국여성단체협의회가 개최한 취업상의 남녀차별에 관한 토론회에서 기업 측 인사로 나온 황건은 기업이 대졸여성의 채용을 기피하고 여성을 임시직, 일용직으로만 채용하는 등 차별채용하고 있다는 점은 인정했다. 하지만 이러한 채용차별의 이유로 여성의 이중부담을 들었다. 여성노동자의 대다수가 결혼 직후 퇴직해 인력 활용도가 낮다는 점, 근로기준법상 미래의 모체인 여성의 보호규정이 과도하게 지정되어 여성노동력을 활용할 경우 비용부담이 크다는 점, 특히 출산과 육아의 의무를 지고 있는 여성을 고용할 경우 산전·산휴급여를 기업이 부담하게 된다는 점을 여성 고용기피의 원

154 조혜정, 「성공적인 다역할 수행에서 역할 나누어 갖기로」, 한국여성개발원, 『여성연구』 1-1, 1983, 80~81쪽.

155 조은, 「한국의 산업화와 여성인력의 활용—모순된 기대와 요구」, 『여성연구』 2-1, 1984, 17~18쪽.

인으로 거론했다. 이러한 명분 아래 기업은 여성의 이중부담을 이유로 고용기피와 고용 후 조기퇴직제와 같은 고용차별을 관행으로 시행 중이었다.[156]

기업 측의 여성 고용기피와 차별 정당화는 이전에도 존재했지만, 1980년대에는 이중부담을 근거로 기업이 시행 중인 고용차별 관행과 차별적 제도들이 오히려 여성인력활용을 방해한다는 비판이 확산되었다. 기업의 고용차별 관행이 비판받기 시작한 배경 중 하나가 1980년대 주요 문제로 부각된 대졸여성의 낮은 취업률이었다. 기업이 조기퇴직, 이중부담을 이유로 대졸여성의 채용을 꺼리고 있는 현실이 주요 사회 문제로 부각된 것이다.[157] 박세일은 전술한 토론회에서 남녀 임금격차가 어떤 요인에 의해 발생하는가를 발표하였는데, 1980년 남녀 임금격차는 127,264원 정도였다. 이 중 경력차로 발생하는 임금차액이 59,305원으로 가장 많고 그 외에는 직종차별(여성 고용기피)과 임금차별에 따라 43,142원의 차액이 발생한다고 분석했다. 그런데 경력 차가 발생하는 이유는 여성이 짊어진 이중부담 그 자체 때문이 아니라, 기업 내의 결혼퇴직제, 조기퇴직제와 같은 고용차별 관행 때문이라고 지적했다. 여성이 조기퇴직하는 것이 아니라 기업의 제도가 여성의 연속근무를 막고 고용차별을 구조화했다고 본 것이다. 따라서 그는 여성인력 활용을 높이기 위해서는 결혼퇴직제, 차별정년제와 같은 차별관행을 철폐해야 하며, 경력단절을 막기 위한 출산과 육아휴직제, 나아가 보육시설 도입을 제시했다.

당시 여성들은 직종차별·제약을 넘어 고용에 성공하더라도 임금차별, 승진차별뿐만 아니라 차별적 조기정년제 적용에 따라 조기퇴직을 강요받았다. 1984년 한국노총에서 실시한 단체협약 비교분석에 따르면, 여성은 차별적 정

---

156 황건, 「기업 내 여성인력 활용의 문제점과 개선책」, 『여성』 215, 1984, 19~20쪽.

157 조옥라, 「여성 취업을 지원하는 사회 서비스 체제」, 『여성연구』 1-1, 1983, 16~17쪽.

〈표 4-8〉 기업의 정년제 유형

일률적 정년제	성별 정년제	직급별 정년제	성별·직급별 정년제
41.2%	33.4%	13.8%	11.6%

* 출전: 한국경영자총협회, 『기업정년제의 현황과 정책과제』, 1982(조옥라, 「여성 취업을 지원하는 사회서비스 체제」, 『여성연구』 1-1, 1983, 12쪽에서 재인용).

년제에 따라 대략 남성보다 10~15년 정도 앞서 조기에 정년퇴직하도록 단체협약이 체결되어 있었다.[158]

1970년대 노동청 시절부터 성별정년제와 성별·직급별 정년제는 근로기준법 제5조, 제20조 및 제27조 위반으로 인지되고 있었다. 하지만 〈표 4-8〉에서 보듯이 1980년대 전반기에도 단체협약과 취업규칙을 통해 광범위하게 시행되었다. 설사 차별적 정년제 규정이 없는 기업이더라도 회사의 내규 또는 개별적 고용계약(결혼각서제)과 내부 압력을 통해 결혼·임신퇴직제가 통용되고 있었다.[159]

같은 시기 이병태도 기업이 여성 채용기피의 원인으로 여성의 이중부담을 들면서 ① 기업들이 사무직 여성을 채용할 때 젊고 아름다운 미혼여성만을 요

158 한국여성평우회, 「조기정년제의 이론적 조명」, 『여성』 228, 1986, 12쪽. 이 글은 "25세 여성 조기정년제 철폐를 위한 대토론회" 자료로 1986년 한국여성평우회가 발행하고 있었던 『여성평우』 제2호에 실린 글 중 일부를 발췌한 것이다. 평우회 글에서 인용된 통계 자료는 한국노총에서 실시한 『'84년 단체협약 비교분석』 보고서에서 인용한 것이다. 여성평우회의 활동과 당대의 여성운동 방향에 대해서는 유경순, 「1980년대 여성평우회의 기층 여성 중심의 활동과 여성운동의 방향 논쟁」, 『역사문제연구』 43, 2020, 457~499쪽 참조.

159 이 조사에 따르면 결혼퇴직을 내규로 명시한 기업이 12.1%에 달하며 여성의 경우 30세를 정년으로 퇴직할 것을 규정한 곳도 8.6%였다. 이러한 내규는 사무직 여성들에게 주로 적용되었다. 대기업 사무직, 개인병원 간호사, 대학 사무직, 사립학교 여교사, 그리고 1976년 이전 은행원, 버스 안내원, 항공사 안내원 등의 여성 직종에서 실시되고 있었다. 한국여성평우회, 「조기정년제의 이론적 조명」, 『여성』 228, 1986, 13쪽.

구하며 중년여성의 채용을 제한하고 있으며, ② 이중부담으로 인해 여성의 노동 능력 노쇠화가 일찍 진행된다고 보고, ③ 여성은 가계 보조자이므로 장기근속을 할 수 없다는 점을 들어 결혼퇴직제, 차별정년제, 조기정년제를 운영 중이라고 지적하며, 이는 명백한 차별이므로 폐지해야 한다고 주장했다. 기업 차원에서 이 같은 고용차별 관행을 폐지하지 않는다면 기술인력의 확보가 시급한 1980년대에 부족한 노동력을 확보할 수 없을 것이므로, 중화학공업화의 성취를 위해서도 고용차별 구조의 개선이 시급하다고 주장했다.[160]

고용차별 관행 유지의 원인으로 이중부담론이 비판되었지만, 동시에 이중부담론의 제기는 여성이 수행해온 가사노동에 대한 가치 재평가가 필요하다는 사회적 분위기 조성에도 영향을 미쳤다. 사실 여성 직종개발이나 여성발전, 고용차별 구조에 대한 문제제기는 모두 가사노동을 비경제 활동으로 보고 경제 활동에 여성을 참여시키고자 하는 담론이었다.[161] 가사노동에 대한 사회적 비하는 가사종사자인 여성을 유휴인력으로 보는 시각에서 선명하게 드러났다. 1980년 현재, 만 14세 이상 여성 인구의 40.4%나 되는 여성 가사종사자가 비경제 활동으로 규정되었다.[162] 이 시기에는 지금까지 당연시되었던 '경제 활동 참가'라는 규정의 의미가 서구 중심적 개념으로서 급여 취득을 목적으로 하는 일로만 한정되어 있었기 때문에, 여성의 경제 활동 참가 실태를 파악하기에는 제한적이라는 비판도 등장했다. 이미 여러 연구에서 지적했듯이, 개발도상국

160 이병태, 「근로여성 차별과 그 개선책」, 『여성』 215, 1984, 23쪽.

161 경제 활동 참가율 조사에서 항상 문제로 제기된 것이 비경제활동인구였다. 이는 가사, 통학, 노년, '불구' 등 일할 의사나 능력이 없는 사람, 자발적으로 자선사업 및 종교단체에 관여한 자로 규정되었다.

162 1980년 당시 가사종사자인 여성의 수는 여성 경제 활동 참가자 수보다 4,973,000명 더 많았다. 김선영 외 4인, 『한국 여성인력 수급 구조 분석 및 전망』, 한국여성개발원, 1984, 7쪽, 13쪽.

가의 경우 여성들은 가사서비스업, 근로기준법 적용 제외 사업장, 행상판매와 같은 자기 집 근처의 비공식 부문 노동에 주로 종사하고 있는데 여전히 정부는 비공식 부문에 종사하는 여성들에 대한 인식이 부족하다는 점도 함께 비판되었다. 이러한 인식 부재는 결국 여성이 오랫동안 전담해온 가사노동의 가치 폄하라는 문화와 관련 있다고 비판하면서 가사노동에 대한 재평가를 요구했다.

> 가사노동이란 인간의 생존을 보존하기 위하여 직접적으로 참여함으로써 노동의 근원적 의미를 가지나, 자가소비를 목적으로 하는 노동으로서 이윤추구를 위한 시장 생산 활동이 아니며 가족을 위해 생산한 재화와 용역이 시장에서 교환되지 않음으로써 그에 합당한 가격이 설정되어 있지 않고 소득이 발생하지 않는 것이 사실이다. 주부의 가사노동에 화폐소득이 없는 것은 가정주부들이 수행한 가사노동이 화폐적 소득으로 인정받지 못한 데서 기인한다고 본다. 이러한 소득의 부재나 가사노동의 화폐가치에 대한 객관적 정보의 결여가 가사노동 자체를 가치 없는 것으로 잘못 인식하게 한다.[163]

한국여성개발원이 간행한 보고서에 따르면, 가사노동은 시장에서 교환되지 않지만 시장에서 교환되는 노동을 수행하기 위해 매일매일 요구되는 노동일 뿐만 아니라 사회적인 제도를 통해 완전히 대체될 수 없는 노동이었다. 따라서 주부의 가사노동이 노동시장에서 어느 정도의 화폐적 가치를 창출하는지에 대한 논의가 필요하며, 가족을 위해 생산한 재화와 용역의 경제적 가치를 인정하는 사회적 인식의 변화가 필요하다고 보았다. 사실 여성의 가사노동에 대한 사회적 평가에는 모순이 존재했다. 전통적 모성론에 기대어 어머니가 수

---

163 위의 글, 12~13쪽.

행하는 가사와 육아를 상당히 가치 있는 일로 부각시키면서도 이것을 여성의 의무노동으로 규정해 화폐적 가치 산정에서 제외시켰다. 가사노동을 화폐가치 산정이 불가능한 숭고한 역할로 규정하면서 정작 여성인력개발 논의에서는 가사노동에 종사하는 여성을 유휴인력이자 비경제활동인구로 간주하여 경제적 가치를 창출하지 않는 무소득 여성으로 취급하였다. 하지만 1980년대에는 전통적 모성론이 공식 노동과 비공식 노동을 불문하고 여성의 노동을 주변적 노동으로 위치시킨다는 점, 가정에 남은 여성에 비해 남성의 노동만을 교환가치가 있는 생산으로 평가하고 여성을 사회에서 소외시킨다는 점에 대한 비판이 확산되기 시작했다.[164]

직종차별 비판과 이중부담론 비판, 나아가 가사노동의 가치 제고론은 1980년대 여성이 처한 고용차별 구조를 분석하면서 확산되었다. 이러한 담론들은 고용차별 구조를 문제 삼고 비판한다는 차원에서 그 자체가 실천성을 가지고 있었다. 고용차별을 비판하는 담론은 공론장에서 문제를 제기하는 차원을 넘어 실제 고용차별을 개선하기 위한 실천으로 이어졌다.

2) '합리적 차등'을 차별로 선언한 여성들의 실천

여성 고용을 기피하고 제한된 직종에만 여성을 고용하는 직종차별과 함께 대표적인 고용차별 제도로 항상 거론된 것이 차별정년제였다. 1980년대 차별정년제 문제가 부각될 수 있었던 배경에는 크게 세 가지 요인이 있었다. 첫째, 차별정년제가 주로 여성이 다수 종사하는 여성 직종에서 통용되거나, 같은 직종 내에서도 여성에게만 적용되고 있어 대표적인 여성차별 제도로 인식되었

164 문은희, 「여성인력의 사회적·제도적 저해요인 조사」, 『여성연구』 2-1, 1984, 81~84쪽.

다.[165] 둘째, 차별정년제는 헌법과 근로기준법 위법이라는 판례가 이미 있었고, 1970년대부터 여성노동자들의 시정요구가 이어졌던 사안이었다. 게다가 1983년 한국 정부가 국적법 관련 일부 조항을 유보한 채 90번째로 유엔 여성차별철폐협약에 서명한 후 여성들은 정년과 임금차별을 가장 먼저 폐지되어야 할 고용차별로 꼽고 조속한 폐지를 주장하고 있었다.[166] 그러나 여성들이 차별정년제 시정을 요구하는 소송을 적극적으로 제기하였음에도 1980년대 내내 소송 판결들은 각각 다르게 나왔다. 사실 차별정년제 위법의 근거였던 근로기준법 제5조는 추상적으로 남녀차별 금지를 규정하고 있어 재판부의 판단에 따라 판례가 달랐고, 노동부 예규 제4조 3항은 기업의 정상적 운영을 위해 특정성이 필요한 경우에만 예외적으로 성차등을 인정한다고 규정하였지만 실효성이 희박했다.[167]

셋째, 차별정년제는 이중부담론의 전제인 가부장제 이데올로기와 성별분업, 성 고정관념의 모순을 잘 보여주는 사례였다. 이 시기 등장한 진보적 여성주의 단체나 여성학자들은 차별정년제가 여성의 본업이 직업인이 아닌 현모

---

165 전술한 1984년 단체협약 비교분석에 따르면 적어도 45%의 여성들이 정년 차별제로부터 벗어나 있다고 볼 수 있다. 하지만 실제로 사무직 여성노동자들의 88.3%가 미혼여성이라는 점은 결혼퇴직 관행이 적용되고 있다는 점을 알려준다. 생산직 여성의 경우 50세, 간호사는 55세로 단체협약에 정년이 규정되어 있었지만 실제로는 결혼 후 대부분이 퇴직하였다. 이중부담과 열악한 근무조건 때문에 퇴직하는 경우도 많았지만 여성 직종일수록 여성의 결혼퇴직이 더욱 강제되고 있었다. 한국여성평우회, 앞의 글, 13쪽.

166 「상속-정년-봉급 등 여성차별 시정을」, 『조선일보』 1983. 6. 26; 김영경, 「"여성차별 철폐조약" 84년도 여성계 당면과제와 그 해결을 위한 제언」, 『한국 YWCA』, 198, 1984, 5~6쪽. 유엔 여성차별철폐협약은 혼인 여부를 근거로 한 해고, 차별을 금지하고 있다(제11조 2항 1호).

167 정금나, 「고용에서의 성차별 판단 기준에 관한 비판적 연구—전화교환원 정년차별 판례를 중심으로」, 이화여자대학교 석사학위논문, 1998, 50~51쪽.

양처임을 전제해 시행되고 있다며 비판하였다.[168] 또한 정년제는 근로계약, 취업규칙, 또는 단체협약으로 일정 연령에 달한 노동자와 근로 관계를 자동적으로 종료시키는 제도임에도, 기업들은 "여성의 노쇠 현상이 남성보다 빨리 온다", "가사노동의 부담으로 능률이 저하된다"는 등의 이유를 들어 남성보다 상당히 낮은 정년 연령을 정하는 차별정년제를 고용관행으로 유지시켰다고 지적했다. 여성학자들은 여성=피부양자, 남성=부양자라는 성 고정관념에 근거하여 여성을 약한 존재로 인식하고, 임신·출산 등으로 인해 배려를 받아야 할 존재로 보면서 그 배려를 빌미로 여성의 노동기회를 박탈하는 대표적 제도가 바로 차별정년제라고 목소리를 높였다. 진보적 여성단체였던 여성평우회는 사실 기업들이 차별정년제 이전에 이미 결혼·임신 조기퇴직제를 통해 여성노동자의 출산과 양육비용을 지출하지 않았으면서 이를 이데올로기로만 악용해 미리 여성의 고용기회부터 박탈하고 있다고 비판하였다.[169] 하지만 이와 같은 담론적 비판들보다도 차별정년제가 고용차별의 대표적 사례로 주목받을 수 있었던 가장 중요한 이유는 차별정년제 수용을 거부한 여성들의 실천이 있어서였다.

대표적인 차별정년제 소송 중 하나가 한국전기통신공사를 상대로 1982년부터 1997년까지 이어진 김영희의 전화교환 직렬 차별정년제 폐지소송이었

168 진보적 여성단체 중 하나였던 여성평우회는 조기정년제 폐지운동에 적극적이었다. 제2차 토론회 "조기정년제의 현실과 극복" 내용을 『여성평우』 2호에 실었고 이 중 일부가 한국여성단체협의회가 발행하는 『여성』 228호에 재수록됐다.

169 한정자, 「여성 10년 이후의 여성 발전을 위한 제언」, 『여성』 219, 1985, 22쪽. 한국여성평우회는 여성을 모체로 보고 모성보호를 제도화할 것이 아니라, 사회적 생산의 담당자를 재생산하는 여성에게 보상은 당연하며 이를 사회적 부담으로 인지시키는 사회적 분위기 조성이 필요하다고 주장했다. 한국여성평우회, 「조기정년제의 이론적 조명」, 『여성』 228, 1986, 19쪽.

다.[170] 한국전기통신공사는 새로 제정된 전기통신법 부칙과 인사규정에서 체신부 중앙전화국 타자수와 교환원의 정년을 43세에서 55세까지로 변경하였다. 이러한 정년 변경은 그간 체신노조 등을 통해 정년연장 운동을 펴왔던 교환원들의 실천이 있었기에 가능했다. 그러나 한국전기통신공사는 다시 인사규정을 개정해 일반직 중 교환원 직렬만 다시 43세로 고쳐버렸다.[171] 1982년 한국전기통신공사에 근무했던 전화교환원 김영희는 여성이 대다수인 전화교환원 직렬에만 적용된 정년제가 부당하다는 인식 아래 1982년 12월 노동부 질의를 거쳐 자신의 정년퇴직 무효소송을 1983년 1월 14일 지방법원에 제기하였다.[172]

소송 제기에 앞서 노동부는 한국전기통신공사의 정년규정을 "작업의 성질에 비추어 여자의 신체조건 등을 감안한 남녀의 정년차등"으로 규정하면서 차별이 아닌 합리적 차등으로 회시하였다.[173] 1심 재판부는 1983년 6월 21일, 2심 재판부는 1985년 2월 원고인 김영희의 청구를 기각했다. 1, 2심 모두 "헌법과 근로기준법이 규정한 법 앞의 평등이란 모든 직종 또는 직급의 정년이 동일하다는 절대적 평등을 의미하는 것은 아니며 직업의 특수성과 근로의 난이도에 따라 차등을 둘 수 있다"며 원고 패소판결을 내렸다. 노동부와 1, 2심 판결에서 차별정년제의 근거로 들었던 "직업의 특수성", "여자의 신체조건"이 구체적으로 무엇인지는 쟁점이 될 수 있었다. 하지만 노동부와 1, 2심 재판부는 이에 대한 구체적인 언급을 피한 채 직업의 특성상 정년에 차등을 둔 것은 차별이 아니라

---

170 '김영희 소송'의 경우 법원의 판례 분석을 통해 법원이 사용한 차별 개념과 판단 기준의 실제 내용을 살펴본 연구가 나와 있다. 정금나, 앞의 논문, 41~81쪽 참조.

171 「전화교환원 '43세 정년' 부당하다」, 『조선일보』 1983. 1. 19.

172 노동부의 질의 및 회신서는 편집부, 「여성 취업자의 조기정년 문제—교환원 김영희의 사례를 중심으로」, 『여성연구』 1, 1983, 153~154쪽에 첨부된 "참고자료".

173 위의 글, 154쪽.

고 판결했다.

핵심 쟁점은 교환 직렬의 차별정년제가 직종의 특성 때문에 발생한 합리적 차등이냐, 여성 직종이라서 받은 성차별이냐는 점이었다. 한국전기통신공사 측은 전화교환 직렬의 '차등' 정년은 교환직의 수요가 줄고 있고, 전화번호 문의에 대한 안내와 시외전화 교환 등 직무의 성격이 매우 단순하며, 향후 자동응답장치가 보편화되면 사라질 직무라 이 같은 특성을 반영한 차등이라 주장했다.[174] 또한 전화교환 직렬에 남성 3인도 근무하므로 이 '차등'은 여성차별이 아니라고 주장했다. 동시에 고령의 여성 교환원의 조기정년이 필요한 이유로 고객들이 젊은 목소리를 선호한다는 점, 연공서열에 따른 고임금의 문제를 들며 차별정년제를 정당화했다. 하지만 남성 3인이 같은 부서 내에 근무한다고 여성차별이 아니라고 한다면, 극소수의 남성을 고용하면서 여성 직종의 고용차별 관행을 정당화 시키는 데 악용할 수 있었다. 한국전기통신공사 측은 2심 재판 당시 "남성 교환원의 장점은 야간에도 제약 없이 근무시킬 수 있고 생리, 산전·산휴 등의 별도 휴일 부여가 없고 책임감이 여성 직원보다 강하다며" 이중부담을 근거로 남성 교환원의 장점을 부각시키면서 여성 교환원을 간접 차별했다.

이에 대해 김영희는 "남성 직종이라 여겨지는 전신직, 통신직의 정년은 55세이면서 대부분 여성들이 근무하는 교환 직렬은 43세로 정년 기한을 낮춰야 하는지 남녀 차별정년제에 이의를 제기할 수밖에 없다"며 자신은 모순된 제도에 굴복할 수 없어 무효 확인소송을 제기했다고 밝혔다.[175] 이중부담을 기업의 부담으로 보고 여성 교환원의 생산성을 낮게 평가하는 사측의 견해에 대해

---

174 정금나, 앞의 글, 84쪽.

175 김영희, 「일할 권리를 청구합니다.」, 『여성』 203, 1983, 15~16쪽.

서도, 김영희의 동료가 직접 출석해 "여성 교환원들도 5~7일에 한 번씩 야근을 하며 남성과 비교하여 효율이 떨어진다는 그 어떤 증거도 없다"고 반론을 제기했다.[176] 이 외에도 여러 가지 문제가 드러났다. 예컨대 김영희가 체신부 공무원 신분이던 당시 국가공무원 임용령에 의해 여성 직종인 교환원, 타자원의 정년 역시 43세로 규정되어 있었다.[177]

> 정부는 교환 업무를 여성 직종으로만 생각할 뿐 [우리를 남성과 같은] 일하는 사람으로 생각하려 하지 않는 것 같습니다.[178]

국가기술자격법에 의해 기능사 2급 수준의 전화교환원은 여성 기능인력이라며 적극 독려했던 정부가, 정작 스스로 여성 직종 종사자를 차별하고 있다는 점을 김영희는 명확히 알고 있었던 것이다.[179] 1983년 7월 19일 고등법원 항고 당시 여성 변호사였던 이태영, 황산성, 강기원 3인이 합동무료변론을 맡았다. 고등법원 판결까지 패소하자 김영희는 연이어 대법원에 상고하였다. 1988년 대법원이 교환원의 조기정년은 합리적 이유가 없는 부당처분으로 근로기준법에 위반한다는 취지로 원심파기 판정하였다. 김영희는 1989년 고등법원에

---

176 「계명숙의 증인신문조서(1984. 3. 23)」, 여성차별정년무효소송후원회 편, 『여성차별정년소송기록집: 김영희 사건 재판을 중심으로』, 일월서각, 1986, 59~60쪽; 정금나, 앞의 글, 60쪽.

177 한국전기통신공사의 총 직원은 33,512명으로 이 중 11,299명이 여성이었고 직원의 대다수는 일반직에 속했다(93.78%). 여성 직원 중 일반직 여성 직원이 10,406명이었는데 이 중 전화교환 직렬에 근무하는 여성이 7,281명, 남성 3명으로 여성 재직자의 73%가 교환 직렬에 해당했다. "통신공사 인원 현황", 「여성 취업자의 조기정년 문제—교환원 김영희의 사례를 중심으로」, 『여성연구』 1, 1983, 152쪽.

178 위의 글, 16쪽.

179 「교환원 김영희 씨 패소 정년퇴직 무효 확인소송」, 『매일경제』 1985. 2. 16.

서 원고 승소판결을 받아 7년 만에 복직하였다.[180]

1983년 이후 이 사건은 여성들의 '사건'으로 부각되었다. 한국여성개발원도 설립되자마자 '김영희 소송' 관련 자료를 기관이 발행하는 잡지 『여성연구』 제1호에 실었고,[181] 원장인 김영정이 "여성 조기정년제의 불법성이 도처에서 비호되며 심지어 사법부에서조차 용인될 정도로 위험성이 있음을 김영희 사건을 통해 깨닫게 되었다"면서 1984년 여성계의 당면과제이자 해결해야 할 문제로 거론할 정도였다.[182] 한국여성단체협의회는 김영희 재판을 후원하기 위해 차별정년무효소송후원회를 조직하고 여협의 근로여성문제연구위원회 위원장인 장도송이 후원회장을 맡아 소송을 지원했다.[183] 이 사건을 계기로 노동부 부녀·소년과는 취업규칙상 결혼퇴직제를 규정하고 있는지 단속 조사를 실시했고, 노동부도 차별적 조기정년제를 위법으로 보는 입장으로 바뀌어 나갔다.[184] 43세 정년에 대해서는 경제학계에서도 비판이 있었는데, 이들의 논점은

---

180 「80년대의 여성 (1) 전화교환원 김영희 씨」, 『동아일보』 1989. 12. 4. '김영희 소송'은 대법원에서 파기환송 결정이 나온 후 1989년 4월 서울고등법원 재항소심에서 승소판결이 내려졌다. 그 결과 김영희는 한국전기통신공사 시외전화국 상담실장으로 복귀하였다. 복직 이후 1992년 다시 '정년 53세'라는 규정에 걸려 퇴직해야 했지만, 이후에도 전화교환원의 정년퇴직을 일반직 다른 직렬과 동일하게 적용하라고 요구하며 1995년 당시 한국통신을 압박했다. 결국 1995년 한국통신은 교환원의 정년을 일반직 다른 직원들과 동일하게 58세로 개정했다. 김영희는 1995년 6월 스스로 사표를 내고 서울시의원으로 출마해 당선됐다. 「전 한국통신 전화교환원 김영희 시의원」, 『조선일보』 1995. 11. 2.

181 「여성 취업자의 조기정년 문제—교환원 김영희의 사례를 중심으로」, 『여성연구』 1, 1983, 150~160쪽.

182 김영정, 「84년도 여성계 당면과제와 그 해결을 위한 제언」, 『한국 YWCA』 198, 1984, 6~7쪽.

183 토론회도 여러 번 개최했는데 대표적으로 강용자 외 4인, 「근로여성 좌담회: 차별정년 무효소송을 계기로 본 여성차별 문제」, 『여성』 203, 1983, 7~11쪽; 장도송 외 7인, 「여성 정년차별 철폐를 위한 좌담회」, 『여성』 230, 1986, 25~28쪽.

184 1983년부터 노동부가 발행한 『여성과 취업』에는 '근로여성' 정책 및 실태가 보고되고 있었

여성 또한 노동시장에 나가 배운 경력을 활용해야 함에도 가장 왕성한 경제 활동을 벌일 43세에 정년퇴직을 종용하는 것은 오히려 정년연장이 필요한 경제 상황을 고려할 때 국민경제의 발전을 저해하는 요소라는 것이었다.[185] 여성의 조기정년제 폐지를 주장하는 근거는 달랐지만 이에 대한 사회적 합의가 이루어지고 있었던 것이다.

'김영희 소송'의 경우 여성단체들의 적극적 지원을 받아 승소가 가능했지만, 여성 직종이라는 이유로 통용되고 있던 차별정년제가 모두 같은 판결을 받은 것은 아니었다. 같은 시기 한일병원 전 간호부장 김근화는 여성들이 절대 다수 근무하는 간호사 직종을 병원이 의무직종이 아닌 일반직종으로 간주해 55세 정년퇴직을 적용한 것에 항의해 소송을 제기했다. 하지만 대법원은 1989년 8월 8일 간호사를 일반직종으로 간주한 병원 측 행위의 합리성을 인정하고 원고 패소판결을 내렸다. 간호직을 병원 필수업무인 의무직이라 보지 않고 의무직을 보조하는 일반직으로 보았던 것이다. 이 판결 또한 간호계의 반발을 불러일으켰다.[186]

여성 직종의 차별정년제 소송에서 확인할 수 있듯이, 성 고정관념이 강한 사회에서 여성들은 자신이 받는 차별이 합리적 차등이 아닌 명백한 성차별임을 증명해야 했다. 하지만 이 증명 과정을 통해 여성의 차별은 개인적 차원이 아닌 사회적 차별임을 알릴 수 있었다. 무엇보다도 고용차별 금지가 선언이나 법 조항, 판결로 실현되는 것이 아니라 소송을 포함한 여성들의 실천을 통해

는데 1986년 보고서부터 차별정년제를 문제로 제기하며 이를 시정토록 강력히 지도하겠다는 언급이 나온다. 1985년 전까지는 이와 같은 입장이 전혀 보이지 않는다. 여성노동을 전담하는 부서의 명칭 또한 여전히 '부녀과'였다. 노동부, 『여성과 취업』, 1986, 179쪽.

185 강용자 외 4인, 앞의 글, 1983, 10쪽, 박세일 발언.

186 한국여성개발원, 『고용차별사례집』, 1991, 39쪽.

정착할 수 있다는 점을 확인시켰다.

'김영희 소송'이 대법원에 계류 중일 때, 관련해서 다른 중요한 사건이 '김영희 소송'에 영향을 미쳤다. 먼저 김영희의 사례와 유사한 사무직 여성의 조기정년과 관련해서 소송이 제기되었다. 소송 당사자였던 이경숙은 1981년 2월 고교를 졸업한 후 방일물산 영업부 외무사원으로 재직하고 있었다. 1983년 4월 28일 근무 중 이동하다가 택시에 치여 중상을 입었다.[187] 이경숙은 사고를 낸 택시가 소속된 회사를 상대로 3,500만 원의 손해배상을 청구하는 민사소송을 청구했는데, 이 판결의 결과가 상당히 문제적이었다. 1985년 4월 20일 서울민사지법 합의 15부는 "우리나라 여성들의 평균 결혼 연령인 26세부터는 가사노동에 종사하는 것으로 보아야 한다. 따라서 여성 회사원으로 수입을 인정할 수 있는 것은 25세까지이며, 26세부터 55세까지는 가사노동자인 주부로 규정해 일반 도시 일용노동에 종사하는 성인 여성의 평균임금, 일당 4천 원을 기준으로 이경숙에게 846만 원을 배상하라"고 판결이 나왔다.[188]

1985년 판결이 나오자마자 여성계 내외에서 큰 파문이 일었다. 이 판결을 통해 크게 네 가지 쟁점이 제기되었다. 첫째, 여성에게 차별적인 조기정년을 법원이 인용했다는 점, 둘째, 가사노동의 화폐가치를 일용직 노동에 비등시킨 점, 셋째, 성별분업에 근거해 결혼퇴직을 전제한 판결이 나왔다는 점, 마지막으

---

187 이경숙은 1년 2개월 동안 입원해야 했고 도보의 불편을 겪어 장애 정도가 15% 손실에 해당하는 중상을 입었다.

188 이 판결이 나오기 전인 1984년에 대학 도서관 서무과 직원이 25세 나이로 면직되자 노동부는 근로기준법 위반으로 업주를 입건한 바 있었다. 판결이 나오자 "상식 밖의 판결", "비합리적이고 어처구니없는 판결", "26세 정년이라니 코메디 제목", "우리가 과연 몇 세기에 살고 있는가?", "26세에 결혼하는 것으로 간주한다면 결혼하지 못하면 재판관이 책임진다는 것인가?" 등등 다양한 분노 의견이 표출되었다. 강기원 외 3인, 「특집 좌담회: 여성 정년 부당판결 좌담회」, 『여성』 219, 1985, 13~17쪽.

로 여성의 결혼을 의무로 규정하고 여성의 결혼연령 및 선택의 자유를 침해한 점 등이었다. 이미 수많은 여성들이 독신으로 살며 가족을 부양하는 경우가 존재함에도 여성들의 선택과 존재를 부정했다고 비판하면서, 이는 여성의 결혼 선택권, 가족부양권을 부정한 것이며 넓게 보자면 여성 경제 활동의 권리를 박탈한 것이고 비생산적 여성관을 전제해 전체 여성에 확대 적용한 것은 부당하다는 지적이 강하게 제기됐다.[189] 여성 정년을 25세로 규정한 법원의 판결에 대해 여성계에서는 많은 기혼여성들이 경제 활동을 하고 있음에도 결혼퇴직제와 조기정년제를 판결에서 인용한 것을 중대한 문제로 받아들이고 즉각 공동대응에 나섰다.[190] 판결의 내용뿐만 아니라 판결이 다른 취업 여성들에게 미칠 악영향을 고려한 것이었다.

무엇보다도 이 판결은 가사노동의 가치를 어떻게 볼 것인가에 대한 논의를 불러일으켰다. 판결을 통해 '결혼한 여성=주부'이며 주부의 노동은 오로지 가사노동에만 국한시켰다는 점이 비판되었다. 사실 주부는 가사노동뿐만 아니라 양육과 가족돌봄, 가사관리와 같은 다양한 역할을 수행함에도 나머지 행위에 대해 무보수로 규정한 것이다.[191] 사회적으로는 주부의 희생을 칭송하면

---

189 조혜정, 「사회의식 교육과 여론화 작업이 시급히 이루어져야…」, 『여성』 219, 1985, 10쪽.

190 1985년 4월 25일 한국여성단체협의회는 이를 헌법과 근로기준법에 위반하는 판결로 규정하고 법과 법 운용 사이의 모순이라며 판결을 납득할 수 없어 재고를 요청한다는 건의문을 발표했다. 홍숙자, 「미혼 여사원 윤화 사건에 따른 법원 판결에 관한 건의문」, 『여성』 219, 1985, 9쪽.

191 경제학자였던 김재원은 가사노동의 경제적 가치를 평가할 방안을 고안하기 위해 미국 사회의 가사노동 가치평가 방법을 소개하였다. 미국은 ① 가사용역을 시장에서 구입할 때의 비용, ② 주부가 가사노동에 종사하지 않고 다른 직종에 종사할 때 얻을 수 있는 순소득을 고려하여, ③ 주부를 자가 고용된 자로 보고 가치를 추정했다고 소개했다. 그 결과 미국의 가사노동 가치는 1980년 당시 13,000~15,000달러 정도였고 이 판결에서 규정한 일당 4천 원에 해당하는 연간 1700불의 10배에 해당한다며 비판했다. 「특집 좌담회: 여성 정년 부당판

서도 제도적 차원에서는 경제적 보상을 전혀 받지 못하는 집단이라는 점을 명확히 확인시킨 소송이라며, 향후 주부의 역할에 맞는 정당한 법적 해석이 내려지도록 여성단체들이 연합해서 운동을 펼쳐 나갈 필요가 제안되기도 했다.[192]

1심 판결이 나온 후 이경숙이 항소를 망설이자 여성계는 소송의 중요성을 감안해 이경숙을 설득하고 여론을 집약시킴과 동시에 변호사를 선임하여 항소를 독려하였다.[193] 이 외에도 공개토론회 개최, 성명서 발표, 서명운동, 재판부에 소송 지원 자료와 항의서한 보내기 같은 운동을 추진해 나갔다. 한국외대 경제학과 김애실 교수는 주부 노동의 경제적 가치를 계산해 재판 자료로 제출했다.[194] 여성단체들의 지원에 힘입어 2심 재판부는 이경숙이 다닌 방일물산이 결혼퇴직제를 채택하고 있지 않기 때문에 정년을 55세까지로 봐야 한다고 판결했지만, 손해보상액은 단지 99만원 늘어난 945만 원만 인정했다.

'이경숙 소송'이 2심에서 승소하자 김영희의 대법원 상고에 대한 기대도 높아졌다. 1986년 여성계는 '이경숙 소송'의 승소를 계기로 대법원에 이 소송의 판례와 변호사 의견서 등을 보내 조속한 판결을 촉구하기로 했다.[195] 이경숙 또

결 좌담회」,『여성』 219, 1985, 16쪽, 김재원 발언.

192 조혜정, 앞의 글, 10쪽. 매년 가사노동 정가수치를 공고하자는 의견도 제안되었다. 위의 글, 17쪽, 강기원 발언.

193 이경숙의 2심 재판 당시 한국여성평우회, 또 하나의 문화, 한국교회여성연합회, 한국기독교교회협의회 여성위원회, 한국여신학자협의회가 연합해 '26세 조기정년제 철폐를 위한 여성단체연합회'(여조연)를 구성했고 한국여성단체협의회가 후원을 맡았다. 변호는 조영래가 담당했다.

194 김애실 교수의 조사분석 결과는 주부 가사노동의 경제적 가치를 분석한 최초의 연구로, 여조연이 주최한 〈가사노동과 여성운동〉 주제 토론회에서 발표되었다. 「외대 김애실 교수 조사 '주부일손' 돈으로는 얼마나 되나」,『동아일보』 1985. 10. 10.

195 장도송 외, 「여성 차별 정년 철폐를 위한 좌담회」,『여성』 230, 1986, 25~26쪽.

한 보상액 책정이 불합리하다며 대법원 상고를 결정했다. 이 소송에 대해 이경숙은 다음과 같이 밝혔다.

> 제가 생각해도 제 자신이 많이 달라졌어요. 1심 때는 보상금이나 잘 받으면 된다는 생각뿐이었고 항소 시작할 때도 나 자신의 얘기를 남 앞에 드러내는 게 내키지 않았는데 이제는 옳은 판례를 남기는 데 할 수 있는 모든 일을 할 생각입니다.[196]

실제로 이경숙은 이 소송을 계기로 여조연 단체 중 하나였던 〈한국 여성의 전화〉에 자원봉사자로 참여하기도 했다.[197] '이경숙 소송'은 정부부처에도 영향을 미쳤다. 2심 소송 중 행정부가 여성차별 조항을 철폐할 것을 결정한 것이다. 이는 다시 김영희의 상고에도 영향을 끼쳤다.[198] 노동부 부녀과장인 김송자는 '김영희 소송'의 사건 관련 기록을 모두 남겨 '이경숙 소송'에 유리하도록 국회, 행정부, 사법부에 영향을 미칠 수 있었고, 여론도 바꿀 수 있었다며, 고용차별 관행 폐지는 여성계가 모두 힘을 합쳐 노력해 나가야 할 공동과제임을 역설했다.[199] 1980년대 내내 진행된 고용차별의 이론과 실태 분석, 그리고 여성들의 실천을 통해 고용평등이 현실화되어가고 있었던 것이다.

1980년대 고용차별 폐지 담론들은 몇 가지 특징을 가지고 있었다. 첫째, 1970년대에 비해 여성의 고용차별 폐지가 사회적 합의로 자리 잡았다는 점이

---

196 「여성단체 격려가 큰 힘이 되었어요. "여사원 정년 55세" 승소, 이경숙 양」, 『동아일보』 1986. 3. 5.

197 위의 글.

198 장도송 외, 앞의 글, 26쪽; 「정책적 차원서 관심 높아져」, 『매일경제』 1986. 12. 29.

199 김송자 발언, 장도송 외 7인, 「여성 정년차별 철폐를 위한 좌담회」, 『여성』 230, 1986, 26쪽.

다. 법학계와 경제학계가 경제성장의 저해 요인으로 차별을 문제 삼고 효율적 인력 활용을 목표로 고용차별에 반대했다면, 급진적 여성운동 단체들은 가부장제와 성별분업 철폐와 같은 여성주의 가치를 실현하기 위해 고용차별에 반대했다. 하지만 실천적 차원에서는 협업을 통해 고용차별을 당대 사회의 문제로 부상시켰다. 둘째, 이 과정에서 한국여성단체협의회, 한국 YWCA와 같은 기존 여성단체들과 신설된 한국여성개발원, 새롭게 등장한 한국여성평우회, 여성의 전화와 같은 여성단체들이 적어도 고용차별 폐지를 위한 실천에서는 협조적 관계였다는 점이다.[200] 사안별 실천에서 보인 협력 관계는 기성의 여성단체 내부에도 변화를 일으키며 영향을 미쳤다. '김영희 소송'과 '이경숙 소송'에 적극성을 보인 여협의 부회장 장도송은 여협의 변화에 대해 "우리나라 여성단체가 그동안의 계몽 단계를 지나서 이제 행동 내지는 운동 단계로 나아가고 있습니다"라며 차별철폐 '운동'이 여성운동의 방향임을 표방하기도 하였다.[201] 셋째, 이 같은 고용차별 폐지는 여성단체뿐만 아니라 여성 개인들의 실천을 통해 확산되었다. 김영희의 소송이 진행 중이던 1984년 6월 한국전기통신공사는 노사협의회를 거쳐 전화교환원의 정년을 일단 50세까지로 연장했고, 이 결정에 따라 '43세 정년규정'에 의해 정년퇴직해야 했던 교환원 노점심 씨 등 13명은 7년간 더 근무할 수 있게 됐다.[202]

차별적 정년제와 결혼·임신퇴직제가 1988년 남녀고용평등법 도입 이후에

---

200 이 외에도 『한국 YWCA』 1983년 12월호에서 서울 YWCA 공보위원이었던 최옥자는 새롭게 등장한 여성평우회가 표방한 '서민(기층) 여성의 현장 중심주의'와 가정폭력 문제를 사회문제로 부각시킨 〈여성의 전화〉에 대한 기대를 표방하였다. 최옥자, 「여성운동에 기대 모았던 해—1983년 여성계를 결산한다」, 『한국 YWCA』 197, 1983, 38~39쪽.

201 「여성 정년 부당판결 좌담회」, 『여성』 219, 1985, 17쪽, 장도송 발언.

202 「전화교환원 정년 50세로 연장, 전기통신공사도 확정」, 『동아일보』 1984. 7. 2.

도 현실에서 지속되었듯이, 고용차별 관행과 문화를 바꾸는 일은 단시간에 해결될 수 없었다. 그러나 노동시장 내외부의 고용차별 관행에 대한 구체적 사례 분석과 이를 폐지하기 위한 여성들의 문제제기와 실천이 지속되면서 '합리적 차등'이라는 이유로 통용되었던 차별이 사실은 고용차별이라는 인식이 사회에 자리 잡을 수 있었다. 고용차별 또한 역사적 구성물이었던 것이다.

결론

결론

지금까지 한국전쟁 전후 시기부터 1980년대까지 기술인력이 양성되던 과정과 기술인력 양성을 위해 정부가 제시한 기능우대사회 만들기 전략이 학력인정이 우위를 점한 노동시장에서 굴절, 변용되는 과정을 살펴보았다. 한국 사회의 기술인력 양성과 기술에 대한 인정은 산업화를 전후해 변모했다.

산업화 이전인 1950년대는 기술훈련 체제와 기술력이 사회에서 인정받기 어려운 시대였다. 해방 이후 미군정과 상공부는 생산 부문의 가동률을 높이기 위해 단기훈련 위주의 기술훈련 계획을 수립하고 추진하려 했다. 부족한 기술인력 양성을 위해 상공부는 첫째, 기계기술, 광업기술양성소를 운영했다. 둘째, 학력인정 졸업장을 제외하고는 별다른 자격증이 없던 시기에 공업기술자검정시험을 단기간이나마 실시했다. 한국전쟁 후 원조당국은 학과수업 위주의 기술교육에서 산업현장의 기술인력이 실습과 재훈련을 주도하는 방식으로 변화를 시도했다. 원조당국은 기업의 기술인력을 활용해 ① 직업교육의 실습 강화, ② 인근 지역 노동자의 재훈련, ③ 실업학교 교사 재훈련을 계획했다. 이는 원조의 효율성 제고와 경제재건이라는 목적을 위해서였다. 하지만 높은 실업율과 진학열망 아래에서 이 같은 기술훈련 체제를 정착시키기는 쉽지 않았다.

1950년대 직업교육과 훈련의 목표가 기술인력 양성과 기술에 대한 인정으로 이어지지 못한 가장 큰 구조적 한계는 저성장 상태인 한국 사회 그 자체였다. 진학이 아니라 취업에 목표가 있는 만큼 직업교육·훈련기관이 자리 잡기 위해서는 산업의 '성장'이 필요했다. 산업의 성장 없이는 기술력이 바로 취업으로 이어지기 어려웠다.

1960년대 기술인력 양성은 경제개발을 위한 인적자원 관리를 전담할 부처로 신설된 노동청의 초기 정책목표였다. 국제적으로도 노동행정부처가 인력개발을 전담하는 분위기가 조성되어 있었고, 생산의 주요 요소인 인적자원 관리의 중요성은 ILO도 강조하고 있었다. 인력개발은 당시 노동청이 인지했던 노동 문제 해결방안이기도 했다.

노동청이 구상한 인력개발 노동정책의 방안은 직업훈련사업과 기능경기대회, 국가기술자격 제도였다. 경제개발계획과 산업화에 따라 노동정책이 도입된 것도 분명하나, 노동청이 구현하고자 한 정책목표에는 기존 사회변화의 목표도 포함되었다. 기술인력 양성의 궁극적 목적은 하위직 기술인력인 기능직들이 우대받는 기능우대사회를 만드는 것이었다. 정책 입안자들은 능력을 공정하게 평가한 후 높은 기술을 갖춘 자들이 졸업장 없이도 사회적 인정을 받게 하겠다는 목표를 가지고 있었다. 이들은 공공직업훈련소 설립비용을 마련하기 위해 원조자금 확보에 주력했고, 1970년대 설립된 정수직업훈련원, 한독직업훈련원, 창원기능대학은 대통령 박정희와 정부의 주요 관심사였다. 박정희는 수시로 이들 공공직업훈련기관을 방문하고 청소년 기술인력을 격려했다. 직업훈련소뿐만 아니라 이 시기 집중지원을 받은 우수공업고등학교—금오공고, 부산기계공고—에 대한 관심도 각별했다. 정부는 여러 채널을 통해 청소년 기술인력에게 기능우대사회의 가능성을 보여주려 했다. 이에 대한 청소년 기술인력의 호응은 컸고, 비교적 단기간에 기능경기대회가 정착할 수 있었다. 이 대회로 인해 부의 축적이나 고시 합격, 학력상승과 같은 요인 외에 기능, 나아가 기술이 성공요인으로 인정받는 시대로 접어들었다. 일부 엘리트 기능직들은 이런 시대적 변화를 타고 개인적 계층상승을 이뤘다. 동시에 박정희 정부는 "전 국민의 과학화" 운동과 연동시켜 미래의 노동인력인 청소년들에게 기능자격 수검을 통해 기능사 자격증 취득이라는 성취를 경험시키려 했다. 이러한 초기 경험을 한 청소년들이 성장해 기능직이 된 후 자신의 전 생애에 걸쳐 기능·기술을 수직적, 수평적으로 발전시켜 나간다면, 기능공을 멸시하는 사회를 우대하는 사회로 바꿀 수 있다는 목적 아래 국가기술자격 제도를 정착시키려 하였다. 정부는 이들에게 기능사를 거쳐 창원기능대학 졸업 후 기능장이 되면 기술사, 박사들과 대등한 사회적 지위를 누릴 수 있다는 믿음을 주려 했다.

그러나 기능우대사회를 형성하기 위해 도입된 기능경기대회는 기능공들 내부의 치열한 경쟁의 장이었다. 이 시기 정부가 구상한 기능우대사회는 기능을 가진 모든 기능직들이 자신의 기술력으로 인정받는 사회가 아니라, 경쟁에서 승리한 기능직들이 선별적으로 혜택을 부여받는 사회였다. 수상한 기능직들에게 주어진 가장 큰 혜택은 대학 진학의 기회였다. 이 과정에서 최고의 기능을 가진 일부 '엘리트' 기능공들마저 진학을 통해 학력을 높이지 않으면 학력과 학벌 중심의 사회로부터 소외를 느꼈다. 그 결과 역설적으로 가장 우수한 기능직들부터 탈기능직을 시도했다. 기능우대사회를 만들기 위해 도입된 기능경기대회의 수상 특혜가 학벌과 학력을 강화하는 역설적 효과를 창출했다.

국가기술자격 제도도 마찬가지였다. 국가기술자격 제도는 기능계에서의 승급, 기능사에서 기사로의 승급, 기사 내에서의 승급이 수평·수직적으로 가능하도록 설계되었다. 하지만 기능사보다 기사의 급수를 우위에 두고 고졸과 대졸의 학력을 연계시킴에 따라, 학력 제도의 상대화를 시도한 자격 제도가 학력

상승 의욕을 더 부추길 수 있도록 설계되었다. 사기업에 자격증 취득자를 우대하도록 강제할 수 없었던 정부는 병역특례와 진학 우대정책, 정부 투자기관 및 정부 산하 기업체에 기술자격증 취득자 우선채용 및 우대정책을 도입했다. 이 중 병역특례와 진학 우대정책은 당시 수검 의무화 대상이었던 청소년 기능직들이 기능사 자격증을 취득하도록 독려하는 효과가 컸다. 하지만 기능공이 기능사로 불린다고 곧바로 사회적 지위가 상승하는 건 아니었다. 정부 주도의 정책은 단기에 효과를 낼 수는 있어도 학력을 중시하는 사회문화가 정부의 의도대로 쉽게 바뀌긴 어려웠다. 더구나 당시 박정희 정부와 전두환 정권은 기능직을 기능사로 부르고 혜택을 늘리라고 하면서도, 정작 그들이 기능직이면서 노동자라는 사실은 부인하고 노동3권을 불허하는 모순된 입장을 견지했다. 생산을 담당한 기능직 노동자들이 자신의 근로조건을 개선하고 노동자의 권한을 보장받지 않는 한, 기능공이 기능사라 불리고 자신의 기능·기술자격을 승급하여도 그것은 개인의 성취일 뿐 기능공이 우대받는 '사회'를 만들 방법이 될 순 없었다.

이 책은 정책의 대상이자 이러한 정책을 경험한 여성과 남성 기술직들의 인식과 이야기를 들어보려 했다. 이 책이 1950~80년대 정부 주도 기술인력 양성이 기능공이 우대받는 사회 만들기에는 실패했다는 결론에 이르게 된 것도 바로 초기 직업훈련, 기능올림픽, 국가기술자격 제도를 경험한 구술자들이 병역특례와 진학 특혜를 활용한 우수 청소년 기능사였음에도 자신들의 기능·기술이 결국 학력중심 노동시장에 막힌 경험을 강렬히 기억하고 있어서이다. 본문에서 다각도로 살펴봤듯이 학력에 의한 졸업증에 비해 기술에 대한 사회의 인정은 정부가 주도한 단기적·일시적 혜택 제공을 통해 자리 잡을 수 있는 것이 아니었다. 학력인정사회가 일순간에 만들어진 것이 아니듯이, 학력인정에 대등할 정도의 기술인정이 사회에 정착하기 위해서는 장시간의 제도 수행과 이러한 제도의 이해 당사자, 특히 기업과 노동자들의 인식 변화와 문화 형성이 필요했다.

기능우대사회를 만들어갈 새로운 주체인 직업훈련소 출신, 공고 출신 청소년 기능직들은 급증한 직업훈련소, 공고, 사내직업훈련소를 거치며 기술인력으로 성장하였다. 이들 중 엘리트 기능공들은 전국기능경기대회와 기능올림픽에 출전해 입상하며 사회의 인정과 계층성장을 경험하기도 했다. 그러나 2010년대 중반, 막 퇴직을 앞둔 이들은 10대에 자신들이 정부로부터 수혜를 받은 점은 인정했으나 한국 사회가 기능우대사회가 되었는가라는 점에 대해서는 회의적이었다. 실제 자신의 생애를 통해서도 기능직으로서 성장과 성취를 추구해갔다기보다는 노동시장과 한국 사회가 바란 학력 성취를 추구하지 않을 수 없었음을 드러냈다. 10대 시절 경험한 훈련은 새로운 적성을 찾게 해주었으나, 정작 정부가 제공한 가장 좋은 혜택으로 꼽은 것은 입상을 통해 얻은 직업과 병역혜택, 진학의 기회를 되찾게 해준 것이었다. 그들은 젊은 시절 빠르게 탈기능직을 선택한 게 다행이었다고 생각하고 있었다. 이러한 인식과 경험은 금성통신이라는 대기업 사내직업훈련소 출신들도 마찬가지였다.

구술자들의 인식과 경험에서 직접 확인하긴 어려웠지만, 기능우대사회의 핵심 세력인 기능직 노동자, 즉 사무직과 관리직을 제외한 생산직 노동자들은 정부의 선별적 혜택 제공에 근거한 기능우대사회 실현이 불가능한 목표라는 것을 잘 알고 있었다. 1950~80년대 내내 정부와 기업은 노동조합 결성을 비롯한 노동권 보장을 가로막았다. 노동권이 보장되지 않는 사회에서 기능이 우대받고 기술인력의 다수를 차지하는 기능직 노동자들이 사회의 인정을 받을 리 만무했다. 기능에 대한 인정은 기능우대 정책과 노동권 보장이 함께 가야 가능했다. 1987년 노동자 대투쟁 당시 기능직 노동자들이 가장 많이 외친 저항의 목소리가 바로 사무관리직과 기능직의 차별 철폐였던 것은 우연이 아니었다.

책을 통해 보여주고 싶었던 다른 하나는 기술인력 양성정책이 가진 남성 중심성이었다. 기술력 형성에 높은 의지를 보인 여성노동자들이 있었음에도 기술인력을 남성노동자로 구성한 정부와 기업에 의해 여성노동자들은 기술인력이 되기 위한 제도적 수혜의 대상이 될 수 없었다.

여성노동자들에게 인정과 저항의 변주는 좀 더 극적으로 일어났다. 1960년대 이후 기술인력 양성정책에 정책 예산과 자원을 투입한 정부는 여성을 기술인력 양성정책 대상에서 배제했다. 물론 여성직종에 해당하는 방직업, 섬유업체에서 극소수의 직업훈련이 진행되고 있었으나 이는 신규입직훈련에 지나지 않았고 직무에 직접 도움이 되는 향상훈련 등에서도 여성은 제외되었다. 정부와 기업에게 기술인력은 남성노동자였기 때문에, 여성은 직업훈련과 기능경기대회 종목, 기술자격 제도의 모든 영역에 참여하기가 대단히 어려웠다. 그로 인해 여성노동자는 교육과 훈련 기회를 제공받지 못했고, 교육과 훈련을 받지 못한 채 취직했기 때문에 열악한 근무조건을 감수해야 했다. 교육과 훈련에서의 배제, 한국 사회의 강한 성별분업 구조, 양육과 가사부담이라는 다중부담 속에서도 YWCA 같은 여성단체들의 노력과 여성들의 참여의지로 인해 남성의 일은 점차 남녀의 일로 확산될 수 있었다. 이러한 조건 속에서 여성노동자들은 자신의 기술력을 향상시켰다. 하지만 그에 대한 대우는 남성 기술직과 달랐다.

같은 대우를 받고자 하는 인정욕구는 차별에 대한 감수성을 향상시키고 저항에 적극적으로 나서도록 만든다. 1970년대 노동조합 결성과 노동운동이 여성노동자들로부터 먼저 시작된 것은, 같은 시기 한국 사회가 여성노동자들이 가진 기술을 인정하지 않았고, 개인적 성장을 추구할 여지가 그나마 있었던 남성들과 달리 여성들에게는 그런 여지가 전혀 없었다는 점에 기인했다고 본다. 차별적 인정을 부정의 경험으로 인지한 여성노동자들이 먼저 저항으로 전환한 것이다. 여성 기능직들의 경험을 통해 확인한 다른 점은, 남성 기능직들의 경험에서 기술은 개인적 상승의 매개로 활용되었던 반면 여성 기능직들은 이를 노동조합 활동과 노동운동에 활용했다는 점이다. 개인적 상승의 여지가 거의 없었던 여성 기능직들은 사회적 상승을 위해 노동조합이라는 조직과 여성들의 연대라는 방법을 취할 수밖에 없었다. 남성 기술인력이 정책과 제도를 통해 위로부터 형성된 반면, 여성 기술인력은 자발적 습득과 자기 훈련을 통해 아래와 옆으로부터 형성된 존재였다는 것도 노동의 젠더 불평등이 만든 결과였다. 1980년대 여성들은 여성노동자에 대한 차별을 성별에 의한 차별 문제로 확장시켜 연대를 실천해 나갔다.

한국 노동시장의 직업계고 차별과 젠더 불평등은 여전히 강고하다. 50여 년 전, 직업훈련소를 만들어 학교 밖에서도 교육과 훈련의 기회를 제공하려 한 시도가 존재했다. 결과는 미흡했더라도 국가기술자격 제도를 통해 졸업장 외에도 사회적 인정을 받을 수 있는 제도를 정착시키려 했다. 그러나 제도는 조건을 만들 뿐 자기 노동·기술에 대해 인정은 남·녀노동자들의 경험과 실천을 통해 형성된다. 1950~80년대 여성과 남성 기술인력의 경험과 실천의 역사는 오늘날 현장직 노동자들의 인정 요구와 저항에 한국 사회가 좀 더 진지하게 마주할 것을 요청하고 있다.

부록

구술자 인적사항

1. 남성 구술자 인적사항

순번	성명	구술일시	구술장소	생년(나이)	직업교육/훈련기관(노동청 관료는 이력)	최초 입직기관	현재 직업	비고
1	서상선	2013. 8. 21	경기도 군포시 서상선 자택	1936년	노동청 직업훈련과장/국장	총무처에서 노동청으로 전보	대한상공회의소 직업훈련단 단장	*2013
		2013. 9. 10	경기도 군포시 서상선 자택					
2	고홍소	2013. 6. 26	법무법인 노정 사무실	1938년	노동청 산업안정과/춘천직업훈련원 훈련과장	중앙선관위에서 노동청으로 전보	법무법인 노정 대표	*2013
3	권율혁	2014. 8. 8	경기도 광주 K2D2 사무실	1959년	정수직업훈련원	상일가구	K2D2대표이사, 목재창호명장	*2014
4	오황인	2014. 4. 12	(사)국제기능올림픽선수협회 사무실	1957년	금오공고		(사)국제기능올림픽선수협회 회장, 한서케미컬 대표이사	*2014
5	배진효	2014. 4. 12	(사)국제기능올림픽선수협회 사무실	1949년		칠성양화점	(사)국제기능올림픽 선수협회 고문	*2014
6	허경남	2014. 8. 28	(주)테크빌 사무실	1960년	부산기계공고 직업훈련소	금성사	(주)테크빌 대표이사	*2014
7	양판석	2014. 8. 21	서울방송고 교장실	1958년	성동기계공고	성동기계공고 실기교사	서울방송고 교장, 기계가공 명장	*2014
8	공부건	2014. 9. 22	수원 하이텍고 교감실	1958년	금오공고 충남대 공업교육과	하사관 제대 후 부천공고 교사	수원 하이텍고 교감	*2014
9	권현점	2014. 9. 15	인천 성리중학교 교장실	1957년	부산기계공고	인천기계공고 실기교사	인천 성리 중학교 교장 치공구 명장 대우	*2014

10	박동명	2014. 10. 6	부천 생산기술 연구원 사무실	1959년	정수직업훈련원	중소기업 진영전기	한국생산기술연구원 수석연구원, 금형가공 기술사	*2014
11	김하영	2015. 4. 3	안양 범계역 카페	1957년	대구공고, 금성통신 사내직업훈련소	금성통신 안양 공장 생산관리과	LG전자 MC사업부 부장	*2015
		2015. 4. 23	영등포 타임스퀘어 카페					
12	장은찬	2015. 6. 4	안산 단원구 선부동 카페	1958년	진해고(인문계고), 금성통신 사내직업훈련소	금성통신 안양 공장 생산관리과	안산 선부동 정관장 대리점 운영	*2015
13	류종하	2015. 3. 30	가산디지털단지 FCNet 사무실	1958년	포항 인문계고, 금성통신 직업훈련소	금성통신 본사 총무과	전자기사파견업체 운영(CEO) 기술사	*2015
14	이선재	2015. 4. 23	안양 금정역 카페	1957년	안양공고	금성통신 안양 공장 계전기 조립반	자동차 생산업체 컨베이어 벨트 생산업체 팀장	*2015
		2015. 5. 23	안양 금정역 카페					
15	정기란	2015. 5. 14 (사전면담)	영등포 수도학원 건너편 식당	1960년	인천직업훈련원, 정수직업훈련원, 금성통신 통신기 생산 라인	금성통신 안양 공장 생산관리과 QC반, 통신기 수리·검수	수도전기학원 전기 분야 기능사/기사 자격증 시험 강사, 전기기술사 시험 준비	*2015
		2015. 6. 27	영등포 수도학원 사무실					
16	홍용선	2015. 6. 4	LG전자 오산 공장 사무실	1961년	부천공고, 금성통신 사내직업훈련소	금성통신 연구소	프로그램 개발업체 개발팀장	*2015
17	김록헌	2015. 6. 22	가산역 GNTEL 사무실	1961년	의정부공고, 금성통신 사내직업훈련소	금성통신 안양 공장 생산관리과	LG전자 기술고문 (임원 대우)	*2015

* 비고란의 연도는 필자가 진행했던 국사편찬위원회 구술자료 수집지원사업을 표시한 것이다. *2012: 『한국 근현대 가족 경험과 가족의 위치』; *2013: 『1960~70년대 노동행정가의 삶과 그 의미—국가의 노동정책과 노동자에 대한 인식을 중심으로』; *2014: 『1960~70년대 국제기능올림픽대회 국가대표 선수들의 생애 연구』; *2015: 『1970년대 사내직업훈련소 경험과 기간사원의 삶』.

2. 수기집 채록 여성 구술자 인적사항

이름	생년월일	학력	최초 입직 시기	노동 이직 과정	취직 경로
유정숙	1949(추정)	중졸	1965년(17세)	평화시장 내 시다→미싱사	이웃 소개
신순애	1954. 10. 7	국민학교 중퇴	1966년(13세)	PAT공장에서 나이 때문에 입직 거절당하고 시다→미싱사	이웃 소개
김한영	-	국민학교→고등공민학교	1970년대(13세)	군복 제작업체인 동화실업→의자커버 제작업체→평화시장→신당동 아동복 공장	이웃 소개
이승숙	1963	국졸	1977년(15세)	청계상가 시다→미싱사	이웃 소개
유옥순	1950. 12. 16	중졸	1968년(17세)	동광모방 섬유공장→콘트롤 데이타	친구 언니 소개
박육남	1960	중졸	1976년(17세)	한일도루코→세진양행 미싱사	학교 소개를 통해 입직
조분순	1957	국졸	1975년(19세)	인형완구봉제업체→남화전자→효성물산→쌍마패션 등	친구 소개
성훈화	1964. 9. 9	고졸(산업체 특별학급)	1980년(17세)	도자기인형공장→전자부품회사	언니 소개
김덕종	1967	고졸	1986년(20살)	방직공장	공채
추송례	1957	중졸	1973년(17세)	대성목재→동일방직	훈련소→입사
석정남				동일방직	훈련소→입사
이옥순	1954	고2 중퇴	1973. 3. 27(19세)	왕십리 소규모 봉제공장→아폴로 색연필 공장→한국모방(원풍모방)	훈련소(양성공)→입사
장현자	1951. 11. 28	야간 중학교 야간 고등학교 졸업	1967(17세)	롯데제과(껌포장)→반도상사(가발제작)	공채
송효순	1957	국졸	1973 봄(17세)	중국인 운영 도매상 식모, 홀치기 부업→서울 목욕탕 종업원→대일화학	공채

참고문헌

1. 문헌 자료

1) 정부 관련 자료

국가법령정보센터(www.law.go.kr).

제6대 국회 회의록, 보건사회위원회 회의록.

제7대 국회 회의록, 보건사회위원회 회의록.

제9대 국회 회의록, 보건사회위원회 회의록.

국가기록원 소장 자료.

『국무회의록』, 『각의상정안건철』, 『법률원안철』.

보건사회부, 「아시아 11개국 노동장관회의에 대표 파견에 관한 건」, 『아시아11개국 노동장관회의, Manila, 1961. 5. 18~20』.

『군 공공직업훈련 인가 관계철』 (1)~(5), 1967~1979.

『ADB 공공직업훈련소 설립 차관 관계철』 (1)~(3), 1971~1978.

2) 국사편찬위원회 소장 자료

① 전자사료관 제공

RG 334, Interservice Agencies, US Military Advisory Group to theROK, Adjutant General Section Programing File, 1953-54, Entry #204, Box 2, AFAK Letters, Outgoing, June 1954, etc.

RG 469, Records of U.S. Foreign Assistance Agencies of Far EasternOperations, KOREA Subject Files, 1953~1959.
RG 338, KOREA (UNCACK), 1951, Entry: KCAC, Secret GeneralAdmin Files Box 76, Boards, Commitee and Missions 334.
RG 338, UNCACK ; 1951, Entry: Korea Civil Assistance Command, Secret General Admin Files Box 76, Rehabilitation of Disabled Soldiers 353. 9.

② 한국사 데이터베이스
『구술사료선집 4. 고급 기술자들의 구술을 통해 본 한국 면방직공업의 발전』.
『구술사료선집 10. 농토를 떠나 공장으로—1970년대 이촌향도와 노동자의 삶』.
『자료 대한민국사』 제8권·11권.

3) 서상선 제공 자료

노동청, 『직업훈련법안(안) 및 교사훈련』.
『직업훈련 및 노동문제관계자료집』.
『한국의 인력개발 및 활용: Edgar C. Mcvoy 보고서』.

4) 정부기관 및 단체 보고서

경제과학심의회의, 『여성 기능인력 확보와 취업안정을 위한 실태분석』, 서울: 경제·과학심의회의, 1978.
경제기획원, 『우리경제의 장기전망 1972~1981』, 1973.
과학기술처, 『중화학공장 건설에 따른 기술 및 인력의 수요분석과 그 개발방안』, 1973.
과학기술처, 『제3차 인력개발 5개년계획(안)』, 1971.
과학기술처, 『제3차 인력개발 5개년계획』, 1971.
국립부산공업대학교칠십년사편찬위원회, 『부산공업대학교칠십년대사(1924~1994)』, 1994.
국무총리기획조정실 평가교수단, 『제3차 경제개발 5개년계획 4차년도 평가보고서 v. 1. 종합부문』, 1976.
금성통신이십년사 편찬위원회, 『金星通信二十年史』, 1992.
김선영 외 4인, 『한국 여성인력 수급 구조분석 및 전망』, 한국여성개발원, 1984.
김순실 외 2인, 『직업훈련 현황—새로운 여성직종 개발 및 직업훈련을 위한 기초조사

연구』, 1983.
김순실 외 2인, 『'80년대 여성유망직종 개발에 관한 연구—컴퓨터프로그래머와 통역안내원을 중심으로』, 1984.
김영희, 『여성차별정년소송기록집—김영희 재판을 중심으로』, 1996.
南朝鮮過渡政府商工部, 『(檀紀 4280 西紀 1947) 商工行政年報』, 1947.
노동부, 『노동백서 1985판』, 1985.
노동부, 『여성과 취업』, 1984.
노동청, 『(職業訓鍊資料 制一號) 職業訓鍊(제네바 국제노동기구 1960)』, 1964.
노동청, 『(제1회 최고경영자 세미나) 인력개발과 경영발전 보고서』, 1968.
노동청, 『1967년도 기능검정종합보고서』, 1967. 12.
노동청, 『공공직업훈련소 설치계획서』, 1971. 6.
노동청, 『勤勞 女性의 現況』, 1972.
노동청, 『기능직 노동자 훈련의 실태와 개선방안 조사연구보고서』, 1970.
노동청, 『노동정책에 관한 사업 의견 조사보고』, 1982.
노동청, 『노동행정10년사』, 1973.
노동청, 『여성과 취업』, 1979.
노동청, 『인력개발과 경영발전』, 1968.
노동청, 『인력개발과 직업훈련』, 1968.
노동청·문교부, 『고도성장을 향한 기술인력의 양성』, 1977.
대전산업대학교칠십년사편찬위원회 편, 『대전산업대학교칠십년사(1927~1997)』, 1997.
대통령 비서실 편, 『朴正熙大統領演說文集』 제1~15집, 1965~1979.
대한상공회의소, 「一. 요약 및 건의」, 『노동행정에 대한 의견조사보고』, 1971.
대한YWCA연합회, 『여성의 새로운 직업—직업훈련소 순회를 중심으로』, 서울: 대한YWCA연합회, 1976.
대한YWCA연합회, 『저소득층 여성의 직업개발에 관한 사례연구—한국YWCA의 시범사업을 중심으로』, 서울: 대한YWCA연합회, 1983.
문교부, 『중화학공업화 추진을 위한 공업기술계 인력공급계획 및 공업교육 개선방안』, 1973. 9. 19.
박세일, 「여성인력 활용상의 문제점과 정책방향」, 『여성』 193, 1982.
서울노동운동연합회 엮음, 『선봉에 서서—6월 노동자 연대투쟁 기록』, 돌베개, 1986.

서울대학교 행정대학원 부설 행정조사연구소, 『여성노동자를 위한 전략직종 개발과 이에 따르는 기능훈련 및 활용』, 1974.
서채완, 「새로운 여성직업개발사업을 결산한다」, 『한국YWCA』 162, 1980.
이시정 지음, 『안양 지역 노동운동사』, 민주화운동기념사업회(6월 민주항쟁 안양·군포·의왕 기념사업추진위원회), 2007.
인력개발연구소, 『한국의 여성인력—그 효율적 개발과 활용을 위한 조사연구』, 1970.
인천기독교민중교육연구소 엮음, 『87노동자 대투쟁 7, 8월 인천 지역 사례』, 풀빛, 1988.
장도송 외, 「근로여성 문제를 위한 좌담회: 여성의 일할 권리」, 『여성』 198, 1983.
조은, 「한국의 산업화와 여성인력의 활용—모순된 기대와 요구」, 『여성연구』 2-1, 1984.
조혜정, 「사회의식교육과 여론화 작업이 시급히 이루어져야…」, 『여성』 219, 1985.
조혜정, 「성공적인 다역할 수행에서 역할 나누어 갖기로」, 한국여성개발원, 『여성연구』 1-1, 1983.
중화학공업추진위원회기획단, 『제2권 중화학공업 정책사—한국 공업화 발전에 관한 조사연구』, 1979.
중화학공업추진위원회기획단, 『중화학공업 추진현황』, 1979.
중화학공업화추진위원회, 『우리나라의 중화학공업화 정책』, 1973.
직업훈련연구소 편(연구책임자: 趙誠秀), 『여성직업훈련 실시에 관한 연구』, 1981.
한국경영자협회, 『77 민간노동경제백서: 100억 불 후의 노동정책 과제—임금격차와 인력난 심화』, 1978. 4.
한국경영자협회, 『인력개발 효율화와 직업훈련 제도의 개선 방향』, 1978. 6. 9.
한국경영자협회, 『직업훈련의 현황과 과제』, 1979.
한국경영자총협회, 『경총이십년사』, 1990.
한국기독교교회협의회 한국교회 산업선교 25주년기념대회, 『1970년대 노동현장과 증언』, 1984.
한국산업은행조사부, 『韓國産業經濟十年史』, 1955.
한국전자공업협동조합, 『전자조합이십년사』, 1997.
한정자, 「여성10년 이후의 여성발전을 위한 제언」, 『여성』 219, 1985.
황건, 「기업 내 여성인력 활용의 문제점과 개선책」, 『여성』 215, 1984.

5) 잡지 및 신문

『경향신문』, 『동아일보』, 『매일경제』, 『자유신문』, 『한겨레』.

금성통신편집위원회, 『금성통신』(1976~1981).
기능올림픽 한국위원회, 『기능』(1966~1981).
노동청, 『산업과 노동』(1967~1979).
한국경영자협회, 『노동경제리뷰』(1976~1979).
한국산업훈련협회, 『산업훈련』(1970~1979).
한국피혁공론사, 『피혁계』(1977).

6) 일본어 자료 및 참고문헌 (발행연도 순)

財団法人 日本生産性本部, 『職業訓練の制度と実際』, 1961.
責任編集 大河内一男 外, 『現代労働問題講座』 7, 有斐閣, 1967.
国際自由労連東京事務所, 『国際自由労連』, 1976.
三輪泰史, 『日本労働運動序説—紡績労働者の人間関係と社会意識』, 校倉書房, 2009.
佐々木啓, 『日本戦時労働力動員研究序説—国民徴用制度の展開を中心に』, 早稲田大学 史学科 博士論文, 2011.
佐々木啓, 「垣根越しの「聖戦」—隣組マニュアルの世界」, 服部 伸·編, 『「マニュアル」の社会史』, 人文書院, 2014.
アジア民衆史研究会, 歴史問題研究所 編, 『日韓民衆史研究の最前線—新しい民衆史を求めて』, 有志舎, 2015.

2. 수기 및 구술 자료집, 노동소설

김진숙, 『소금꽃나무』, 후마니타스, 2007.
방현석, 『방현석 소설집: 내일을 여는 집』, 창작과 비평사, 1991.
성공회대 노동사연구소, 『한국 산업노동자의 형성과 생활세계: 구술녹취록』(제본), 2002~2004.
역사학연구소, 『노동자 자기 역사를 말하다—현장에서 기록한 노동운동과 노동자 역사교육』, 서해문집, 2005.
유경순 엮음, 『나, 여성노동자 1. 1970~80년대 민주노조와 함께한 삶을 말한다』, 그린비, 2011.
유경순, 『같은 시대 다른 이야기—구로동맹파업의 주역들, 삶을 말하다』, 메이데이,

2007.
유경순·구로동맹파업 동지회·구로동맹파업20주년기념회, 『아름다운 연대—들불처럼 타오른 1985년 구로동맹파업』, 메이데이, 2007.
이옥순, 『나 이제 주인 되어』, 도서출판 녹두, 1990.
송효순, 『서울로 가는 길』, 형성사, 1982.
장현자, 『그때 우리들은』, 한울사, 2002.
한미옥·정형호·박경용·유경순, 『굽은 어깨, 거칠어진 손』, 小花, 2005.

3. 연구문헌

1) 단행본

구해근 지음, 신광영 옮김, 『한국노동계급의 형성』, 2003.
김광모, 『한국의 산업발전과 중화학공업 정책』, 대화인쇄, 1988.
김문모(金汶模), 『한국의 노동력』, 인력개발연구소, 1968.
김미선, 『여사장의 탄생—한국 현대 경제사의 여성 자영업자』, 마음산책, 2025.
김삼수(金三洙), 『韓国資本主義の成立過程』, 東京大学出版会, 1993.
김성진 편, 『박정희 시대—그것은 우리에게 무엇이었는가』, 1994.
김수곤, 『인력개발과 고용정책 35년의 회고』, 한국경영자총협회, 1984.
김소남, 『1960~1980년대 원주 지역의 민간 주도 협동조합운동 연구』, 연세대학교 박사학위논문, 2015.
김영미, 『그들의 새마을운동』, 푸른역사, 2011(3쇄).
김영미, 『동원과 저항』, 푸른역사, 2009.
김영철·공은배, 『교육의 경제발전에 대한 기여』, 한국교육개발원, 1981.
김원, 『여공 그녀들의 반역사』, 이매진, 2006.
김원, 『박정희 시대의 유령들—기억, 사건, 그리고 정치』, 현실문화, 2011.
김은실, 『여성의 몸, 몸의 문화정치학』, 또하나의문화, 2001.
김형아 지음, 신명아 옮김, 『박정희의 양날의 선택』, 일조각, 2005.
남화숙, 『배 만들기, 나라 만들기』, 후마니타스, 2014.
大韓民國 行政幹部全貌, 『국회공론사』, 1950.
루스 밀크먼 지음, 전방지·정영애 옮김, 『젠더와 노동』, 이화여자대학교 출판부, 2001.

마이클 부라보이 지음, 정범진 옮김, 『생산의 정치』, 박종철출판사, 1999.
민주화운동직장청년회, 『사무직, 전문, 기술직 노동운동』, 백산서서, 1989.
박기주 외 지음, 『한국 중화학공업화와 사회의 변화』, 대한민국역사박물관, 2014.
박영구, 『한국의 중화학공업화: 과정과 내용 (II)』, 해남, 2012.
박영자, 『북한녀성』, 앨피, 2017.
박인혜, 『'여성인권운동'의 프레임과 주체 변화에 대한 연구—〈여성의 전화〉를 중심으로』, 성공회대학교 박사학위논문, 2011.
서상선, 『韓國職業訓鍊制度의 발자취』, 대한상공회의소, 2002.
소현숙, 『식민지 시기 근대적 이혼 제도와 여성의 대응』, 한양대학교 박사학위논문, 2013.
신두범, 『韓國勞動政策論』, 崇義社, 1970.
신두범, 『勞動政策論』, 實學社, 1976.
악셀 호네트 지음, 문성훈·이현재 옮김, 『인정투쟁—사회적 갈등의 도덕적 형식론』, 사월의 책, 2011.
원영미, 『1980년대 울산 대공장 노동자 연구—현대자동차와 현대중공업을 중심으로』, 울산대학교 역사문화학과 박사학위논문, 2016.
유경순, 『1980년대 변혁의 시간 전환의 기록』 1·2, 봄날의 박씨, 2015.
유성희, 『한국YWCA 운동의 실천적기독교 여성주의에 관한 연구』, 서울대학교 박사학위논문, 2013.
윤능선, 『經濟團體人生40年』, 삶과꿈, 1997.
이대근, 『解放後·1950年代의 經濟』, 삼성경제연구소, 2002.
이병례, 『일제하 전시 기술인력 양성정책과 한국인의 대응』, 성균관대학교 박사학위논문, 2010.
이봉규, 『1960년대 한국 사회과학계의 인간관리·개발 담론』, 연세대학교 박사학위논문, 2022.
이상의, 『일제하 조선의 노동정책 연구』, 혜안, 2006.
이상록 외, 『일상사로 보는 한국 근현대사—한국과 독일 일상사의 새로운 만남』, 책과함께, 2006.
이상록, 『사상계에 나타난 자유민주주의론 연구』, 한양대학교 박사학위논문, 2010.
이임하, 『여성, 전쟁을 넘어 일어서다—한국전쟁과 젠더』, 서해문집, 2004.
이종구 외, 『1960~1970년대 한국의 산업화와 노동자 정체성』, 한울아카데미, 2004.

이종구, 『1960~70년대 노동자의 계급문화와 정체성』, 한울아카데미, 2006.
이종구, 『1960~70년대 노동자의 생활세계와 정체성』, 한울아카데미, 2005.
이종구, 『1960~70년대 노동자의 작업장 경험과 생활세계』, 한울아카데미, 2005.
이종구, 『1960~70년대 노동자의 작업장 문화와 정체성』, 한울아카데미, 2006.
임송자, 『대한민국 노동운동의 보수적 기원』, 선인, 2007.
임송자, 『1950년대 한국 노동운동의 보수적 기원』, 선인, 2007.
조민지, 『1960~70년대 여성 서비스 노동 연구—여성 버스안내원 사례를 중심으로』, 서울대학교 박사학위논문, 2023.
조성제 외, 『한국의 산업발전과 숙련노동—명장의 생애사를 중심으로』, 한국노동연구원, 2013.
조안 스콧 지음, 정지영·마정윤·박차민정·정지수·최금영 옮김, 『젠더와 역사의 정치』, 후마니타스, 2023.
조우현·윤진호, 『한국의 화이트칼라 노동조합 연구』, 한국노동연구원, 1994.
전순옥, 『끝나지 않은 시다의 노래』, 한겨레신문사, 2004.
전태일기념관건립위원회 엮음, 『어느 청년노동자의 삶과 죽음』, 돌베개, 1983.
최규남 지음, 『한국 직업교육 정책 연구』, 2003.
최장집, 『한국의 노동운동과 국가』, 한울, 1997.
캐쓸린 씰렌 지음, 신원철 옮김, 『제도는 어떻게 진화하는가』, 모티브북, 2011.
탁희준, 『한국 대기업의 사내직업훈련에 관한 조사·연구』, 국민경제교육연구소, 1992.
E. P. 톰슨 지음, 나종일·노서경·김인중·유재건·김경옥·한정숙 옮김, 『영국 노동계급의 형성』 (상), 2007(초판7쇄).
데틀레프 포이케르트 지음, 김학이 옮김, 『나치 시대의 일상사』, 개마고원, 2003.
韓國基督敎産業問題硏究院, 『韓國産業發展과 勞動運動의 課題』, 1978.
홍성유, 『韓國經濟와 美國援助』, 博英社, 1962.
홍성주, 『한국과학기술정책의 형성과 과학기술 행정체계의 등장, 1945~1967』, 서울대학교 박사학위논문, 2010.
황병주, 『박정희 체제의 지배담론—근대화 담론을 중심으로』, 한양대학교 박사학위논문, 2008.
황정미, 『개발국가의 여성정책에 관한 연구—1960~1970년대 부녀행정을 중심으로』, 서울대학교 박사학위논문, 2001.

2) 연구논문

김경희, 「여성노동자의 작업장 생활과 성별분업—1970년대 제조업을 중심으로」, 『1960~70년대 노동자의 작업장 문화와 정체성』, 2006.

김둘순, 「공공직업훈련에서 여성차별」, 이화여자대학교 석사학위논문, 1995.

김무용, 「1970년대 청계피복노동조합운동의 젠더화와 문화투쟁」, 『역사연구』 20, 2011.

김무용, 「해방 직후 노동자 공장관리위원회의 조직과 성격」, 『역사연구』 제3호, 1994. 7.

김세림, 「1960년대 국영기업 노동자의 성격—대한석유공사 울산 정유공장을 중심으로」, 연세대학교 석사학위논문, 2014.

김수향, 「미군정의 면방직공업 정책과 운용(1945~1947)」, 서울대학교 국사학과 석사학위논문, 2012.

김아람, 「5·16 군정기 사회정책—아동복지와 부랑아 대책의 성격」, 『역사와 현실』 no. 82, 2011.

김아람, 「1970년대 주택정책의 성격과 개발의 유산」, 『역사문제연구』 no. 29, 2013.

김아람, 「가족이 짊어진 구호와 자활」, 『역사문제연구』 no. 33, 2015.

김영선, 「1980년대 여성운동의 새로운 여성 주체 기획과 주부운동론」, 『여성과 역사』 28, 2018.

김옥렬·한완상·김태희, 「전문직 여성의 직업 및 사회참여에 관한 연구—여성의 지위 향상을 위하여」, 『아세아여성연구』 12, 1973.

김용철, 「한국 노사갈등의 정치적 주기」, 『현대사회과학연구』 7, 전남대학교 사회과학연구소, 1996.

김준, 「1970년대 현대조선 노동자들의 삶과 의식」, 『1960~70년대 노동자의 작업장 경험과 생활세계』, 2005.

김현미, 「노동통제의 기제로서의 성」, 『한국문화인류학』 제29권 2호, 1996.

김현미, 「한국의 근대성과 여성의 노동권」, 『한국여성학』 제16권 1호, 2000.

김형중, 「1960~70년대의 한국과 생명정치」, 『인문학연구』 제47집, 2014.

김호준, 「이승만 정권기 실업교육 진흥책의 추진과 그 성격」, 연세대학교 사학과 석사학위논문, 2014.

김호준, 「이승만 정권기 실업교육 진흥책의 추진과 성격」, 『사학연구』 119, 2015.

류석춘·김형아, 「1970년대 기능직 노동자 양성과 아산 정주영」, 『아산 정주영과 한국경제 발전모델』, 집문당, 2011.

막스 알텐호펜(Max Altenhofen), 「양가적인 관계—냉전기 한독 기술협력과 행위자」,

『역사문제연구』 56, 2025.
박승옥, 「새로운 삶이 거기 있었지요—동일방직 추송례 씨를 찾아서」, 『기억과 전망』 창간호, 2002.
박인혜, 「1980년대 한국의 '새로운' 여성운동의 주체 형성 요인 연구—크리스챤 아카데미의 '여성의 인간화' 담론과 '여성사회교육'을 중심으로」, 『한국여성학』 25-4, 2009.
배항섭, 「동학농민전쟁에 대한 새로운 이해와 내재적 접근」, 『역사비평』 110호, 2015.
서문석, 「해방 직후 섬유업계 고급 기술자들의 활동 연구」, 『경영사학』 통권 41호, 2006.
서문석, 「해방 직후 서울 지역 대규모 면방직공장의 운영과 인력 실태에 관한 연구」, 『경영사학』 통권 42호, 2006.
성한표, 「8·15 직후의 노동자 자주관리운동」, 『한국현대정치사』 I, 실천문학사, 1989.
신경아, 「산업화 이후 일-가족 문제의 담론적 지형과 변화」, 한국여성학회, 『한국여성학』 23-2, 2007.
신원철, 「사내직업훈련 제도의 전개—대한조선공사 사례를 중심으로」, 『사회와 역사』 제85집, 2006.
신원철, 「경영혁신운동으로서의 공장새마을운동」, 『산업노동연구』 9-2, 2003.
신치호, 「박정희 정권하의 국가 노동 관계」, 『노동연구』 16, 고려대학교 노동문제연구소, 2008.
유경순, 「1970년대 청계피복노동조합 노동자와 지식인의 연대관계 형성 및 상호작용」, 『한국사학보』 44, 2011.
유영생, 「한국 여성 노동참여에 대한 국가의 역할과 성격에 관한 일 연구—1960·70년대를 중심으로」, 이화여자대학교 석사학위논문, 1986.
이봉규, 「이승만 정권기 행정 분야 기술원조 도입과 행정개혁론의 성격」, 연세대학교 석사학위논문, 2013.
이성철, 「한국의 숙련 형성과 노동과정의 성격」, 『지역사회연구』 2, 1994.
이주실, 「1950년대 후반 실업 문제의 대두와 이승만 정부의 실업대책」, 고려대학교 석사학위논문, 2012.
이지연, 「산업화 시기 한국 국가의 인력양성 정책과 젠더 불평등」, 『현상과 인식』 2015년 봄호.
이홍석, 「1960년대 전반 탄광촌의 현실과 탄광노동자의 대응」, 연세대학교 사학과 석사학위논문, 2008.

이희영, 「1950년대 여성노동자와 '공장노동'의 사회적 의미」, 『1950년대 한국 노동자의 생활세계』, 2009.
임광순, 「유신체제하 박정희 정권의 노동정책 전개와 성격」, 고려대학교 석사학위논문, 2014.
임광순, 「전태일 분신과 1970년대 노동·학생운동」, 한국민족운동사학회, 『한국민족운동사연구』 65, 2010.
임다은, 「유엔한국재건단(UNKRA)의 조직과 활동」, 서울대학교 석사학위논문, 2019.
장미현, 「1950년대 "민주적 노동조합" 운동의 시작과 귀결—"대한방직 쟁의"와 전국노동조합협의회를 중심으로」, 『동방학지』 155, 2011.
장미현, 「1960년대 일본조선연구소의 '식민사상' 제기와 '고도성장체제' 비판」, 『역사문제연구』 27, 2012.
장미현, 「1970년대 초반 재계의 외국인 투자 유치 활동과 그 '결과'」, 『역사문제연구』 30, 2013.
장미현, 「1960~70년대 산업재해보상보험 제도의 시행과 산재(産災)노동자의 대응」, 수선사학회, 『史林』 50, 2014.
장미현, 「산업화 시기 정부와 여성단체의 '여성직종' 구상과 여성들의 대응」, 『아시아여성연구』 56-2, 2017.
장미현, 「1980년대 여성노동자들의 '혁명적 노동운동' 경험과 인식—순영 언니들의 고통과 용기」, 『역사문제연구』 39, 2018.
장미현, 「한국 현대 노동사 연구 동향과 과제」, 『한국 현대사 연구의 쟁점』, 한국학중앙연구원 출판부, 2022.
정근식, 「해방 직후 전남 지역의 노동운동」, 『사회와 역사』 23, 1990.
정금나, 「고용에서의 성차별 판단기준에 관한 비판적 연구—전화교환원 정년차별 판례를 중심으로」, 이화여대 석사학위논문, 1998.
조민지, 「여성성과 전문성의 딜레마—1960~70년대 보건의료현장의 간호원 면허와 돌봄노동의 지위」, 『역사비평』 150, 2025.
조은주, 『인구와 통치—한국의 가족계획사업』, 연세대학교 박사학위논문, 2012.
조용만, 「직업훈련법제에 관한 연구—ILO조약·권고 및 프랑스법과의 비교교찰」, 서울대학교 석사학위논문, 1992.
조지원, 「구성원의 조직동일시와 조직몰입이 행동의도에 미치는 영향에 관한 연구」, 서울대학교 석사학위논문, 1997.

주정립, 「호네트의 인정투쟁 모델의 비판적 고찰을 통한 저항이론의 새로운 모색」, 『민주주의와 인권』 11권 2호, 2011.
지민우, 「중화학공업화 초기 숙련공의 생애사 연구—'금오공고 졸업생'을 중심으로」, 연세대학교 석사학위논문, 2013.
최순옥, 「한국 여자종업원의 인력개발에 관한 연구—B방적회사의 여직공을 중심으로」, 고려대학교 석사학위논문, 1972.
한진금, 「1950년대 미국 원조기관의 대한 기술원조계획 연구」, 서울대학교 국사학과 석사학위논문, 2009.
허은, 「1950년대 미국의 대한 교육교환 계획과 한국 사회 엘리트의 친미화」, 『한국민족운동사연구』 44, 2005.
허영란, 「민중운동사 이후의 민중사」, 『역사문제연구』 제15호, 2005.
허지숙(盧致淑), 「女性勤勞者를 위한 職業訓鍊制度의 現況과 그 改善方案」, 『聖心女子大學 論文集』 8輯, 1977.
황병주, 「1970년대 의료보험 정책의 변화와 복지담론」, 『의사학』 vol. 20, no. 2, 2011.
황병주, 「기능올림픽, 패자부활의 잔혹사」, 『1970 박정희 모더니즘』, 천년의 상상, 2015.

David Landes, "Japan and Europe: Contrasts in Industrialization", Lockwood, William Wirt ed., *The state and economic enterprise in Japan: essays in the political economy of growth*, 1965.

찾아보기

| 가 |

| 나·다·라 |

| 마·바 |

| 사 |

| 아 |

| 자 |

| 차·카·타·파 |

| 하 |

| 로마자·숫자 |

이 책의 일부 내용들은 다음의 논문들을 통해 발표되었음.

「산업화 시기 여성 노동자들의 숙련과 '작업장 질서'의 전복」, 『역사문제연구』 36, 2016.

「박정희 정부 시기 기능경기대회의 도입과 '엘리트' 기능공들의 임계」, 『역사연구』 제32호, 2017. 6.

「설립 초기 노동청의 '인력개발' 노동행정의 수립과 의미(1963~1979)」, 『한국민족운동사연구』 92, 2017.

「산업화 시기 정부와 여성단체의 '여성직종' 구상과 여성들의 대응—YWCA의 '새로운 여성직업개발사업'을 중심으로」, 『아시아여성연구』 제56-2호, 2017. 11.

「"일할 권리를 청구합니다"—1980년대 전반기 고용차별 비판과 여성들의 실천」, 『사학연구』 제138호, 2020. 6.

「1970년대 후반 기업의 직업훈련소 운영과 훈련의 효과—금성통신 기간사원 양성과정을 중심으로」, 『학림』 49, 2022. 3.

「1950년대 기술인력 양성책의 추진과 한계」, 『사림』 81, 2022. 7.

「기능우대사회는 가능했을까—1970년대 국가기술자격 제도 일원화 시도와 '역설'」, 『사학연구』 147, 2022. 9.